非営利法人の
法と政策
系統、分類、組織併用

初谷 勇

晃洋書房

は し が き

　東西冷戦の終結以降，1990年代半ばには，世界的な民間非営利組織の台頭が指摘され，その存在意義や機能をめぐる活発な論議が促されるようになった．各国の内政面で民間非営利セクターへの役割期待も高まり，法制・税制の整備など新たな「制度化」の動きと，同セクターを振興し支援する公共政策が伸展した．

　90年代にはわが国でも，国際的な民間非営利セクター研究に共振する動きが始まった．「NPO（民間非営利組織）」という用語の移入から間もない時期に発生した1995年の阪神・淡路大震災の被災地救援や復興対応を契機として，市民活動団体の持続的な非営利活動や公益活動を制度的に担保し，促進するための立法運動が高まった．

　1998年の特定非営利活動促進法（NPO法）制定から四半世紀を越え，特定非営利活動法人（NPO法人）の増加と活動の広がりの中で，「NPO」という用語は人口に膾炙し，国・自治体の政策にも頻繁に登場し，民間企業の社会貢献事業などでもパートナーとして認知され連携・協働が進んだ．

　2000年代以降，国・地方を通じた「公共マネジメント（公共経営）」の理念や考え方の導入と方法（政策手法）の開発，普及に伴い，政府セクターでは省庁再編，地方分権，公務改革による政府組織の再編が，民間セクターでは公共サービスの新たな担い手として役割期待の高まる民間組織の主体形成，機能強化を図る改革が相次いだ．民間営利組織については2005年の会社法改正，民間非営利組織については明治以来110年ぶりとなった2006年の公益法人制度改革，NPO法の数次にわたる改正（特に2011年改正），そしてこれらと並行して進められた社会福祉法人，学校法人，宗教法人など特別法人の個別根拠法の相次ぐ見直しは，規制改革やガバナンス改革と通底する．

　こうしたおよそ30年に及ぶ複合的，連鎖的な制度改革を経て，今日では政府，民間営利，民間非営利3セクターの各組織は，さまざまな領域・分野で官民連携（PPP：Public Private Partnership）の構図を多彩に描いている．

　NPOを構成する非営利法人（非営利組織）は，3セクターの組織が鼎立してともに公共や公益の実現を目指すうえで不可欠の存在と見なされるようになっ

ている．国内外の環境変化や移り変わる社会課題に柔軟に対応するための政策や事業，活動する人びとの乗り物（ヴィークル）や装置として機能を発揮し，国民・市民の生活の向上に資する存在となることが目指されている．2024年，経済政策の観点から強く推奨，推進されて実現した公益認定法と公益信託法の改正も，こうした流れに連なる動きといえる．

新型コロナウィルスへの緊急対応を経たのちも，国際的な緊張関係の再燃や，日本列島を取り巻く情勢変化の下で，これまで台頭し普及したNPO・非営利法人（非営利組織）は，政府ではなく（非政府），営利企業でもない（非営利），第三のセクターであることの積極的な存在意義を再考し，政府，企業，国民との関係性の中で期待される役割を担っていく必要がある．

そのために，NPO・非営利法人に関わるよりよい法や政策とは何かが改めて求められている．

本書は，こうした問題関心の下に，進化・伸展の途上にあるわが国の非営利法人（非営利組織）の法と政策の動態について俯瞰するとともに，非営利法人の一層の発展を図るうえで，その存在意義の再確認や政府，企業，国民との関係性に関わる今日的な課題に焦点を当てて論じている．

公共経営学，公共政策学，行政学等の観点から非営利法人の法や政策を研究課題としてきた筆者にとっては，2001年に上梓した『NPO政策の理論と展開』（大阪大学出版会），2012年に刊行した『公共マネジメントとNPO政策』（ぎょうせい）に続き，この分野に係る三作目の論文集となる（前二著の内容目次については，巻末資料参照）．

構成される論考の初出は2001年から2024年にわたるが，前二著で示した筆者のNPO政策を分析・検討する枠組み（基底的（目的的）政策と派生的（手段的）政策等）に加えて，時間軸と空間軸に基づき考察を深めるための手がかりとして「系統と分類」の枠組みを重ね，該当する論文を編集配置するとともに，この間の制度改革や状況の変化を踏まえて可能な範囲で補注を施した．

本書は，全体を第Ⅰ部から第Ⅳ部の4部に分けて構成している．

まず，第Ⅰ部は「法人制度の構図」と題した総論として，「第1章　非営利法人とNPO政策」で，本書で取り上げる非営利法人の意味や法人制度における位置づけを述べたうえで，筆者のNPO政策の分析・検討枠組みを示した．

また，「第2章　非営利法人の系統と分類——NPO法人の新たな可能性」で，

わが国の非営利法人 (法) を，通時的，歴史的な進化の過程としてとらえる「系統」と，共時的，同時代的な制度配置の状況としてとらえる「分類」についての考え方を，NPO法人に焦点を当てながら提示している．

　次に，この総論を受けて，第Ⅱ部では「非営利法人の系統と伸展」と題し，非営利法人の「系統」問題を検討している．具体的には，一般社団・財団法人 (以下「一般法人」)，公益社団・財団法人 (以下「公益法人」)，社会福祉法人，更生保護法人，職業訓練法人など多様な法人類型にわたる3つの論考を配している．

　「第3章　公益法人制度改革と一般法人の伸長」では，2000年代に入り本格化した公益法人制度改革と，その結果，今日広く活用されるようになった一般法人の伸展状況と課題を，その前身である旧公益法人や中間法人に対する筆者のこれまでの研究成果も踏まえて論じている．

　「第4章　社会福祉法人と更生保護法人の跛行的発展」では，一般法としての民法に対して，戦後，社会福祉事業法や更生保護事業法に基づく特別法法人として，個別に設けられた社会福祉法人と更生保護法人を多角的に比較し，その跛行的な発展状況を分析し，両者の今後のあり方を論じた．

　「第5章　職業訓練法人とNPO政策」では，前掲の筆者のNPO政策論の分析枠組みを用いて，時代に即した職業人の人材確保，育成や雇用開発に重要な役割を果たしてきた職業訓練法人について，その発展過程と政策的な課題，激変する労働・雇用環境のなかでの今後の位置づけについて論じた．

　また，第Ⅲ部では「非営利法人の分類と評価」と題し，非営利法人の「分類」問題を検討している．特に非営利法人やその活動・事業の分類と，法人の事業・活動の「公益性評価」と「公益増進性評価」に関する3つの論考を配している．

　「第6章　NPO分類と公益性評価」では，分類学の基礎概念やアプローチを援用して，NPO法制定直後のわが国におけるNPOの分類について検討し，NPOの中に大きな位置を占める非営利法人に対する公益性評価との関係性について考察している．

　「第7章　NPO政策と行政裁量」では，NPO法制定当初に並存していた旧公益法人の公益性評価システムと，その特定公益増進法人における公益増進性評価システム，さらに新たな特定非営利活動法人 (NPO法人) における公益性評価システムを，行政官の行政裁量に着目して比較分析し，制度改革の方向性を提言している．

　第6章，第7章で取り上げた問題に関しては，その後の抜本的な公益法人制

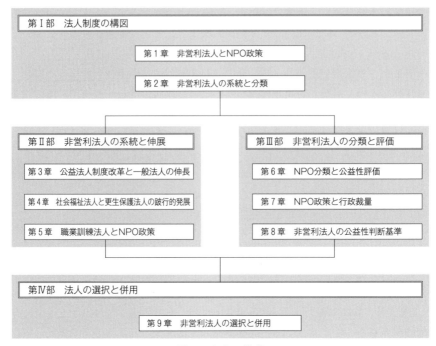

図1 本書の構成

(注) 各章の副題は略.
(出所) 筆者作成.

度改革やNPO法の累次の改正によって，NPOの分類，非営利法人の公益性評価システムや公益増進性評価システムがそれぞれ変化し，改革されていくことになるが，両章の元になった論文は，いわばそのスタート時点において，当時のNPOの状況や旧公益法人制度が抱えていた問題点を踏まえてあるべき方向性を述べており，現在から振り返っても意義のある内容と考える.

「第8章 非営利法人の公益性判断基準──一般社団・財団法人と特定非営利活動法人を事例として」では，わが国においては1993年の衆参両議院における地方分権推進の国会決議から本格的に開始した地方分権改革に伴う非営利法人制度の変化をとらえ，公益性判断基準やその根底にある理念，考え方がどのように変化しているかを分析している.

第Ⅳ部では，今日，政府，国民にとっていっそう利用しやすい存在として大きな社会的役割を担うようになった非営利法人について，営利法人も含めた民

間法人全体に対する視野の下で，それらの非営利法人をどのように選択し，併用しながら政策目的や事業効果を挙げていくかを検討している．

「第9章　非営利法人の選択と併用」では，その先駆的な事例として，W. M. ヴォーリズらによる近江兄弟社の事例や，NPO法制定草創期の全国の事例について，その運営理念や事業展開について調査研究を行い，営利・非営利にわたる民間法人の「組織併用」の動態と今後の可能性について示唆を得ている．

なお，「あとがき」では，本書の議論をまとめるとともに，中央地方関係，地方分権改革にかかる議論や，現在進行している第二次ともいうべき公益法人制度改革（改正公益認定法及び公益信託法公布）を念頭に，非営利法人の制度と政策の変遷を顧み，将来を展望している．

前掲の筆者の前二著は，勤務し出講する大学学部・大学院等における教育においてテキストや参考図書として活用し，本分野に関心を寄せる研究者や実務家の方々の利用，参照に供してきた．

本書が，前二著と合わせて，法学，政治学，行政学，政策学，経営学など関連諸分野の研究者，大学院生・学部生をはじめ，国・自治体の職員や公共政策・地域政策に携わる実務家や市民の方々に，NPO・非営利法人の豊かな世界を俯瞰し，あるいは個別に検討するうえで何らかの参考としていただければ，筆者としてこれに優る喜びはない．

付記
　はしがきの冒頭（i−ii頁）は，筆者の現在の課題認識として，初谷2024b：2を一部補筆の上再掲した．

vii

目　　次

はしがき

初出一覧

第Ⅰ部　法人制度の構図

第1章　非営利法人とNPO政策 ……………………………………… *3*

　はじめに　(*3*)

　1　団体，法人としてのNPO　(*3*)

　　1.1　団体の意味と形成

　　1.2　NPOとしての非営利法人

　2　民間法人制度の発展　(*8*)

　　2.1　民間法人制度の枠組み

　　2.2　民間法人の法制と税制

　3　NPO政策とは何か　(*12*)

　　3.1　NPO政策の意味：公共政策としてのNPO政策

　　3.2　派生的NPO政策の類型

　　3.3　NPO政策の課題

第2章　非営利法人の系統と分類 ……………………………… *23*
　　　　　──NPO法人の新たな可能性──

　はじめに　(*23*)

　1　非営利法人の体系　(*24*)

　　1.1　体系と体系化

　　1.2　NPO政策の課題としての体系化

　2　体系化のアプローチ──文化系統学の援用　(*27*)

　　2.1　無生物（非生命体）と文化進化

　　2.2　体系化，系統樹思考，分類思考：プロセスとパターン

viii

2.3 法人の「系統」問題

2.4 法人の「分類」問題

3 非営利法人の体系とNPO法人　(33)

3.1 非営利法人の系譜とNPO法人の位置

3.2 非営利法人の「系統」問題とNPO法人

3.3 非営利法人の「分類」問題とNPO法人

4 今後の方向性と課題　(41)

4.1 非営利法人の系統とNPO法人

4.2 非営利法人の分類とNPO法人

第Ⅱ部　非営利法人の系統と伸展

第3章　公益法人制度改革と一般法人の伸長 ……………………… 47

はじめに　(47)

1 公益法人制度改革と一般法人　(48)

1.1 一般法人の現況

1.2 一般法人の問題状況

2 中間法人から一般法人へ　(52)

2.1 中間法人全国実態調査と一般法人調査への示唆

2.2 一般法人調査への「視点」の反映

3 今後の課題　(59)

3.1 基底的な一般法人政策

3.2 派生的な一般法人政策

第4章　社会福祉法人と更生保護法人の跛行的発展 ……………… 69

はじめに　(69)

1 研究方法と検討枠組み　(71)

2 NPO政策の系譜・時期区分と方向性　(71)

2.1 NPO政策の系譜と時期区分

2.2 NPO政策の系譜に見る改革の動向

2.3 NPO政策の方向性：主務官庁の課題

目 次　ix

　3　個別根拠法に基づく NPO 政策の比較　（*78*）

　　3.1　比較の分析枠組み

　　3.2　個別根拠法に基づく非営利法人政策の比較

　4　NPO 政策の跛行的発展　（*91*）

おわりに　（*94*）

第5章　職業訓練法人と NPO 政策　………………………… *101*

はじめに　（*101*）

　1　職業訓練・職業能力開発政策と NPO 政策　（*103*）

　　1.1　職業訓練・職業能力開発政策の時期区分

　　1.2　職業訓練・職業能力開発政策の推移

　2　職業訓練法人の制度，現況，意識　（*122*）

　　2.1　認定職業訓練

　　2.2　職業訓練法人制度

　　2.3　職業訓練法人の現況（1）：所管行政による把握

　　2.4　職業訓練法人の現況（2）：RIETI 第 4 回調査結果から

　3　職業訓練法人の課題――NPO 政策の観点から　（*140*）

　　3.1　「官民関係の自由主義的改革とサードセクター組織の再構築」

　　3.2　職業訓練法人の課題と対応の方向性（1）：基底的 NPO 政策の観点から

　　3.3　職業訓練法人の課題と対応の方向性（2）：派生的 NPO 政策の観点から

　　3.4　課題と対応の方向性の一般化：主務官庁と非営利法人の新たな関係に向けて

第Ⅲ部　非営利法人の分類と評価

第6章　NPO 分類と公益性評価　………………………… *171*

はじめに　（*171*）

　1　分類学の概念と術語　（*172*）

　　1.1　タクソンとクライテリオン

　　1.2　分類の種類

　　1.3　分類間関係（複合分類）

　2　NPO 分類　（*178*）

x

    2.1　タクソンとクライテリオン

    2.2　分類の種類

    2.3　分類間関係

  3　NPO 分類と公益性評価　　（*211*）

    3.1　公益性評価システム

    3.2　NPO 分類と公益性評価システム

    3.3　公益性評価情報としての NPO 分類

  おわりに　　（*219*）

第 7 章　NPO 政策と行政裁量 ………………………………………… *225*

  は じ め に　　（*225*）

  1　行政裁量とその統制　　（*226*）

    1.1　行政裁量論とその空白部分

    1.2　行政裁量の統制

  2　公益法人政策における行政裁量　　（*234*）

    2.1　公益性評価システム

    2.2　公益増進性評価システム

  3　特定非営利活動法人政策における行政裁量　　（*240*）

    3.1　公益性（不特定多数性）評価システム

  おわりに――NPO 政策と行政裁量　　（*244*）

第 8 章　非営利法人の公益性判断基準 ……………………………… *251*
――一般社団・財団法人と特定非営利活動法人を事例として――

  は じ め に　　（*251*）

  1　分析枠組み　　（*252*）

    1.1　公益性判断と公益増進性判断

    1.2　集権・分権と集中・分散

  2　公益（増進）性判断主体と公益（増進）性判断基準の設定　　（*255*）

    2.1　従来の公益法人制度における公益（増進）性判断主体と公益（増進）性判断基準

    2.2　NPO 法人制度における公益（増進）性判断主体と公益（増進）性判断基準

  3　公益（増進）性判断主体と公益（増進）性判断基準の変化　　（*257*）

目　次　xi

　　3.1　新公益法人制度における公益（増進）性判断主体と公益（増進）性判断基準

　　3.2　改正NPO法に基づく公益（増進）性判断主体と公益（増進）性判断基準

　4　公益 (増進) 性判断と公益 (増進) 性判断の準拠する考え方の
　　推移　（258）

　おわりに——公益増進性判断基準としての条例個別指定PST　（261）

第Ⅳ部　法人の選択と併用

第9章　非営利法人の選択と併用 ……………………………………… 267

　はじめに　（267）

　1　組織併用による民間公益活動　（268）

　　1.1　組 織 選 択

　　1.2　組織併用による民間公益活動の意味

　　1.3　組織併用の動機

　　1.4　組織併用による民間公益活動とNPO政策

　2　事 例 研 究——5事例の概要　（276）

　　2.1　事例の選択

　3　先駆的事例——近江兄弟社グループの場合　（279）

　　3.1　組織併用の展開

　　3.2　組織併用の動機

　　3.3　組織併用の課題

　4　現代の事例——NPO法草創期の事例　（292）

　　4.1　組織併用の展開

　　4.2　組織併用の動機

　　4.3　組織併用の課題

　おわりに　（300）

　補論　近江兄弟社グループの組織併用　（302）

あ と が き　（315）

参 考 文 献　（321）

索　　　引　（339）

図表目次

は し が き

　図1　本書の構成　　（iv）

第I部　法人制度の構図

第1章　非営利法人と NPO 政策

　表1-1　法人の種類と法形式　　（6）

　図1-1　民間非営利法人制度の推移　　（9）

　表1-2　民間法人等の法制と税制　　（11）

　図1-2　公共政策としての NPO 政策の種類　　（15）

　図1-3　基底的 NPO 政策と派生的 NPO 政策　　（15）

　表1-3　3セクターの政策主体による派生的政策の類型　　（17）

　表1-4　NPO 政策の課題（2001年当時）　　（19）

第2章　非営利法人の系統と分類

第II部　非営利法人の系統と伸展

第3章　公益法人制度改革と一般法人の伸長

　表3-1　「一般社団法人及び一般財団法人の組織運営に関する実態調査」の概要　　（50）

　表3-2　一般法人に関する政策課題（現在）　　（60）

第4章　社会福祉法人と更生保護法人の跛行的発展

　表4-1　時期区分の対比図表　　（74）

　表4-2　政策デザインと政策過程，NPO 政策の構成要素　　（80）

　表4-3　個別根拠法に基づく非営利法人政策の比較　　（84）

第5章　職業訓練法人と NPO 政策

　表5-1　NPO 政策と職業能力開発政策　　（106）

　表5-2　職業訓練・職業能力開発政策の推移と NPO　　（112）

　図5-1　基底的 NPO 政策と派生的 NPO 政策：職業訓練法人の場合　　（116）

　図5-2　基底的 NPO 政策と派生的 NPO 政策：職業能力開発協会の場合　　（118）

　図5-3　認定職業訓練の主体　　（124）

　表5-3　職業訓練法人：都道府県別法人数　　（130）

図表目次　xiii

図5-4　法人法制の再編と職業能力開発政策　　（*143*）

第Ⅲ部　非営利法人の分類と評価

第6章　NPO分類と公益性評価

図6-1　タクソンとクライテリオン（1）　　（*174*）

図6-2　タクソンとクライテリオン（2）　　（*176*）

表6-1　法人の分類（総理府，1999年）　　（*180*）

図6-3　NPOに含まれる団体の種類（経済企画庁，2000年）　　（*181*）

図6-4　NPOに含まれる団体の種類と配置　　（*182*）

表6-2　非営利組織経済規模調査の対象団体　　（*184*）

表6-3　非営利組織の国際分類（ICNPO）　　（*186*）

表6-4　市民活動団体の活動分野と主な事例（経済企画庁1997）　　（*190*）

表6-5　NPO法人の活動分野と活動事例　　（*193*）

表6-6　公益法人の設立目的別法人数（総理府1999）　　（*196*）

表6-7　特定公益増進法人数　　（*198*）

表6-8　非営利組織・非営利法人の4層構造　　（*203*）

表6-9　NPOの目的志向分類・比較表　　（*206*）

図6-5　補完性の原則　　（*209*）

図6-6　非営利法人の法制・税制と公益性評価システム　　（*214*）

第7章　NPO政策と行政裁量

表7-1　統制手段の観点からみた行政責任の分類　　（*227*）

図7-1　プログラムに基づく行政裁量（責任）とその統制の関係　　（*230*）

第8章　非営利法人の公益性判断基準

図8-1　集権・分権軸と融合・分離軸（天川モデル）　　（*253*）

図8-2　集権・分権軸と集中・分散軸　　（*254*）

表8-1　公益法人と特定非営利活動法人の公益性判断および公益増進性判断　　（*259*）

第Ⅳ部　法人の選択と併用

第9章　非営利法人の選択と併用

図9-1　NPOの組織化の過程　　（*269*）

図9-2　組織化と法人組織　　（*270*）

表9-1　組織併用の区分（例）　　（*273*）

xiv

表 9 - 2　組織併用の事例　（*277*）

表 9 - 3　ヴォーリズの民間公益活動　（*280*）

図 9 - 3　近江兄弟社グループ組織図（1983（昭和58）年改定）　（*284*）

図 9 - 4　近江兄弟社グループ（2002年）　（*284*）

補論　図　近江兄弟社グループ（2024年）　（*304*）

凡例

　次の法律等については，下記のとおりの略称を用いた．ただし，内容により，略称にせず初出時の表記を維持している箇所がある．

NPO法：「特定非営利活動促進法」（平成10年法律第 7 号）

地方分権一括法：「地方分権の推進を図るための関係法律の整備等に関する法律」（平成11年法律第87号）

公益法人制度改革関連三法：以下の一般社団・財団法人法，公益認定法，整備法の総称．

一般社団・財団法人法／一般法人法：「一般社団法人及び一般財団法人に関する法律」（平成18年法律第48号）

公益認定法：「公益社団法人及び公益財団法人の認定等に関する法律」（平成18年法律第49号）

整備法：「一般社団法人及び一般財団法人に関する法律及び公益社団法人及び公益財団法人の認定等に関する法律の施行に伴う関係法律の整備等に関する法律」（平成18年法律第50号）

初 出 一 覧

本書の各章と対応関係にある主な初出論考は以下のとおりである.

第Ⅰ部　法人制度の構図

第1章　非営利法人とNPO政策

- 初谷2001a,『NPO政策の理論と展開』：第1章，および初谷2012,『公共マネジメントとNPO政策』：序章　で提示している基本概念や「鼎立するNPO政策」の考え方を整理.
- 初谷2019a,「職業訓練法人の課題：NPO政策の観点から」『RIETI Discussion Paper Series 19-J-005』：1-65のうち1-11.

第2章　非営利法人の系統と分類——NPO法人の新たな可能性

- 初谷2024a,「非営利法人の体系とNPO法人」『非営利法人研究学会NPO法人研究会最終報告書』：第1章.

第Ⅱ部　非営利法人の系統と伸展

第3章　公益法人制度改革と一般法人の伸長

- 初谷2023a,「解説　一般社団・財団法人の伸長と課題：『一般社団法人及び一般財団法人の組織運営に関する実態調査』に寄せて」『一般社団法人及び一般財団法人の組織運営に関する実態調査』公益財団法人日本非営利組織評価センター：4-29.

第4章　社会福祉法人と更生保護法人の跛行的発展

- 初谷2020,「NPO政策の跛行的発展——社会福祉法人と更生保護法人を事例として」『大阪商業大学論集』15（4）：1-25.

第5章　職業訓練法人とNPO政策

- 初谷2019a,「職業訓練法人の課題：NPO政策の観点から」『RIETI Discussion Paper Series 19-J-005』：1-65のうち12-61.

第Ⅲ部　非営利法人の分類と評価

第6章　NPO分類と公益性評価

・初谷2001b,「NPO分類と公益性評価」, 第3回日本NPO学会年次大会報告論文：3-24.

第7章　NPO政策と行政裁量

・初谷2001c,「NPO政策と行政裁量——公益性の認定をめぐって」『ノンプロフィット・レビュー』1（1）：27-40.

第8章　非営利法人の公益性判断基準—— 一般社団・財団法人と特定非営利活動法人を事例として

・初谷2015b,「非営利法人の公益性判断基準—— 一般社団・財団法人と特定非営利活動法人を事例として」『非営利法人研究学会誌』17：13-23.

第Ⅳ部　法人の選択と併用

第9章　非営利法人の選択と併用

・初谷2005a,「NPO政策各論——組織併用による民間公益活動」『大阪大学経済学』54（4）：110-136.

あ と が き

・初谷2023b,「〔論壇〕分権改革30年，国と地方で非営利法人の振興を」『公益・一般法人』1080（2023. 11. 01.）：1.

第 I 部

法人制度の構図

第1章
非営利法人と NPO 政策

は じ め に

　本章では,「非営利法人の法と政策」について考察するにあたり, 筆者が依拠する概念や用語の意義, 検討の枠組みについて大きく三つの点から述べる.

　第一に, 団体, 法人としての NPO の概念についてである.

　1.1では, 団体の意味と, 団体が形成されてきた経緯をふまえた類型区分の例, セクター三元論について見る. 1.2では, 法人の種類の中で非営利法人の位置づけと種類を見る.

　第二に, わが国の民間法人制度はどのように発展してきたのかということである. 2.1では民間の営利法人と非営利法人を俯瞰する枠組みを示し, その枠組みを活用して, わが国の明治以降の民間非営利法人制度の推移を四つの段階に分けて概観する. 2.2では近現代における民間法人等の法制 (法人格取得) と税制 (税制上の優遇措置) の推移を見る.

　第三に,「NPO 政策」とは何かということである. この点について, 3.1では「公共政策としての NPO 政策」の位置づけを踏まえ, その種類として「基底的 NPO 政策」と「派生的 NPO 政策」を区別する. 次いで3.2で「派生的 NPO 政策の類型」を示し, 政府・民間営利・民間非営利セクターに属する中央地方政府, 民間企業, NPO (民間非営利組織) により「鼎立する NPO 政策」の分析枠組みとする. さらに3.3では「NPO 政策の課題」を, 上記の NPO 政策の二つの種類と短期・中長期の二つの期間に分けて掲げる[1].

1　団体, 法人としての NPO

1.1　団体の意味と形成
　団体の類型区分については, その発生・発展の歴史的経過に着目して, ①

最広義には，国・会社・社団・財団（国と中間団体）の4類型，② 広義には，①から国を除いた3類型，③ 狭義には，さらに②から会社を除いた2類型に分けて捉える考え方がある（遠藤2022：22）.

このうち①の最広義の4類型は，「団体」形成の歴史的経過に関する次のような理解に基づく．まず，中世以前から領主・大名や教会・寺院などによる土地と人々の支配が続いてきたところ，これら支配者の土地所有の解体に伴う土地の大幅な分散や個人所有の拡大が，多様な目的の財団的組織の発展を促すこととなったとする．次いで，領主など少数の権力者の支配が終わり近代に入ると，多数人をメンバーとする組合や社団の役割が社会的に高まり，議会制民主主義を通じて政治に民意の発現がなされるようになる．さらに商業と産業の進展，貨幣経済の拡大，資本主義の発展とともに会社組織が発生し急速に拡大する．最後に，これら財団，社団，会社の発展を引きつぎ，社会の成熟を前提として，類似の制度として（近代）国家の形態が誕生したとする（同上：47–50）.

筆者は本書で，社会を構成する公式組織（団体）が含まれるセクター（領域）を政府，民間営利，民間非営利の三つのセクターに分けて捉える「セクター三元論」に依拠する．この三元論によれば，政府セクターには政府組織，民間営利セクターには民間営利組織(FPO: For Profit Organization)，民間非営利セクターには民間非営利組織（NPO: Non Profit Organization）が含まれる．これらは順に第一，第二，第三のセクターとされるが，民間非営利セクターは（邦語では政府補完のために設立された企業や公益法人を指す「第三セクター」ではなく）「サードセクター」とも称される.

このセクター・組織の3区分は，上記の団体類型区分でいえば，①の4類型区分のうち，③の2類型をあわせて一つとした3類型区分［国，会社，（社団＋財団）］に概ね対応している.

なお，社団とは「一定の目的のために結合した人の集合体」をいい，財団とは「一定の目的のために捧げられた一団の財産」，あるいは「一定の目的に捧げられた財産を中心とし，これを運営する組織を有するもの」をいう（後藤2018：669）.

1.2　NPO としての非営利法人
（1）　法　人
民法の注釈書では，法人の意義について，「その権利義務の帰属をはじめと

する対外関係のみならず，その内部関係ないし組織，つまり団体性が法的にも重要な事象である」ことを踏まえ，「①非営利または営利の特定の目的を達成するために，②人が設立した団体的組織であって，③法律の規定に従い法人格を取得したものをいう」と定義されている（後藤2018：649）．

そして，団体が法人格を取得する実践的な意義ないし効用（法人の意義）として，①「法人が自然人と同様に権利義務の主体である１人の人として取り扱われる」こと（法律関係の単純化・自然人との等置），②「法人の設立により，法人の財産は，構成員・役員等の法人以外の者の財産から分離され，独立の責任財産となる（分離原則）」（法人財産の分離・独立），③法人は，「設立者・構成員・役員などの自然人の死を超えて存続しうる」（法人の永久性）などの諸点が挙げられている（同上：663-669）．

（2） 非営利法人

非営利法人は，NPOに含まれる民間非営利団体（組織）のうち法人格を取得した法人である．上記の法人の定義に即していえば，①非営利の特定の目的を達成するために，②人が設立した団体的組織であって，③法律の規定に従い法人格を取得したものである．

「法人の種類とそれに属する法人形式」については，前掲注釈書の叙述（同上：706-726）が明快であり，その一覧（724-726）に基づき**表1-1**を作成した．

この整理によれば，法人は，まず「（1）非営利法人」「（2）営利法人」「（3）その他の法人」に三分される．

そのうち（1）非営利法人は，「営利を目的としない法人」をいうが，「剰余金の分配を目的とせず，かつ，剰余金の分配をなしえない法人」ともいわれる（同上：706）．

非営利法人は，「（ア）単なる非営利法人」（非営利（剰余金を分配しないこと）にとどまるもの）と「（イ）公益法人」（公益を目的とするもの）に二分される．

前者の「（ア）単なる非営利法人」には，非営利法人の基本的法律である一般社団・財団法人法（以下「一般法人法」という）に基づく「（a）一般社団法人・一般財団法人」と，「（b）個別法による非営利法人」（医療法人のほか，共益目的の法人として，法人である労働組合，管理組合法人，地縁による団体）が含まれる．

後者の「（イ）公益法人」には，「（a）公益社団法人・公益財団法人」と「（b）個別法による公益法人」（社会福祉法人，社会医療法人，特定非営利活動法人，学校法

6 第Ⅰ部 法人制度の構図

表1-1 法人の種類と法形式

種類法人形式	意味・(設立根拠法)	法人形式	意味・(設立根拠法)	備考
(1) 非営利法人	剰余金の分配をなしえないもの			
(ア) 単なる非営利法人	非営利(剰余金を分配しないこと)にとどまるもの	(イ) 公益法人	公益を目的とするもの	
(a) 一般社団法人・一般財団法人	一般法人法によるものであって,公益認定を受けていないもの	(a) 公益社団法人・公益財団法人	一般社団法人・一般財団法人が,公益法人認定法による公益認定を受けて公益社団法人・公益財団法人となったもの	※二階建て方式による公益法人
(b) 個別法による非営利法人		(b) 個別法による公益法人・社会福祉法人	(社福22条以下)	
・医療法人	(医療法39条以下によるものであって,社会医療法人としての認定を受けていないもの)	・社会医療法人	(医療42条の2)	※二階建て方式による公益法人
		・特定非営利活動法人(NPO法人)	(特定非営利活動促進法)	
		・学校法人	(私学25条以下)	
		・宗教法人	(宗教法人法)	
		・更生保護法人	(更生保護事業法4条以下)	
		・職業訓練法人	(職業能力開発促進法31条以下)	
			など	
○個別法による共益目的の法人		○「公的な性格を有する」法人		
・法人である労働組合	(労組11条以下)	・弁護士会	(弁護士31条以下)	
・管理組合法人	(建物区分47条以下)	・税理士会	(税理士49条以下)	
・地縁による団体	(自治260条の2以下)	・司法書士会	(司法書士52条以下)	
	など	・社会保険労務士会	(社労士25条の26以下)	
		・土地家屋調査士会	(土地家屋調査士47条)	
		・行政書士会	(行政書士15条以下)	
		・日本公認会計士協会	(会計士43条以下)	
		・日本弁理士会	(弁理士56条以下)	
			など	
(2) 営利法人	営利法人およびそれに準ずる法人であって,剰余金の分配をなしうるもの			
(ア) 営利法人	剰余金の分配を目的とするもの	(イ) 営利法人に準ずる法人	剰余金の分配を目的としないが,それが可能なも

（a）会社	
・株式会社	
・持分会社（合名会社・合資会社・合同会社）	
・持分会社（合名会社・合資会社・合同会社）	
（b）個別法による営利法人	
・投資法人	（投資信託及び投資法人に関する法律61条以下）
・特定目的会社	（資産の流動化に関する法律13条以下）
（3）その他の法人	民法33条2項にいう「その他の法律」にもとづく上記（非営利法人・営利法人）以外の法人
（ア）特殊法人	各別の設立根拠法がある特殊法人
（a）特殊法人	
・日本銀行	（日本銀行法）
・日本放送協会	（放送法15条以下）
・預金保険機構	（預金保険法3条以下）
・日本年金機構	（日本年金機構法）　　など
（b）特殊法人に準ずる法人	株式会社準拠型法人
・日本政策金融公庫	（株式会社日本政策金融公庫法）
・日本政策投資銀行	（株式会社日本政策投資銀行法）
・商工組合中央金庫	（株式会社商工組合中央金庫法）　　など
（イ）独立行政法人など	国家の中央・地方行政組織からは独立した法的人格を認められる存在
（a）独立行政法人	
・［中期目標管理法人］	※各独立行政法人には，その名称・目的・業務の範囲等を定める個別法がある．
・［国立研究開発法人］	
・［行政執行法人］	
・地方独立行政法人	（地方独立行政法人法7条）

	のであり，会社法の規定を多く準用する会社法準用型法人
（a）株式会社法準用型法人	※株式会社法準用型法人については，一般的には非営利法人に分類されている．
（ⅰ）相互会社	保険業法18条以下によるもの
（ⅱ）協同組合	
・農業協同組合	（農協3条以下）
・農事組合法人	（農協72条の4以下）
・漁業協同組合	（水協11条以下）
・漁業生産組合	（水協78条以下）
・水産加工業協同組合	（水協93条以下）
・消費生活協同組合	（消費生活協同組合法）
・事業協同組合・信用協同組合・企業組合	（中協3条以下）
・商店街振興組合	（商店街振興組合法）
・信用金庫	（信用金庫法）
・森林組合・生産森林組合など	（森林組合9条以下・同93条以下）
（b）持分会社法準用型法人	
・弁護士法人	（弁護士30条の2以下）
・税理士法人	（税理士48条の2以下）
・司法書士法人	（司法書士26条以下）
・社会保険労務士法人	（社労士25条の6以下）
・土地家屋調査士法人	（土調士26条以下）
・行政書士法人	（行政書士13条の3以下）
・監査法人	（会計士34条の2の2以下）
・特許業務法人	（弁理士37条以下）

(b) 国立大学法人・ 大学共同利用機 関法人	独立行政法人通則法準用 型の法人 （国立大学法人法2条1 項・3項）	

（出所）後藤2018：「Ⅲ　法人の種類とその体系」（706-726）. 特に「2　法人の種類と法形式（ママ）の一覧」（724-726）に基づき，筆者作成.

人，宗教法人，更生保護法人など．「公的な性格を有する」法人として，弁護士会，税理士会，司法書士会，社会保険労務士会，土地家屋調査士会，行政書士会，日本公認会計士協会，日本弁理士会など）が含まれる（後藤2018：724-725）.

　以上のような意味と種類を有する非営利法人は，民間非営利セクターを構成している.

　本書では，非営利法人と営利法人を合わせて「民間法人」と称し，営利法人やその他の法人も含めた法人全体を視野に入れながら，非営利法人の法と政策について検討する[2].

2　民間法人制度の発展

2.1　民間法人制度の枠組み

　わが国の近現代における民間法人制度の推移は，法人類型の創設と改廃を，営利・非営利の2軸の交差により生まれる4象限への配置で表すと，時系列のⅠ～Ⅳの4段階で表わすことができる（図1-1）.

　各段階で発現した法人類型を掲げるならば，段階Ⅰは，明治以来，一般法として存続してきた改正前民法に基づく旧公益法人（社団法人，財団法人），Ⅰ'は，戦後相次いで制定された特別法に基づく学校法人や社会福祉法人など個別の非営利法人，Ⅱは，（これも民法に対する特別法であるが）NPO法に基づくNPO法人，Ⅲは，中間法人法に基づく中間法人，Ⅳは，公益法人制度改革関連三法に基づく一般社団・財団法人と公益社団・財団法人が登場した段階を示している．Ⅰは1896年から2006年まで110年間存続し，Ⅱ～Ⅳはこの四半世紀余りの間に相次いだ変化である.

　中間法人と旧公益法人の一部を前身として生まれた一般社団・財団法人は，事業目的に制限がなく，公益志向，非公益（共益，私益）志向のいずれにも用いることができる汎用性の高い非営利法人である．構成員への利益非分配を意味する非営利であることは，公益志向専一であることを強制するものではなく，

第1章 非営利法人とNPO政策　9

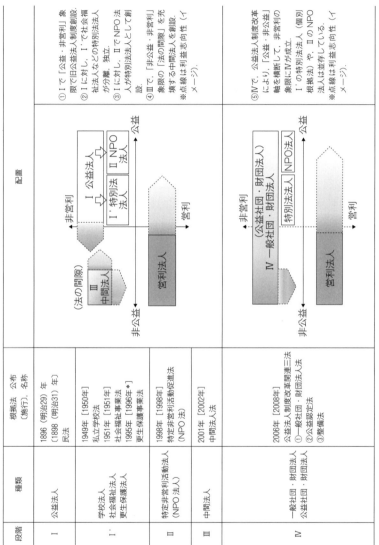

図1-1　民間非営利法人制度の推移

(注)　＊なお、更生保護事業法のうち第2条6項、第11条、第12条、第59条は公布日施行。
(出所)　筆者作成。

10　第Ⅰ部　法人制度の構図

「非営利」イコール「100％の公益志向」ではない．公益志向の程度はさまざまであってよい．また，法人の主な事業目的が私益志向であることも妨げない．「私益志向」の一般法人は，もっぱら「私益追求」を目的とする営利法人とは非営利性の点で区別されるが，共存，併用されている（組織併用については第9章参照）．

2.2　民間法人の法制と税制

　表1-2は，近現代における民間法人等の法制と税制の推移を，表側に上記の非営利法人のⅠ〜Ⅳの段階と営利法人を，表頭には，左から「法人の種類等」，「◆法制上の法人格取得」，「◇税制上の公益性判断」，「税制上の取り扱い（収益事業課税，軽減税率，みなし寄附，利子等非課税，寄附金控除の各適用の有無）」を示しており，法人による法制と税制の違いと推移を一覧するものである[3)]．

　Ⅳの公益法人制度改革の直前に約2万4317法人あった公益法人（2008年12月1日制度施行時特例民法法人数）は，主務官庁による設立許可が税制上の優遇措置に連動していた（法制と税制の連動（融合））．この公益法人のうち主務官庁と財務省の協議を経て認定される特定公益増進法人は，862件（3.5％）ときわめて限られていた．

　Ⅱで旧公益法人制度を残しながら，特別法として制定されたNPO法に基づくNPO法人は，法制（法人格の取得）が認証主義（行政庁は提出書類から，要件の充足を確認すれば認証する）に緩和された．税制上は，人格なき社団と同様に収益事業課税とされたが，軽減税率以下の税制上の優遇措置の適用はない．

　Ⅲで設けられた中間法人は，法制は準則主義（公証人による定款認証と設立登記）とされ，税制上の優遇は無く，営利法人と同じく普通法人とされた[4)]．

　Ⅳの公益法人制度改革により，法制と税制は分離され，法制上，準則主義により設立される一般社団・財団法人は，税制上，営利法人や中間法人と同じく全所得課税（原則課税）とされた．一方，公益社団・財団法人は，旧公益法人とは異なり寄附税制（寄附金控除）が適用される特定公益増進法人であり，一般法人と2層の構造となった．このことは，2階建ての建築物にたとえられ，一般法人が公益認定により「2階へ上がる」とも表現される．

　制度改革にあたり，中間法人のうち共益型の法人や，新たな公益認定基準を満たし難い旧公益法人等からは，一般法人の普通法人並み課税への抵抗感も大きく，平成20年度税制改正で一般法人に非営利型（非営利徹底型と共益型）が設

第1章　非営利法人とNPO政策　*11*

表1-2　民間法人等の法制と税制

| | 段階 | 法人の種類等 | ◆法制上の法人格取得
◇税制上の公益性判断 | 税制上の取扱い（適用の有無） | | | | |
				収益事業課税	軽減税率	みなし寄附	利子等非課税	寄付金控除
非営利法人		人格のない社団等〔任意団体〕	手続き不要	○	× 基本税率	×	×	×
	I	旧公益法人	◆主務官庁の許可 ◇主務官庁の許可と連動	○	○	○	○	×
		うち 特定公益増進法人	◇主務官庁と財務省（大蔵省）の協議により認定	○	○	○	○	○
	I'	特別法に基づく法人： 学校法人 社会福祉法人 更生保護法人	◆所轄庁の認可 ◇設立と連動	○	○	○	○	○
	II	特別法に基づく法人： 特定非営利活動法人 （NPO法人）	◆所轄庁の認証	○	×	×	×	×
		うち特定非営利活動法人 認定特定非営利活動法人	◇所轄庁の認定 （2011年改正により国税庁長官の認定から変更）	○	×	×	×	×
	III	中間法人	◆定款認証と設立登記 （準則主義）	× 全所得税率	×	×	×	×
	IV	公益社団・財団法人	◇行政庁（公益認定等委員会）の認定	○	×	○	○	○
		一般社団・財団法人　一般法人（非営利型）	◆定款認証と設立登記 （準則主義） ◇非営利型要件の定款記載等	○	×	×	×	×
		一般社団・財団法人　一般法人（非営利型以外）	◆定款認証と設立登記 （準則主義）	× 全所得税率	×	×	×	×
営利法人		普通法人（民間企業等）	◆定款認証と設立登記 （準則主義）	× 全所得税率	×	×	×	×

（出所）筆者作成. 図1-1のI～IVの段階を表示し, 内閣府, 国税庁のウェブサイト, 山岡2012：表4, 尾上2022：図表6-4を参照.

けられた. 税制上は公益法人とあわせ3層構造となった. この点, 法制上の2層と整合しなくなったということもできるが, 2層を前提として, 非営利型一般法人を「中2階」と呼ぶこともある.

　非営利型一般法人は, NPO法人と税制上同レベルにある. ともに収益事業課税であるが, 軽減税率, みなし寄附金, 利子等非課税, 寄付金控除の適用はない.

　公益社団・財団法人は, 認定NPO法人と比べると, いずれも旧公益法人のような軽減税率は適用されず基本税率である. この点は, 同じく特定公益増進

法人である学校法人，社会福祉法人，更生保護法人など特別法（私立学校法，社会福祉事業法，更生保護事業法など個別根拠法[5]）に基づく非営利法人とは異なっている．また，公益社団・財団法人と認定NPO法人は，ともに寄附金控除の適用を受けるが，みなし寄附の適用内容や，利子等非課税の適用の有無に違いがある．

3 NPO政策とは何か

3.1 NPO政策の意味：公共政策としてのNPO政策

近年，「ガバメントからガバナンスへ」（from government to governance）の表現[6]に見られるように，公共政策を，ひとり政府セクターのそれも中央政府が一元的に政策主体として担うのではなく，同じ政府セクターであっても地方自治体や，民間セクターの多様なNPO，さらに民間企業が，国民（住民）本位の公共政策を分権的なネートワークの下で計画，執行し評価する社会的集団（組織）として強く期待され，各地で多様なネットワークに基づく政策を具体的に展開しつつある．公共政策の政策主体は多元的に捉える必要があり，それらはいずれも国民や住民に対する説明責任を負う．

公共政策には，国家の自立と生存に関わり国家運営のベースを形成する政策である「基底的政策」（危機管理や国家装置の形成，物理的強制力の組織化，生産力整備，外交，財政などに係る政策等）と，それらの基底的政策の実現を図る手段にあたる政策群である「派生的政策」とを区別することができる．基底的政策も派生的政策も，ヒト，財，サービスの分配，再分配や規制，シンボル形成などの形態をとる[7]．

「NPO政策」とは，NPOを対象とし，多元化した政策主体によって担われる公共政策である．第一に，それはNPOを対象（公共的問題）とする公共政策である．例えば，NPOの法制（法人格付与制度）や税制（優遇措置等）はいかにあるべきかという制度設計を行うことは，社会全体あるいはその特定部分の利害を反映した何らかの公共的問題に対する行動方針の決定そのものである．

第二に，NPO政策の政策主体も，公共政策一般と同様多元化しており，今後さらに多元化していくと考えられる．かつてNPO法の立法過程が政府提案（閣法）ではなく，多くのNPOの積極的な関与によって民意を反映した議員立法により貫かれたことも，そうした傾向を顕著に示している[8]．NPO政策は政府，民間営利，民間非営利の三つのセクターに属する中央省庁・地方自治体，

民間企業，NPO 等が各々政策主体となり，それらの政策は互いに拮抗したり，複合的に連携したりする相互関係にある．その意味で，私たちは各セクターの政策主体による「鼎立する NPO 政策」の姿を基本に置く必要がある．

　第三に，NPO 政策についても基底的政策と派生的政策の二種類を区別することができる．

　基底的（目的的）NPO 政策とは，NPO の創出，育成，成長発展とそのための支援など NPO そのものが公共的問題とされている場合である．それは，国内において法人制度（法制，税制等）をどのように創設し運営していくかという法人政策，すなわち国家装置を形成する政策（基底的政策）と重なり合うものとして捉えられる．法人政策の対象は，3 セクターそれぞれについて，例えば政府セクターに属する公法人や民間営利セクターに属する営利法人，民間非営利セクターに属する非営利法人のいろいろな制度改革問題（市町村合併，大都市制度改革等の地方制度改革，商事会社の法人類型の改廃，公益法人や NPO 法人などの非営利法人制度改革等）が含まれるが，基底的 NPO 政策はこのうちの非営利法人政策を含み，民間非営利組織に係る公共政策である．

　一方，派生的（手段的）NPO 政策とは，NPO が何らかの基底的政策の実現を図るための派生的な政策の対象とされている場合である．

　一つは，上記の基底的 NPO 政策の派生的政策となる場合がある．例えば，1998年に議員立法により成立した NPO 法は，NPO 法人という新たな非営利法人類型を創設する基底的 NPO 政策の作用に当たるが，その後同法に基づき多数設立された NPO 法人の活動を継続的に支援し市民公益活動の振興を図るため，全国各地に NPO（支援）センター等の名称の多様な中間支援組織とその施設が設けられてきた．それらの設立・運営には自治体や NPO が積極的に関与している．そのうち中間支援組織の組成や施設の管理運営主体として NPO を活用する政策は，基底的 NPO 政策を推進するための派生的 NPO 政策ということができる．

　いま一つは，「基底的政策である何らかの公共政策」の派生的政策としての NPO 政策の場合である．「何らかの公共政策」の具体例は，様々な政策領域に対応して無数に考えられるが，本書で取り上げている様々な分野の公共政策から例えば本書の第 5 章のテーマに即していえば，雇用・労働政策の一環である職業訓練政策（あるいは，より広い職業能力開発政策）を基底的政策であるとすると，その職業訓練や職業能力開発といった政策作用において，職業訓練法人を

14　第Ⅰ部　法人制度の構図

はじめ，職業能力の開発や雇用機会の拡充を活動目的とする多様なNPO [10] を，それらに資金等を配分することによって活用する政策は，基底的政策としての職業能力開発政策の派生的NPO政策であるということができる．

図1-2は，こうした公共政策としてのNPO政策の種類を示している．

次に，**図1-3**として，上記の基底的NPO政策と派生的NPO政策の関係を図解した．

図1-3の左側の図では，ある政策主体（政府・自治体，民間企業，NPO）が，政策客体（それ自体が公共的課題（目的）であるNPO）に対し，NPOの法人類型を制度化して創出したり（法人法の立法），NPOの活動を支援しその組織力を増強する法人に対する補助等の作用を行う基底的NPO政策と，その基底的NPO政策の作用の手段としてNPOが活用される場合（例えば立法を求める運動やロビー活動，様々な支援活動の担い手として別のNPOを活用する），これを基底的NPO政策のための派生的NPO政策を示している．

また，**図1-3**の右側の図では，何らかの基底的X政策において，政策主体（政府・自治体，民間企業，NPO）が，ある政策客体（例えば，人材等）に対して，公共サービスの提供という作用を行う場合，その作用の手段としてNPOが活用される場合，これを基底的X政策のための派生的NPO政策とする．

つまり，左図の基底的NPO政策で創出・増強されたNPOは，右図のように，何らかの基底的X政策の政策主体となったり，その基底的X政策を推進するうえでの派生的NPO政策において手段として活用されることにより，公共政策や公共経営のアクターとして多様な役割を担い，政府・自治体や民間企業と並び，社会を構成する重要な組織資源となっている．

筆者はかつて，明治期から現代にいたる基底的NPO政策の展開過程を，ときの政治体制の変遷に着目して5期に分け，各期について，政府セクター及び民間セクター双方から論述した [11]（本書第4章では，「**表4-1　時期区分の対比図表**」の「初谷［2001］」の列にその時期区分を表示している）．

政府セクターによる基底的NPO政策は，1896年に公布された民法の総則第2章第33条〜第84条に規定された公益法人制度を嚆矢とする．その後，戦前には，社会事業法（1938年），宗教団体法（1939年）などが相次いで制定された．

近代以降のわが国のNPO政策の変遷を顧みると，基底的NPO政策については，法人政策など国家の法制・税制等のあり方に関わることから政府セクター主導で展開してきた（つまり，政策主体が政府・自治体主導であった）が，近年，

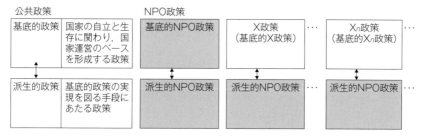

図1-2　公共政策としてのNPO政策の種類

（出所）磯崎1997：図2-6を参考に，筆者作成．

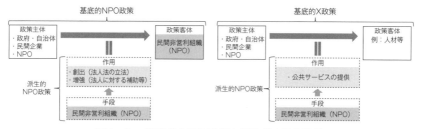

図1-3　基底的NPO政策と派生的NPO政策

（出所）筆者作成．

国，地方における民の力を支えとする議員立法の漸増に見られるように，民間セクターが立法政策過程に参画する例が増加している（つまり，PPP（Public Private Partnership）により，政策主体に民間企業やNPOが参画している）．

一方，派生的NPO政策についても，明治以降の民間企業や助成財団等によるフィランソロピーの実績や，近年の「企業の社会的責任」（CSR）の履行としての様々な公益志向の事業展開にみられるように，民間セクターの政策主体（民間企業や助成財団等）による派生的NPO政策が，先駆性，先導性という点で大きな役割を果たしてきており，これからも持続的な貢献が期待されている[12]．

3.2　派生的NPO政策の類型

次に，各セクターのNPO政策が鼎立すると考える筆者の観点からは，何らかの基底的政策を実現するための派生的政策の類型を次のように考えることができる[13]．

表1-3は，「3セクターの政策主体による派生的政策の類型」を示している．

縦軸に各セクターの政策主体，横軸に政策の執行レベルに着目してその財源調達とサービス供給が誰によってなされるかを基準に類型を区分し，類型記号をG1〜F7まで付している[14].

第一に，G（政府），NPO，FPO（民間営利組織）のいずれが政策主体となる場合であっても，財源調達とサービス供給を同一主体が行う単独モデルと，財源調達とサービス供給を別主体が協同により行う協同モデルとを区別している[15]．たとえば政府が政策主体となる場合，G1は中央政府なり地方自治体なり同一の主体がみずから財源調達をしてサービス供給する例であり，G2やG5は，たとえば中央政府が財源調達をして地方自治体がサービスを供給する例である．

第二に，各政策主体の協同モデルは，さらにサービス供給主体が財源調達主体とどのような関係にあるかによって，エージェント型（執行にあたり，ほとんど裁量を持たない場合）とパートナーシップ型（執行にあたり，プログラムの管理等にかなりの裁量を有する場合）に分けられる．よって，たとえばG2とG5は区別される．

第三に，各政策主体の単独モデルや協同モデルは，相互に多様な組み合わせを柔軟に構成する．同じ基底的政策の実現を図るために各セクターの複数の政策主体の派生的政策がセットで展開されるとき（例えば，政府がG1，G2，G3を併用したり，政府と民間営利組織がG3とF3を協同するなど），それらはさまざまな並行モデル群を構成する．並行モデルは複数のセクターの派生的政策が複線的に執行される多元的な供給形態である[16]．

そして，派生的NPO政策とはNPOが派生的政策の対象となる場合であるから，これらの類型の中では，NPOが財源調達主体になったり（N1〜N7），サービス供給主体として関わったりする（G3，G6，N1，N3，N6，F3，F6）場合（網かけを施した部分）をいう．

以下，この類型を用いて，本書各章で取り上げるNPO政策についても考察することとしたい．

3.3 NPO政策の課題

次に，こうしたNPO政策にはどのような課題があるだろうか．

筆者は，特定非営利活動促進法（以下「NPO法」という）制定後まもない2000年代当初に，上記の「基底的（目的的）NPO政策」と「派生的（手段的）NPO政策」に分けて，短期的課題と中長期的課題を整理した[17]（表1-4）.

表 1-3　3 セクターの政策主体による派生的政策の類型

政策主体	モデル名	区分	執行レベル						類型記号
			財源調達			サービス供給			
			G	NPO	FPO	G	NPO	FPO	
G（政府）	単独モデル		○			○			G1
	協同モデル	エージェント	○			□			G2
			○				□		G3
			○					□	G4
		パートナーシップ	○			□			G5
			○				□		G6
			○					□	G7
NPO（民間非営利組織）	単独モデル			○			○		N1
	協同モデル	エージェント		○		□			N2
				○			□		N3
				○				□	N4
		パートナーシップ		○		□			N5
				○			□		N6
				○				□	N7
FPO（民間営利組織）	単独モデル				○			○	F1
	協同モデル	エージェント			○	□			F2
					○		□		F3
					○			□	F4
		パートナーシップ			○	□			F5
					○		□		F6
					○			□	F7

（注1）執行レベルの前後に計画レベル，評価レベルがあるが，本表では略.
（注2）政策主体が財源調達を行う場合を例示.
（注3）○と□は別主体であることを示す.
（注4）アミカケ部分は，派生的 NPO 政策を示す.
（出所）筆者作成.

18 第 I 部 法人制度の構図

当時，基底的 NPO 政策の課題としては，政府セクターや民間営利セクターと区別して認識されるようになった ① 民間非営利セクターの存立と発展を支援し，② 民間非営利セクターに係る法体系と税制を検討すること，が期待された．一方，派生的 NPO 政策の課題としては，③ 政府などによる公共政策や公共経営において NPO が適確に位置づけられ，参画，関与していくようにすること，また，④ 公共政策や公共経営の個別領域において，民間主導による政府・NPO 間協働 (PPP) を開発することが期待された．

当時は，東西冷戦終結後，国際的にも先進諸国において NPO が台頭し，政府による一元的 (単元的) な統治 (ガバメント) から，官民の多様な主体の連携・協働による多元的な共治 (協治) (ガバナンス) への移行が顕著にみられるようになっていた．この移行は「ガバメントからガバナンスへ」(from government to governance) とも表現され，政府においても「OPA (Old Public Administration：古い行政管理) から NPM (New Public Management：新しい公共経営) へ」の転換が進んだ[18]．

わが国でも，1990年代から始まった地方分権改革 (「国から地方へ」) と並行して，2000年代には政府機能の見直しや規制改革により公共的な政策，事業，活動に対する多様な民間主体の参入が加速し，官民関係の理解や構図が大きく変容した (「官から民へ」)．NPO は，政府，企業に比肩する公共サービス提供の主体として期待を集め，地域社会では，自治体や住民・市民と NPO の連携・協働が大きく進展した．

今日では，NPO そのものを社会の重要な組織資源として位置づけ充実させること (基底的 NPO 政策) や，そのようにして生まれた NPO を，広域的な社会課題や身近な地域課題の解決に向けた取組みに活用していくこと (派生的 NPO 政策) について一般の理解も広がり，いわば基底的 NPO 政策と派生的 NPO 政策が連鎖，連動し，併用され循環する光景は日常的なものとなっている．

表 1-4 で掲げた NPO 政策の短期的・中長期的な課題も，この間の様々な非営利法人制度改革[19]や関連政策の進展により解決されてきた点も少なくない．しかし，依然として残されている課題も多い．それらの課題の解決に向けた今後の取り組みの方向性を検討すべき時機にある．

たとえば，2006年のいわゆる公益法人制度改革関連三法の一つとして制定，施行された一般社団・財団法人 (以下「一般法人」という) 制度について，制度施行後15年を越えた今日，同制度が定着してきたことは多としつつ，一般法人制

第1章　非営利法人と NPO 政策　*19*

表1-4　NPO 政策の課題（2001年当時）

NPO 政策の区分	意味	課題	短期的課題	中長期的課題
基底的（目的的）NPO 政策	➤NPO・民間非営利セクターが，政府・民間営利の組織やセクターから区別され，独立した存在，自立的，能動的な主体として成長，発展していくことができるようにするための課題	1　民間非営利セクターの存立と発展の支援	① 概念把握 ② パートナーシップ ③ 組織管理能力	① 一元的な非営利法人法体系の確立と整備 →法環境整備
		2　民間非営利セクターに係る法体系と税制の検討	① NPO 法は次善の策と認識 ② NPO 法の制度運用 ③ 認定要件の規制緩和，公益寄附金に係る税制	① 民間非営利セクター法体系と税制のあり方を抜本的検討 ② 政策志向学習の継続 ③ 民間非営利セクターの寄付金税制の総合的見直し
派生的（手段的）NPO 政策	➤何らかの公共政策や公共経営の展開において，NPO が，政府・民間営利の組織やセクターとともに，それらと適切な関係性を保ちながら連携・協働し，より良い公共性の実現に向けて共に貢献できるようにするための課題	3　公共政策，公共経営，NPM（新公共経営）における NPO の定位と関与	① 計画・評価の能力ある NPO の成長 ② 政府の NPM への協働	① 非営利セクターの特性に応じたマネジメント理論の開発とその実践 ② NPO における情報の公開性，効率性の追求や説明責任等の履行
		4　公共政策，公共経営の個別領域における民間主導による政府・NPO 間協働の開発	① 国による政策誘導システムを多様な国民のニーズに柔軟に対応する方向へ運用改善	① 「民間主導」の NPO，民間企業との協働モデルへと移行

（出所）筆者作成．初谷2001a：「第1章　NPO 政策　1．定義」（85-94），及び，初谷2012：「序章　公共マネジメントと NPO 政策」（1-20）参照．

　度をより良いものへバージョンアップする基底的 NPO 政策とは何か．また，様々な政策領域で，派生的 NPO 政策の対象として一般法人が活発に選択されていることを評価しつつ，政策手段，ヴィークル（乗り物）として一般法人を活用する上で，その存在意義や存在価値をいっそう増すために必要なことは何かが問われている．この点については，本書第3章で考察する．

注

1）この考え方の初出として，初谷2001a：85-94（「第1章　NPO政策1公共政策とNPO政策1.1定義」）参照．以後，筆者の非営利組織・非営利法人研究に係る論考，それらを収めた前二著（初谷2001a，初谷2012）や本書の基軸としている．

2）わが国では，非営利組織のうち公権力性を持たない民間（非政府）の非営利組織を，法人格の有無を問わず「NPO」と表記するのが一般化している．

　　かつて1995年の阪神淡路大震災を契機に，幅広い市民活動や復興支援など多様な民間公益活動の器や乗り物（ヴィークル）として，当時の民法に基づく公益法人制度とは別に，より簡便に法人格を取得し税制上の優遇措置も得られるような非営利法人の根拠法の立法運動が起こり，求める新法を「NPO法」と称することが広がった．

　　1998年に民法の特別法として特定非営利活動促進法が制定されたが，同法の略称として，制定過程で言い慣わされた「NPO法」という呼称や，同法に基づき設立される特定非営利活動法人の略称としての「NPO法人」が広く普及した．

　　その結果，NPO法制定から四半世紀を越えたいまでも，「NPO」といえばボランティア団体やNPO法人を想起する方も少なくなく，NPOにはNPO法人以外に一般法人や公益法人をはじめ社会福祉法人や学校法人など個別根拠法に基づくさまざまな非営利法人が含まれることへの理解が必ずしも十分ではないと見受けられることがある．

　　本書では，文中で民間非営利組織をNPOと称し，特定非営利活動法人をNPO法人と略称しているが，「非営利法人の法と政策」を考察するにあたり，NPOに含まれる多様な非営利法人を視野に入れるものである．

3）図2-2の構成要素である各法人類型ごとの法制上の準拠主義の違い，税制上の優遇措置の有無等を図示するうえで，内閣府，国税庁のウェブサイトのほか，山岡2012：33-34，尾上2022を参照した．

4）中間法人を原則課税とすることは，法制審議会でも，法案を審議した国会でも説明されず，税制調査会にも問題提起がされていないことに対する批判として，堀田，山田，太田責任編集2004：51．

5）一般法人法は，改正前民法のように非営利法人の一般法ではなく，未だ非営利法人の個別根拠法の一つに過ぎない．従来の特別法法人は個別根拠法に基づく法人となる．一般法人法の「一般法性」の獲得については，第2章3.2で後述する．

6）Kooiman（Eds.）1993参照．『『カバメントからガバナンスへ』という問題意識は，公共的問題の解決にあたっては，これまでのような政府（government）だけによっては十分でなくなってきたため，政府だけではなく，政府を取りまく環境にいる様々なアクターも，互いに協力して公共的問題の解決に携わる必要が出てきたのではないか，というもの」で，そうした「政府を含む各アクターによる協力的な公共問題の解決」の呼称が「ガバナンス」である．大山2010：12．なお，Kooiman2003も参照．初谷2012：3-4．

7）磯崎1997：57-60．「基底的」及び「派生的」は，おおむね「目的的」及び「手段的」に置き換えて考えることができる．

8）NPO法の立法政策過程の分析として，初谷2001：第4章（269-338），小島2003，原田2020参照．

第1章　非営利法人と NPO 政策　*21*

9) 職業訓練政策と職業能力開発政策の呼称は，以下第5章でも文脈に沿って使い分ける．

10) 現在，特定非営利活動促進法別表（法第2条関係）所掲の「特定非営利活動」20種類の中に，「十六　経済活動の活性化を図る活動」とは別に「十七　職業能力の開発又は雇用機会の拡充を支援する活動」が掲げられている．内閣府のウェブサイトで「特定非営利活動法人の活動分野」（平成30年9月30日現在）を検索すると，平成30年9月30日までに認証を受けた51,745法人の定款から集計した件数は，「十七」は1万3330件（認証総数の25.7%）となっている．

　また，公益社団法人及び公益財団法人の認定等に関する法律（平成18年法律第49号）所掲の第2条4号の「公益目的事業」として，別表（第二条関係）に掲げる23事業のうち，労働・雇用関係では，「五　勤労意欲のある者に対する就労の支援を目的とする事業」，「八　勤労者の福祉の向上を目的とする事業」，「二十　公正かつ自由な経済活動の機会の確保及び促進並びにその活性化による国民生活の安定向上を目的とする事業」がある．内閣府2018によれば，公益法人の総数：9493法人（前年比＋35，平成29年12月1日現在）で，内訳は社団：4152法人（43.7%），財団：5341法人（54.3%）となっている．公益目的事業別に見ると，「五　就労の支援」は1244法人（総数の13.1%）（社団：1047，財団：197），「八　勤労者福祉」は263法人（総数の2.7%）（社団：86，財団：177），「二十　経済機会確保」は351法人（総数の3.6%）（社団：162，財団：189）となっている．

11) 初谷2001a：「第2章　NPO 政策の変遷」(133-229)．戦後を，戦後改革期（1945-1954年），55年体制前期（1955-1974年），55年体制後期（1975-1993年），再編と連立・連携期（1993年-）の5期に分けて論じた．

12) 同上：第2章．

13) この類型化は，初谷2001a で示した考え方に基づき，その後，初谷2005a でより詳しくして提示し，「民間公益活動における組織併用」という現象の解釈に用いるとともに，初谷2005b で戦後社会福祉政策と社会福祉法人，また初谷2012：第3章で更生保護政策と更生保護法人について NPO 政策の観点から考察する際にも活用した．その意味で，本書第4章，第5章を例にとれば，これらの論考での考察の延長線上にあるとともに，それらと対をなし，戦後の公共政策と NPO 政策との関係を，社会福祉，更生保護に次いで，職業訓練・職業能力開発という領域から検討するものである．

14) かりに政策の計画レベルや評価レベルに着目するならば，横軸には計画や評価のための財源（物的資源）はもとより人材（人的資源）や情報資源などの資源調達と計画行為や評価行為がだれによってなされるかを基準に立てて同様に類型化を図ることができる．

15) 協同モデルについて，ギドロンらによる元々の命名 'Collaboration Model' にあてる訳語として「協同」を採用したのは，協同モデルがさらにエージェント型とパートナーシップ型に分けられるため，パートナーシップの訳語として用いられることの多い「協働」と区別するためである．初谷2001a：119.

16) この点で，ギドロンらの並行モデルの用語法とは異なる．Gidron, Kramer, and Salamon 1992，初谷2001a，初谷2005a 参照．

17) 初谷2001a：「第1章　NPO 政策」およびその要録として初谷2012：「序章　公共マネジメントと NPO 政策」参照．

22   第Ⅰ部　法人制度の構図

18）唱道理念の推移について，初谷2018参照.

19）公益法人制度改革ではなく「非営利法人制度改革」というときは，2006年公益法人制度改革はもとより，NPO法の数次にわたる改正や，社会福祉法人や学校法人，更生保護法人などの個別根拠法の改正などにわたる一連の改革を指す.

第2章
非営利法人の系統と分類
——NPO法人の新たな可能性——

はじめに

　わが国の法人の種類と法人形式は，第1章の**表1-1**により一覧することができる．同表は，この一覧が整理・公表された時点（2018年）を切り口としたわが国の法人類型の分布図であり，静態的に制度配置を捉えるうえで有益である．

　ただ，法人の体系や法制，法人類型は，第1章「2　民間法人制度の発展」で見たように，特に戦後は，時代の要請に基づくさまざまな改革により変化を続けて今日の制度配置に至っている．戦後まもない頃の特別法に基づく新たな非営利法人類型の創出，阪神淡路大震災後のNPO法制定，今世紀に入ってからは明治以来110年ぶりとなる抜本的な公益法人制度改革，その後の法人類型横断的なガバナンス改革が進行中である．

　この間の激動を顧みても，現在の姿は必ずしも不動の安定したものではあり得ず，今後も，新たな政治的経済的な要因やさまざまな環境変化を受けて変革を迫られていくことが容易に想像される．

　非営利法人の法と政策を検討していくうえでは，ある時点の特定の空間での静態的な分析に加え，法人法制や法人政策の動態を把握し検討することで，今後の方向性を析出できるような視力や視点も求められる．

　こうした問題意識から，本章では「非営利法人の系統と分類」という問題を取り上げる．

　本章は，筆者が所属する（公社）非営利法人研究学会の分野別研究会の一つである「NPO法人研究会」（2021年9月-2023年9月）の座長に応嘱し，NPO法制定後15年を経たなかでの「NPO法人の特長と新たな可能性」を共通論題として2年間検討した際，この共通論題の下で分担した個人研究報告論文（初谷2024a）に基づいている．

　報告では，NPO法人を対象に，他の非営利法人との比較や関係性について

「体系化」の観点から検討し，その新たな可能性を考察した．専門分野を越えるアプローチにも踏み出した粗削りの論ながら，非営利法人の法と政策を検討するうえでの新たな視点として提示する．

以下，「1　非営利法人の体系」では，「体系」と「体系化」の意味を整理したうえで，「NPO 政策の課題としての体系化」を示す．

次いで，「2　体系化のアプローチ——文化系統学の援用」では，文化系統学のアプローチを援用して，「無生物（非生命体）と文化進化」の観点から非営利法人の文化進化をとらえる．文化系統学にいう「体系化」，「系統樹思考」，「分類思考」などの概念を示したうえで，法人の「系統」問題として「非営利法人法における一般法と特別法の意味」を挙げ，法人の「分類」問題として「非営利法人の分類基準」を挙げる．

最後に，「3　非営利法人の体系と NPO 法人」では，非営利法人の系譜と NPO 法人の位置を見たうえで，NPO 法人に見て取れる非営利法人の系統問題，分類問題を明らかにする．

1　非営利法人の体系

1.1　体系と体系化

「体系」の語義は，たとえば，「1　個々別々の認識を一定の原理に従って論理的に組織した知識の全体，2　個々の部分が相互に連関して全体としてまとまった機能を果たす組織体」などとされる[1]．このうち1を筆者の問題関心にあてはめれば，非営利法人（法）の体系化とは，多様に分岐し散在している非営利法人（とその根拠法）の個々別々の認識を，一定の原理に従って論理的に組織化した知識として全体的にまとめることを意味する．

筆者は，かつて非営利法人法の体系化について，フランス私法やわが国の行政法における「法典化」の議論を参照し，その意味や方法について述べた（初谷2015a：194-197）．その際，参照した法典化の議論を，本論に必要な範囲で要点を抜粋すると以下のとおりである．

（1）フランス私法の場合
　・「法典」とは「国家に由来する成文法規範である法律の集成」をいい，「法典化」とは「『ある分野に関する規範の全体を体系的な目次立てに従っ

て組み込んでいる，一貫した法文の集成』を，この総体に規範的な性質
——すなわち以前の法文の拘束力に取って代わる形で付与された拘束力——
を付与しながら，作り上げること」(ルヴヌール2011：81) である．

（2）日本の行政法の場合

・「行政法という一つの法典は，過去に定められたことがなく，現在も存
　在せず，将来の制定を目指す際立った動きもない」けれども，「行政分
　野を問わず分野横断的に行政活動に適用される行政通則法は，断片的な
　形でいくつか存在する」．
　　その例として，戦後の立法では国税徴収法や行政不服審査法，行政事
　件訴訟法などのほか，「行政組織を通則法により統一的に規律する」国
　家行政組織法，独立行政法人通則法，地方自治法等があげられる．
　　「行政分野を横断して適用される1つの行政法典を構想する基礎」と
　して，行政手続法 (1993年) があげられ，行政手続の観念を拡張するこ
　とが提示される (山本隆司2006：85)．
・法典化の意義としては，①「複雑・多様で変化の激しい各行政分野の法
　規範および現実の行政過程を，利害関係者および公衆が理解でき，また
　批判的に検討できる状態に置くことが，正に法システムの役割であり，
　法治国原理・民主政原理の基本的な要請と言える」こと，②「行政法規
　の無用の複雑さを除去し (簡素化)，行政過程の構造，全体の流れを透明
　化するのに資する」こと，③「縦割りで制定および展開される度合いが
　強い」「各行政分野の法規範および行政活動が」「分野間で比較できるよ
　うにし，特定の行政分野の法規範および行政活動が，他の行政分野に移
　入できる優れた考え方を含んでいないか，あるいは逆に，一般の行政分
　野に対して特殊な扱いをする合理性を有するかを，検討できるようにす
　ることは，法政策上有益」であることがあげられる (山本・同上)．

　上記の（1）・（2）の考え方を非営利法人法の体系化に援用して考えてみよ
う．
　まず，（1）でいう「法典」の意味は，「ある分野に関する規範の全体を体系
的な目次立てに従って組み込んでいる，一貫した法文の集成」であり，「法典
化」により，ある分野に関する個々の法律は姿を留めつつ体系的に集成され，

26 第Ⅰ部 法人制度の構図

まとまった全体として拘束力を持つこととされている.

　注意すべきは,法典化は,個々の法律をもれなく再編して一本の法律に統合することを意味しているわけではない.非営利法人法という法典が想定されたとしても,それは,既存の多様な非営利法人の個別根拠法（NPO法,一般法人法,社会福祉法など）をすべて廃止して一本の法律に統合することを意味するわけではない.

　次に,（2）の行政法と同様に,現在,非営利法人法という法典は存在していないが,分野横断的に非営利法人の活動・事業に適用される「通則法」的な法律は,NPO法や一般法人法のように複数存在している.こうした通則法的な法律を「体系化」した1つの非営利法人法典（法律の集成）を構想するとき,その法典の基礎となる法律は何か.また,非営利法人法の法典に通底する「非営利法人の活動・事業」をどのように観念するかが問題関心となる.

　そして,非営利法人法を法典化する意義は,行政法の場合と同様に,①'法治国原理・民主政原理の基本的要請に応え,利害関係者や公衆が理解しやすく批判的検討を施しやすいこと,②'個別の法律の無用の複雑さを除去し（簡素化）,非営利法人の活動や事業のプロセスの透明化に資すること,③'縦割りの個別根拠法を分野間で比較でき,相互参照により優れた考え方を互いに移入したり,非営利法人の活動や事業のうち特殊な扱いをするものに合理性があるかどうか検討する契機となること,があげられる.

1.2　NPO 政策の課題としての体系化

　セクター三元論では,民間非営利セクター（サードセクター）は,政府セクターや民間営利セクターと鼎立しつつ,相互に補充（代替）,補完（協働）したり,ときには競い合い対抗（敵対）したりしながら,共に「公共」を担う存在として大きな役割を担っている.

　NPO 政策の意味や種類については第1章で述べたが,NPO 法人の場合でいえば,そもそも NPO 法を制定して NPO 法人制度を創設し,その充実発展を図るのは基底的（目的的）な NPO 政策であり,そのようにして増加し伸長した NPO 法人（群）を様々な政策目的達成の手段として利活用するのは派生的（手段的）な NPO 政策であると考える.

　第1章の表1-4で掲げた NPO 政策の短期的・中長期的な課題の中には,この間の数次にわたる NPO 法改正やその他の特別法の改革,抜本的な公益法

人制度改革や関連政策の進展によって解決されてきた点もあるが，依然として残されている課題も少なくない．

公益法人制度についてみれば，2023年以降，政府関係者により「第二次公益法人制度改革」とも標榜される改革が進行している．創設されて四半世紀余りを経たNPO法人制度についても，より良い制度へバージョンアップするための基底的なNPO法人政策とは何かが問われている．また，さまざまな政策領域で，派生的NPO政策の対象として既にNPO法人が広く選択されていることを評価しつつ，政府の統治手段や国民の乗り物としてNPO法人を活用する上で，その存在意義や存在価値をいっそう増すために必要なことは何かが課題となっている[2]．

2　体系化のアプローチ——文化系統学の援用

2.1　無生物（非生命体）と文化進化

非営利法人法の体系化の意味や体系化することの意義については，前掲2.1でみたとおりである．では，非営利法人法の体系化を実際に考察するうえでは，どのような概念や分析枠組み，方法論が有益だろうか．

法制度の変遷や系譜を通時的に分析するのであるから，法学と歴史学の交差する法制史学（あるいは法史学）によるアプローチの有用性は予測できる．また，わが国の法人制度の創設と発展経緯を顧みれば，民法学や商法学・会社法学に基づく研究も不可欠だろう．

それらも課題として意識しつつ，本章では少し視点を変えて，系統分類学あるいは後掲の文化系統学を手がかりに検討してみたい．

筆者は，NPO法制定後間もない2001年に，「NPOの分類」について日本NPO学会第3回全国大会で研究報告をした際の報告論文（初谷2001b，本書第3章に収録）で，系統分類学の基礎概念を参照し，それに依拠したが，以来，学際的な系統分類学的なアプローチに関心を寄せてきた．

系統分類学については生物学の領域で膨大な蓄積があるが，その場合，対象は生物である．一方，非営利法人やその法制度は無生物（非生命体）である．大方の認識として，無生物を対象とする系統分類学的研究は未だ馴染みが薄く，普遍的に理解されているとはいえないだろう．

筆者が探索したわが国における先行研究では，1980年代後半に，系統分類の

28　第Ⅰ部　法人制度の構図

研究対象を生物に限定するのではなく，万物を対象に分類を考察する「理論分類学」を提唱した研究が見いだせる（八馬1987）[3]．生物・無生物を問わず対象を広くとらえ，汎用的な系統分類の理論構築を目指している点は，管見ながら先駆性が認められるところである[4]．

　その後，1990年代以降，系統分類学の分野で顕著な業績を挙げてきた三中信宏の一連の研究（三中1997，同2006，同2008，同2017，同2018等）や中尾・三中らによる文化系統学に関する編著（中尾，三中編著2012：ⅰ（中尾「はじめに—分野を越境する方法論」）参照）[5]に接し，生物にかぎらず無生物（非生命体）を対象として系統分類を分析した多くの先行研究が，歴史学，考古学，民族学，比較文学など内外の多様な学問分野に存在することを教えられた．そこでは，法典の写本や政治体制の変遷についての文化系統学研究も紹介されている．課題とする「非営利法人法の体系化」についても，そのアプローチは大いに援用できるのではないかと考えた．

　文化系統学は，「生物学で発展してきた系統学の方法論を文化的構築物の歴史的変遷に適用」する（中尾，三中編著2012：ⅰ）．生物の多様性と同じく，「生命を持たない文化の多様性」の歴史的変化を明らかにする「文化進化」の研究である（同上：2）[6]．その際，「『変化をともなう由来（descent with modification）』という先祖—子孫関係があるような歴史的系譜こそが進化研究の対象となる」とする（同上）．

　なお，ここで注意が必要であるが，生物進化で「進化」という言葉には「進歩」の意味は含まれない．形質が生存に不利な方向へ変化しても進化とされる（中尾，三中編著2012：6）．

　進化生物学で生物進化が研究される際には，プロセス研究とパターン研究の概ね二つのアプローチがある．プロセス研究は，「身体の色や形など生物が持つさまざまな形質が進化の過程でどのようにしてどうやって獲得されてきたか，その要因を明らかにしようと」し，パターン研究は，「生物どうしの類縁関係（relatedness），すなわちどの生物とどの生物が，ほかの生物よりも近縁か，より近い祖先を共有するのか」を明らかにしようとする（同上：3，5）．

　文化系統学で文化進化を研究する際にも，プロセス研究とパターン研究の二つのアプローチがある．三中によれば，「『パターン』とは存在の様相であり，『プロセス』とは『パターン』を生成する過程」である（同上：172-173）[7]．つまり，パターンはプロセスの結果，呈される様相であり，プロセスの因果過程を

第2章　非営利法人の系統と分類　*29*

説明するプロセス理論には，生物進化における「自然淘汰」のように，さまざまな理論が提唱され検証されてきた（同上：173）.

　なお，文化進化という言葉にも，「進歩」という意味はまったく含意されていない．「ある祖先から子孫が派生するという関係性こそが進化がもたらす基本パターンであ」り，子孫が祖先より進歩しているとは限らない．そして，特定の進化するもの（オブジェクトという）は生物・無生物を問わない（同上：175-176）.

　三中は，「非生命体の系統発生に関するケーススタディ」として，中尾，三中編著（2012）の各章で論じられている，古代の遺物（第1章），写本（第2章），連歌（第3章），政治組織（第4章），建築様式（第5章），美術図像（第7章）などさまざまな文化的構築物の進化（進歩の意味を含意しない）のプロセスとパターンの研究のほか，芸術様式，工業技術，茶道所作，考古学的遺物，比較文学史における小説様式などについての系統研究の存在を列挙している（同上：194-195，注（11））.

　そして，「生物の系統関係が論じられるよりもはるか前に写本や言語の系統関係の研究が進んでいたという科学史的事実に目を向ける必要がある」とし（同上：209（三中，「おわりに」）），非生命体の系統研究を行う文化系統学という研究分野が，たんに生物系統学の延長線上に位置する新興分野なのではなく，普遍的な系統樹思考が分野横断的に独立発生してきたことが示唆されると指摘している（同上）.

　このように，無生物（非生命体）であるさまざまな文化的構築物の歴史的変遷・系譜や分類パターンの研究は，生物系統学の研究といわば並存的に発展しており，相互に参照しうる関係にある．本書が対象とする非営利法人法や非営利法人制度も法文化的構築物の一つとして文化系統学的なアプローチの対象となりえ，普遍的な系統学的思考を適用することができる.

2.2　体系化，系統樹思考，分類思考：プロセスとパターン

　次に，文化系統学を援用するうえで，その基本的な概念の意味を確認しておきたい.

　三中によれば，「体系化」とは，「普遍的な体系化モジュール（秩序化とカテゴリー化の認知心理）」（同上：212-213，図）を指しており，体系化に当たっては「系統樹思考」と「分類思考」という二つの思考法を区別したうえで，両者は「多

30 第Ⅰ部 法人制度の構図

様なオブジェクトがかたちづくるタペストリーとしての世界を理解するために」「重要な車の両輪」であるとする（三中2009：16）.

これらの思考法のうち，①「系統樹思考」とは，「時空的に変化し続ける対象物（オブジェクト）を私たちが理解するための『タテ』の思考」をいう.「『タテ思考』は，ひとつひとつのオブジェクトを，変遷系譜に沿って互いに『つなぐ』ことによって，全体を体系化するという考え方」とされる（三中2009：14-16）.

一方，②「分類思考」とは，「ある時空平面で切り取られた『断面図』のパターンを論じる上での『ヨコ』の思考」をいう. ここにいう「分類思考はオブジェクトのパターンを『わける』ことによって体系化しようとする」ものであり，「『わける』ためには分割された集合すなわち『群（group）』が必要となる」とする（同上：16-17）. そして，分類するためには，「群」のランクとしての分類階級と命名規約（ネーミングの法律）の導入が必要となる.

こうした概念を，非営利法人の法と政策の研究に援用するとき，非営利法人の「体系化」やそれらの「系統」・「分類」はどのように言い換えることができるだろうか.

まず，「体系化の動機」についてである. 一般に何かを体系化するというとき，その動機としては，認知レベル，操作性・利便性，効率性などを向上させることが挙げられる.

第一の「認知レベルの向上」については，国民の「法人」に係る制度・政策に関する認知度の向上を図ることであったり，法人制度も一国の制度文化としてとらえれば，その文化の継承を図る教育にも資することになる. 第二の「操作性，利便性の向上」については，たとえば，人びとが自分の活動や事業を推進するうえで，有用と考える法人格の選択や，法人制度の利活用を行なう場合に，法人格や法人制度の操作性や利便性が高いほうが望ましい. 第三の「効率性の向上」については，法人格の付与や公益性の評価などNPO政策過程を効率化することに資すると考えられる.

本章の2.1において，非営利法人法を法典化する意義として，①'法治国原理・民主政原理の基本的要請に応え，利害関係者や公衆による理解のしやすさ，批判的検討の施しやすさ，②'法人の個別根拠法の複雑さの除去（簡素化），非営利法人の活動・事業プロセスの透明化，③'縦割りの個別根拠法の分野間比較や相互参照による優れた考え方の移入，非営利法人の活動・事業のうち特殊な

扱いの合理性の有無の検討の３点を挙げた.

　上記の３つの動機のうち, 第一の「認知レベルの向上」と第二の「操作性, 利便性の向上」という動機は, 前掲の法典化の意義のうち①'理解, 批判的検討のしやすさ, ②'簡素化, 透明化に対応しており, 国民・市民の側からみて大きな意味がある. 第三の動機 (NPO政策過程の効率化) や, 法典化の意義の③'比較・相互参照による考え方の底上げや特殊な扱いの合理性の検討は, 政府の側からみても大きな意味がある.

　次節以下では, 非営利法人法の体系化を考えるうえでの, 系統樹思考 (系統思考と略記する) と分類思考の適用について述べる.

2.3　法人の「系統」問題

2.3.1.　系統思考と非営利法人

　前掲の「系統」についての意味と理解を非営利法人にあてはめるならば,「タテ思考」とは, 歴史, 変遷系譜の分析, プロセス分析, 因果分析を通じて, 非営利法人の発展方向性の予測を行なうことにつながる.

　系統はタテ軸の動的な分岐 (分流) と合流の仕方 (動態) を通時的に研究することにつながり, 分岐や合流の要因を問うことにもなる. また,「変化」の説明方法の開拓, つまり, 非営利法人は, 今後どのように「なる」のかを考えることにつながる.

　この点に関して本論では, 検討課題の例として, 非営利法人における「一般法と特別法」の問題を取り上げたい. 特に, 一般法人法の「一般法」化とNPO法人の関わりについて考える.

2.3.2.　非営利法人法における一般法と特別法の意味

　非営利法人の根拠法における一般法と特別法の問題を考えるにあたり, はじめに一般法と特別法について講学上述べられているところ (川﨑2013：61-62) を要約すると, 次のとおりである.

　　・特別法は, 広く一般的な定めをする「一般法」の規定に対し, 場合・人・地域などある特定の事項について一般法とは異なる特別の定めをするものである.
　　・特別法優先の原則により, その事項については, 特別法の規定が優先的

に適用される.

・特別法がある場合には，一般法の規定をみただけではそれに関する法の内容がすべて理解できるわけではなく，特別法の規定にまでいきつかなければ，その内容を正しく把握することができない.

・一般法と特別法の関係は，あくまでも相対的なものであって，ある法律に対し特別法の関係にあるものが，他の法律との関係では一般法となるというかたちで重層的に存在することも少なくない．そのため，特別法の存在が，法体系を複雑でわかりにくいものとする一因となっていると批判されたりする.

一般法と特別法の関係について，NPO法制定当初の立法担当者は，同法の解説書で要約すると次のように述べている（橘，正木1997：45-46）[8].

・特別法とは，適用の対象が特定の事物や人，地域などに限定されている法律のことで，このような限定のない法律が一般法といわれるものである.

・そうすると事柄の性質上，当然に，特別法の対象は一般法の対象とするところよりは「狭く」なるはずである．もし，一般法の適用される対象と同じか，あるいはそれ以上の広い分野を対象とする法律を作ったとすると，その新しい法律こそが「一般法」となってしまうからである.

こうした非営利法人法における一般法と特別法の関係については，筆者はこれまで次のような考察を重ねてきた.

2015年には，新たな一般法人・公益法人と，①（従来の）特別法法人（社会福祉法人，宗教法人等），②NPO法人との各関係，および，③一般法人の中の非営利型等類型区分の関係という三つの論点に分けて考察した（初谷2015a）[9].

2019年に，NPO法改正や公益法人制度改革が進展するなかで，主務官庁制の下にある非営利法人（更生保護法人および職業訓練法人）の系統への影響について検討した（初谷2019b）.

2020年には，同様に，主務官庁制の下にある非営利法人（社会福祉法人と更生保護法人）の発展過程を比較し，NPO政策の跛行的発展の状況を比較検討した（初谷2020，本書第4章に収録）.

2023年には，その前年から調査の企画・実施に関与した一般法人全国調査の

調査結果の解説および学会セッションでの報告に基づき，旧公益法人及び中間法人から一般法人への系統にかかる考察を進めた（初谷2023a，本書第3章に収録）[10]．

2.4　法人の「分類」問題
2.4.1.　分類思考と非営利法人
　次に，「ヨコ思考」とは，同時代の時空平面の「断面図」のパターン分析，分類基準による段階的な「断面図」の分析などである．分類はヨコ軸の静的な離散と集合・結合の在り方（静的）を同時的に研究することにつながる．言い換えるならば，離散と集合の基準は何かを問うことになる．
　また，「状態」の説明方法の開拓，つまり，非営利法人は，どのように「在る」のかを考えることにつながる．

2.4.2.　非営利法人の分類基準
　この点に関して本章では，検討課題の例として，非営利法人の分類基準の問題を挙げる[11]．「営利性」の有無と並び，従来大きな意味をもっていた「公益性」の有無という基準以外にも，有益で有効な基準があるのではないかという問題関心に基づく．
　こうした非営利法人法における分類基準については，筆者はこれまで次のような考察を重ねてきた．
　前掲のとおり，NPO政策の中長期課題を提示したのと同じ時期の2001年に，まず，当時の「NPO分類」の種類，機能などについて比較検討し，いくつかの「NPO分類間関係」における問題点を明らかにするとともに，公益性評価とNPO分類の関係について考察した（初谷2001b，本書第6章に収録）[12]．この研究で，後出の系統分類学を参照し，活用した．
　2015年に，非営利法人の公益性判断基準について，一般社団・財団法人と特定非営利活動法人における基準とその適用の経時的変化を比較検討した（初谷2015b，本書第8章に収録）[13]．

3　非営利法人の体系とNPO法人

　本節では，上で見た非営利法人の「系統」問題と「分類」問題を，NPO法人に焦点を当てて見る．

3.1 非営利法人の系譜とNPO法人の位置

3.1.1. 民間非営利法人制度の推移

わが国の近現代における民間法人（私法人）制度の推移を，法人類型の創設と改廃を指標として時系列で分けたⅠ～Ⅳの4段階について，営利・非営利の2軸の交差により生まれる4象限への配置で図解すると，本書第1章の図1－1のように表すことができる．

図1－1において，Ⅰは，明治以来，一般法として存続してきた改正前民法に基づく旧公益法人（社団法人，財団法人），Ⅰ'は，戦後相次いで制定された特別法に基づく学校法人や社会福祉法人など個別の非営利法人，Ⅱは，（これも民法に対する特別法であるが）NPO法に基づくNPO法人，Ⅲは，中間法人法に基づく中間法人，Ⅳは，公益法人制度改革関連三法に基づく一般社団・財団法人と公益社団・財団法人が登場した段階を示していた．

3.1.2. NPO法人と主に比較される法人格の変化

図1－1のⅠ～Ⅳの4段階のうちNPO法人が登場した以降のⅡ～Ⅳの3段階の間に，NPO法人の「特長」や「新たな展開の可能性」を考えるうえで，NPO法人と「主として」比較される法人格の種類は，段階的に変化してきた．[14]

（1）　Ⅱ：NPO法制定・施行（1998年）から中間法人法制定・施行（2001年）まで［3年間］

第一の段階は，1998-2001年であり，公益・非営利の象限での旧公益法人との比較が論点となった段階である．

2006年改正前の民法は，「法人通則を定める法人基本法であるほか，法人類型の一つである『公益法人』に関する根拠法」であり，NPO法（特定非営利活動促進法）とは，一般法と特別法の関係にあった．一般法である民法に基づく旧公益法人と，特別法であるNPO法に基づくNPO法人が並立するようになった．[15]

民間公益活動，市民公益活動のうち，「特定非営利活動」に該当する活動を行い，かつ，不特定多数の利益に資することを目的とする団体」について，簡易に法人格を取得する道が開けた．

（2）　Ⅲ：中間法人法制定・施行（2001年）から公益法人制度改革関連三法施行（2008年）まで［7年間］

第二の段階は，2001-2008年であり，上記の旧公益法人に加えて，新たに設けられた中間法人とも比較される段階である．

第2章　非営利法人の系統と分類　*35*

　非公益・非営利の象限にできた中間法人との比較では，NPO法人は公益性を求められる法人格として区別される．ただし，筆者による中間法人の全国実態調査[16)]によれば，中間法人が存続した期間において，公益志向性の高い活動を行う中間法人も相当数見られた．これは，次の（3）の段階で，公益的活動をする一般法人とNPO法人とが競合し共存している（「競存」関係ともいうべきか）現状を一部先取りする状況であったともいえる．

　（3）　Ⅳ：公益法人制度改革関連三法施行（2008年）から現在まで［16年間］

　第三は，2008年の公益法人制度改革関連三法施行後，現在に至るまでであり，旧公益法人，中間法人がなくなり，それらに代わる一般法人，特に一般社団法人との比較の段階である．

　2006年改正後民法では，「法人」の章には「法人通則を定める法人基本法」(現・第33条–第37条の5箇条) を残し，総則規定のほとんど (前・第37条–第84条) が削除された．

　2006年改正前民法 (2004年改正 (2005年施行) で現代語化) の第34条 (公益法人の設立) では，「学術，技芸，慈善，祭祀，宗教その他の公益に関する社団又は財団であって，営利を目的としないものは，主務官庁の許可を得て，法人とすることができる．」とされていたが，2006年改正後民法では，法人に関する条文は5箇条となり，第33条1項は改正前第33条を，また第34条は改正前第43条をそれぞれ引き継いでいる[17)]．

　改正後の現行法第33条2項では，① 学術，技芸，慈善，祭祀，宗教その他の公益を目的とする法人，② 営利事業を営むことを目的とする法人，③ その他の法人の3種類が定められた．

　一方，一般法人法は，「法人類型ごとの個別の法律 (［法人］根拠法)」の一つとなり，「特別法ではなく，単行法 (民法第33条2項を受けた各種法律)」になったとされる．

　つまり，「多数の特別法が発達することにより，民法は適用対象・原理・規律態様の各面で後景に退く，という意味での空洞化が見られる」，「近年の特別法は，規律の実効性・予測可能性を高めるため，私法実体規定だけでなく手続規定や罰則規定も一体となった，精密詳細で多数の条文から成るものが多い(一般社団・財団法人法，…，新信託法等)」(中田2007：4) と例示されている．

　2006年民法改正と公益法人制度改革関連三法の成立の結果，一般法人法は，「非営利法人の一般法ではない」ため，NPO法は，個別根拠法として，一般法

人法と並存することとなった.

　一般法人は,非営利法人の一類型(一根拠法)に過ぎないが,目的の限定がないため「一般性」を有する(非営利法人の基本的法律として,解釈上援用ないし類推適用の対象になる)とされる.

　初谷2023a では,一般法人全国調査に対する筆者の「解説」として,次のように述べた.

【1】一般法人法の「非営利法人の一般法」としての定位の検討

　　法制面から見れば,一般法人法は,改正前民法のような非営利法人についての一般法ではない.非営利法人の個別根拠法の一つとして制定され,同法に基づく一般法人の増加に伴い,非営利法人全体の中で,一定のプレゼンスを占めるようになり,その総合性,汎用性ゆえにまだまだ発展する可能性をもった存在(成長株)ともいえる.制度改革から14年を経て,増加の著しい一般法人は,個別根拠法としての一般法人法に基づく「一般性」が高まりつつある存在である.

　　仮に一般法人法がNPO 法人をはじめ非営利法人の一般法となることを目指すのであれば,他の非営利法人の個別根拠法が総則規定を個別に制定しなくてもよいように,一般法人法に一元化して具備する必要があるとも指摘されている.(初谷2023a：26)[18]

　同調査結果からは,一般法人がさまざまな活動,事業を行なうようになっており,およそ8割の法人が公益目的事業と目される事業を手がけていることが分かった.従来,NPO 法人が簡易型の公益法人という形で持っていた(簡便さという)アイデンティティというものはNPO 法人の占有するところではなくなっている.NPO 法人を今後どういう系統に連ねていかなければならないかということが検討課題となる.

　以上の(1)Ⅱ,(2)Ⅲ,(3)Ⅳへと段階を経るなかで,NPO 法の改正も数次にわたり行われてきた.1998年の制定当初12項目でスタートした特定非営利活動[19]は,その後の法改正により,前掲の(2)Ⅲの段階の途中である2003年5月に12項目から17項目へ,次いで(3)Ⅳの段階の途中である2012年4月には17項目から20項目に増加した.その結果,今や活動領域は全方位性,一般性を帯びるようになってきており,分野を問わず一般法人とは選択的な競合の

状況にある.

3.2 非営利法人の「系統」問題と NPO 法人

以上の推移や変化を踏まえて，次に，前掲の非営利法人の系統問題と NPO
法人の関わりを検討する．これは，NPO 法人を一般法人と分岐させた状態を
今後も維持することがよいか否かという積極・消極両面の意義や，改正前民法
に対する特別法から一般法人法と並ぶ個別根拠法となった NPO 法を今後も並
立並存させる意義を考えることでもある.

この点を考えるうえで，前掲のⅡ・Ⅲの段階で民法と NPO 法の関係はどの
ように説明されてきたかを振り返ってみよう．NPO 法の立法担当者は次のよ
うに述べていた.

- 民法という基本法の改正が困難なため，「民法の特別法」として「早期
  の法制定」の政策判断がなされたこと，そしてこの「民法の特別法」と
  しての構成から，民法との「棲み分け」が要求されることとなった.
- 民法は，「非営利・公益」目的の活動を行う団体に対する法人格付与の
  一般法である.
- この民法を改正しても構わないが，これを残存させたままで（「非営利・
  公益」団体について原則「許可主義」で法人格を与えるという民法のシステムを維
  持するという政策の中で），NPO 法を「特別法」として制定するというこ
  とは，「非営利・公益」団体の中からある一定の指標によって限定され
  た団体のみを抽出し，これだけを NPO 法の対象とすることにならざる
  を得ないことになる.
- これが，民法の対象とする「非営利・公益」団体一般の中から NPO 法
  の適用対象となる特定の団体を抽出する，換言すれば，その適用範囲に
  縄を張るようにして区分け（＝棲み分け）をするということである（橘，
  正木1997：44-46）[20].

特別法の意味についての講学上の説明のうち，「特別法は，広く一般的な定
めをする『一般法』の規定に対し，場合・人・地域などある特定の事項につい
て一般法とは異なる特別の定めをするもの」という表現や，「民法との棲み分
け」という表現からは，一般法と特別法が同じ水平面で別々に離れて並立し並
存しているような印象を与えるかもしれない．しかし，ここでいう「棲み分け」

38 第Ⅰ部　法人制度の構図

は，いわば垂直的に，一般法の基盤の上に特別法が積み重なって並存している状態とみるほうがよい．なぜならば，「特定の事物や人，地域など」が (上に載った) 特別法の適用対象となるからといって，(基盤である) 一般法の適用を全く否定されるわけではないからである．この点について，NPO 法の場合も次のように説明されている．

　　　・注意すべきは，NPO 法の適用対象になるということは，その特定の活
　　　　動 (団体) については，政策的に「認可主義」[21] という簡易な法人格付与
　　　　制度をも用意しているということであり，民法の「許可主義」の下で公
　　　　益法人となる道を閉ざしているわけではないということである．その限
　　　　りでは，その特定の活動 (団体) については，NPO 法人となるか民法の
　　　　公益法人となるかは「選択的」である．
　　　・特定の分野が選択的に並存するというのは，あくまでもその特定の分野
　　　　について，他の分野とは異なって政策的に別の取扱いを必要とする特別
　　　　の理由 (政策合理性) があるからである．
　　　・特別の理由が全部の分野に及ぶということは，とりもなおさず，その一
　　　　般的な制度を変えるということになるはずである (橘．正木1998：44-46)[22]．

　NPO 法の立法担当者が，この説明の最後の一文で「特別の理由 (政策合理性) が全部の分野に及ぶということは，とりもなおさず，その一般的な制度を変えるということになるはずである」と述べた1999年の時点では，上で見たように，その後の NPO 法の改正により特定非営利活動の12項目が 5 項目追加されて17項目 (2003年改正法) へ，また 3 項目追加されて20項目 (2012年改正法) へと漸次累増することや，2006年に公益法人制度改革関連三法が成立し，抜本的な公益法人制度改革に基づき23項目の「公益目的事業」が設定されること (公益認定法第 2 条 (定義) 第 4 号) などを予め知るところではなかったわけだが，現時点から見れば，立法後のそれらの動きを予想するかのような言説として興味深い．

　前掲の（3）Ⅳの公益法人制度改革以降の段階になると，NPO 法人と一般法人の比較は，法人格を利用する側にとっても，法人制度をデザインする側にとっても，実務的にも重要な問題となっている．
　旧公益法人と NPO 法人の比較では，一般法に基づく全方位の分野を活動領域としうる法人格と，特別法に基づくがゆえに活動領域を画定して設けられた

法人格との関係論であった．しかし，今や両者は一般法・特別法の関係になく，ともに個別根拠法に基づく法人格であり，しかも活動領域の全方位性，一般性においてはほとんど差異がなくなっている．

　両法人格を，今後も同格の選択肢として並存させていくならば，国民が法人格を理解し選択する際の便宜や明快さという観点からは，NPO法人は，その独自性，優位性をより明確に提示していく必要があると考えられる．

　一方，再び一般法・特別法の関係を復活させて，かりに一般法人法を一般法に位置付けていくならば，NPO法の特別法としての性格やNPO法人を特別扱いするだけの政策的な合理性などが改めて問われることになる．NPO法人は，一般法人との対比のうえで存在意義をより明確化することが求められよう．

3.3　非営利法人の「分類」問題とNPO法人

　次に，前掲の非営利法人の分類問題とNPO法人の関わりを検討する．

　これは，ある時点で民間非営利法人の配置の「断面」を見たときに，NPO法人と他の法人とをどのように区別し，あるいは範疇化するかを考えることでもある．

　これまでの講学上の法人の分類基準としては，次のようなものが例示されている（佐久間2012：329-332）[23]．

　　「① 社員の有無による分類（有 vs. 無）

　　　② 経済的利益の社員への分配の有無による分類（営利法人 vs. 非営利法人）

　　　③ 社員の法人債務に対する責任による分類（無限責任 vs. 有限責任）」

　これらの分類基準によれば，NPO法人は，① 社員を有し，② 非営利で，③ 社員が「有限責任」である法人である．

　わが国の民間法人制度の推移を考えるうえでは，上記の①～③の基準のうち②の「営利・非営利」基準と，上記の①～③の基準以外の「公益・非公益」基準が重要な意味をもってきた．

　本書の図1-2でも示したとおり，民間法人（私法人）の分類と変化を考える際には，座標平面を「営利・非営利」軸と「公益・非公益」軸という2本の直交座標軸によって四つの象限に分けて考えることが多く行われ，それはまた，わが国独自の公益法人制度とその改革の意味を把握するうえでは有益であった．

　非営利・公益の象限にあった旧公益法人の特別法として学校法人や社会福祉

法人やNPO法人ができたのち，非営利・非公益の象限に中間法人ができて，その後，第一・第二象限の法人が一本化される形で横断的に一般社団・財団法人法ができた．

前掲の**図1-1**に示した上下の2図のうち，下の図が2006年以降現在にいたる新たな座標平面図（断面図）となるが，これにより，国民・市民は，非営利法人の中では一般法人とNPO法人を，営利法人の中では株式会社や合同会社といった，簡易に設立して利用することのできる複数の法人類型の選択肢の配置状況を容易に理解することができる．

この座標面の断面図は，そうした進歩を説明するうえで有意義かつ便宜であるが，分類基準の「営利・非営利」と「公益・非公益」の2軸は，固定的にこの2軸しかないと捉える必要はない．法人を分類する目的に照らして，適切な基準（比較軸）と代替させていくことも意味がある．特に「公益・非公益」基準は，他の基準に置き換えて考察する意味がある．たとえば，法人の「規模」など複数の分類基準を併用することにより，NPO法人の存在意義を多面的に検討することが考えられる[24]．

また，非営利法人の分類問題では，社員の有無，社員の責任の有限性，法人の性質（営利・非営利性）といった分類基準と次元が異なるが，非営利法人の行なう活動や事業の分類も重要である．

非営利法人の事業分類について，筆者はかつて，民間非営利組織全体を対象に，公益性評価の観点から事業分類の異同を比較した（初谷2001b，本書第6章）．

また，初谷2023aでは，日本標準産業分類の活用の利便性を高めることの必要性を指摘している．これは，日本標準産業分類における産業の定義には，営利事業と非営利事業が共に含まれるが，非営利法人の事業分類が，実態を踏まえた体系的なレベルに至っていないことに注意を喚起した調査報告に依拠している（本書第3章参照）．

このほか，特定非営利活動と公益目的事業の比較検討は，前述のとおり，一般法人法が一般法化し，NPO法が特別法の位置づけに復することを仮定した場合，NPO法人を特別扱いする「政策合理性」があるか否かを判断する領域を特定（特定非営利活動をしぼりこみ画定）する意味でも重要な問題となる．

4 今後の方向性と課題

4.1 非営利法人の系統と NPO 法人

本章では，非営利法人の系統に係る問題として，まず，一般法人法の「一般法」化問題を取り上げた．かりに一般法人法を非営利法人の一般法と位置付けた場合，NPO 法は特別法となるか，それとも一個別根拠法に留まるか．前者であれば，立法経過に立ち返ると，適用対象の見直し（縮小）も必要になるのではないか．

系統の話では，一般法人法を一般法にするべきかどうか．個別根拠法として，多様な分野に対応できる一般法人という枠組みと NPO 法人という枠組みの両方がある方が，国民・住民にとって利便性が高いと判断するか，それとも，煩雑で重複すると考えるかが分岐点となるだろう．

そして，いずれかを主にすべきではないかというとき，民法の特別法であることに存在意義のあった NPO 法人よりも，民法という一般法の総則から抜き出して作られた一般法人法の方が，一般法化に接近したポジションにあると捉えられやすいと考えられる．

次に，今後，もし一般法人法の一般法化が実現したときには，NPO 法はまた特別法に戻るとするべきだろうか．

公益法人制度改革で民法は改正されて，元々総則の法人に係る規定は50数箇条あったものが 5 か条（第33～37条）にまで減った．一方，NPO 法も最初50箇条だったものが70数箇条に増加している．NPO 法が特別法に戻るとすれば，その増えた部分を削り直して特別法に相応しい構成に戻す視点と，NPO 法が特別法である，つまり（政策的な合理性をもって）特別の領域として尊重されるべきときに必要な条文は何かということを洗い出す視点が合わせて必要になると考えられる．

4.2 非営利法人の分類と NPO 法人

次に，非営利法人の分類に関する問題としては，法人類型を分類する際の分類基準を再考する必要について述べた．すなわち，「非営利性」や「公益性」以外に，「規模」など複数の基準を併用することにより新たな NPO 政策の開発や拡充を期待するものである．

42 第Ⅰ部 法人制度の構図

　分類の観点からは，公益法人制度改革により一般法人法が公益・非公益の軸をまたいで制定され，公益認定法により公益社団・財団法人が認定される今日においては，公益・非公益の軸は，公益法人と非公益法人を法人類型として区分する基準としての意義は希薄化している．公益・非公益の軸に代えて，たとえば「地域性」の濃淡や「地域（活動）との親和性」を分類軸の1つとすると，NPO法人がどのように位置付けられるか．あるいはその「規模」に着目し，大規模か小規模かを横軸として採ったとき，多くのNPO法人が小規模の非営利の象限に入る一方で，少数の大規模NPO法人が顕在化すれば，両者に対する規律や支援に係るNPO政策に段階的な差異や区別を検討する手がかりとなることも考えられる．

　「地域性」に関して，例えば座標軸に「非営利性」のほかに「地域への関与度」や，「地域課題解決への寄与度」などを採用した場合，「地域」の範囲の広狭（都道府県の区域，市町村の区域，コミュニティの単位等）によって幾種類かの座標平面図を作成することができる．都道府県レベルの「地域」を軸にとれば「地域」寄りにプロットされるNPO法人であっても，コミュニティレベルの「地域」を軸にとるならば，当該法人がコミュニティレベルの地域課題に関わっていなければ「地域」とは疎遠な存在として表現される．そうした違いを顕在化させることにより，NPO法人の地域課題への関与のあり方などについての議論にも活用することができるだろう．

　また，「規模」についていえば，営利法人において中小規模法人に対する規律や支援を大企業に対するそれとは区別して整備されてきた中小企業法制の推移，発展と同様の検討課題が視野に入ってくる[25]．また，今日，NPO法人が中小企業と同じように直面している「事業承継」の課題やそれに対する対応を検討するうえで，同じ中小規模の営利・非営利法人間での比較をしやすい検討枠組みを提供することにもつながるものと考えられる．

　公益・非公益，営利・非営利の2軸による区分を前提に議論するだけではなく，違う基準を軸にして，今求められる軸は何か，それによる分類をし直すことで，NPO法人は何を担うべきなのかということがさまざまに考えられる．また，仮に再び特別法に位置付けられたときに，20項目の特定非営利活動の別表を維持するのか，それとも項目を見直して改めて画定し直した範囲の活動をするようにNPO法人の活動を特化，整理した方がよいのではないかと言った議論も想定され得る．

さらに，事業分類については，政策目的に対応する事業分類基準の必要性について述べた．これは，上記4.1における特別法化の問題とも連動し，NPO法人がどのような事業をすることが，特別法（法人）として特別扱いをする（される）政策合理性があるかという議論にもつながる．

以上，本章のポイントを要約すれば，非営利法人（法）の体系化については，その水準をどのレベルまで進めるかは不断の課題であり，特に「系統」問題では，進化による分岐を維持するか，それともあるものは廃絶し，あるいは統合するか，「分類」問題では，分類基準の再考，すなわち「公益・非公益」基準に代わる政策合理的な多様な基準の設定が課題となる．

注

1）デジタル大辞泉（小学館）による語義（https://www.weblio.jp/content/%E4%BD%9
3%E7%B3%BB，2024年3月1日閲覧）.
　　他の国語辞典による「体系」の語義として，たとえば「①個々別々のものを統一した組織．そのものを構成する各部分を系統的に統一した全体．②一定の原理によって統一的に組織された知識の総体」とされる．『精選版日本国語大辞典』第2巻，小学館，2006年，1184頁.
2）本節は，初谷2023aで一般法人制度について問題提起した点を，NPO法人の側から述べている.
3）八馬1987．後述の無生物を対象とする文化進化研究が体系的に展開され始めたのは，1970年代で，人類学者と生態学者による代表的著作は1985年に公刊されており（中尾，三中編著2012：13），八馬の著作はほぼ同時期に著されている著作としても注目される.
4）ただし，この「理論分類学」自体を具体的に非生物の対象について適用した後継研究までは，管見の限り見出せていない.
5）中尾，三中編著2012：i（中尾「はじめに―分野を越境する方法論」）参照．文化系統学についての基本書としては同書を主に参照．なお，三中2018では生物体系学と生物学哲学の関わり合いの歴史が詳述されているが，「第3章　第三幕：戦線の拡大―1970年代から現代まで」の「（2）体系学曼荼羅〔3〕を歩く」の「第二十景：文化系統学―言語・写本・文化・遺物の系統体系学〔1977～現在〕（299-307）も参照.
6）同上書：「第1章　文化の過去を復元すること：文化進化のパターンとプロセス」（中尾央）参照.
7）同上書：「第8章　文化系統学と系統樹思考：存在から生成を導くために」（三中信宏）.
8）原文は口語体のため，筆者が文語体に改め要点を抜粋.
9）第16回日本NPO学会年次大会（2014.3.15-16.）における企画セッションでの報告に基づく論考.
10）第25回日本NPO学会年次大会（2023.6.10-11.）における公募セッションでの報告.
11）初谷2001bでもこの点は取り上げていた.

44　第Ⅰ部　法人制度の構図

12）第3回日本NPO学会年次大会（2001.3.）における個人研究報告論文（本書第6章に収録）.

13）第18回非営利法人研究学会全国大会（2014.9.10-11.）での統一論題報告に基づく論考.

14）ただし，Ⅱ，Ⅲ，Ⅳと，主に比較される法人格が截然と切り替わるわけではなく，Ⅲの段階ではⅡの段階での比較が，Ⅳの段階ではⅡやⅢの段階での比較がそれぞれ継続し，比較が重層化しているという性格のものといえる.

15）一般法・特別法関係をめぐる言説として，後藤2007，同2008，中田2007等を参照.

16）筆者の中間法人研究と中間法人全国調査については，初谷2012：「第1章　未完の公益法人制度改革（1）―中間法人の誕生と展開が示唆するもの」（32-92），「第2章　未完の公益法人制度改革（2）―中間法人の転生：一般社団法人への移行がもたらすもの」（93-116）参照.

17）「第33条（法人の成立等）　1　法人は，この法律その他の法律の規定によらなければ，成立しない.

　　2　学術，技芸，慈善，祭祀，宗教その他の公益を目的とする法人，営利事業を営むことを目的とする法人その他の法人の設立，組織，運営及び管理については，この法律その他の法律の定めるところによる.　／

　　第34条（法人の能力）／第35条（外国法人）／第36条（登記）／第37条（外国法人の登記）／（改正前第37条から第84条までは削除）」.

18）なお，一般法人法は非営利法人の一般法たるべきとする議論として後藤2007参照.

19）特定非営利活動促進法の立法過程で，特定非営利活動の定義や別表がどのような修正を経て成立したか，また同法の改正過程でどのように活動が追加されたかについて，山岡2007：568-572参照.

20）原文は口語体のため，筆者が文語体に改め要点を抜粋.

21）認証主義の呼称で通用している.

22）前記注と同様，文語体に改め要点抜粋.

23）分類基準として「社団性」の要否については，見解が分岐している.

24）本報告書，第5章でも，分類軸としての「地域の範囲」の意義についての議論を行なっている.

25）この点に関し，初谷2024b：7-8参照.

第 II 部

非営利法人の系統と伸展

第3章
公益法人制度改革と一般法人の伸長

はじめに

　第Ⅱ部では「非営利法人の系統と伸展」と題し，非営利法人の「系統」に関わる問題を検討する．第3章では一般社団・財団法人（以下「一般法人」）および公益社団・財団法人（以下「公益法人」），第4章では社会福祉法人および更生保護法人，第5章では職業訓練法人などの法人類型を取り上げる．

　本章では，2000年代に入り本格化した公益法人制度改革，2006年の公益法人制度改革関連三法の成立（2008年施行）により，今日広く活用されるようになった一般法人の伸展状況と課題について，その前身である旧公益法人や中間法人に対する筆者のこれまでの研究成果も参照しつつ考察する．

　一般法人に対する筆者の問題関心に基づく主な調査研究は次のとおりである．一つには，公益法人制度改革関連三法の制定・施行前後の時期をとらえ，2005-2009年度にかけて，全国の中間法人の実態と，中間法人から転生した一般法人の意識や要望について調査した結果に基づく論考である（2006-2009年に順次公表し，初谷2012：「第1章　未完の公益法人制度改革（1）─中間法人の誕生と展開が示唆するもの」(32-92) および「第2章　未完の公益法人制度改革（2）─中間法人の転生：一般社団法人への移行がもたらすもの」(93-116) に収録した）．

　二つ目に，新公益法人への移行期間満了（2013年11月30日）直後，2014年の日本 NPO 学会の企画セッション[1]への参加を契機として，一般法人の置かれている問題状況，特に，公益法人制度改革により生じた法人類型相互の関係について，①一般法人と従来の特別法法人（一般法人法と「一般法」性の問題），②一般法人と NPO 法人（ユーザーである国民から見た組織選択問題），③非営利型一般法人とそれ以外の一般法人（「中2階」についての評価）の三つの関係局面に分けて考察した（報告に基づく論考：初谷2015）．

　三つ目として，2022年度，（公財）日本非営利組織評価センター（以下「評価セ

ンター」という）が実施した「一般社団法人及び一般財団法人の組織運営に関する実態調査」（以下「JCNE2022」という）について，評価センターの依頼により2022年度当初から，調査事務局の作成による調査票案の検討，調査結果の集約と整理,本報告書の作成の各段階で,同調査の目的に即して助言と内容の確認を行った．そのうえで同調査の報告書（以下「2022報告書」という）に，筆者の考えるNPO政策の観点から，一般法人の今日的な意義とその直面する課題について概観し，今後，一般法人を巡る政策についてどのような議論が期待されるかを「解説」した（初谷2023a）.

　本章は，「JCNE2022」報告書に寄せた「解説」に，同調査に関して一部補筆のうえ掲げるものである.

1　公益法人制度改革と一般法人

1.1　一般法人の現況

　一般社団・財団法人（以下「一般法人」という）は，法制定以降順調に設立件数を伸ばし，2008年12月１日の法施行以降14年を経た2022年12月１日現在，一般社団法人７万239法人，一般財団法人8123法人，合計７万8362法人となった[2].これは，特定非営利活動法人（以下，NPO法人という）が，1998年12月１日の法施行以降，同じく14年３カ月を経た2012年度末段階で４万7540法人であったことと比較すると，1.6倍と大きく上回っている[3].NPO法人は，法施行後25年（2023年）を前にして，５万484法人（2022年12月31日現在）と，近年５万件台で推移してきたが，一般法人は果たして今後どこまで伸長するだろうか.

　評価センターは，2022年度，２回目となる調査「JCNE2022」を，一般法人の〔１〕利益志向性と理念目的・活動分野の関係,〔２〕組織運営上の課題に焦点を当てて実施した（非営利組織評価センター2023：5-6）.一般法人のプレゼンスの解明をより深めることと，評価センターが取り組む一般法人の社会的信頼性向上のための評価事業に有益な示唆を得ることも企図された.社団・財団別や都道府県別の分布において一般法人の総数８万余とほぼ相似的になるよう10％にあたる8000法人が調査対象法人として抽出された結果，特定地域に偏ることなく多様な一般法人から貴重な回答が寄せられた.

　筆者は，「はじめに」で述べたとおり，調査の各段階で上記〔１〕・〔２〕の調査目的に即して助言と内容の確認を行った．事務局の力走に，限られた区間

第3章　公益法人制度改革と一般法人の伸長　　*49*

ながら伴走した立場から，報告書の「解説」では，筆者の考える NPO 政策の観点から，一般法人の今日的な意義とその直面する課題について概観し，本調査の結果も手掛かりに，今後，一般法人を巡る政策についてどのような議論が期待されるかを述べた．

　JCNE2022の概要は**表3-1**のとおりである．

　調査対象については，国税庁「法人番号公表サイト」からダウンロードした一般法人のデータの中から，無作為に8000件のサンプルを抽出して調査対象の母集団（登録データ件数）とした．その上で，調査対象サンプル数を，登録データ件数の概ね10％にあたる8000件とし，登録データ件数と相似形になるよう，社団・財団別及び都道府県別に比例按分した．

　調査方法は，2022年8月14日から9月16日までを実施期間とするアンケート用紙送付による郵送調査である．

　アンケート調査票の章立てと質問項目は次のとおりである．

（1）法人について　（1-1．税法による法人区分，1-2．法人区分の選択理由，2．一般法人設立前の事業の実施，3．設立時社員・設立者，4．公益法人化の意向，5．代表者のプロフィール，6．監事のプロフィール）

（2）人的資源　（7-1．社員の人数・評議員の人数，7-2．理事の人数，7-3．監事の人数，8．雇用者の人数，9-1．代表者の募集方法，9-2．代表者の決定方法）

（3）財政　（10-1．年間の経常支出額，10-2．人件費の割合，11-1．年間の経常収入額，11-2．貰った収入の割合，11-3．寄付金の割合）

（4）事業　（12-1．定款の目的，12-2．目的達成のための最重要事項，13．他者との連携・協働，14．困りごと）

（5）組織運営　（15．社員総会・評議員会の開催，16．理事会（役員会）の開催，17．事業計画・予算の策定）

（6）情報公開・情報発信　（18．ホームページ・SNSの活用，19．ディスクロージャー，20．意見・首長の発信の取り組み）

1.2　一般法人の問題状況

　「はじめに」で述べたように，筆者は2014年，一般法人の置かれている問題状況，特に，公益法人制度改革により生じた法人類型相互の関係について，①

50　第Ⅱ部　非営利法人の系統と伸展

表 3 - 1　「一般社団法人及び一般財団法人の組織運営に関する実態調査」の概要

項目	要点
調査の背景	・JCNE では，一般法人に対するアンケート調査報告を 2 回実施している． ・初回は，2021 年 1 月にアンケートを実施し，同年 8 月に調査報告書を発表した（「一般法人に関するアンケート調査報告書（https://jcne.or.jp/2021/08/02/report-7/）） ・第 2 回は，2022 年月にアンケートを実施し，翌2023年月に調査報告書を発表した（「一般法人の組織運営に関する実態調査」） ・初回調査では，公益コミュニティサイト「CANPAN」への登録法人や JCNE でメールアドレスを取得している一般法人を対象にインターネットによるアンケート調査を行ったが，社会福祉分野の法人が多いなど母集団に偏りがあったことに加え，回答数及び回答率も十分なものとは言えなかった． ・そこで，調査方法を変更し，国税庁「法人番号公表サイト」に登録されている一般社団法人及び一般財団法人を対象とした郵送によるアンケート調査を実施した．
調査分析の目的	1．一般法人の法人区分（非営利型／普通）や運営機関，雇用者数などの法人基礎情報（法人属性）の実態を明らかにすること． 2．一般法人の事業運営における理念目的と活動分野を明らかにすること． 3．一般法人の組織運営における悩み・困りごとを明らかにすること．
調査対象	・国税庁「法人番号公表サイト」からダウンロードした一般法人のデータの中から，無作為に8000件のサンプルを抽出して調査対象の母集団とした． ・無作為抽出にあたっては，データのダウンロード時点（2022 年 7 月19日）における一般法人の登録データ件数83482件から，登記閉鎖法人を除外して，社団・財団別件数及び都道府県別件数を把握した． ・その上で，調査対象サンプル数（母集団）を，登録データ件数の概ね10%にあたる8000件とし，登録データ件数と相似形になるよう，社団・財団別及び都道府県別に比例按分した．
調査方法	JCNE2021の実績（回答数154件，回収率8.3%）を踏まえ，また類似のアンケート調査結果の回収率を参考にして，回収率10%にあたる800件を回収目標とした．また，アンケート調査は，以下の方法により実施した． ■実施期間：2022年 8 月14日―同年 9 月16日． ■調査手段：アンケート用紙送付による郵送調査．
アンケート項目	アンケート本文28問（選択回答17問，記入回答10問，複合回答 1 問），法人属性に関する質問 7 問（選択回答及び記入回答）とした．アンケート調査票の章立ては以下の通り． （1）法人について （2）人的資源 （3）財政 （4）事業 （5）組織運営 （6）情報公開・情報発信
調査結果 （回答法人の概要）	・税法による法人区分は，普通法人が42%，非営利性徹底型法人が40%，共益的活動目的法人は19%． ・公益法人化の意向について，83%が公益法人化を目指していない．

第 3 章　公益法人制度改革と一般法人の伸長　*51*

　　　　　　　・一般社団法人の社員数の中央値は「8 人」，一般財団法人の評議員数の中央
　　　　　　　　値は「6 人」となった.
　　　　　　　・理事数の中央値は「5 人」，監事の中央値は「1 人」となった.
　　　　　　　・雇用者数の中央値は「2 人」となった.
　　　　　　　・年間の経常支出額は「1.5百万円未満」の回答が，41％と最多となった.「2.5
　　　　　　　　百万円以上 1 千万円未満」の回答まで含めると，支出額千万円未満」の回答
　　　　　　　　は，54％と過半数を超える.

調査報告書	「一般社団法人及び一般財団法人の組織運営に関する実態調査」，2023年月. 0．表紙・目次　1．はじめに・はしがき・解説 https://jcne.or.jp/data/report_20230327-0.pdf 1．調査概要 https://jcne.or.jp/data/report_20230327-1.pdf 2．調査結果（1）法人概要 https://jcne.or.jp/data/report_20230327-2-1.pdf 2．調査結果（2）人的資源 https://jcne.or.jp/data/report_20230327-2-2.pdf 2．調査結果（3）財政 https://jcne.or.jp/data/report_20230327-2-3.pdf 2．調査結果（4）事業 https://jcne.or.jp/data/report_20230327-2-4.pdf 2．調査結果（5）組織運営 https://jcne.or.jp/data/report_20230327-2-5.pdf 2．調査結果（6）情報公開・情報発信 https://jcne.or.jp/data/report_20230327-2-6.pdf 3．まとめ　4．その他回答 https://jcne.or.jp/data/report_20230327-3-4.pdf 5．調査票 https://jcne.or.jp/data/report_20230327-5.pdf
調査実施主体	団体名：公益財団法人　日本非営利組織評価センター ※2022年11月，内閣府より公益認定を取得し，あわせて法人名称を「公益財団 　法人日本非営利組織評価センター」に変更. 理事長：佐藤　大吾 所在地：〒105-0001　東京都港区虎ノ門 1 丁目11- 2　日本財団第二ビル 3 階 設立：2016年 4 月 1 日 URL：https://jcne.or.jp/ 事業内容：評価・認証事業の実施・公開，評価・認証制度に携わる人材育成ほ 　か

（出所）（公財）日本非営利組織評価センター　ウェブサイト：「お知らせ」（https://jcne.or.jp/2023/03/27/rep
ort-10/，2024年11月 5 日閲覧）より引用. なお，「調査の背景」はお知らせ記事を要約した.

52　第Ⅱ部　非営利法人の系統と伸展

一般法人と従来の特別法法人（一般法人法と「一般法」性の問題），② 一般法人と
NPO 法人（ユーザーである国民から見た組織選択問題），③ 非営利型一般法人とそれ
以外の一般法人（「中2階」についての評価）の3つの関係局面に分けて考察した[4].

　これらの局面に関して，「2022報告書」では，一般法人の「財政」等の調査
項目で，内閣府による NPO 法人の2020年度実態調査結果（内閣府2021参照）の
対応する部分を付記しており[5]，② 一般法人と NPO 法人の関係局面を比較検討
することができる．また，「人的資源」，「組織運営」など多くの調査項目で，
非営利型一般法人とそれ以外の一般法人という税法区分によるクロス集計を行
い，両者の違いを浮き彫りにし[6]，③の局面を深堀りする上でも有益な材料を提
示している．

2　中間法人から一般法人へ

2.1　中間法人全国実態調査と一般法人調査への示唆

（1）　調査の背景

　筆者は，かつて公益法人制度改革関連三法の制定・施行前後の時期をとらえ，
2005-2009年度にかけて，全国の中間法人の実態と，中間法人から転生した一
般法人の意識や要望についての調査を行った．① 法施行前の2005年度に大阪
法務局管内で確認した中間法人に対する予備的調査を踏まえ，翌2006年度には
中間法人全国実態調査を行い，② 法施行後の2009年2月，一般法人に移行し
ていた中間法人の事例調査を名古屋法務局管内の中間法人を抽出して実施した．
その上で，③ 将来，一般法人の全国調査を行う場合に検討すべき視点（問題
関心）を複数列挙した[7].

　「はじめに」で述べた筆者の一連の中間法人調査について，2022報告書では，
「1．調査概要（3）調査の分析軸，(d) 先行研究との比較」（同報告書：21-24）
において，「一般法人の利益区分などによる類型化に関する先行研究」として，
上記の①全国実態調査で明らかにした分類が参照，引用されている[8].

　2022報告書は，前掲のとおり，評価センターが今回の調査で重視した2つの
問題関心（現在の一般法人の〔1〕利益志向性と理念目的・活動分野の関係，〔2〕組織運
営上の課題）（同報告書：235（「3．調査のまとめ（2）総括」）に焦点を絞った調査項
目とされているが，中間法人調査における筆者の視点（問題関心）とも多くの
点で重なり，興味深い調査結果が得られている．一方で，本調査では調査項目

第3章　公益法人制度改革と一般法人の伸長　　53

としていないが，今日なお重要と思われる視点もある[9]．そこで，以下に，やや長くなるが，筆者の中間法人から一般法人にわたる調査の視点を要約，再掲し，2022報告書のまとめ（総括）（2022報告書：234-236）とあわせて，一般法人の今後を考えていく上での参考としたい[10]．

（2）　調査の目的と問題関心

中間法人全国実態調査のあらましを述べる．

中間法人は，2006年の全国調査時点で3000件を超え増勢止まない状況であったが，公益法人制度改革論議の中では，終始公益法人やNPO法人の狭間に隠れ，準則主義による設立であることから詳しい統計も無く，可視性の乏しいまま改革に飲み込まれようとしていた．そこで，中間法人法の廃止と一般法人への移行を目前に控えた時期に，中間法人としての自らの在り様（よう），活動をどのように評価し，制度改革の意義やその影響等をいかに認識し，対応しようとしているか，その実像を把握し，法人関係者の声を傾聴し，新たな一般法人制度の活用や運営はもとより，将来のより包括的な非営利法人制度に向けた制度設計について示唆を得たいと考えた（初谷2012：34）．

問題関心としては，中間法人について次の５点，すなわち，① 設立状況（浸透，伸長状況の数的または対象領域的な変化，その理由），② 業務類型（業務類型と類型別分布状況），③ 組織選択（法人設立時の組織選択と制度改革に伴う新たな組織選択），④ 得失（法人設立時と法人格取得後の得失（メリット，デメリット）についての認識の変化），⑤ 公益法人制度改革に対する評価（非営利法人内での税制及び社会的評価（序列）等）（同上書：62-63，93）を明らかにすることにあった[11]．

（3）　中間法人調査の結果

調査の結果は，①〜⑤の問題関心に対応させると，以下のとおりである．

① 設立状況は，調査対象とした2006年８月末までの総数3224法人で（初谷2012：66，注89），2006年の月次の存続件数は平均80.5件（同上書：67）となお増勢にあった[12]．

② 調査対象法人について登記目的欄の記載に基づき「共益型」（立法前から想定された典型的中間法人），「公益志向型」（公益的団体の中間法人化），「営利補完型」（営利法人等の補完，支援）の３類型を命名，区分し，有効回答法人について，定款記載目的を問う設問への回答結果も踏まえて内訳を見ると，営利補完型が７割を超え，公益志向型が２割，共益型は１割に留まった．利益志向に基づく３類型をさらに51の業務類型に分けて分布を見た．

54　第Ⅱ部　非営利法人の系統と伸展

　中間法人は，非公益・非営利団体の法人化に道を開き，職域団体 (特定職能・資格者団体，業界団体等) など共益的団体の法人化に利用されたが，共益型よりも公益志向型や営利補完型，特に営利補完型のうち，流動化取引に特化した「中間法人ストラクチャー[13]」への活用が著増していた (初谷2012：67-73)．なお，公益法人制度改革以降は，一般社団法人を用いたストラクチャーが活用されている．

　③ 組織選択 (法人設立時の組織選択と，制度改革に伴う新たな組織選択) については，まず，法人設立時に中間法人を選択した理由は，共益型，公益志向型に共通して「社会的信用増」と「設立容易性」が１・２位を占め，営利補完型は，上記の中間法人ストラクチャーへの利用を挙げるものが多数を占めた．また，法人化に当たっては，９割の法人が中間法人以外に検討した組織があり，多い順に社団法人，NPO法人，財団法人，株式会社であった．共益型はNPO法人，公益志向型は社団法人との選択を経て中間法人に至っていた．

　次に，改革により中間法人から一般社団法人への移行に臨んで，一般社団法人以外の組織を設立し事業を引き継ぐことは９割の法人が検討しておらず，今後の検討意向もなかった．法的地位に変化がない等の理由による (同上書：73-76)．

　④ 得失 (法人設立時と法人格取得後の得失 (メリット，デメリット) についての認識の変化) については，まず，中間法人格取得後に認識したメリットとして，「設立容易性」，「社会的信用増」のほか，法人名義での口座開設や財産管理，共益活動を事業の中心にし得た等が挙げられた．一方，認識されたデメリットは，「普通法人並み課税」，「社会的通用性の低さ」，「公益活動をしていても，公益性があると見てもらえない」が続いた．このうち「普通法人並み課税」について，多数を占める営利補完型の法人は，「公益性がない以上当然の負担である」としたが，共益型，公益志向型の法人は，「原則課税は負担が大きい」，「会費収入への課税は納得できない」，「公益活動をしている程度に応じて軽減措置を設けてほしい」等の意見が多かった (同上書：76-78)．

　⑤ 公益法人制度改革に対する評価 (非営利法人内での税制及び社会的評価 (序列)) については，７割を占める営利補完型は「どちらともいえない」が最多であった．改革に「賛成」とする法人は，「社会的通用性の向上」，「社会的信用増」のほか「会費等の免税措置への期待」を挙げた．「反対」とする法人は，「非営利・非公益性の曖昧化」，「評価の低い旧公益法人と同一視され社会的信用低下

第 3 章　公益法人制度改革と一般法人の伸長　　*55*

を懸念」を挙げた（同上書：78-82）.

（4）　調査結果に基づく考察

上記の調査結果に基づき考察した点として，次の諸点が挙げられる（同上書：95-97）.

《1》中間法人法の効果として，①法の間隙を埋め，共益団体の法人化に道を開いたが，共益団体の母数から見て共益型中間法人数は少ない．むしろ，②民間の立場で自由に公益志向の事業の展開を希望する団体にとって有意義なヴィークルとして機能している．また，③想定外の展開として営利補完型が多数に上り，制度改革にともない「一般社団法人ストラクチャー」を組成する流動化取引特化型への移行が唱導されていた.

《2》中間法人法廃止の影響として，①「共益法人」の範疇が消失した．中間法人は公益と私益を中継する位置にあり，共益を基礎としながら，公益志向，私益志向のいずれにも接近する可能性を有していた（本書第1章・図1-1の利益志向イメージ参照）．その中間性を積極的に評価していた法人は，目的限定のない一般法人の中に埋没する．一般法人と公益法人の2層化は，公益を非公益より上位に置く二元的な段階思考を促し，「民間の担う公益」を矮小化する傾向が生じることを懸念する.

《3》社会的評価については，2層ゆえの二元的な段階思考などから，一般法人は，「公益に達し得ない存在」（公益未達）や「公益にあらざる存在」（非公益）と低く評価されたり軽視される可能性がある．しかし，公益認定を目指さなくとも，一般法人でありつつ公益志向であることや，営利補完を行うことも，「公共」を担う多元的な「民」を構成する存在として意義がある．したがって，公益認定制度はさまざまな一般法人の多様な公益への関心や意欲を統制したり，萎縮，阻喪するような逆機能を帯びることのないよう，運用されなければならない.

（5）　一般法人に対する問題関心

以上の中間法人調査の結果と考察を踏まえ，これら中間法人も前身とする新たな一般法人に対する問題関心として，筆者は次のような点を挙げた（同上書：82-85）.

〈1〉前掲①～③の問題関心の延長線上では，一つは，「一般法人の設立状況と組織選択」の帰趨がどうなるか．一般法人には，中間法人を前身とする法人のほか，旧公益法人からの移行法人と新規設立法人が加わることから，共益，

公益，営利補完の利益志向による類型分布がどう変化するか．また，NPO法人との組織選択がどのように動くか．二つには，51の業務類型の分布がどう変化するか．

〈2〉前掲④の問題関心の延長線上としては，「一般法人の得失」が当事者によりどのように認識されるか．中間法人を前身とする一般法人にとって，中間法人のとき認識していたメリットは維持，助長され，デメリットは解消，改善されるか．それ以外の一般法人は得失をどのように認識するか．

〈3〉前掲⑤の問題関心の延長線上では，「公益法人制度改革に対する一般法人の評価」の把握である．一つには，どの程度の一般法人が公益認定志向を持つか．公益志向型であっても「公益認定」志向は持たない法人も少なからず生じるのではないか．二つ目には，一般法人に対する社会的評価はどうなるか．法人の種類についての序列，階層についての意識や，組織選択に際しての選好は変化するか．特に，この二つ目の点について，筆者は次のように記していた（同上書：85）[14]．

> 「一つ懸念されるのは，公益認定制度を介して，公益社団（財団）法人と一般法人に優劣をつけ序列化したり，一般法人内で『公益認定』志向の有無により差別化したりする見方の台頭である．今次の公益法人制度改革は，『民間が担う公益』の担い手となる法人像を改革理念として描くが，筆者は，『民間が担う公益』にいう公益とは，本来，近年公共経営の分野で論じられる『新しい公共』と同義に幅広く捉えるべきだと考える．一方，公益認定法にいう『公益』は，あくまで税制上の優遇措置の対象となり得る公益法人を選抜する基準概念としての『公益』であり，『民間が担う公益』の一部に過ぎない．一般法人の当事者が，『民間が担う公益』の公益を，認定される公益の範囲に限って捉えることのないよう期待したい．公益認定された法人だけが，『公益を担う』わけではないのである．」

JCNE2022調査の結果を見ると，「公益」を広く捉えたこともあり，一般法人の多くが「公益志向」の事業を活発に展開しており，上記の筆者の懸念のうち後段の懸念は杞憂におわったようにも思われる．ただ，前段の一般法人当事者や周囲の一般社会において，「公益認定志向」の有無による序列化や差別に対する懸念は今も残るところである．

第3章 公益法人制度改革と一般法人の伸長 57

（6） 一般法人全国実態調査への視点（問題関心）

上記の〈1〉～〈3〉の問題関心のもと，今後，一般法人の全国調査を行う場合に検討すべき視点として，次の［1］～［3］の（枝番号も含めると）7点を列挙していた（同上書：112-116）．

［1］「共益法人」としての存在意義

中間法人は非営利・非公益の「共益法人」を主たる目的として立法されたが，中間法人法廃止により，法制上の中間法人の範疇がなくなり，税制上，非営利型一般法人の中に「共益的活動を目的とする法人」（以下「共益的非営利型一般法人」という）が「非営利性が徹底された法人」（以下「非営利徹底型一般法人」という）と並んで設けられた（法人税法第2条9号2）．

そこで，［1-1］税制上設けられた共益的非営利型一般法人が共益法人の一部としてどのような認識を持っているか，また，［1-2］共益的非営利型一般法人が設けられたことは，共益志向の任意団体が一般法人化する誘因や，あるいは共益的非営利型一般法人自身がみずからを共益的非営利型の要件に適合させようとする誘因として，どの程度機能するか．

［2］市民公益活動のヴィークル（乗り物）としての存在意義

中間法人は，営利補完型，共益型以外に，公益志向型の法人の受け皿としても機能していた．

そこで，改革により一般法人と公益法人の2層構造ができたことは，［2-1］公益志向の任意団体が一般法人格の取得を目指す誘因として機能するか．また，公益志向型の一般法人が，みずからを公益認定基準に適合させて「公益認定」を目指す誘因として機能するか．また，［2-2］市民公益活動のヴィークルとして，一般法人とNPO法人との間での組織選択はどのように動くか，さらに，［2-3］自治体NPO政策のパートナーとして，一般法人をNPO法人と同様に，あるいはそれ以上に積極的に位置づけ，評価する動きが見られるか．

［3］中間法人の意義と一般社団法人の意義

中間法人法が廃止されたことにより，公益・非公益について二元論的な評価が台頭したり，一般法人のことを「公益未達」あるいは「非公益」な法人として低く評価したり軽視することが懸念された．

そこで，［3-1］改革直前の総数で旧公益法人の約6分の1であった中間法人が，旧公益法人と統合されることにより，新たな一般法人を総体として「全所得課税（原則課税）」のカテゴリーにいわば「切り下げる」役割を果たしたこ

とが，他の特別法法人の税制上の優遇措置の見直しにもつながるか．[3-2]
一般法人に対する適切な社会的評価のために何が必要か．たとえば，非営利法
人の中での一般法人の位置，機能に対する多面的な評価の必要性と評価結果の
公開，また，並行して，一般法人の活動に対する支援と，法制・税制にわたる
十分な情報提供，制度理解に向けた啓発活動が想定された．一般法人のニーズ
を明らかにし，各セクターのNPO政策に反映，活用する必要があると考えた．

2.2　一般法人調査への「視点」の反映

　包括的な一般法人調査に向けて，筆者が上記のような視点を提示してから既
に久しい．この間，一般法人を含む非営利法人に関する様々な調査が重ねられ
てきた．そうした中で，今回，評価センターにより実施されたJCNE2022調査
は，一般法人に特化して，センターの問題関心2点（⑴利益志向性と理念目的・
活動分野の関係，⑵組織運営上の課題）に焦点を当てて設計し実施された．上記の
視点に逐一対応するわけではないが，今後，一般法人を対象とするNPO政策
について考察を深め，実践に活かす上で，これまでにない角度から有益な内容
が得られたのではないかと考えられる．

　すなわち，上記（4）の視点のうち，[1]については，ほぼすべての調査
項目において利益区分のうち「共益型」の一般法人の認識を，「公益型」（公益
志向型）や「私益型」（私益志向型）の一般法人と区別して明らかにしている．ま
た，[2]については，[2-1]の公益認定志向の有無について現状を明らか
にしている．[2-3]の自治体NPO政策に関しては，一般法人の多くが自治
体と連携・協働を希望しており，その希望する内容も詳しく明らかになった．
[3]については，[3-1]に関して，一般法人の「困りごと」のうち「税務・
会計への対応」は，選択肢の「その他」で若干見られるがウェイトは高くない．
制度としての原則課税は，表面的には受容され馴致しているかに見える．[3-
2]に関しては，一般法人自身の「情報公開・情報発信」の現状と問題点につ
いて明らかになった．問題点を克服するための「支援」について，評価センター
による評価事業のあり方をはじめ，一般法人に対する支援機能とその担い手を
再考する手がかりを与えるものとなっている．

　一方，筆者の視点から見た「残された課題」もある．[2-2]のNPO法人
との組織選択の問題については，前述した民間非営利法人の法制・税制の推移
でみたような状況にあり，この点については，2015年，2017年に公表された先

行調査もある.[15) それらの知見も踏まえつつ,非営利法人をめぐる法体系のあり方も見通した総合的な検討は依然必要であると考えられる.[2-3]の一般法人に関する自治体NPO政策のあり方や,[3-2]の一般法人の社会的評価のための制度や仕組みのあり方については,本調査では直接問うていないが,回答法人の意見も参照しつつ,今後とも調査研究や検討を重ね,次世代の制度設計に活かす必要があるだろう.

3 今後の課題

以上,NPO政策論の観点から,一般法人の今日的な意義とその直面する課題について概観し,筆者の中間法人全国調査結果と一般法人調査に向けた示唆も顧み,本調査の成果にも言及した.

最後に,2022報告書の「はじめに」や「調査のまとめ」で評価センターの立場から指摘されている課題も含め,今後,一般法人を巡る政策についてどのような議論が期待されるかを述べるものとする.

表3-2に,「**表1-4　NPO政策の課題**（2001年当時）」（本書19頁）の枠組みに準じて,今後の「一般法人に関する政策課題」を整理してみた.表頭には,**表1-4**の4区分とそろえた中区分の「課題」を,次いで「JCNE2022結果から示唆される課題」と筆者の視点に基づき「左に追加すべき課題」を並記している.

3.1 基底的な一般法人政策
（1）一般法人の存立と発展の支援
まず,民間非営利セクターの中で一般法人の存立と発展のために,何をどのように支援していくべきかが課題となる.本調査の結果からは,次の諸点が挙げられる.

① 一般法人の類型区分の基準の検討
本調査では,「税法区分」以外に「利益区分」（利益志向区分）や「設立年による区分」を設けて適用している.このうち,利益区分3区分を客観性の高いものにするには,3区分を分類する際の明確な基準が必要である.報告書では,この点について,「① 定款の目的（Q12-1）,② 目的達成のための最重要事業（Q12-2）の回答結果,③ 回答法人のホームページ等からうかがえる情報によって利益区分の判断を行うことと」したとしている（2022報告書：15）.

60 第Ⅱ部 非営利法人の系統と伸展

表 3-2 一般法人に関する政策課題（現在）

		課題	JCNE2022結果から示唆される課題	左に追加すべき課題
基底的（目的的）NPO（一般法人）政策	➤一般法人が，政府・民間営利，民間非営利の他の組織から区別され，独立した存在，自立的，能動的な主体として成長，発展していくことができるようにするための課題	1 民間非営利セクターの中で一般法人の存立と発展の支援	○一般法人の類型区分の基準検討（税法区分以外の利益区分などで，操作性の高い合理的基準の検討など）○一般法人に適用できる，非営利セクターにとっての統一業種分類の策定○組織運営能力，ガバナンス，コンプライアンスの向上	○一般法人の定義の検討（非営利性）○非営利型一般法人制度の周知○一般法人の「公益志向」性の評価（公益認定志向の有無を問わず）
		2 民間非営利セクターに係る法体系と税制の中で一般法人の位置づけの検討	○一般法人法の着実な制度運用（組織運営，情報公開など）	○一般法人法の「非営利法人の一般法」としての定位の検討○NPO法人との関係の整理○一般法人の公益認定基準の規制緩和○非営利型一般法人の位置づけの検討
派生的（手段的）NPO（一般法人）政策	➤何らかの公共政策や公共経営の展開において，一般法人が，政府・民間営利の組織やセクターとともに，それらと適切な関係性を保ちながら連携・協働し，より良い公共性の実現に向けて共に貢献できるようにするための課題	3 公共政策，公共経営における一般法人の定位と利活用の促進	○計画・評価の能力のある一般法人（公益法人）の成長○政府，企業，地域団体等との連携・協働の仲介，コーディネート	○国，自治体のNPO政策で，一般法人を連携・協働のパートナー等として再定位
		4 公共政策，公共経営の個別領域における民間主導による政府・一般法人間協働（PPP）の開発	○一般法人を含む民間主導のPPPの開発，移行	

（出所）本書表1-1に準じて，筆者作成.

分析の結果,「公益型」が82%,細分化した「公益型b」が73%を占めている点は,一般法人の公益志向性の高さを意味するだけに,上記①～③の判断基準の適用過程を明確にすることで,調査結果の強度が増すと思われる.

2022報告書では,「公益」,「共益」,「私益」という範疇は,相互に漸次的に移行するグラデーション (gradation) の状態にあり,その階調を截然と3つに区別することの難しさが述べられている[16].実は,利益志向性は,3つの利益間だけでなく,「公益」,「共益」,「私益」の中でもおのおの志向性の程度に段階があることから,分析に「利益区分」を用いる際には,その目的に応じて,操作性が高く合理的な基準を工夫する必要がある (同上:16)[17].

② 非営利セクターに相応しい業種分類の検討

次に,JCNE2022で注力された一般法人の「業種」分析から顕在化した課題として,「非営利セクターに相応しい業種分類の検討」が挙げられる.

同調査では,一般法人について日本標準産業分類を用いて業種分類が行われた.その結果,一般法人の活動分野は同分類の大分類レベルでほぼすべての業種にわたっており,改めてその活動の多様性,汎用性を物語るものとなっている.同時に,調査対象法人の業種は,大分類の「Rサービス業 (他に分類されないもの)」,とりわけその中分類の1つである「93:政治・経済・文化団体」に集中する結果が示された.

2022報告書:20では,「1. 調査の概要」で,「日本標準産業分類は,非営利組織に特化した業種分類ではないことから,必ずしも的確な分類が実現するとは限らない.そのため (中略) JCNE2022においては,調査対象法人がどのような業種に分類されたのかという結果を確認することに留めた」)としている.謙抑的ではあるが,「法人の行う事業と組織の実態からすれば,営利法人と非営利法人とはむしろ連続的なものとしてとらえるべき」との指摘もある (神作2007:60).

日本標準産業分類における産業の定義には,「営利事業と非営利事業がともに含まれる[18]」ものの,「中分類93—政治・経済・文化団体」では,その総説において「この中分類には,経済団体,労働団体,学術文化団体,政治団体などの他に分類されない非営利団体が分類される」とし,さらに小分類として,経済団体から政治団体以外の「939 他に分類されない非営利的団体」を設け,細分類9399に共益的なものから公益的なものまで多様な非営利的事業所を例示している.NPOの存在意義や役割期待の高まりにもかかわらず,その事業の

分類が実態を踏まえた総合的，体系的なレベルに至っていないように思われる．

2022報告書の「２．調査結果（４）事業」でも指摘，提言されているように，当面，① 中分類の業種分類の見直しによる業種の細分化や新設，② 細分類で示されている例示業種の増設などの対応により，非営利法人の業種分類への日本標準産業分類の活用の便宜を図ることが期待される．今後の方向性としては，「非営利セクターにとっての統一業種分類の策定」も視野に入れた中期的な検討が必要である．

③ 組織運営能力，ガバナンス，コンプライアンスの向上

さらに，同調査の問題関心の一つであった一般法人の組織運営能力，ガバナンス，コンプライアンスなどの向上については，一般法人自身の自律的な取り組みとともに，別主体からのさまざまな支援方策の検討が引き続き重要である．

これらに加え，筆者の視点からは，次の点も追加しておきたい．

【１】 一般法人の「公益志向」性の評価

中間法人調査結果とその考察から導いた一般法人調査への示唆に関して前述したように，「公益認定」志向の有無を問わず，一般法人の「公益志向」の活動や事業に注目し，優れたものを積極的に評価し，広く顕彰していく仕組みや事業が充実することが期待される．

（２） 法体系と税制における一般法人の位置づけ

次に，民間非営利セクターに係る法体系と税制の中で，一般法人の位置づけを検討していくことが課題である．

2022調査の結果からは，次の点が挙げられる．

① 一般法人法の着実な制度運用

施行後15年を迎えようとしている一般法人制度であるが，普及していく過程ではいろいろな逸脱事例も生じている．一般法人法の立法趣旨を踏まえ，法令に則った堅実な制度運用，利活用が期待される．本調査の結果から，一般法人の人材，機関，財政，組織運営，情報公開などについて，運用の実態が相当程度可視化された．是正すべきところ，伸長させるべきところも指摘されている．いずれについても，一般法人の自立的な取り組みが期待されるとともに，側面的な支援政策も検討する必要があるだろう．

② 非営利型一般法人の周知

いわゆる「中２階」にあたる非営利型一般法人制度は，まだまだ一般に周知，活用されていないようにうかがえる．一般法人からの相談に応じている士業な

どの専門家も含め，非営利法人の税制についての一層の理解を図る必要がある．

これらに加え，筆者の視点からは，次の諸点も引き続き検討する必要があると考える．

【1】一般法人法の「非営利法人の一般法」としての定位の検討

法制面から見れば，一般法人法は，改正前民法のような非営利法人についての一般法ではない．非営利法人の個別根拠法の一つとして制定され，同法に基づく一般法人の増加に伴い，非営利法人全体の中で，一定のプレゼンスを占めるようになり，その総合性，汎用性ゆえにまだまだ発展する可能性をもった存在（成長株）ともいえる．制度改革から14年を経て，増加の著しい一般法人は，個別根拠法としての一般法人法に基づく「一般性」が高まりつつある存在である．仮に一般法人法がNPO法人をはじめ非営利法人の一般法となることを目指すのであれば，他の非営利法人の個別根拠法が総則規定を個別に制定しなくてもよいように，一般法人法に一元化して具備する必要があるとも指摘されている[19]．

【2】非営利型一般法人の位置づけの検討

非営利型一般法人の創設によって税制上は3層構造となり，法制上の2層構造とどのように整合させて理解していくかという課題がある．法人税法上，一般社団法人等を2区分し，非営利型以外の法人に全所得課税を導入したことにより，非営利型法人とそれ以外の法人の間において，租税の中立性・公平性が担保されない状況が生じる可能性を指摘し，2区分の廃止を示唆する論者もある（尾上編著2022：95-109）．いわば「中2階」を減築し，1階の一般法人等の収入については，非課税ないしは免税とする場合の活動の担保を個別に検討すべきとする．

【3】NPO法人との関係の整理

NPO法人との関係は，いずれを採るかといった法人格選択問題にとどまらず，仮に両者が今後も並立していくとした場合に，それぞれが競合，相殺し合うというよりは，相乗効果を挙げるような利活用方法がないか，共存共栄が進むための環境整備として何が必要かは検討課題となるだろう．

【4】一般法人の公益認定基準の規制緩和

公益法人制度改革の成果と課題については，政府，民間双方において検討や考察が重ねられてきた[20]．それらも踏まえ，現在，国において「新しい公益法人制度の在り方に関する有識者会議」が進行している．

2022年12月の中間報告までの議論は，公益認定基準（収支相償や遊休財産規制など）の緩和が大きな論題となってきたが，公益認定における公益性の判断基準は，重要ではあるが公益法人制度を支えるための公益性判断である．より包括的な視点からは，日本社会において「公益志向」の結社活動の公益性をいかに評価すべきか，そのために必要な仕組みや政策は何かということについて，俯瞰する論議が期待される．

3.2 派生的な一般法人政策

（1）　公共政策，公共経営における一般法人の定位と利活用の促進

公共政策，公共経営において，一般法人を適切に位置づけ，利活用を促進することが課題である．

2022調査の結果からは，次の2点が挙げられる．

　　①計画・評価の能力のある一般法人（公益法人）の成長
　　②他主体との連携・協働の仲介，コーディネート

これらは，いずれも従来のNPOを支援する中間支援組織に対する役割期待の重点の変化を考えさせられるものである．一般法人にとって，人材や財源などの資源の調達を図るうえで適切な仲介の必要性が減じたわけではないとしても，一般法人が自律的な組織として発展するために必要な計画や評価，他主体との連携・協働などについて，より専門的なコンサルティングや，ウェブ空間も含めた広域的で多次元的なコーディネートのサービスが求められているようにうかがえる．

上記のことに加え，それらの基盤ともなることとして次の点が挙げられる．

【1】国・自治体のNPO政策における一般法人の再定位

この点は，自治体の市民協働はじめPPPに関わる行政計画や施策において，パートナー等として一般法人がただしく認識され，位置づけられるようにしなければならないという課題である．

（2）　個別領域における民間主導による政府・一般法人間協働（PPP）の開発

公共政策，公共経営の個別領域において，民間主導による政府と一般法人との協働（PPP）を開発し，政府主導のPPPから移行していくことが必要である．

　①一般法人を含む民間主導のPPPの開発，移行

同調査からは，様々な他主体との連携・協働に対する一般法人の強い意欲と多様な要請が明らかになった．この点は，政府以外の企業や，他の NPO，そして地域団体や住民・市民にとって，一般法人がどのような分野や観点からの連携・協働を希望しているかを認知する機会となり，それぞれの派生的 NPO 政策のパートナーとして一般法人を再認識するきっかけになるだろう．そこから文字通り「民間の担う公益」を具現化する新たな NPO 政策が創出されることも期待される．

注

1）日本 NPO 学会全国大会（2014年3月），連続セッション：「新公益法人制度5年の『移行期間』を終えて（その1）110年ぶりの改革法の完全施行で見えてきた公益法人セクターと公益認定制度の課題」（第1セッション）および「新公益法人制度5年の『移行期間』を終えて（その2）110年ぶりの改革法の完全施行と新しい市民社会の姿—市民社会セクターの課題と展望」（第2セッション）．企画・モデレーターはいずれも岡本仁宏関西学院大学教授．筆者は，第2セッションに出口正之氏，太田達男氏，山岡義典氏とともに報告者・パネリストとして参加した．

2）国税庁法人番号公表サイトにより検索（https://www.houjin-bangou.nta.go.jp/，2023年2月26日閲覧）．

3）内閣府 NPO ホームページ「認証・認定数の遷移」（https://www.npo-homepage.go.jp/about/toukei-info/ninshou-seni，2023年2月26日閲覧）．

4）考察内容は，次のとおりである．①では，「一般法と特別法」のセットから「基本法と個別根拠法」のセットに変化している中で，一般法人法が「基本法」として，法人の個別根拠法に対して一定の「枠づけ」や「方向性」を示唆する機能を果たす可能性について検討した．②では，体系化の意味を整理したうえで，「公益法人制度改革関連三法体系」の意義や，同体系を構成する一般社団・財団法人が著増する中，両体系を支える価値観の接近，オーバーラップが見られる中での「特定非営利活動促進法体系」の存続意義を検討した．③では，「一般社団・財団法人」と「特定非営利活動法人の双方向の選択状況をうかがいつつ，両者の接点となる存在として一般社団・財団法人（非営利型）の持つ意味と可能性を検討した．初谷2015a：202-204参照．

5）例えば，「2．調査結果（3）財政」の Q11-1（年間の経常収入額）（99頁），Q11-2（貰った収入の割合）（105頁），Q11-3（寄付金の割合）（111頁）．

6）該当する調査項目については，「図表0-15：JCNE2022のクロス集計分析」の税法区分の列を参照されたい．

7）これらの調査に基づく論考は2006-2009年に順次公表し，初谷2012：「第1章　未完の公益法人制度改革（1）—中間法人の誕生と展開が示唆するもの」（32-92）および「第2章　未完の公益法人制度改革（2）—中間法人の転生：一般社団法人への移行がもたらすもの」（93-116）に収録した．同書の内容については，刊行直後に，独立行政法人経済産業研究所（RIETI）「官民関係の自由主義的改革とサードセクターの再構築に関

する調査研究」（代表者：後房雄名古屋大学教授）の研究会で報告する機会をいただいた．その際臨席されていた（公財）公益法人協会の太田達男理事長（現会長）からは，続けて筆者に一般法人の実像把握も勧奨頂いていたところ，同理事長が（公社）非営利組織評価センター理事として推進されたJCNE2022で具体化する機会を得た次第である．

8）同上．なお，先行研究としては本文所掲の①に加え②と③，つまり，中間法人から移行した一般法人の事例調査を行い，一般法人全国調査への示唆を提示した部分が，JCNE2022調査の意義を考える上でも必要と考え，本解説で後述している．

9）なお，本文にいう「取り組まれていない視点」は，2022報告書：237の「積み残した課題」とは異なる．

10）一般法人は中間法人以外に非営利・公益の象限にあった旧公益法人のうち一般法人に移行したものも前身としているが，非営利・非公益の象限にありながら利益志向性は営利補完，公益志向，共益の類型に分岐していた中間法人は，非営利で公益性の有無を問わない一般法人について考える上で比較検討する意義が認められる．

11）調査対象法人は1951法人（総数3224法人の60.5％），有効回答法人は484法人（回収率24.8％）．

12）一般法人法が施行され，中間法人法が廃止された2008年12月1日を迎えた中間法人は，有限責任中間法人4114件，無限責任中間法人が362件，合計4476法人であった（法務省大臣官房司法法制課への照会結果）．初谷2012：95．

13）中間法人ストラクチャー（一般社団法人ストラクチャー）の詳細は，その考案者である藤瀬裕司の論考（藤瀬2006：第2編第6，7章）参照．

14）なお，引用にあたり，原文で「一般社団（財団）法人」としている部分は，本章の表記にあわせて「一般法人」に改めている．

15）非営利法人格選択に関する実態調査委員会（公益財団法人公益法人協会，認定特定非営利活動法人日本NPOセンター）2015および同2017が，一般法人と特定非営利活動法人という「日本の非営利セクターを支える2つの法人制度のより良いあり方について政策提言を行うこと」を目的として，2度にわたり調査を実施している．

16）「（b）利益の分類の考え方―目的とする利益の重複について」参照．

17）一例として，前掲の中間法人全国調査では，類型別分析に当たり，まず，調査対象法人の類型の内訳を見る際は，登記目的欄の記載により共益型，公益志向型，営利補完型の3類型に重なりのないように分類して概況を把握したが，有効回答法人の類型分析に際しては，定款記載目的を問うた設問（複数回答）の選択肢を，A：共益目的，B：公益志向の目的，C：営利補完の目的に予め3分したうえで，各法人の選択回答結果によって，「Aのみ」，「Bのみ」，「Cのみ」，「A及びB」，「B及びC」，「C及びA」，「A，B及びC」の7群に分け，Aを含むもの（Aのみ，AB，CA，ABC）を共益型とし，同様にBを含むものを公益志向型，Cを含むものを営利補完型とし，3類型がベン図的に重なることを前提として，3つの類型の割合を求めた．初谷2012：72．

18）「日本標準産業分類一般原則　第1項　産業の定義」参照．

19）一般法人法の制定により，他の特別法人も法改正をしている．非営利法人法における一般法人法の位置づけについて，後藤2007：58参照．

20）民間の側からは，例えば太田2019参照．「新制度の狙い・目的は達成されているか」，「新制度は効果的に機能しているか」という問いに答える形で，また「税制及び会計基準について」，制度改革の成果と課題を明らかにしている．

第4章
社会福祉法人と更生保護法人の跛行的発展

は じ め に

2018年は，1998年のNPO法制定から20年，明治期の民法制定以来110年ぶりに改革された2008年の新公益法人制度施行から10年を迎え，わが国の非営利法人政策にとって一つの画期の年であった．

この20年間は，非営利法人政策だけでなく，営利法人政策においても，2005年の会社法改正（2006年施行）があり，公法人政策においては，1998年の中央省庁等改革基本法を受けた省庁再編，1999年の独立行政法人通則法とその後の個別法制定，2000年の地方分権一括法制定を一里塚とする地方分権改革，2000年代以降のNPM（New Public Management）に基づく国・地方を通じた公務改革やPPP（Public Private Partnership，官民協働）の導入に連動した，法人の統廃合など，戦後70有余年の法人政策史の中でも顕著な制度改革・政策革新を同時代的に連続して経験した期間であるといってよい．

かつて「失われた20年」を巡る論議が高まりを見せたが，この新たな「20年」が，政府，民間営利，民間非営利の3セクターによるNPO政策や公共マネジメントにとってどのような意義を持つものであるか，歴史を軸に置きつつ，広角的，学際的な検討が必要である．

筆者は，わが国の近代化以降の歴史の中でこの20年間の持つ意味を振り返り，公共政策，公共マネジメントの観点から，近時の「法人論」の動向も踏まえつつ，特に，多様な法人類型の「廃置分合」の動態に焦点を当て，現下の重要な政策課題群に対応するNPO政策の動向を分析すること，また，そのいくつかについて，あるべき方向性を考察することを目指して調査研究を進めてきた．

ここにいう「廃置分合」とは，元々，地方自治法に定められた「地方公共団体の法人格の変動を伴う区域の変更」（同法第6条，第7条）を指す用語であるが，本論では，非営利法人の法人格の変動についてアナロジーとして援用するもの

である.

NPO（民間非営利組織）と対比して言うならば，地方公共団体（以下本文では自治体という）は政府非営利組織であり，その廃置分合の意味と手続きは，一般に次のように説明されている.

> 「廃置分合には，① 分割──一つの地方公共団体を廃止し，その区域を分けて複数の地方公共団体を置くこと，② 分立──一つの地方公共団体の法人格を維持したままで，その区域を分けて新たに一以上の地方公共団体を置くこと，③ 合体──複数の地方公共団体の区域を廃止して，その区域に新たに一つの地方公共団体を設置すること，④ 編入──ある地方公共団体を廃止して，その区域を他の地方公共団体の区域に加えること（吸収合併）の四種類があります.」（妹尾2013：27）

この意味と手続きにわが国非営利法人の法人格の変動をなぞらえて見ると，それぞれ時代を異にするが，次のように例示することができる.

①「分割」としては，2006年の公益法人制度改革により明治以来110年続いた旧公益法人制度において従来融合していた法制（法人格取得）と税制（税制上の優遇措置）を分離し，旧公益法人を廃止して一般社団・財団法人と公益社団・財団法人の２階建構造の新たな公益法人制度としたこと，②「分立」としては，戦後改革期に民法（一般法）に基づく旧公益法人から，個別政策分野に係る特別法の立法により法人設立根拠を得た社会福祉法人，学校法人，宗教法人などが分離，離脱していったこと，③「合体」としては，公益法人制度改革において旧公益法人と中間法人を共に廃止，統合して一般社団・財団法人（公益認定により公益社団・財団法人）としたこと，そして，④「編入」としては，公益法人制度改革により中間法人が新たな一般社団法人にそのまま移行（編入）された関係などを，それぞれ類比させることができる.

このように，わが国の近代化以降のNPO政策における法人類型の創設や改廃，統廃合などに，自治体の「廃置分合」に類比する現象や動態を見て取ることができる.

本章における問題関心は，「廃置分合」のうち，まず，上記の②「分立」した複数の個別根拠法に基づく非営利法人（類型）に係る政策が，ともに民法の特別法に基づく法人であり，類縁の政策領域・対象を扱いながらも，対照的かつ跛行的な発展を遂げてきたのは，いかなる要因によるものかを考察すること

にある．また，その考察を踏まえ，今後，さらに予想される非営利法人類型の廃置分合に，主務官庁がどのように対応すべきかについて教訓と示唆を得ようとするものである．

　検討対象として取り上げる非営利法人類型は，社会福祉法人と更生保護法人である．両法人を取り上げる理由は，各々の法人類型の創設の契機（動機）をはじめ，主務官庁の編制や，「主務」とされた所管業務の画定の歴史的経路など，その発展過程を把握するための出来事を抽出し対比することにより，本論の論題に応え得ると考えられるためである．

1　研究方法と検討枠組み

　上記の問題関心に基づき，本章では，次の研究方法を用いる．

　第一に，筆者のこれまでのNPO政策研究の中から，①公益法人制度改革，②更生保護政策と更生保護法人，③社会福祉政策と社会福祉法人についての政策史研究の成果を，改めて考証し検討を加えた上で活用する．

　第二に，上記のうち②更生保護政策及び更生保護法人については，法務省保護局（及び一部厚生労働省）に管理職として在籍経験のある4名の法務官僚OBに対し，2018，2019年度に行った非構造化インタビューの結果を用いる[3]．

　第三に，検討枠組みとして，社会科学，人文科学で用いられる「物語分析」の基本枠組みと方法論を参照する．物語分析は，経営学では特定企業の盛衰ダイナミクスの動態過程を理論事例として研究する単独事例研究の基本手法として活用されている（田村2016：ⅰ-ⅱ，第1章参照）．出来事を抽出して解説する点では歴史学の方法にも通じる[4]．

　社会福祉政策と更生保護政策において，NPO政策の構成要素として創設，活用されてきたNPOの発展過程から，主務官庁の思想や志向，行動選択についての知見を得る上で，同手法の援用に意義が認められる．

2　NPO政策の系譜・時期区分と方向性

2.1　NPO政策の系譜と時期区分

　筆者は，これまでわが国の近代化以降のNPO政策の系譜について調査研究し，順次その成果を公表してきたが，政策史を調査研究するに当たっては，各

72   第Ⅱ部　非営利法人の系統と伸展

論題の研究視点に基づく時期区分を設けて論述してきた．本論の前提として必要な範囲で，時系列でそれらの研究と時期区分の考え方を振り返ると，次のとおり要約することができる．

　第一に，NPO 法が施行された1998年前後，まず，筆者の NPO 政策論の理論的枠組みとその具体的政策領域への展開論を提示した（初谷2001a）．同書では NPO 政策を定義した上で，政府セクターと民間セクターによる基底的 NPO 政策の系譜を，①（19世紀末から）第２次世界大戦終戦まで（-1945），②戦後改革期（1945-1954），③55年体制前期（1955-1974），④55年体制後期（1975-1993），⑤再編と連立・連携期（1993-）の５期に分け，各時期ごとに対比させながら詳述した（初谷2001a：「第２章　NPO 政策の変遷——法制及び税制を中心に——」）．

　上記の③及び④を合わせた「55年体制期」の38年間のうち，③前期は高度成長期（1954-1973）と，④後期は1973年，79年の二度のオイルショックを経て高度経済成長が終焉し，国内政治では自民党一党優位体制が形成，確立され，やがて55年体制の崩壊に至る過程と概ね重なっている（同上：133）．

　第二に，2000年代に入り，公益法人制度改革が，2000年12月の「行政改革大綱」（閣議決定）を皮切りに，2005年12月の「行政改革の重要方針」まで数次にわたる閣議決定を経て進捗していた最中の2005年，社会福祉法人に焦点を当て，福祉三法体制から福祉六法体制にいたる「戦後フレームの形成，拡充とその調整，見直し・改革」として一般に把握される戦後社会福祉政策の潮流に含まれる，複数の NPO 政策の流れを捉え直し，その課題について論述した（初谷2005）．

　そこで社会福祉政策について用いた時期区分は，上記の５期のうち，①を除き，②と③をまとめて①とし，④と⑤を②と③に分けて，①戦後改革期（1945-54）から55年体制前期（1955-74）まで，②55年体制後期（1975-93），③連立・連合の時期（1993-）の３期区分とした．

　戦後の社会福祉政策の展開過程は，論者によって各時期を分ける年に多少の異同はあるが，概ね第１期（1945-59）：社会福祉定礎期（福祉三法体制に現れた戦後フレームの形成期），第２期（1960-73）：社会福祉発展期（福祉六法体制にいたる戦後フレームの拡充期），第３期（1974-88）：社会福祉調整期（第二臨調に基づく行財政改革の中の調整．財政主導型の福祉改革期），第４期（1989-）：社会福祉転型期（理念主導型の福祉改革期）の４期に分けて整理されており（右田ほか編2001：408，真田2002：24-42，河野2002：64-65），それらの時期区分を上記の３期区分に対応させると次のようになる．

すなわち，① 戦後改革期から55年体制前期まで (1945-1974) は，第１期 (1945-59)：社会福祉定礎期と，第２期 (1960-73)：社会福祉発展期にほぼ重なる．②55年体制後期 (1975-93) は，第３期 (1974-88)：社会福祉調整期を含みなお５年ある．③ 連立・連合の時期 (1993-) は，第４期 (1989-)：社会福祉転型期の開始５年後から2000年代初頭までの期間である．

第三に，2006年に成立した公益法人制度改革関連三法に基づき，旧公益法人 (特例民法法人) が新たな公益法人制度での位置づけ (① 公益社団・財団法人への移行の認定，または ② 一般社団・財団法人への移行の認可) を選択しつつあった移行期間 (2008年12月１日-2013年11月30日) の最中である2012年に，2000年代に入って10年間の非営利法人政策の歩みを評価するとともに，向後10年間を見通して「公共マネジメントと NPO 政策」の来し方と行く末について考察した結果を公刊した (初谷2012)．

同書では，基底的 NPO 政策について，第１，２章で「未完の公益法人制度改革」と題して中間法人を，第３，４章で「非営利法人制度改革への視点」と題して，更生保護法人の課題 (第３章) と社会安全政策に係わる非営利法人 (第４章) を取り上げている[6]．

更生保護法人を対象とする派生的 NPO 政策については，筆者の NPO 政策論の観点から，更生保護政策におけるサービス供給主体となった NPO の変遷に着目して，①第１期 (～1939年)，②第２期 (1939-1949年)，③第３期 (1949-1995年)，④第４期 (1995年～現在) の４期に分けた[7]．

第四に，2015年，公益法人制度改革を振り返り，今後の非営利法人政策の体系を展望する目的で，明治時代の民法施行以降110年間の法人政策の系譜を総覧し，特定非営利活動法人と一般社団・財団法人，公益社団・財団法人との選択問題等について論述した[8]．

第五に，2019年，独立行政法人経済産業研究所の共同研究[9]において，担当した「第７章 主務官庁制下の非営利法人：更生保護法人と職業訓練法人」(初谷2019b) について論述した．かねてより継続して調査研究を行っている更生保護法人と職業訓練法人の両者について，主務官庁制との関わりを考察し，今後の発展的なあり方を提言した．

以上五つの拙著で考察展開した時期区分を一覧すると表４-１のとおりである．本論はこのうち社会福祉法人と更生保護法人を比較する．

74　第Ⅱ部　非営利法人の系統と伸展

表4-1　時期区分の対比図表

年	初谷［2001］ NPO 政策全般	初谷［2005］ 社会福祉 NPO 政策（戦後）	初谷［2005］（参考）社会福祉政策	初谷［2012］ 更生保護政策
1939	① (19世紀末から) 第二次世界大戦 終戦まで (-1945)			① 第1期 (-1939)
1945				② 第2期 (1939-1949)
1949	② 戦後改革期 (1945-1954)	① 戦後改革期 (1945-1954) から55年体制前期 (1955-1974) まで	第1期 (1945-1959)： 社会福祉定礎期 (福祉三法体制に 現れた戦後フレームの形成期)	③ 第3期 (1949-1995)
1954				
1959	③ 55年体制前期 (1955-1974)		第2期 (1960-1973)： 社会福祉発展期 (福祉六法体制に いたる戦後フレームの拡充期)	
1973				
1974			第3期 (1974-1988)： 社会福祉調整期 (第二臨調に基づ く行財政改革の中の調整期. 財政 主導型の福祉改革期)	
1988	④ 55年体制後期 (1975-1993)	② 55年体制後期 (1975-93)		
1989			第4期 (1989-)： 社会福祉転型期 (理念主導型の福 祉改革期) の開始5年後から2000 年代初頭までの期間	
1993	⑤ 再編と連立・連携 期 (1993-)	③ 連立・連合の時期 (1993-)		
1995				④ 第4期 (1995-現在)

(出所) 筆者作成.

2.2　NPO政策の系譜に見る改革の動向

　前掲の第五の著書で，筆者は110年のNPO（非営利法人）政策の系譜を踏まえ，公益法人制度改革を含む一連の制度改革の意味することを振り返り，現状認識を整理している[10]．

　第一に，旧公益法人と特別法法人について，明治以降，2006年改正までの民法は，法人通則を定める法人基本法であるほか，法人類型の一つである公益法人（社団法人・財団法人）に関する根拠法であり，公益法人に係る一般法としての性格をもつものであった．同法第34条は，公益法人の設立目的を，2005年の民法現代語化を経て「学術，技芸，慈善，祭祀，宗教その他の公益に関する社団又は財団であって，営利を目的としないもの」と例示してはいたが，個別の行政・政策分野（以下「分野」という）までを限定しておらず，多様な設立目的

に沿って公益法人の設立が可能であった．その時代にあって，所管事項のうち
ある分野を伸長させたい主務官庁や，みずからが属すると考える分野のさらな
る振興，発展を目指す公益法人や民間非営利団体は，民法に基づく公益法人の
活用に留まらず，より当該分野に特化して活用しやすい公益・非営利法人類型
を求めるようになる[11]．

　そうした要請に応える方法として，一つには，個別分野法を制定し，その一
部に当該分野に特化して活用し得る非営利法人の根拠規定を定める方法が採ら
れた．戦後間もない時期に創設された，私立学校法 (1949年公布) に基づく学校
法人制度や，社会福祉事業法 (1951年公布) に基づく社会福祉法人制度がその例
である[12]．職業訓練法 (1969年公布) に基づく職業訓練法人制度や，更生保護事業
法 (1995年公布) に基づく更生保護法人制度の創設も，主務官庁が所管分野の振
興，発展を期して制定した個別分野法の中に，当該分野の担い手となる非営利
法人の根拠規定を設けた例として，この流れに連なるものである．いま一つの
方法としては，個別分野に対応する非営利法人法を直接制定する方法が採られ
た．この例としては，宗教法人法 (1951年公布) に基づく宗教法人制度が挙げら
れる[13]．

　第二に，NPO 法について，1995年の阪神淡路大震災を契機として顕在化し
たボランティア活動や市民公益活動の持続的な組織基盤として，分野を特定分
野に限定することなく，多様な設立目的に沿って活用することのできる公益・
非営利法人を，旧公益法人制度よりも，はるかに簡易に設立することのできる
根拠法を求める全国的な機運の高まりを受けて，議員立法により特定非営利活
動促進法が民法の特別法として制定された (1998年)．特定非営利活動法人は，
民法改正を待たず次善の策として，民法の特別法として制定され，特定非営利
活動法人が主たる目的とする「特定非営利活動」を，別表で当初，12項目に限
定した[14]．

　第三に，中間法人について，非営利・公益の領域に位置する公益法人や特定
非営利活動法人に対し，2001年には，「法の空隙」とされていた非営利・非公
益の領域にあった非営利団体に法人格取得の道を開く中間法人法が制定された[15]．

　第四に，公益法人制度改革について，2006年の民法改正と公益法人制度改革
関連三法の制定により，旧公益法人と中間法人を統合し一般社団・財団法人と
その公益認定による公益社団・財団法人制度が創設された．同改革により民法
は公益法人に関する一般法 (根拠規定) を喪失し，法人通則 (第33条～第37条の5

箇条）のみを定める法人基本法に留まるものとなり，法人類型ごとの個別の法律は，法人根拠法となった（山本2011：455-457，初谷2015a：190参照）．従来の「特別法上の公益法人」の成立を認める法律は，もはや特別法ではなく，単行法（民法第33条第2項を受けた各種法律）というべき存在となった（後藤2008：132）．

　以上を踏まえて，法人の設立目的に着目した動向を次のように要約した．すなわち，①「分野を特定しない公益・非営利法人の一般法と法人根拠法の融合」（民法第34条）に，②「分野を特定した公益・非営利法人の特別法と法人根拠法の融合」（民法から独立しての私立学校法や社会福祉事業法等の制定）が加わり，③「複数分野を特定した公益・非営利法人の特別法と法人根拠法の融合」（特定非営利活動促進法）が次いで加わり，④「分野を特定しない非公益・非営利法人の一般法と法人根拠法の融合」（中間法人法）がさらに加わるという「分立」状況が具現化したのち，①と④を廃止して，⑤「分野を特定しない非営利法人の根拠法」（一般社団・財団法人法）に統合した，という順序で改革が進んできたということができる．

　この動向のポイントは，④によって，①の公益・非営利法人における一般法・特別法区分を消失（2006年民法改正）させたが，②の分野を特定した公益・非営利法人の個別根拠法は並存（従来の特別法人の存続）している中，③の公益・非営利法人の一類型（特定非営利活動法人）については，分野を特定しつつも数次の改正により分野を追加し，拡張させることにより，分野限定性を希薄化（特定非営利活動促進法）させる一方で，④で分野を特定しない，公益・非公益不問の非営利法人の根拠法（一般社団・財団法人法）を設けた点にある．

　③で分野限定を希薄化させ，④で分野不特定を原則としたことからは，法人根拠法レベルでは分野を限定・特定しない方向へ，また，個別分野の組織選択は法人格選択とは切り離して考える方向に改革の趨勢が向かっていることが見て取れる．つまり，ある分野を担うのは必ずこの法人格でなければならないというように，分野と法人格を固定的に関連づける考え方から，ある分野を担うのに最も適切な法人格はどれかという組織選択（それらが複数あるとすれば，組織併用）の発想へ意識の変化がみられるといえる．

　以上の変化を述べた中で，筆者は，こうした変化の由来を2000年代の「民間化」を支えた「自由主義的改革」にいう「多様な提供主体の間の透明で自由な競争と利用者の選択を促進する方向」との共鳴に求め，組織選択の対象は非営利法人にとどまらず株式会社の参入など営利法人も含むかたちで展開している

こと，したがって，今や，②で特別法（現・個別根拠法）により特定された政策分野においては，主務官庁と非営利法人の当事者はもとより当該官民関係に基づく公共サービス提供の利用者や関係者に対し，分野特定の合理性や説得性を問い直す契機となっていることを指摘した（初谷2019b：157）.

本章で見る社会福祉政策も更生保護政策も前掲の②の政策領域に該当する.

2.3　NPO 政策の方向性：主務官庁の課題

では，これからの NPO 政策を考える上で，個別根拠法に基づく非営利法人を所管する主務官庁はどのような課題に直面しているといえるだろうか．同じ前掲の論稿で筆者は，主務官庁制の意味と経過について次のとおり整理した.

「『主務官庁制』とは，改正前民法で公益法人の設立に主務官庁の許可が必要とされ，この許可が主務官庁の自由裁量に委ねられていると解されていたことに基づき，官庁がその所管事項を事業として担うと認める非営利法人に対する排他的，裁量的な統制の仕組みを一般的，包括的に指した用語ということができる.[16]

本来，官庁（府省庁）は各府省庁設置法の定める所管事項を有するが，旧公益法人制度における主務官庁制では，法人が目的とする事業を所管するものとして許可権限を行使する官庁が特定されることにより，設立許可後も当該法人の挙措は当該官庁の指導監督に服する．こうした主務官庁制は，官庁の立場からは，担当分野の行政・政策を推進するにあたり，補充・補完機能を担う組織資源として公益法人を編成し活用するうえで積極的な意義があったともいえる.

しかし，1960年代以降，公益法人のガバナンスの欠如や主務官庁との不透明な相互依存関係に由来する不祥事が繰り返し発生し，政府・主務官庁による後追い的な指導監督や規制の強化では対応にも限界がみられた．1990年代末からは，公益性・非営利性を徹底し，ガバナンスを強化して透明性を確保する「公益法人の純化」がうたわれ，2000年代に入り推進された国・地方にわたる公務改革では，政府に代替・協働して公共サービス提供を担う民間主体の育成・振興を図る「民の担う公共」も標榜され，これらを改革の指導理念として，110年ぶりに公益法人制度改革が行われた結果，旧公益法人制度における主務官庁制は廃止されるに至った（初谷2019b：157）．公益法人制度改革の結果，民法法人における主務官庁制は廃止されたが，個別根拠法に基づく非営利法人（広義の公益法人）を所管する主務官庁は存続しており，非営利法人の設立認可や指

導監督を司っている.

本章では，さらに次の2点を主務官庁の課題として指摘する．第一に，旧公益法人における主務官庁については，その許可主義の弊害が批判され自由裁量主義が悪弊として排されたことから，こうした個別根拠法に基づく非営利法人における主務官庁に対しても，同様の視線や批判が向けられることが少なくない．仮に旧公益法人における主務官庁制と同様の弊害を出来させている部分があるならば，もとより自律的に正されなければならない．しかし，前掲の自由主義的改革に基づく公共サービス提供の民間化政策が伸展する中で，国民の目線からさらに注視すべきは，そうした批判に乗ずるようなかたちで，官民関係における政府・主務官庁としての役割をいたずらに後退させたり空洞化させることがないかという点である．

第二に，個別根拠法に基づく非営利法人政策を所管する主務官庁は，所管領域・担当分野において成果を挙げるうえで，いかなる官民協働が望ましいのか，そこで自らが果たすべき役割や責務，また協働相手である民間非営利組織との関係性の在り方についても，改めて問い直す必要がある．

上記の二つの課題を問い直すうえで，そもそも旧民法の公益法人から分離して，特別法に基づく独自の非営利法人類型が選択された契機や，その後の非営利法人政策の展開過程の中での主務官庁の行動の動機やスタイルを，この間の外部環境及び内部環境の変化も踏まえ，現時点から検証する意義は大きい．

3　個別根拠法に基づく NPO 政策の比較

3.1　比較の分析枠組み

3.1.1.　政策デザインと政策過程[17)]

個別根拠法に基づく非営利法人政策の契機と政策過程を具体的に比較検討するための分析枠組みとして，次のとおり考えるものとする．

公共政策を生み出すプロセスは「政策デザイン」と称され，「予備的分析プロセス」と「具体的政策が創造されるプロセス」とが連続したプロセスとして捉えることができる[18)]．

一般に何ものかをデザインする作業の共通要素として，① コンテキストについての的確な理解，② 価値選択（コンセプトの確定），③ コンセプトの具体化の3点が挙げられるが，政策デザインでは，① コンテキストについての的確

な理解とは，前掲の予備的分析プロセスに相当し，②価値選択とは，〈1〉政策の目的の明確化，定式化に，また，③コンセプトの具体化とは，〈2〉目的を達成するための具体的手段（処方箋）の探求，選択・提示に相当するものと解される（**表4-2の左より第1～3列参照**）．

　こうした政策デザインの捉え方と，一般的な政策過程の理解とは次のように対応させることができる．政策過程は，（1）政策立案，（2）政策決定，（3）政策実施，（4）政策終了，（5）政策評価という5つのステップのサイクルとして示されるが，[19]前掲の政策デザインは，この政策過程のステップのうち，概ね（1）政策立案から（2）政策決定までを指し，（3）政策実施以降のステップとは区別される（**表4-2の第4列参照**）．[20]

3.1.2.　政策の構成要素

　上記のように政策デザインや政策過程を理解したとき，目的達成のための具体的手段（処方箋）としての政策の構成要素は次のように考えることができる．

　第一に，政策デザインのうち予備的分析プロセスでは，政策課題設定の契機（動機・機運）をどのように捉えるかが重要である．第二に，政策デザインのうち政策目的の明確化，目的達成手段の選択・提示の段階（政策過程では，政策立案から政策決定に至る過程と重なる）では，当該政策を計画（行政計画等）として策定し，あるいは必要な法的担保（立法等）を図ることになる．第三に，政策過程のうち政策執行から政策評価，修正・改善の段階では，政策主体となる組織の編成や，政策執行に必要な資源（人材，施設・設備，財源，情報等）の確保，さらに政策の円滑な展開のための支援組織やネットワークの整備・活用，政策展開のステップに対応した政策評価とそれらに基づく政策の修正・改善が問題となる（**表4-2の第5・6列参照**）．

3.1.3.　個別根拠法に基づく非営利法人政策の構成要素

　上記の政策デザイン・政策過程に対応した政策の構成要素を，個別根拠法に基づく非営利法人政策（NPO政策）の場合に当てはめると，主務官庁とNPOの双方で整備する各々10の構成要素の組み合わせとして考えることができる（**表4-2の第7・8列参照**）．

　本章では，これら10の構成要素を次の四つに束ねて，社会福祉法人政策と更生保護法人政策を対比検討する．第一に，政策デザインの段階では，一つには，

80 第Ⅱ部　非営利法人の系統と伸展

表4-2　政策デザインと政

政策デザイン			政策
予備的分析 プロセス			
1）問題の同定	① コンテキストについての的確な理解		（1） 政策立案 （問題認識）
2）原因の探求			
3）適切な（rele- vant)政府行 動の同定			
	② 価値選択（コンセプトの確定）	〈1〉 政策の目的の明確化, 定式化	（1）' （政策立案）
	③ コンセプトの具体化	〈2〉 その目的を達成するための具体的手段（処方箋）の探求, 選択・提示 ※手段（処方箋）については,定型・類型が存在する.	
			（2） 政策決定
			（3） 政策実施 〜 （4） 政策終了
			（5） 政策評価 〜 （6） 継続,修正・改善

（出所）本文で述べた政策デザインと政策過程の順序に基づき，筆者作成.

第4章　社会福祉法人と更生保護法人の跛行的発展　*81*

策過程，NPO政策の構成要素

過程			政策の構成要素	
			主務官庁	民間非営利組織（NPO）
（1）　政策課題設定の契機（動機・機運）	①	契機（動機・機運）	①-A 主務官庁側の契機	①-B 民間非営利組織側の契機
（2）　ビジョンの共有と計画，法的担保	②	計画	②-A 行政計画	②-B 民間作成の計画等
	③	法的担保	③-A 法律，政令，規則等 （条例，規則等）	同左
（3）　政策主体となる組織の編制，設立等	④	組織	④-A-1 専担組織（局・部課等） ④-A-2 出先機関	④-B 民間非営利組織
（4）　政策実施に必要な資源の確保	⑤	人材	⑤-A-1 主務官庁の専担組織の職員 ⑤-A-2 主務官庁出先機関の職員	⑤-B 民間非営利組織の職員等人材（担い手の確保，育成）
	⑥	施設・設備	⑥-A 主務官庁の施設・設備	⑥-B 民間非営利組織の活動拠点施設等
	⑦	財源	⑦-A 政府の財源 （補助・助成金を含む）	⑦-B 民間の財源 （会費，寄附金等）
	⑧	情報	⑧-A 行政による政策情報	⑧-B 民間による政策情報
（5）　中間支援組織・ネットワークの確保	⑨	ネットワーク	⑨-A 主務官庁の直営による中間支援組織	⑨-B 民間設置の中間支援組織
（6）　政策の評価，修正・改善	⑩	政策評価システム	⑩-A 政府，主務官庁の政策評価システム	⑩-B 民間非営利組織側の政策評価システム

82 第Ⅱ部 非営利法人の系統と伸展

政策課題設定の「契機（動機，機運）」である．政府，主務官庁と民間非営利組織の双方の契機の異同やその乖離の度合いなどが注目される．二つ目は，「法的担保」や「計画」である．主務官庁が政策領域・事業分野を所管する（主務とする）根拠法（分野法）や具体的な施策・事業を定位し担保する事業法などの立法状況が比較される．第二に，政策過程の段階に入り，一つには，「活動組織」や「ネットワーク」である．活動組織については，主務官庁の組織編制における専担組織や出先機関の設置，民間非営利組織については法人類型の選択や組織の階層的体系などが対比される．ネットワークとしては，当該分野の振興のための中間支援機能の定位とそれを担う組織の編成が比較される．二つ目は，さまざまな「活動資源」（人材，施設，財源，情報等）である．主務官庁，民間非営利組織双方の職員や人材，拠点施設，財源，政策情報の確保，調達状況が注目される．

3.2 個別根拠法に基づく非営利法人政策の比較

本節では，個別根拠法に基づく非営利法人政策のうち，社会福祉法人政策と更生保護法人政策を対比検討する．両者を比較するために作成した**表 4 - 3**では，縦軸に**表 4 - 1**で整理した政策史の時期区分の画期となった年を示し，横軸に**表 4 - 2**に基づき前節で分けた政策の構成要素の 4 区分ごとに社会福祉と更生保護を並べた．以下，この**表 4 - 3**を参照しつつ，順に述べる．

非営利法人政策の基盤となっている一般政策（社会福祉政策と更生保護政策）についても，適宜比較検討する．

3.2.1. 政策デザインにおける比較

（1） 契機（動機，機運）

第一に，政策デザインの段階では，一つ目には，政策課題設定の「契機（動機，機運）」が比較される．

〔社会福祉〕

まず，社会福祉政策について見る．今日の「社会福祉」に対応する社会課題が政府政策のアジェンダとして設定されたのは，明治時代の「慈善事業」，明治末期から大正初期にかけて使用された「感化救済事業」に次いで，1920年前後から使用されるようになった「社会事業」（湯浅1999：417-418参照）に遡る．社会事業は「貧困や失業などの社会福祉問題を抱える人に対する，国家政策や

民間社会福祉事業の救済策の総称」(山縣2013：153) とされる．社会事業に対する政府の政策はそのまま「社会事業」あるいは別途「社会政策」と称された．社会事業の意味，対象やその成立，形成，社会政策との相違点，両者の関係については多数の先行研究において稠密な議論が重ねられているが，ここではその詳細に立ち入らない．社会事業は，アジア・太平洋戦争中，決戦体制に向けた人的資源調達のための「(国民) 厚生事業」として全体主義的な諸制度に編成されていった (池田1986：676-677)．戦後は，「社会福祉事業」と称されるようになった．

　政府における社会事業，社会政策を所管する主務官庁の変遷を見ると，まず前身となる明治時代の救済行政は，1874年12月8日太政官達第162号で成立公布された「恤救規則」に基づき内務省が担い (吉田2004：137-138)，1932年1月の「救護法」施行まで半世紀以上続いた．恤救規則は，「倫理的惰民観」や殖産興業を急ぐ明治初期政府の意向に基づき，救済対象を赤貧で親戚や市町村内隣保から救済を受けることが不可能な「無告ノ窮民」に限定していた (同上：139-140)．

　大正デモクラシー期[22]に行政的な社会事業分野体系が緒に付き始める (同上：229)．1917年内務省地方局に救護課を新設し，1919年社会課に改称．1920年勅令第28号で社会局を新設，社会事業事務の体系化が行われた．1922年11月勅令第460号により社会局官制を発布し，内務省外局として社会局が設置された (同上)．

　昭和期になると，1937年に日中戦争が始まり，戦力増強のために「人的資源の保護育成」が要請され，そのために「国民生活の確保」が「厚生事業」のテーマとなった[23] (同上：261)．同年，陸軍省は，厚生事業を所管させるべく衛生省案を提示したが反対にあい，保健社会省案に変更したが，枢密院の勧告を受け，「正徳利用厚生」(『書経』) から採り「厚生省」となった．1938年1月「厚生省官制」が公布されて厚生省が発足し，5局の一つとして社会事業を所管する社会局が置かれた (同上：264-265)．直後の同年4月には国家総動員法が公布され，社会福祉事業法が制定される．勤労行政や衛生行政が優先する中，社会事業行政は細り，社会局は改称，1942年の閣議決定を受けて「行政簡素強力化実施要領」により1943年には健民局指導課の所管に縮退した (同上：265)．

　戦後1945年に厚生省は改組され，1947年内務省が解体される．社会福祉の分野では，機関委任事務制度を介して，厚生省と都道府県の民生部の縦型構造が

84　第Ⅱ部　非営利法人の系統と伸展

表4-3　個別根拠法に基づく

政策の構成要素	政策デザイン			
	1　契機, 主務官庁		2　法的担保, 計画	
政策区分　年代	社会福祉	更生保護	社会福祉	更生保護
				1939 司法保護事業法
1940	1945 厚生省改組 1947 内務省解体	1946 司法大臣官房保護局設置 1948 司法省廃止, 法務庁設置 1949 中央更生保護委員会, 保護観察所設置　法務庁は法務府へ	1946 日本国憲法施行 1946 (旧) 生活保護法 1947 児童福祉法 1949 身体障害者福祉法	1949 犯罪者予防更生法 (更生保護制度成立) 1950 更生緊急保護法 (司法保護事業法廃止) 保護司法
1950		1952 法務省設置 (法務府廃止), 保護局設置 (中央更生保護委員会廃止) 1950年代末　更生保護会監督, 保護機関に一元化	1951 社会福祉事業法 (更生保護事業を除外) 1952 対日平和条約発効	1954 執行猶予者保護観察法
1960				
1970				
1980				
1990	1993 厚生省「保育問題研究会」保育所利用方式の契約方式提起 (社会福祉基礎構造改革の起点) 1997 厚生省「社会福祉基礎構造改革について」報告書		1994 エンゼルプラン　新ゴールドプラン 1997 介護保険法 1998 特定非営利活動促進法 (NPO法)	1995 更生保護事業法 (更生緊急保護法廃止)　更生緊急保護関係規定は犯罪者予防更生法へ) 1998 NPO法 (同左)
2000		2003 犯罪対策閣僚会議設置 2004 元保護観察対象者ないし保 -05　護観察対象者による重大再犯事件相次ぎ, 更生保護制度全般の抜本的見直しへ 2006 「更生保護のあり方を考える有識者会議」最終提言	2000 社会福祉法 (社会福祉事業法等の一部改正法) 2006 公益法人制度改革関連三法 刑務所出所者等総合的就労支援対策	2000 犯罪被害者等保護二法 2001 司法制度改革推進法 2004 犯罪被害者等基本法 2006 同左 2007 更生保護法 (犯罪者予防更生法および執行猶予者保護観察法廃止)
2010			2014　生活困窮者自立支援法	2016 再犯防止法
2020				

(出所) 筆者作成.

非営利法人政策の比較

政策過程			
3 活動組織, ネットワーク		4 活動資源	
社会福祉	更生保護	社会福祉	更生保護
	1887 出獄者保護会 1889 出獄人保護団体 1914 ㈶ 軸成会創設 1923 少年保護団体 1937 全日本司法保護事業連名結成 1939 司法保護団体, 司法保護委員会法定化		1939 司法保護委員会法定化
1945 恩賜財団戦災援護会発足			
1947 全日本私設社会事業連盟と合併し, 日本社会事業協会		1947 「国民助け合い運動」(共同募金運動) 開始	
1951 社会福祉法人制度創設㈶ 中央社会福祉協議会設立 (全日本民生委員連盟と㈶同胞援護会が合併) 1952 (社福)全国社会福祉協議会連合会に改称	1950 更生保護会 (司法保護団体改め) 連絡助成目的の更生保護会の設立推奨される 1951 ㈶日本更生保護協会 (㈶司法保護協會改め)		1950 保護司制度
1955 (社福)全国社会福祉協議会に改称	1959 更生保護会数最高に(直接:174)		
			1967 ㈶青少年更生福祉センター設立
1970 (社福)社会事業会館を合併			
	1988 ㈲ひまわりサービス設立	1987 新霞が関ビルディング竣工 (全社協)	1987 更生保護会館竣工
1994 全社協「『事業型社協』推進の指針」策定			
	1996 更生保護法人制度創設		
	1998 全国犯罪被害者支援ネットワーク設立		
	2008 (特活)全国就労支援事業者機構設立		

86　第Ⅱ部　非営利法人の系統と伸展

堅固に形成されていった[24].

　その後半世紀近くを経て，1993年に厚生省「保育問題研究会」が保育所利用方式の契約方式を提起したときをもって「社会福祉基礎構造改革」の起点とされ，1997年，同省は「社会福祉基礎構造改革について」の報告書をとりまとめるに至った．

〔更生保護〕

　次に更生保護政策について見る．今日の「更生保護」に対応する社会的課題が政府政策のアジェンダとして設定されたのも明治時代に遡り，民間事業から発足した「免囚保護」を政府が政策対象として「司法保護」としたことに発する（副島2012参照）．1939年，司法保護事業法が制定された．吉田久一は，「司法保護事業は『思想犯保護観察法』『司法保護事業法』等の制定により，ほぼ全面的な国家事業となり，従来の社会事業の範囲から独立していった．」とする（吉田2004：272）．

　司法保護についても，戦中，決戦体制に向けて「厚生保護」の名称が使用された．総動員体制により「厚生」の名の下に社会事業は厚生事業に，司法保護は厚生保護に改められたことになる．

　戦後になると，1939年の司法保護事業法制定以来用いられてきた「司法保護」の用語は，保護業務が「行政」に属することから，新憲法下における三権分立の観点より，1949年の犯罪者予防更生法では「司法」の語が避けられて「更生保護」となった．1960年代後半からは，更生保護の代わりに一般用語例として理解しやすく処遇実態を端的に表現でき，さらに施設内処遇と対置してその比重を高めようとの理念の下，「社会内処遇」が多用されるようになっている（瀬川1991，染田2006等）．

　政府における司法保護，更生保護を所管する主務官庁の変遷を見ると，1871年設置の司法省は戦後も存続し，1946年5月の新憲法施行の翌6月，司法省に「司法保護」に関する事項を所管する司法大臣官房保護局が設置された．1947年12月，法務庁設置法が公布され，成人矯正局と少年矯正局が設けられた．1948年2月に司法省は廃止されて法務庁が発足，矯正総務局，成人矯正局，少年矯正局で司法保護が分掌された．

　1949年5月，犯罪者予防更生法が公布され（7月施行），同法により更生保護制度が成立する．同月の法務庁設置法一部改正により翌6月法務庁は法務府に改称され，前掲の3局は内部部局簡素化により廃止され，矯正保護局と保護局

が設置される。7月に更生保護政策の主体として法務本省ではなく，(左の保護局を廃し) 法務府の外局として中央更生保護委員会が置かれ，地方支分部局として成人・少年別の地方更生保護委員会，それぞれの事務分掌機関として成人・少年別に保護観察所が設けられた。

1950年5月，更生緊急保護法が公布・施行され，司法保護事業法は廃止された[25]。民間の司法保護団体は「更生保護会」となり，同法により更生保護会が法定化される。

1952年の行政機構改革により，法務府が廃止され法務省が設置された[26]。法務府外局であった中央更生保護委員会はわずか3年で廃止され，法務本省に保護局が設置された。少年，成人に分かれていた地方更生保護委員会と保護観察所は，それぞれ区分をなくして地方支分部局として設置された。54年4月，執行猶予者保護観察法が公布された。

こうして形成された更生保護制度は，以後半世紀にわたり国の事務であり続け，法務省と地方自治体の縦型構造は形成されず，保護局と出先機関が直結する体制で推移した。

2003年になり政府は犯罪対策閣僚会議を設置していたが，2004～05年に元保護観察対象者ないし保護観察対象者による重大再犯事件が相次ぎ，更生保護制度全般の抜本的見直しが開始された[27]。2006年の「更生保護のあり方を考える有識者会議」最終提言を受けて同制度の改革が行われたが，更生保護は国の事務として堅持されている。

（2）　法的担保・計画

2つ目は，両政策における「法的担保」や「計画」である。主務官庁が政策領域・事業分野を所管する (主務とする) 根拠法 (分野法) や具体的な施策・事業を定位し担保する事業法などの主な立法の状況，行政計画等を比較する。

〔社会福祉〕

社会福祉の分野では，1938年に社会事業の振興発達を期するため社会事業法が制定された (湯浅1999：418)。戦後の占領下，新憲法に次いで1946年 (旧) 生活保護法，1947年児童福祉法，1949年身体障害者福祉法，1950年生活保護法が順次制定整備されていく。1951年に社会事業法に代えて社会福祉事業法が制定されたが，同法は「社会福祉事業」の定義規定において更生保護を除くものとした。法案作成に当たり厚生省は，更生保護も社会福祉に内包されるものと予

定し GHQ の後押しも得ていたが，司法省が「犯罪性の除去されるまでは司法省の所管に留めるべき」と固守し譲らなかったことよる[29].

1952年の対日平和条約発効後，40年余りを経て，1994年エンゼルプラン，同年新ゴールドプラン，1997年介護保険法制定を経て，2000年に社会福祉事業法等の一部改正法として社会福祉法が公布された．

なお，社会福祉と更生保護の連携は，2006年の刑務所出所者等総合的就労支援対策を待たねばならない．2014年には生活困窮者自立支援法が成立している．

〔更生保護〕

更生保護の分野では，1939年の司法保護事業法を，戦後どのように改めるかは司法省にとって大きな課題であった．戦後の犯罪増加に対処し犯罪者の（更生）保護対策を図るため，同省は，思想犯を含む一般釈放者に対する保護観察の全面実施を目指したが，1945年10月，GHQ の発した「政治，市民生活及び宗教の自由に対する制限の撤廃を命ずる覚書」[30]に基づき治安維持法及び思想犯保護観察法が廃止され，保護観察所も廃止された[31]．こうした事態を受け，司法省では新時代に即応した司法保護体制の確立のため，司法保護事業法改正草案をまとめ，これを司令部に提出したが，司令部は，犯罪者の更生保護に関する規定だけでなく，犯罪の発生の予防に関する規定をも盛り込むべきであるとした[32]．

このように司法省は更生保護全般についての総合的な立法を図ったが，1949年に制定された犯罪者予防更生法は，GHQ との葛藤により「釈放者保護事業」を規定に含めることができず，翌1950年の更生緊急保護法で別途定めることを余儀なくされた[33]（更生緊急保護法制定により司法保護事業法は廃止）．前掲のとおり1951年の社会福祉事業法では，社会福祉事業の定義規定から更生緊急保護法に基づく更生保護事業が除かれている．この犯罪者予防更生法と1954年制定の執行猶予者保護観察法により，今日に続く更生保護の基本的枠組みが形成された．

その後40年を経て，1995年に至り，更生保護事業法により更生緊急保護法が廃止され，更生緊急保護関係規定は犯罪者予防更生法へ移行することになる．次いで2000年には犯罪被害者等保護二法，2001年司法制度改革推進法，2004年犯罪被害者等基本法を経た後，2007年に更生保護事業法の改正により更生保護法が制定され，犯罪者予防更生法及び執行猶予者保護観察法が廃止されるに至った．その後，2016年には再犯防止法が制定されている．

3.2.2. 政策過程における比較

（1） 活動組織

　第二に，政策過程の段階では，一つには，「活動組織」や「ネットワーク」が両政策でどのように形成され，発展してきたかを見る．「活動組織」については，（1）①で見た主務官庁の専担組織や出先機関の設置に加え，NPO について法人類型の選択や組織の階層的体系の相違を，また「ネットワーク」については，当該分野振興のための中間支援組織の編成を見る．

〔社会福祉〕

　社会福祉の分野における基底的 NPO 政策では，1951年の社会福祉事業法により社会福祉法人制度が設けられたことが基点となる[34]．同法により社会福祉事業の種類は対象に対する影響により第一種と第二種に区分され，重要度の高い第一種の経営主体は原則として国・地方公共団体又は社会福祉法人に限定された．1951年には，社会福祉協議会（以下「社協」という）も組織化された．45年に発足していた恩賜財団戦災援護会が，1947年に全日本私設社会事業連盟と合併して日本社会事業協会となり，同協会は，当時 GHQ から解体を迫られていた全日本民生委員連盟と軍人援護会（その後身の㈶同胞援護会）を合併して㈶中央社会福祉協議会が設立された．同協議会は翌1952年に（社福）全国社会福祉協議会連合会，次いで1955年に（社福）全国社会福祉協議会（全社協）に改称した．社協は，法に基づき都道府県，市町村の階層別に行政区域ごとに設置され，全国に中間支援組織網を構築して今日に至っている[35]．

　その後40年を経た1994年，全社協は「『事業型社協』推進の指針」を策定している[36]．

　2000年に制定された社会福祉法では，地域福祉計画策定が地方自治体に義務付けられ，その計画策定過程で社協が積極的に参画を要請され，地域社会における福祉面での中核性を高めた．

〔更生保護〕

　更生保護の分野における基底的 NPO 政策では，民間で自生してきた出獄者保護会（1887年），出獄人保護団体（1889年），少年保護団体（1923年）を経て，伸展してきた司法保護事業団体を，39年に司法保護事業法により司法保護団体として法定化したことが基点となっている．戦後，1950年に更生緊急保護法により司法保護団体を改称して更生保護会としたことにより，更生保護会の設立認可が相次ぎ，全国の更生保護施設，更生保護協会等が同法上の更生保護会となっ

た[37]．同法では，国の責任原則を明示し委託費，補助制度を法定化した．都道府県単位に連絡助成を目的とする更生保護会（従来の連合保護会，保護観察協会等）の設置が通達で推奨された．1959年には更生保護会数が制度移行後，最多となる[38]．

中間支援組織としては，中央レベルで㈶輔成会（1914年創設）を前身とする㈶司法保護協會が，1951年に㈶日本更生保護協会と改称された．以後半世紀にわたり活動を展開しているが（1996年4月，財団法人から更生保護法人に組織変更．），全社協と比べると地方自治体との関係は希薄で，全社協のような全国にわたる階層的・中間支援組織網の構築には至っていないように見受けられる．

基底的NPO政策としては，1995年に更生緊急保護法に代わり制定公布された更生保護事業法（1996年施行）によって更生保護法人制度が法制化され，税制上も特定公益増進法人とされ，社会福祉法人に比肩する独立した法人類型として公益（増進）性が担保されるようになった[39]．

更生保護の分野における派生的NPO政策は，長らく更生保護会，更生保護法人の活用に終始していたが，2008年の認定NPO法人全国就労支援事業者機構の設立に当たって，意識的，能動的に特定非営利活動法人格が選択されたことは特筆される[40]．

（2）　活動資源

二つ目は，さまざまな「活動資源」（人材，施設，財源，情報等）の比較である．組織資源については①で見たが，主務官庁，NPO双方の職員や人材，拠点施設，財源，政策情報の確保，調達状況などが比較される．双方とも多種多様な活動資源を有するが，ここでは主な項目を例示的に挙げる．

〔社会福祉〕

社会福祉政策では，自治体の人材として社会福祉主事（1950年，任用資格），民間人材として民生委員制度（1948年民生委員法）が早期から形成されてきた．民間人材による福祉ボランティアは層が厚く種類も多い．官民双方で活用される社会福祉士（1987年，認定開始）はじめ多様な公的資格制度が整備され，人材の顕在化や組織化を図るツールともなっている．

施設は公定の種別のある社会福祉施設が多様に分岐し，各々の整備基準の公定化の密度も高い．中間支援組織の拠点施設として全社協の入る新霞が関ビルディング（1987年竣工）をはじめ，都道府県・市町村社協は地方自治体と連携して拠点施設を構えている．国民助け合い運動（共同募金運動）（1947年開始）のような民間社会事業の財源調達の仕組み化も，戦後，早期から進んでいる．社会

保障関係予算は国・地方自治体を通じて大きなシェアを占める.

関連学会やシンクタンクなど専門知や政策情報の生産・流通・革新に関わる人材, 組織も多岐にわたる.

〔更生保護〕

更生保護分野では, 国の人材として保護観察官, 民間人材として戦前には司法保護委員 (1939年) があり, 戦後, 保護司制度 (1950年) により準公務員化が図られた[41]. 更生保護女性会, BBS (Big Brothers and Sisters), 協力雇用主などのボランティアの総数, 種類は発展の余地がある[42]. 施設として全国で103を数える更生保護施設はその建設・運営に当たり地域社会との関係づくりに苦心が払われている. 中央の中間支援組織の拠点施設として日本更生保護協会が入る更生保護会館 (全社協の入る新霞が関ビルディングと同じ1987年竣工) がある一方, 地方で連絡助成を担う保護観察協会は, 国 (保護観察所・地方更生保護委員会) の庁舎内に設けられている例も少なくなく, 保護観察協会の基盤整備が求められている[43]. 民間の更生保護事業の財源調達の仕組み化は整備途上にある. 公費は更生保護に係る国家予算が中心であり, 更生保護官署の予算は, 法務省の一般会計予算の約3％に留まる. 自治体の補完的な補助・助成金は依然限られている. 専門知や政策情報の生産・流通・革新に関わる人材, 組織は近年伸長しつつあるが[44], 社会福祉に比べればさらなる伸展の要請の下にある.

4 NPO 政策の跛行的発展

前章で社会福祉, 更生保護の両政策分野における NPO 政策及び一般政策の異同を, 政策の構成要素の4群別に比較した出来事系列を抽出することにより比較検討した. それを踏まえると, 社会福祉と更生保護における NPO 政策の跛行性が生じた要因としては次のような点が見て取れる.

第一に, 政策デザインの段階では, 一つには, 政策の契機として, 更生保護は, 当初, 民間起点の免囚保護を政府事業に取り込んだ司法保護事業の所管を法務府が固守した結果, 積極的に社会事業と分立する路線を選択した点が挙げられる. これがのちの社会福祉概念から更生保護を区別して取り扱う原因となった. 結果, 更生保護政策は社会福祉政策の拡充に同調せず独自の経路をたどった. 社会福祉では1990年代末から基礎構造改革で民間化と分権化が進んだが, 更生保護は, 2000年代に重大事件を契機としていわば対症療法的な契機か

ら抜本的改革へ敷衍され，更生保護を国の事務として維持しつつ主務官庁への役割期待を高める改革となったと考えられる.

　内発的な契機と外圧という観点から見ると，社会福祉も更生保護も，源流は民間人，民間組織による内発的発展に求められ，戦前期に政府による包絡が見られる．そして，ともに占領期に GHQ の統制との葛藤という外圧に直面した．外圧への対応の点で，社会福祉については，政府主導を排して民間主導に委ねる，いわば「主民従官」のベクトルが強く打ち出されたのに対し，更生保護については，逆に民間主導を排して政府主導に委ねる，いわば「主官従民」のベクトルが働いてきたことがうかがえる．また，更生保護は，当初，社会福祉に包絡されないように「犯罪性の除去」を盾に独自性を主張し，むしろ自ら政策概念の境界を画定し保守する傾向もあったことが見受けられる.

　その後，2000年に社会福祉事業法は「社会福祉法」に題名改正され，社会福祉事業，社会福祉法人，措置制度など社会福祉の共通基盤制度について見直しが行われた．同改正に当たり，法務省保護局更生保護振興課長と厚生省社会・援護局企画課長は覚書を交わし，その１で，社会福祉法第１条（目的）に掲げる「社会福祉を目的とする事業」には更生保護事業その他更生保護を目的とする事業が含まれており，厚生省はその旨を各都道府県機関に周知するものとされた．これは，同法第２条の定義規定に定める「社会福祉事業」（第一種及び第二種）には，更生保護事業法に規定する更生保護事業は含まれないとされている（同条第４項第１号）ために，現場では社会福祉事業と更生保護事業は別であるとの捉え方が先立つことから，「社会福祉を目的とする事業」は，「社会福祉事業」より広義の概念であることを改めて確認，周知する必要があったことを示している（清水2015：2-3）.

　二つには，法的担保と計画である．戦前，社会事業から司法保護事業がいわば独立し離脱して司法保護事業法で担保されていた時代から，戦後の立法では，更生保護では社会福祉とは異なり，いわゆる「分野法」と「事業法」の分立を余儀なくされた．早期に総合的な更生保護法制定の機運はあったとされるが，結実せずに，GHQ に押される形で分野法としての犯罪者予防更生法（1949年）と事業法としての更生緊急保護法（1950年）が分立した．犯罪者予防更生法は，後に年に執行猶予者保護観察法が制定され（1954年），両者あいまって分野法を構成することになるが，事業法との分立状況は解消されず，その改善は1995年の更生保護事業法の成立まで待たねばならなかった.

第4章 社会福祉法人と更生保護法人の跛行的発展 *93*

　税制面では，社会福祉法人（1951年創設）から21年遅れて，更生保護事業を主たる目的とする公益法人は試験研究法人等に認定される途が開かれ（1972年），1995年の更生保護事業法により創設された更生保護法人が特定公益増進法人とされてからは，10年経たずして公益法人制度改革（2006年）を迎えた．同改革[45]により特定公益増進法人である公益法人数は10倍に増加した（約900法人から約9000法人へ）ことから，更生保護法人は寄附市場での先行者利益を十分獲得するまでに，寄附金獲得の厳しい競争の渦中に入ることとなった．

　第二に，政策過程の段階では，一つには，活動組織についてである．主務官庁の組織編制上，社会福祉は機関委任事務制度を通じて地方自治体を部局レベルでエージェントに編成し得た．また，社会福祉法人制度の創設により政策実施における民間化の受け皿を整備した．あわせて中間支援組織であると同時にみずからも事業展開を担う社会福祉協議会というエージェントを地方自治体の行政区域に準じて全国，都道府県，市町村と階層的に整備し，100％近い法人化を果たし，全国隈なく政策の執行組織を整備することを実現した．

　一方，更生保護は，当初，中央レベルで外局化が図られたが，程なく法務省保護局に回収され，その後も国の直轄事務として推移したため，地方自治体との組織的なつながりは希薄であった．保護観察官の人員不足を民間人の非常勤国家公務員化（保護司）で補填したが，刑事事件の認知件数が増大した時期には，この官民連携の限界が繰り返し指摘されてきた．執行組織としてのNPOである更生保護会は，ピーク時でも全国で総数170余りと少数で，その中で中間支援機能を担うことが期待された連絡助成を目的とする更生保護（観察）協会も，設立こそ推奨されたものの，官からの独立性や他機関との実質的な連携には未だ到っていないように見受けられる[46]．

　二つには，活動資源についてである．社会福祉の場合，人的資源の確保のうえで，社会福祉主事，民生委員，社会福祉士資格などの多様な制度が創設され活用されてきた．物的資源としては，官民の施設の種別管理も法的に担保されて公式化した．社会福祉概念の拡がりと細分化を受けて，国・地方を通じての財源配分も顕著に伸展した．専門教育による後継者養成，関連学会や実務家団体（NPO）の林立，政策情報を生産，流通，革新する学会や福祉系シンクタンクなども多数成長した．更生保護の場合，人的資源の確保は前掲の保護司や更生女性会，BBSなどの制度によるが，当該分野に対応する民間資格制度は発達が乏しい．物的資源として更生保護施設の密度は都道府県ごとに数件のレベ

94　第Ⅱ部　非営利法人の系統と伸展

ルに留まる．法務省内での財源配分のシェアも大きく伸長しているわけではない．専門教育による後継者養成，関連学会や実務家団体の数と規模にも発展すべき余地は大きい．

　もとより社会福祉と更生保護の概念の広狭や，官民あるいは中央・地方の業務分担の異同から見て，両政策の構成要素を単純に量的に比較することは余り意味がない．むしろ，質的な異同に注意する必要がある．本章の跛行性の検討も，量的な格差をあげつらうことが主意ではなく，両政策を支える考え方や政策の構成要素の質的な懸隔に注目する．そうした点から見ると，両政策の跛行性の要因は，①当該分野，業務を固有のものとして画定する範囲設定の判断，②当該分野，業務の担い手を官民，あるいは国・地方でどのように分担するかという民間化（官民連携）と分権化（業務の国・地方間での融合化）についての分岐の判断，③政策過程における活動組織としてどのような NPO をどの程度育成し支援，活用するかという基底的あるいは派生的な NPO 政策の展開に係る判断，などの違いが両者の現状を隔てたことがうかがえる．

　これらの点を主務官庁が今後どのように判断し，当該分野の伸展を図るか，また，本章の2.3で指摘した主務官庁の課題2点（①役割後退や空洞化を許さず，②民間非営利組織との官民協働の実質化）にいかに取り組むかが課題である．

おわりに[48]

　本章では，「廃置分合」のうち，「分立」した複数の個別根拠法に基づく NPO（非営利法人）（類型）に係る政策が，当初，ともに民法の特別法に基づく非営利法人（団体）となる道があった類縁の政策領域・対象を扱いながらも，対照的かつ跛行的な発展を遂げてきたのは，いかなる要因によるものかを考察することにあった．そして，その考察を踏まえ，今後，さらに予想される非営利法人類型の廃置分合に，主務官庁がどのように対応すべきかについて教訓と示唆を得ようとした．検討対象とした非営利法人類型は，各々の創設の契機（動機）をはじめ，主務官庁の編制や，「主務」とされた所管業務の画定の歴史的経路など，その発展過程を把握するための出来事を抽出し対比することにより，本論の論題に応え得ると考え，社会福祉法人と更生保護法人を比較した．

　今日，再犯防止など社会安全政策のもとで社会福祉政策と更生保護政策の連携が強く要請されている．更生保護の主務官庁は，本論で見た両法人に係る政

策に跛行性のある現状について，例えば「占領時の立法において分野法と事業法が一体化していれば」とか，「司法保護を社会事業の一分野として留めておけば」といった歴史的経路における反実仮想（過去や現在の事実とは反対のことを想定すること）（谷口1996）に基づく慨嘆を超えて，両政策の跛行的発展の質的な要因を直視し，社会福祉と更生保護の次世代における関係について，新たな政策判断（舵の切り方）を行う必要があると考える．

注
1）妹尾2013：27．廃置分合に対して，「地方公共団体の法人格が変動しない区域の変更」が「境界変更」である．
2）本章で「跛行的」とは，二つの物事がバランスのとれないままに進展するさまを指して用いている．
3）インタビューの実施経過は次のとおりである．A氏：2019年3月22日，16：00-18：00，B氏：2019年4月15日，13：00-15：00，C氏：2019年4月15日，16：30-17：30，D氏：2019年3月22日，13：30-15：30．（A～Dの順は法務省入省年次順．また，A～C氏はいずれも日本更生保護協会の常任理事・事務局長経験者）
4）例えば，成田龍一は，歴史の叙述は「無数の出来事から，重要な出来事を選び出し，出来事同士をむすびつけて解釈し，それに意味を与え，批評するという営み」であるとした上で，「近現代日本史を複数のシステムの交代として把握し，それぞれのシステムの形成とそれに伴う社会の編成（構成と構造），そしてそのもとでの人びとのありよう」を「通史」として提供するという方法論を示している．成田2019：「はじめに」参照．
5）本文記載の2000年，2005年の間の閣議決定は次のとおり．2002年3月29日「公益法人に対する行政の関与の在り方の改革実施計画」，「公益法人制度の抜本的改革に向けた取組みについて」，2003年6月27日「公益法人制度の抜本的改革に関する基本方針」，2004年12月24日「今後の行政改革の方針」（「公益法人制度改革の基本的枠組み」を具体化）．
6）更生保護法人は総数も全国に164法人と少なく，論及されることも少ない存在であるが，既に1972年には更生保護事業を主たる目的とする法人は試験研究法人等（のち特定公益増進法人）とされ，1995年5月に更生緊急保護法に代わり制定公布された更生保護事業法（1996年4月施行）によって更生保護法人が法制化され，社会福祉法人と同様に設立当初から特定公益増進法人とされるなど，その公益性は法制・税制上も重視されている．
7）公共政策としての更生保護政策の系譜は，例えば日本更生保護協会の更生保護三十年史編集委員会編1982や，更生保護50年史編集委員会編2000aや，同2000b所収の「更生保護年譜」等で詳細にたどることができるが，同年譜は，戦前を旧少年法制定の前後で2期に，戦後を機械的に10年単位で5期に区分するに留め，分析的観点からの区分を避けている．
8）初谷2015a：185-210参照．日本NPO学会第16回年次大会の企画パネルディスカッションにおける研究報告に基づく．

9）「官民関係の自由主義的改革とサードセクターの再構築に関する調査研究」（研究代表者：後房雄名古屋大学教授）.

10）以下，2.2及び2.3では，本章に必要な範囲で初谷2019b：157-160の論旨を，項目ごとに行頭を下げて一部補筆のうえ再掲していることをお断りする.

11）例えば，1995年4月，更生保護事業法案を審議した第132回国会衆議院法務委員会において，政府委員（法務省保護局長）は，同法案により，更生保護会が民法法人から更生保護法人に移行することができるようになることは，「従来から更生保護会側から強い要望」があるとともに，各更生保護会に対する意向調査でも「おおむねほとんどの更生保護会が組織変更を希望している」こと，また主務官庁（法務省）側としては同法の意義を「従来の民法法人からこの法律に基づく特別な法人に更生保護会を格上げするということ」と説明している.「第1類第3号　法務委員会議録第7号」平成7年4月26日，2-3頁.

12）私立学校法，社会福祉事業法について，初谷2001a：152-156参照. いずれも憲法第89条後段の政府解釈に整合する立法的措置としての意味があった.

13）宗教法人令及び宗教法人法について，初谷2001a：156-158. ポツダム勅令であり準則主義に立つ宗教法人令（1945年）の悪用，濫用が社会的非難を招き，1951年，準則主義を排し，認証主義を採用する宗教法人法（1951年）が公布，施行された.

14）その後，2002年12月のNPO法改正（2003年5月施行）により，情報化社会の発展を図る活動など5分野が追加され，2011年6月の同法改正（2012年4月施行）により，観光の振興を図る活動など3分野が追加されて20分野となった.

15）中間法人法の誕生と展開が示唆するものについて，初谷2012：第1章（32-92），中間法人の転生：一般社団法人への移行がもたらすものについて，同：第2章（93-116）参照.

16）同上. 旧公益法人制度において「主務官庁」とは，各府省の長である各大臣または長官等であり，各府省庁設置法の定める府省庁の所管事項によって，その法人の目的とする事業の所管が定まる. 目的とする事業が二つ以上の府省庁の所管事項にわたるときは，関係する府省庁の「共管」となり，それぞれの許認可が必要となる（「共管法人取扱の申合せ」（昭和47年4月25日公益法人監督事務連絡協議会）参照）. 初谷2001a：41. 主務官庁制の弊害として挙げられた官庁セクショナリズムの歴史過程，政治過程，組織過程の分析として，今村2006が包括的に論じている.

17）3.1について，本論に必要な範囲で，初谷編2016：10-11，14-15の論旨を再掲していることをお断りする.

18）「予備的分析プロセス」とは，「問題の分析・同定」のプロセスであり，1）問題の設定，2）原因の探求，3）適切（relevant）な政府行動（問題の発生や深刻化・長期化に対して何らかの責任を免れることができない政府行動）の同定に区分される. この予備的分析プロセスを踏まえた上で，〈1〉政策目的の明確化，定式化と，〈2〉その目的を達成するための具体的手段（処方箋）の探求（構想），選択・提示という「目的と手段」からなる具体的な政策のデザインが進展する. 足立，森脇編2003：4，足立2009：12.

19）公共政策についての足立の見解を受け継いだ上で，チャールズ・ジョンズやそれを継

承したトーマス・ダイによる政策過程の図式化を参考にして関係を述べた森脇の論旨に負う.

20) 政府・自治体が政策主体となる場合は,実務上の政策過程の理解では,足立のいう政策デザインの前半部分である予備的分析プロセスも(1)政策立案の一環として認識されていることが多いものと考えられる.

21) 社会事業の形成過程と社会事業理論の形成過程を分析した野口2011参照.同書序章では,「一般には社会事業と言う用語は社会福祉の歴史の中のある特徴的な段階を示しており,公的なものだけでなく民間で行うものも含まれるが,社会事業の形成過程の分析には民間社会事業は含まれていない.一方で,社会事業理論の形成では多様な論を分析しており,論者によっては民間社会事業までも含めている場合もある.」(2頁)とする.「社会事業」の主体は官民双方が含まれており,政府主体の社会事業と民間社会事業が区別されている.また,第2章で社会事業の定義を分類し,社会事業と社会政策との関係に関する諸説を検討している(44-45頁).社会事業の意味の変遷について,増山2013も参照.

22) 大正デモクラシー期は,日露戦争が終わった1905(明治38)年から護憲三派内閣による諸改革が行われた1925年までとされる.吉田2004:219.

23) なお,戦時下の厚生事業について,今井2008は,社会事業から厚生事業への転換契機を詳述している.

24) 厚生省の政策形成過程について,榎本・藤原1999参照.

25) 吉田久一は,犯罪者予防更生法と更生緊急保護法の制定を,「戦後社会事業の動向,社会福祉の起点」の中で,児童福祉,身体障害者福祉に並ぶ「その他の動向」の1つとして包括的に紹介している.吉田2004:296-297.

26) 法務省の政策形成過程について,高口・城山2002参照.

27) 国(法務省)では,元受刑者や仮出獄中の者,保護観察対象者による重大再犯事件が相次いだことを契機に,2005年7月「更生保護のあり方を考える有識者会議」(座長:野沢太三(社団法人日中科学技術文化センター会長・元法務大臣))を設け,同会議は2006年6月に最終提言を行った.

28) GHQの社会福祉に係る改革について,竹前・中村監修1998参照.

29) 更生保護制度の系譜に通じたB氏及び更生保護法案作成を担ったC氏の各インタビューに基づく.

30) GHQによる法制・司法制度の改革について,竹前・中村監修1996参照.

31) 清水・若穂井編著2009:16(山田憲児).

32) 同上.GHQ公安部のルイス博士(Lewis, B. G.)による.

33) 犯罪者予防更生法制定に至るGHQとの折衝過程で行われた調整として,次の経緯が紹介されている.

「司法保護事業法改正草案においては,司法保護団体および司法保護委員の法的位置づけをさらに強化しようとしたが,司令部は釈放者保護事業は司法省の所管とするよりは厚生省の所管とすべきであり,刑余者で身寄りのない者の保護は生活保護施設で担うのが本筋であって,犯罪者予防更生法中に司法保護団体に関する規定を置くことは好ましくないこと,および保護観察の担当は民間の司法保護委員に委ねるのは適当でなく,

有給常勤の公務員によるべきであるとの意見であった．これに対して司法省は，釈放者保護事業は刑事政策上不可欠なものであるから司法省が担当するのは当然であると主張したが，犯罪者予防更生法中に保護施設に関する規定を盛り込むことはできなかった．また，司法保護委員についても無給で奉仕的に携わっている実績があり，少数の公務員のみでは保護観察を適正に実施するのは困難であると主張し，その結果，司法保護委員は「保護観察官で充分でないところを補」うものとして規定された（犯罪者予防更生法第20条）．」清水・若穂井編著2009：16-17，清水2015：9-10．

34）同法人の設立経緯について，初谷2001a：第2章で述べた．その他，北場2005：「第4章　社会福祉法人の成立と民間社会福祉事業の独占化」等に詳しい．

35）社協の成立と発展過程，直面している課題について，塚口ほか編2010参照．

36）事業型社協は，1992年に策定された「新・社会福祉協議会基本要項」を具体化したものであり，民間セクターの派生的NPO政策の例である．初谷2005b：345-346．

37）1949年末現在で143施設に達した．

38）直接保護事業を営む更生保護会が59年末で174団体に達した．

39）公益性と公益増進性の区別について，初谷2001a：49-53．

40）この点について，初谷2019b：167-168，注12）で経緯を紹介している．

41）保護司の現状と安定的確保のための取組について，高津戸2020参照．

42）日本のBBS活動は，1947年2月22日，京都女子専門学校（現在の京都女子学園）で「京都少年保護学生連盟」第1回創立総会が行われて始まり，1950年に「全国BBS運動団体協議会」が設立され，1952年に「日本BBS連盟」と改称された．任意団体であった日本BBS連盟は，2016年，「本連盟は，非行に陥った少年の改善更生，又は社会生活への適応に困難を抱える少年の自立を支援し，犯罪や非行のない明るい社会の実現を目指す運動（以下「BBS運動」という．）であり，それに取り組む会員の連絡調整及びその活動の充実並びにBBS運動の強化発展を支援し，もって個人及び公共の福祉の増進に寄与すること」を目的とし（定款第3条），特定非営利活動法人日本BBS連盟として設立認証された．同連盟ウェブサイト参照．

43）保護観察協会の強化，基盤整備について，A氏，C氏のインタビューで三重県や滋賀県など複数の府県での実例を挙げてその具体的な方策や課題についてご教示をいただいた．稿を改めて詳論を期したい．

44）犯罪学の定義，対象領域の設定など近年の動向について，藤本2016：第I部等参照．

45）平成6（1994）年第129回国会で，更生保護施設整備に係る更生緊急保護法の一部を改正する法律案の審議において，社会福祉法人と更生保護会の施設面，処遇面，税制面の措置の違い（格差）の早期改善が議論され，参議院法務委員会では改正案可決に際し，「社会福祉事業との均衡にも留意し，被保護者に対する補導援護体制の強化に努めること」など3項目の附帯決議を付した．当時，更生保護会について社会福祉法人並みの税制を求めた法務省の税制改正要望に対し，大蔵省は，税制改正を求めるのであれば，更生保護会に「袴をつけて出直すよう」求めたという．他領域にも数多ある民法法人ではなく特別法に基づく新たな法人類型に作り直すべきとの示唆に，法務省関係者は精力的に関係省庁等との折衝を遂げ，翌平成7（1995）年第132回国会に更生緊急保護法の廃止と新たな更生保護事業法案等の提案を果たした．B氏，C氏のインタビュー及び同委

員会会議録に基づく.

　なお,特定公益増進法人制度について,初谷2001a：第3章参照.また,更生保護法人の場合の特定公益増進法人化の効果について初谷2012：第3章参照.

46）現在,全国に,継続保護事業を営む更生保護施設は101施設,連絡助成事業を営む更生保護協会（更生保護観察協会,更生保護事業協会）は68（うち更生保護法人：67,非更生保護法人：1）ある.また,地域支援を目指した更生保護事業の効果的な実施を図るために,地域の関係機関・団体等と支援関係情報の共有,具体的支援実現に向けた連携・協議の場を設置した先駆例として,「埼玉社会復帰支援ネットワーク協議会」（2014年設立）がある.清水2015：4‐7,資料8‐9参照.

47）2012年,日本更生保護学会が発足した.

48）本章の原著論文作成にあたり,法務省保護局,（更保）日本更生保護協会,（特活）全国就労支援事業者機構の役職者（現役・OB）の皆様による情報提供,ヒアリング,インタビュー調査等へのご協力をいただいた.厚く御礼申し上げる.また,本章は,平成30年度大阪商業大学研究奨励助成研究（「わが国の法人政策に関する研究──法人類型「廃置分合」の動態把握を中心に──」）の一部である.

第5章
職業訓練法人とNPO政策

はじめに

非営利法人政策の進展

　第4章の「はじめに」で示したように，2018年は，1998年のNPO法制定から20年，2008年の新公益法人制度施行から10年を迎え，非営利法人政策にとって一つの画期の年であった．

　この20年間は，1998年の中央省庁等改革基本法を受けた省庁再編，1999年の独立行政法人通則法とその後の個別法制定，2000年の地方分権一括法制定を一里塚とする地方分権改革，2000年代以降のNPMに基づく国・地方を通じた公務改革やPPP（官民協働）の導入に連動した，法人の統廃合など，戦後の法人政策史の中でも顕著な制度改革・政策革新を同時代的に連続して経験した期間であった．

　この新たな「20年」が，政府，民間営利，民間非営利の3セクターによるNPO政策や公共マネジメントにとってどのような意義を持つものであるか，歴史を軸に置きつつ，広角的，学際的な検討が必要である．

問題関心

　筆者自身は，中長期的にわが国のNPO政策や非営利法人政策を考えていく際には，NPO全体にわたる視野の下で，多様な法人格を有するNPOが各々標榜している社会的使命や実際に果たしている役割を考察し，各法人間の連携や協働も含めて，より良い公共性や公益の実現に向けた改良や改革が幅広く検討され積み重ねられる必要がある（初谷2001：終章）と考えている．

　この問題意識から，1990年代以来，NPO政策総論，公益法人，特定非営利活動法人，社会福祉法人，中間法人，更生保護法人，地域自治組織（としての各種法人）等の各論について調査研究を進めてきた．[1]

そのなかで，後房雄名古屋大学教授が研究代表者を務められた「官民関係の
自由主義的改革とサードセクターの再構築に関する調査研究」(以下，「RIETI サー
ドセクター再構築研究」）への参加をお誘い頂き，同サードセクター調査の結果に
基づく検討を分担する機会を得た．かねてより関心を寄せてきた社会福祉法人
や更生保護法人など「主務官庁制下にある非営利法人」について考察すること
とした．

「RIETI サードセクター再構築研究」では，4 次にわたる「日本におけるサー
ドセクターの経営実態に関する調査」(以下，「RIETI サードセクター調査」）を実施
し，実証的にわが国のサードセクターの実像を法人格・組織横断的に明らかに
し，その将来像について論議が重ねられた．

本章では，2017年度の第 4 回の RIETI サードセクター調査(以下「第 4 回調査」)
の結果も踏まえながら，これまで NPO 政策の観点から関心を払われることが
なかった「職業訓練法人[2]」について，初めて各論的な考察を行うとともに，そ
れを手掛かりとして，主務官庁と非営利法人の今後のあり方について検討する．

RIETI サードセクター再構築研究の主題と本論の関係

RIETI サードセクター調査では，「自由主義的改革」とは，「わが国の公共
サービスをより効率的で質の高いものにするうえで，従来の官民関係を，多様
な提供主体の間の透明で自由な競争と利用者の選択を促進する方向で抜本的に
改革すること」と定義されている（以下「促進方向の抜本的改革」と略す）．

自由主義的改革を論じる場合，一般に「官民関係」といえば，政府（中央・
地方）と民間営利・非営利の多様な主体との関係を指し，従来の政府による単
元的な公共サービス提供から，官民の多様な経済主体の連携・協働（PPP）に
よる多元的な公共サービス提供への移行・転換（「民間化」）が論じられる．

この点について，RIETI サードセクター調査では，「官民関係」を，「高齢
者介護，障害者福祉，保育，教育，医療などの政策分野毎に，あるいは分野横
断的に，行政担当部局とサードセクター組織との間の規制，委託，補助などの
関係」と定義しており，ここにいう「サードセクター組織」とは，いずれも民
間非営利セクターの組織であり，営利法人などの民間営利セクターの組織を含
めていない（調査結果を踏まえ，さらに「脱主務官庁制の非営利法人」，「主務官庁制下の
非営利法人」，「各種協同組合」という三つのカテゴリーが立てられている．）これは，同
調査では，上記の意味での「官民関係の自由主義的改革」に対応しうる「サー

ドセクターの再構築」を主たる問題関心とし，民間非営利セクター（非営利法人，協同組合）を調査対象としたことによる．

　このRIETIサードセクター調査全体の問題関心を背景に検討を行った本論にあっては，「官民関係の自由主義的改革」とは，わが国の職業訓練・職業能力開発サービスをより効率的で質の高いものとするうえで，従来の職業訓練・職業能力開発政策における（主務官庁など）行政担当部局とサードセクター組織（非営利法人や協同組合）との間の規制，委託，補助などの関係（官民関係）を，多様な提供主体の間の透明で自由な競争と利用者の選択を促進する方向で抜本的に改革すること」を意味することになる．

　なお，本章の「1　職業訓練・職業能力開発政策とNPO政策」において職業訓練・職業能力開発政策の系譜を整理しているが，職業訓練・職業能力開発政策の主体は政府・自治体とサードセクター組織（非営利法人及び協同組合）に限られるものではなく，民間企業など民間営利セクターの主体がその担い手として重要な役割を果たしてきた．そこで本章「3　職業訓練法人の課題：NPO政策の観点から」において，課題と対応の方向性を検討する際には，それら民間営利セクターの存在も念頭に置きつつ，この政策分野における政府とサードセクター組織間関係のあり方を検討するものとする．

1　職業訓練・職業能力開発政策とNPO政策

　第一に，職業訓練・職業能力開発政策と同政策に係わるNPO政策の系譜を関連づけて論じる．まず，先行研究も参照しつつ，「職業訓練・職業能力開発政策の時期区分」(1.1) を検討する．次いで職業訓練法人の設立根拠法の制定・改正経過を手掛かりとして筆者が設定した5期の時期区分に基づき，本章の問題関心に沿って「職業訓練・職業能力開発政策の推移とNPO」(1.2) の関係を検討する．

1.1　職業訓練・職業能力開発政策の時期区分

　本節では，職業訓練・職業能力開発政策の時期区分を明らかにした上で，わが国における「職業訓練政策」から「職業能力開発政策」への進展の系譜と，同政策における政府・民間セクターにわたる政策主体・関係機関の形成，配置の沿革を確認する．その中で，職業訓練法人が必要とされた背景，経緯を見て

104 第Ⅱ部 非営利法人の系統と伸展

おきたい[3].

わが国の職業能力開発政策を支えてきた「職業教育訓練法制」の時期区分について，1990年代前半に刊行された先行研究には，「戦前・戦中」をひとまとめにし，「戦後」については，次のようにⅠ～Ⅵの6期に分ける例がある（斉藤1993）[4].

① 「戦前・戦中」明治期～昭和20（1945）年

② 「Ⅰ　民主的職業訓練政策の確立期：敗戦（1945年）～昭和32（1957）年」

③ 「Ⅱ　職業訓練政策の開花発展期＝昭和33年職業訓練法制期：昭和33（1958）年～昭和43（1968）年」

④ 「Ⅲ　職業訓練政策の拡充期＝昭和44年職業訓練法制前期：昭和44（1969）年～昭和48（1973）年」

⑤ 「Ⅳ　職業訓練政策の調整期＝昭和44年職業訓練法制後期：昭和49（1974）年～昭和53（1978）年」

⑥ 「Ⅴ　職業訓練政策の転換期＝昭和53年職業訓練法制期（企業教育訓練中心期）：昭和54（1979）年～昭和60（1985）年」

⑦ 「Ⅵ　職業能力開発政策期＝職業能力開発促進法制期：昭和61（1986）年以降」

この時期区分の「視点」について，著者（斉藤）は，各時期において「職業教育訓練法制」がいかなる公共政策の一環として制度化され機能・作用したかという点と，それらの政策の進展や変容を反映し具現化した「画期的」な法制（法律）は何かという点に求めている．

すなわち，戦前，地租改正・殖産興業政策のもと，職業訓練は学校教育と峻別されて始まり，戦後も「経済政策の一環」として進展したが，「生涯職業訓練」，「生産技能評価」を掲げる昭和44年職業訓練法（以下，44年法）により，「教育と結合した文教政策を織り込む国の総合的な重要政策へと転化」（同上：123）したとする．44年法の成立は，戦前に「職業補導としての職業訓練」の補完により公共職業訓練を体系化した職業紹介法（大正10（1921）年）に比肩すると高く評価している（同上：123-124，143）．

この時期区分の視点は，本書の公共政策の分析枠組み（第1章，図1-2参照）からは，職業訓練政策が歴史的にどのような基底的政策のために展開されてきたのかを捉えるものとして理解される．それは，明治期から戦前までは地租改

正・殖産興業政策であり，戦後も経済政策として推移したが，44年法を契機として，教育政策と雇用・労働政策の連担，連携によって織り成される政策—現在，厚生労働省の所管部門（人材開発統括官）の名称にも通じるいわば「人材開発政策」ともいうべき基底的政策である．職業訓練政策はこの「総合的な重要政策」のための派生的政策として展開されるようになっている．

そこで，同視点も参考にしつつ，本章ではNPO政策の観点と前掲の問題関心から，職業能力開発政策の根拠法の制定・改正経過を手掛かりに，NPOの関与に着目して，次のように5期に区分をしておきたい．各期を画した法の制定・改正には，それらを促した環境変化への対応など内外に発する契機がある．

　　第1期　草創期：1921年〜1957年
　　第2期　昭和33年職業訓練法制期：1958年〜1968年
　　第3期　昭和44年職業訓練法制期：1969年〜1978年
　　第4期　昭和53年職業訓練法制期：1979年〜1985年
　　第5期　昭和60年職業能力開発促進法制期：1986年以降

このうち，第1期と第2期は，経済政策のための派生的政策の時期であり，44年法以降の第3期以降は，「人材開発政策」のための派生的政策の時期であるということができる．

なお，職業訓練政策に限らず，雇用・労働政策全般について，戦後から直近までを通史的に分析した先行研究としては，労働政策研究・研修機構編2005cが，戦後雇用政策の概観と1990年代以降の政策の転換を，また，労働政策研究・研修機構2017が，日本的雇用システムと法政策の歴史的変遷を，特に，バブル崩壊以降の労働政策の変遷に着目して経年的に記述している[5]．

第5期は，職業能力開発促進法そのものに大きな改正は行なわれていないが，この間の法政策の変遷を分析した先行研究では，上記の基底的政策である「人材開発政策」の推移について検討されている．

表5-1では，本章の1.1で述べた「基底的NPO政策」，「職業能力開発政策（職業訓練政策）」，「職業能力開発政策と派生的NPO政策」に列を分けて，時期区分と主な関連事項を掲げた．上記の（1）で示した職業能力開発政策の5期における主な政策展開については，1.2において概説することとしたい．

106　第Ⅱ部　非営利法人の系統と伸展

表 5-1　NPO 政策と職業能力開発政策

		基底的 NPO 政策 ※時期区分は初谷［2001］参照.			職業能力開発政策 ※時期区分（斎藤［1993］参照）	職業能力開発政策と 派生的 NPO 政策 ※時期区分は筆者.
		◆1　第二次世界大戦終戦まで 　（～1945年）			◆戦前・戦中 　（明治～1945年）	
1890	明治 23	・旧民法公布				
1896	29	・民法第1・2・3編公布. 総 　則第2章第33条～第84条に公 　益法人の設立, 管理及び解散 　の規定.				
1898	31	・民法第4・5編公布. 民法施 　行（7月）.				
			1921	10	・職業紹介法制定. →戦前の公共職業訓練 　の体系化の契機に.	第1期　草創期 （1921年～1957年）
			1921	11	・東京市の失業者を対象に職業補導（失業 　者・障害者への失業対策）発足.	
1938	昭和 13	・有限会社法公布. ・社会事業法公布, 施行.	1938	13	・職業紹介所, 国営化. 短期の速成訓練開 　始.	
1939	14	・宗教団体法制定.	1939	14	・国家総動員法に基づき工場事業場技能者 　養成令. →中規模以上の工場に長期の熟練工養成義 　務. 協働牛教育訓練の本格化.	
1943	18	・許可認可等臨時措置法.				
1945	20	◆2　戦後改革期 　（1945年～1954年） ・宗教団体法廃止, 宗教法人令 　施行.	1945	20	◆Ⅰ　民主的職業訓練政策の確立期 　（1945年～1957年）	
1946	21	・日本国憲法公布. 47年施行.				
1947	22	・地方自治法公布, 施行. ・労働組合.	1947	22	・労働基準法制定,「技能養成制度」発足. ・職業安定法制定,「職業補導制度」発足. →二系統の職業訓練政策.	
1948	23	・農業協同組合.				
1949	24	・シャウプ勧告. ・私立学校法公布. ・中小企業協同組合.				
1951	26	・社会福祉事業法公布. ・宗教法人法公布. ◆3　55年体制前期 　（1955年～1974年）				
1958	33		1958	33	◆Ⅱ　職業訓練政策の開花発展期＝昭和33 　年職業訓練法制期 　（1958年～1968年） ・職業訓練法（「33年法」）制定 ・認定職業訓練制度	◆第2期　昭和33年 　職業訓練法制期 　（1958年～1968年）
1959	34		1959	34	・技能検定制度創設（昭和34年度）	
1961	36	・試験研究法人等制度発足.				
1963	38		1963	38	・技能五輪等の推進（昭和38年～）	
1967	42	・公益法人に係る不祥事件続発 　と国会での追及. ・「公益法人に対する監督強化 　策に関する要綱」閣議了解.	1967	42	・卓越技能者（現代の名工）の表彰（昭和 　42年～）	

第5章　職業訓練法人とNPO政策　*107*

		基底的NPO政策 ※時期区分は初谷[2001]参照.			職業能力開発政策 ※時期区分は斎藤[1993]参照)	職業能力開発政策と派生的NPO政策 ※時期区分は筆者.
			1969	44	◆Ⅲ　職業訓練政策の拡充期=昭和44年職業訓練法制前期 （1969年～1973年） ・新たな職業訓練法（「44年法」）に法改正.「職業補導」は「公共職業訓練」に,「技能者養成」は「事業内職業訓練」とされ,総合的な職業訓練制度が発足. ・職業訓練法人制度	◆第3期　昭和44年職業訓練法制期 （1969年～1978年） →認定職業訓練制度とともに,職業訓練法人制度創設.
1971	46	・行政管理庁「公益法人の指導監督に関する行政監察結果に基づく勧告. ・「公益法人監督事務連絡協議会」設置.				
1972	47	・公益法人監督事務連絡協議会申合せ. 公益目的の厳格解釈化. ・㈶公益法人協会設立.				
1974	49		1974	49	◆Ⅳ　職業訓練政策の調整期=昭和44年職業訓練法制後期 （1974年～1978年） ・雇用保険法の制定. 雇用保険法における3事業の1つとして,能力開発事業を創設.	
1975	50	◆4　55年体制後期 （1975年～1993年）				
1977	52	・公益信託制度.				
1978	53		1978	53	◆Ⅴ　職業訓練政策の転換期=昭和53年職業訓練法制期（企業教育訓練中心期） （1979年～1985年） →新職業訓練法の「第一次改正」. ①職業訓練実施体制の整備,②民間職業訓練の振興,③職業訓練及び技能検定の推進を目的とする職業能力開発協会の育成.	◆第4期　昭和53年職業訓練法制期 （1979年～1985年）
1979	54	・民法及び民法施行法の一部を改正する法律, 公布, 施行. 公益法人に対する主務官庁の監督強化.	1979	54		
1985	60	・総務庁勧告を受けて,「公益法人指導監督連絡会議」発足. ・「休眠法人の整理に関する指導監督基準」等決定. ・「公益法人概況調査」開始.	1985	60	・職業訓練法（44年法）の一部改正（「第二次改正」）による職業能力開発促進法（職業訓練法の題名変更）. →事業主等の行う教育訓練重視. 全労働者が職業生活の全期間を通じて適時適切に職業能力の開発向上を促進する体制の確立が図られる. →事業内職業能力開発計画の策定, 有給休暇の付与等による労働者の職業能力の開発・向上等. →委託訓練の積極的活用等	◆第5期　昭和60年職業能力開発法制期 （1986年以降）
1986	61		1986	61	◆Ⅵ　職業能力開発政策期=職業能力開発促進法制期 （1986年以降）	
1988	63	・「試験研究法人等」が「公益の増進に著しく寄与する法人」（特定公益増進法人に改称）.				

108　第Ⅱ部　非営利法人の系統と伸展

		基底的 NPO 政策 ※時期区分は初谷 [2001] 参照.			職業能力開発政策 ※時期区分は斎藤 [1993] 参照)	職業能力開発政策と 派生的 NPO 政策 ※時期区分は筆者.
1992	4		1992	4	・若年労働力の減少等に伴う労働力不足基調経済への移行，技能離れの風潮の強まりに対応する改正.	◆第 5 期（続）
1993	5	◆5　再編と連立・連携期（1993～） ・第三次臨時行政改革推進審議会最終答申（行政代行法人の見直し提言）（10月）				
1994	6					
1995	7	・更生保護事業法公布.				
1996	8	・与党行政改革プロジェクトチーム「公益法人の運営等に関する提言」 ・「公益法人の設立許可及び指導監督基準」及び「公益法人に対する検査等の委託等に関する基準」について（閣議決定）（9月）				
1997	9		1997	9	・企業製品等の高付加価値化，新分野への展開を担うための公共職業訓練の高度化への対応（1997年）	
1998	10	・特定非営利活動促進法（NPO法）成立（3月）	1998	10	・職業能力開発促進法の改正. →・若年の技能離れの風潮を踏まえた，職業訓練の体系の整理，国際協力の推進. →・教育訓練休暇制度の充実等自発的な能力開発の開発・向上の推進. ・雇用保険法の改正. →教育訓練給付制度の創設.	
1999	11	・法務省「法人制度研究会」，「中間法人制度の創設に関する報告書」				
2000	12					
2001	13	・中間法人法制定（6月. 2002年4月施行） ・認定特定非営利活動法人制度創設（10／1施行）	2001	13	・IT革命など技術革新や経済のグローバル化，急速な高齢化の進展に伴う労働者の職業生涯の長期化，若年層を中心とする就業意識・形態の多様化に対応する職業能力評価システムの整備 ・キャリア形成促進助成金（平成13年度～）	
2002	14	・「規制改革推進3か年計画」（改訂）（3月） ・「公益法人に対する行政の関与の在り方の改革実施計画」（閣議決定）（3月） 「公益法人制度の抜本的改革に向けた取組について」（閣議決定） ・特定非営利活動促進法改正（12/18. 2003/5/1施行）	2002	14	・職業能力評価基準の策定（平成14年度～）	
2003	15	・「公益法人制度の抜本的改革に関する基本方針」閣議決定（6月） ・行政改革担当大臣の下に「公益法人制度改革に関する有識者会議」設置（11月）				

第5章　職業訓練法人と NPO 政策　　*109*

		基底的 NPO 政策 ※時期区分は初谷 [2001] 参照.			職業能力開発政策 ※時期区分（斎藤 [1993] 参照）	職業能力開発政策と 派生的 NPO 政策 ※時期区分は筆者.
2004	16	・「公益法人制度改革に関する有識者会議」報告書（11月） ・「今後の行政改革の方針」（閣議決定）の中で「公益法人制度改革の基本的枠組み」を具体化（12月）				◆第5期（続）
2005	17	・「公益法人制度改革（新制度の概要）」を公表，パブリックコメント実施（12月）				
2006	18	・公益法人制度改革関連三法案，閣議決定，国会提出（3月） ・第164回国会で「行政改革法」，「市場化テスト法」とともに，公益法人制度改革関連三法成立（5月．6月公布）． ・特定非営利活動促進法改正（公益法人制度改革関連法成立に伴う改正）（5月．2008年施行） ・信託法，抜本的改正成立公布（12月）	2006	18	・人口減少社会を迎え，若年失業者，フリーター等の趨勢的増加と団塊世代の退職に伴う熟練技術・技能等の非継承，喪失の危機への対応． ・実習併用職業訓練制度の創設． ・地域若者サポートステーション事業（平成18年度～）	
2007	19	・内閣府に公益認定等委員会設置（4月）				
2008	20	・新公益法人制度施行．中間法人制度廃止（12月）	2008	20	・ジョブ・カード（職務経歴，訓練結果等が盛り込まれたシート）※採用時の評価に有効．（平成20年度～）	
2009	21					
2010	22					
2011	23	・特定非営利活動促進法改正（6月）（活動3分野追加，認証事務を内閣府から都道府県・政令指定都市への移管，認定NPO法人制度の改正（認定制度をNPO法に組み入れ，認定機関を国税庁から都道府県・政令指定都市へ移管等）	2011	23	・求職者支援制度の創設．同制度により職業訓練（離職者）（平成23年10月～） ・「第9次職業能力開発基本計画」（実施目標，基本事項等を定めた5カ年計画）（平成23年度～）	
2012	24					
2013	25	・公益法人移行期間満了（2013/11/30）	2013	25	・ものづくりマイスター（平成25年度～） ・キャリアアップ助成金（平成25年度～）	
2014	26		2014	26	・専門実践教育訓練給付の創設．10月から． ・地域の関係機関の協働（地域レベルのコンソーシアム）による職業訓練コースの開発（平成26年度～，26年度：10カ所，27年度：15カ所）	
2015	27		2015	27	・企業内人材育成推進助成金（平成27年度～）	
2016	28		2016	28	・「第10次職業能力開発基本計画」（実施目標，基本事項等を定めた5カ年計画）（平成28年度～）	
2017	29		2017	29		
2018	30		2018	30		

（出所）筆者作成．NPO 政策について，初谷2001a：133-229（「第2章　NPO 政策の変遷」）参照．
職業能力開発政策については，斎藤1993，職業能力開発行政史研究会1999，厚生労働省職業能力開発局監修2002，厚生労働省職業能力開発局編2002および厚生労働省行政資料を参照．

110　第Ⅱ部　非営利法人の系統と伸展

1.2　職業訓練・職業能力開発政策の推移

　次に，前節で示した職業能力開発政策の時期区分に基づき，派生的NPO政策の推移を概観する．**表5-2**は，以下の記述と対応させて，時期区分ごとの「職業訓練・職業能力開発政策とNPO」の変化について図解した．

1.2.1.　第1期　草創期：1921年～1957年

（1）　概　説

　第1期は，大正期から1958（昭和33）年の職業訓練法（以下「58年法」という）制定までの草創期である[6]．

　明治期の学制下では，技能習得のための職業訓練は学校教育と峻別され，「職場での技能工養成」と「職業補導」の二系統で行われ，前者の職場での技能工養成のうち，洋式工業では政府の先導助成策が講じられたが，伝統的手工業では中小の町工場における徒弟制による技能伝承を中心に推移した．後者の職業補導（失業者・障害者への失業対策）としての職業訓練は，1921（大正10）年の職業紹介法を基盤に，1923年から東京市の失業者を中心に発足した．この職業補導としての職業訓練により戦前の公共職業訓練が体系化される（斎藤1993：142-143）[7]．

　1945年以降，戦後の職業訓練は，労働基準法（1947年制定）に基づく「技能者養成」と，職業安定法（1947年制定）に基づく「職業補導」との二つの制度から構成され，二系統で展開された（同上：144）．

（2）　NPO政策の観点から

　NPO政策の観点からは，この時期の職業訓練は，政策客体の属性が限定されており，分野は今日でいうものづくり系，製造系が主である．企業による職業訓練に対する政府の経済的支援（**表1-3**でいえばG4）と，政府による職業補導（G1）が分立し，民間非営利組織の積極的な関与に係る記述は，文献資料からは見出し難い．

1.2.2.　第2期　昭和33年職業訓練法制期：1958年～1968年

（1）　概　説

　第2期は，1958年の職業訓練法（以下「33年法」という．）の公布・施行から1969年の44年法への改正までの13年間である[8]．

　昭和20年代末の朝鮮戦争とその後の好況による近代的技能者確保の要請に応

え，職業安定法の職業補導規定（工場事業場の行う監督者の訓練に対する援助を含む）を吸収し，労働基準法の技能者養成規定を拡充して，わが国初の統一的な職業訓練法が制定された（斎藤1993：144，職業能力開発行政史研究会1999：107等参照）．

従来の「職業補導」は「公共職業訓練」に，「技能者養成」は「事業内職業訓練」とされ，職業訓練の体系は，① 公共職業訓練（公共の職業訓練施設で学卒者，転職者等の求職者又は雇用労働者に対して実施）と ② 事業内職業訓練（事業主がその雇用労働者に対して実施）に大別され，現在に連なる総合的な職業訓練制度が発足することとなった（斎藤1993：144）．

事業内職業訓練が従来，技能者養成の認可という監督・規制的な制度であったものを，職業訓練を積極的に助長指導する形に改め，多能的熟練工の養成に加え，単能的熟練工，いわゆる専門工の養成等，各発達段階に応じた訓練の系統化が図られた（職業能力開発行政史研究会1999：107）[9]．

（2） NPO 政策の観点から

NPO 政策の観点からは，この時期，一体的な制度の下に，政府と企業の政策主体が，政策客体の属性を区分して並立することになった（相互連絡の乏しい分立状態から，政策連携の見られる並行モデル化へ）．

本章の問題関心から特筆すべきこととして，33年法における認定職業訓練とその主体についての審議経過に注目しておきたい．当初，同法案では，事業主がその雇用する労働者に対して行う職業訓練について，国及び都道府県が積極的に必要な援助を行うよう務める旨を規定する（法案第12条）とともに，職業訓練に関する合理的かつ効果的な基準を設けて職業訓練の効果を最大限に確保するようにし（同第13条），都道府県知事により同基準に適合するものであることの認定ができるものとした（認定職業訓練）（同第14条）．そして，特に中小企業に対し，その職業訓練が円滑に行われるように共同職業訓練の方式を認め，かつ積極的にこれを助成することとしていた（同第15条）．

1960年の「国民所得倍増計画」，1965年の「中期経済計画」，1967年の「経済社会発展計画」などで，「教育及び職業訓練による人的能力開発に積極的な関心が示されるようにな」り，1966年施行の雇用対策法では，技能労働力等の養成確保などについての取組みが挙げられている（斎藤1993：144-145）．

しかし，1958年の33年法に基づく職業訓練制度は，やがて「法施行後約10年を経過し，職業訓練と技能検定を通じて技能労働者の育成と地位の向上に努めてきたところではあるが，職業訓練においては失業対策的色彩が強く残ってい

112　第Ⅱ部　非営利法人の系統と伸展

表5-2　職業訓練・職業能力開発

	時代背景	期	期間	基本理念	NPO政策	政府セクター	民間営利セクター
1918	第一次世界大戦終了						
		1	1921-1957		分立	職業補導(G1)	職場での技能工養成(G4)
1929～	世界不況		1921 職業紹介法	わが国最初の労働市場法			
1937～	日中戦争		1938 職業紹介法改正	(国営化)			
1945	第二次世界大戦終了		1946 日本国憲法	勤労の権利, 職業選択の自由			
			1947 職業安定法	戦後の労働市場法の中核に			
			1947 失業保険法	失業者の事後的救済 労働者の生存権保障			
			1949 緊急失業対策法				
1960年代	高度経済成長により労働力不足顕著化	2	1958-1968 職業訓練法=33年法		並行モデル(政策連携)	公共職業訓練(G1)	事業内訓練(G4)
			1966 雇用対策法	「積極的雇用政策」へ「完全雇用の達成」			
1973	オイルショック	3	1969-1978 職業訓練法=44年法	「生涯学習訓練」「生涯技能評価」		公共職業訓練 ｜ 相互補充 ｜ 企業教育訓練	
						・基準の共通化 ・法定訓練の体系化(養成訓練, 向上訓練, 能力再開発訓練, 再訓練, 指導員訓練)	
			1974 雇用保険法	失業保険制度廃止, 雇用保険制度発足			
1980年代	雇用形態の多様化	4	1978-1985 職業訓練法第一次改正=53年法	「生涯職業訓練」構想を鮮明化		公共職業訓練	民間企業職業訓練
						・養成訓練, 能力開発訓練	・在職成人訓練
		5	1985- 第二次改正 職業能力開発促進法=60年法	全労働者, 全期間		公共職業訓練	民間企業職業訓練
			1985 労働者派遣法 男女雇用機会均等法				
			1986 高年齢者雇用安定法				
1990年代	バブル景気破綻, 経済危機		1999 ILO181号条約批准	民間雇用仲介事業の原則自由化へ			
			2007 雇用対策法改正 高年齢者雇用安定法改正				
2008	リーマンショック		2015 若者雇用促進法				

(出所)筆者作成. 労働市場法の経緯について, 鎌田2017：第2章　参照.

政策の推移と NPO

認定職業訓練	NPO（非営利法人）

・認定職業訓練は，養成訓
線のみ

・認定職業訓練を，全法定 訓練に拡大	・「職業訓練団体」とし て，職業訓練法人（認 可主義）

		職業訓練	技能検定
	（中央）	職業訓練法人中央会 →(社)全国共同職業訓練 中央会	中央技能検定協会
	各（地方）	職業訓練法人連合会	都道府県技能検定協会
	全国各地	職業訓練法人	

・「中核的な団体」とし
て，新たな認可法人：
職業能力開発協会

		職業訓練	技能検定
	（中央）	中央職業能力開発協会	
	各（地方）	都道府県職業能力開発協会	
	全国各地	職業訓練法人	

114　第Ⅱ部　非営利法人の系統と伸展

て，技術革新などに対応したものとはなっておらず，技能検定においても若干
の職種において検定の体制が整いつつあったが,拡充の見通しが立たない状況」
(同上：145) にあったため，各界から政策の拡充について多数の建議，要望が
政府に対して寄せられた.

　これらの動きを受けて1967年，労働大臣から中央職業訓練審議会に対し「中
央職業訓練制度改正の基本方向について」諮問がなされ，1968年，「今後の職
業訓練制度のあり方について」の答申が行われた (同上：145-146). 答申を受け
た労働省は，職業訓練法案要綱作成を経て，1969年，33年法を全面改正する職
業訓練法案を国会に提出した. 44年法は，33年法と比べ，雇用対策法との関連
を踏まえた本格的な職業訓練制度の確立とされている (同上：153).

1.2.3.　第3期　昭和44年職業訓練法制期：1969年〜1978年

（1）概　説

　第3期は，1969年の新職業訓練法 (44年法) 制定から1978年の第一次改正 (53
年法) までの間である[10].

　44年法は，高度成長下の技術革新，高齢化・高学歴化 (＝中卒就職の激減) に
対応するため，高卒者の技能養成に重点を移し，新たに「生涯職業訓練」，「生
涯技能評価」を基本理念として掲げ，33年法に続き，公共職業訓練を中心に，
企業教育訓練との相互補充関係を樹立しようとするものだった (斎藤1993：144).
そのため，33年法では相互に異なっていた公共職業訓練と事業内職業訓練の基
準を共通化し，両者が共通の基準により段階的に職業訓練を実施することがで
きるよう法定職業訓練が体系化された (養成訓練，向上訓練，能力再開発訓練及び再
訓練並びに指導員訓練).

　44年法で拡充された認定職業訓練は，同法から5年後の1974年に成立した雇
用保険法の能力開発事業の裏付け (同法第63条第1項) を得て補助率や補助金の
引上げなどが行われ，中小企業が単独又は共同で実施する認定職業訓練の取組
みを促したが，高校進学率向上により養成訓練生の減少，成人訓練の拡大傾向
がみられるようになった. 大企業も，一定レベルの中卒者の確保が困難となり，
技術革新の進展にあわせ高卒者や在職者の訓練にシフトしていく (職業能力開発
行政史研究会1999：166).

　本章の問題関心から特筆すべき点として，33年法では事業内職業訓練の認定
を養成訓練のみに限定していたのに対し，44年法では認定対象を全法定職業訓

練に拡大し，認定職業訓練に対する援助等の規定を整備拡充したことが挙げられる．

同法の「第3章　職業訓練」の「第3節　職業訓練の認定等（第24条-第27条）」において，「都道府県知事は，事業主，事業主の団体若しくはその連合団体若しくは第4章の規定により設立された職業訓練法人，職業訓練法人連合会若しくは職業訓練法人中央会又は民法（明治29年法律第89号）第34条の規定により設立された法人，法人である労働組合その他の営利を目的としない法人で，職業訓練を行ない，若しくは行おうとするもの（以下「事業主等」という．）の申請に基づき，当該事業主等の行なう職業訓練について，第10条の規定による労働省令で定める基準に適合するものであることの認定をすることができる．ただし，当該事業主等が当該職業訓練を的確に実施することができる能力を有しないと認めるときは，この限りでない．」（第24条第1項．年号，章節・条項番号はアラビア数字に改めた）としたのである．

そして「第4章　職業訓練団体」では，事業主等の行う職業訓練の自主的かつ積極的な発展を図る体制を確立することとし，第一に，事業主特に中小企業の事業主が共同して職業訓練を行う場合等に，その責任体制を明確にして永続性を確保するため，新たに都道府県知事の認可を受けて「職業訓練法人」を設立し，法人格を取得することができるものとされた（第1節）．第二に，職業訓練法人が集って，都道府県段階では職業訓練法人連合会を，全国段階では産業ごとに職業訓練法人中央会を設立することができることとされた（第2節）[11]．

つまり，民間企業（事業主とくに中小企業の事業主が共同で行う場合）の担う新たな認定職業訓練（職業訓練政策の一部）の執行主体として，「職業訓練法人」という新たな非営利法人類型を設け，活用できるようにしたのである．同法人の設立の認可の申請を行う認定職業訓練を行おうとする「事業主等」には，営利法人だけでなく非営利法人の多様な主体が含まれる（後掲：「2.2（1）法制」参照）．

（2）　NPO政策の観点から

55年体制前期・後期は，非営利法人制度といえば，民法に基づく公益法人制度が中核を占め，その周囲に，社会福祉法人や宗教法人など，戦後，特別法の制定により分離独立した法人が林立している状況下にあり，職業訓練・職業能力開発政策に係る法人法制は，そうした環境の中で整備されてきた．

特に，44年法が制定された頃は，1960年代後半から1970年代にかけて，続発する汚職事件が国会でもたびたび問題となり[12]，政府が公益法人に対する指導・

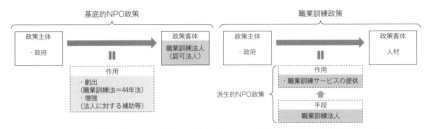

図5-1　基底的NPO政策と派生的NPO政策：職業訓練法人の場合

(出所) 筆者作成.

監督を強化していった時期であり，公益法人の不透明な実態に対して国民の厳しい目が注がれていた．

そのような中で，NPO政策の観点からは，職業訓練法人という法人格の創設は，政府・自治体の財政的支援も受けつつ，企業による派生的NPO政策であるF3（エージェント型）やF6（パートナーシップ型）の協同モデルを整備するとともに，NPOによる派生的NPO政策であるN3（エージェント型）やN6（パートナーシップ型）の協同モデルにも道を開いたものということができる（表1-3参照）.

図5-1は，第1章の3.1に掲げた「図1-3　基底的NPO政策と派生的NPO政策」の枠組みを職業訓練法人の場合に当てはめたものである．

左図は，当時の民法第34条法人（公益法人）との関係では特別法に当たる，職業訓練法（44年法）に基づく法人類型として，政府により職業訓練法人が創設された基底的NPO政策を示している．右図は，職業訓練政策を推進するうえで，民間による認定職業訓練の担い手として職業訓練法人が活用される派生的NPO政策を示している．

1.2.4.　第4期　昭和53年職業訓練法制期：1979年〜1985年

（1）　概　説

第4期は，1978年の職業訓練法の「第一次改正」(以下，53年法) 以降，1985年の職業能力開発促進法制定までの7年間である[13]．

53年法は，1973年のオイル・ショックによる減速経済，大量失業，急激な高齢化に対応するため，① 離転職者の再就職の機動的実施のための職業訓練，② 中高年齢者の職業能力開発向上のための職業訓練の拡充を打ち出した．雇用保険法第63条（能力開発事業規定）第1項における労働者の「能力を開発し，

第5章　職業訓練法人とNPO政策　　*117*

及び向上させることを促進するため」を受けて，生涯職業訓練構想を鮮明化し，
従来の公共職業訓練（養成訓練・能力開発訓練）中心から，民間企業職業訓練（在
職成人訓練）中心に基軸を移し，政府・自治体がこれに協力する体制を敷くべ
きものとした（斎藤1993：135-136，145）.

　厚生労働省監修の実務手引きでは，この第一次改正（53年法）の事情につい
て，「この改正法の基本理念の具現化のためには，民間における職業訓練の飛
躍的な拡大及び技能検定の普及浸透を図ることが肝要で，事業主等が幅広く連
携し，国又は都道府県の施策に呼応し自主的かつ積極的に活動する中核的な団
体を中央・地方に設立することがぜひとも必要であった」とする（厚生労働省職
業能力開発局監修2012：409）. ここにいう「自主的かつ積極的に活動する中核的な
団体」とは，職業訓練及び技能検定の推進を目的とする中央・地方の職業能力
開発協会を指しているが，これらの協会の創設には，「基本理念の具現化」に
加え，次のような事情もあった.

　44年法により技能検定の拡充が図られた，その実施体制として中央技能検定
協会と都道府県技能検定協会が設けられた一方で，職業訓練法人，認定職業訓
練を行う事業主又は事業主の団体等が都道府県単位に設けることのできる職業
訓練法人連合会と，労働大臣の定める産業毎に設けられる職業訓練法人中央会
が法定された. しかし，「技能検定協会と職業訓練法人連合会の会員となる業
種別団体や企業は重複することが多く，ある場合には対抗意識が生ずるなど問
題が多かった」（同上：169）.

　53年法により，中央職業能力開発協会が㈳全国共同職業訓練中央会（職業訓
練法人中央会に代わって運営されていた団体）と中央技能検定協会を合併して，また，
各都道府県に都道府県職業能力開発協会が職業訓練法人連合会と都道府県技能
検定協会を合併してそれぞれ設立された（同上）のは，技能検定と職業訓練と
いう二つの系統の分断と葛藤を回避する意味合いもあった.[14]

　こうした改正は主務官庁の厚生労働省主導で行われたが，都道府県の中には，
44年法の前から，北海道のように先駆的に職業訓練と技能検定を「車の両輪」
と位置付け，両者を分離せず社団法人北海道技能訓練協会（昭和39年設立）とし
て一本化していた例もある. 同道関係者によれば，法改正（44年法）による検
定協会と職業訓練法人連合会の分立（二本建て）に合わせるため，役員・職員
が両組織を兼職する二枚看板とし，従来の地方15支部に分立が及ぶことを回避
するために支部を廃止し地方別の技能訓練協会として独立させた. その後，53

年法で両組織が統合されて職業能力開発協会となり「ようやく元の鞘に収まった」と，同協会の結成をその後の新展開の端緒として「画期的な意義のあるもの」と評価している．これに対して，他の府県では，44年法で公式化された技能検定と職業訓練の2団体分立状況を，53年法により合併，一本化するに際し，調整と葛藤を経験したことが報告されている．

（2） NPO政策の観点から

NPO政策の観点からは，以上の第4期は，政府と企業による並行モデルを基調としつ，政策主体の重点が政府から企業への移行が進展したということができる．第3期に設けられたエージェントである職業訓練法人に加え，上記のとおり職業能力開発協会という新たな認可法人が重層的に設けられた．

職業訓練法人が，前述のとおり企業あるいはNPOによる派生的NPO政策の協同モデルに道を開いたとすれば，第4期に設けられた中央・地方の職業能力開発協会もまた，その設立の認可を申請する主体（中央協会にあっては5以上の地方協会が，地方協会にあってはその会員になろうとする5以上のものが発起人にならなければならない）に照らして考えれば，企業あるいはNPOによる派生的NPO政策の協同モデルであることは明白である．

それに加えて，両協会が，上記のとおり「国又は都道府県の施策に呼応し」て活動することを強く期待される補完的な存在であることを考えれば，政府による派生的NPO政策のうち，G3（エージェント型）あるいはG6（パートナーシップ型）の協同モデルを重ねて展開することに道を開いたものともいえるだろう（表1-3参照）．

図5-2は，第1章の3.1に掲げた「図1-3 基底的NPO政策と派生的NPO政策」の枠組みを，前掲図5-1の職業訓練法人の場合と同様に，職業能力開

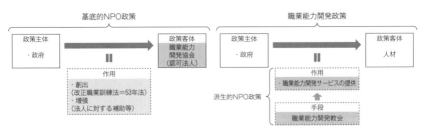

図5-2　基底的NPO政策と派生的NPO政策：職業能力開発協会の場合

（出所）筆者作成．

発協会の場合に当てはめたものである.

左図は,改正職業訓練法 (53年法) に基づく認可法人として,中央・地方の職業能力開発協会が創設された基底的NPO政策を示している.右図は,職業能力開発政策を推進するうえで,その担い手として職業能力開発協会が活用される派生的NPO政策を示している.

1.2.5. 第5期 昭和60年職業能力開発促進法制期：1986年以降

（1） 概 説

第5期は,1985年の職業能力開発促進法への題名変更から現在に至る約40年近くの期間である[19].

1985年,職業訓練法の「第二次改正」により題名が職業能力開発促進法と改められ,事業主等の行う教育訓練が重視され,公共職業訓練の自主的・弾力的運用により,全労働者が職業生活の全期間を通じて適時適切に職業能力の開発向上を促進する体制の確立が図られた.知事認可による職業訓練法人に係る規定も,44年法,53年法を踏襲して規定されている (第10章).

同法については,その後,若年労働力の減少等に伴う労働力不足基調経済への移行,技能離れの風潮の強まりに対応する改正 (1992年) や,企業製品等の高付加価値化,新分野への展開を担うための公共職業訓練の高度化への対応 (1997年),IT革命など技術革新や経済のグローバル化,急速な高齢化の進展に伴う労働者の職業生涯の長期化,若年層を中心とする就業意識・形態の多様化に対応する職業能力評価システムの整備 (2001年),人口減少社会を迎え,若年失業者,フリーター等の趨勢的増加と団塊世代の退職に伴う熟練技術・技能等の非継承,喪失の危機への対応 (2006年) 等が図られてきた (職業訓練教材研究会 2014：5−8参照).

この第5期は,昭和末期から平成期全体にわたるが,激変する外部環境に対する全国レベルの対応として,政策対象が全労働者に拡げられ,政策主体として都道府県への役割期待が高まり,民間教育訓練機関 (教育訓練プロバイダー) の比重が増してきている.

（2） NPO政策の観点から

民間教育訓練機関の比重の高まりの中で,職業訓練政策を基底的政策とする派生的NPO政策への要請も高まっていると見られるが,職業訓練法人については,根拠法の名称こそ指導理念の拡充により職業訓練法から職業能力開発促

120 第Ⅱ部 非営利法人の系統と伸展

進法に変わったものの，法人格の名称はそれに合わせて「職業能力開発法人」
とされることはなく，依然として職業訓練法人のまま今日に至っている．これ
は，NPO政策の観点からは，職業訓練法人を手段として推進されるべき基底
的政策が，職業訓練政策から職業能力開発政策に拡充されるのではなく，従来
の認定職業訓練政策の範囲に留め置かれたものと解される．

　この点，比較すると，1998年制定の特定非営利活動促進法と特定非営利活動
法人のような根拠法と法人格の名称の対応関係は，ここでは成立していない．
特定非営利活動促進法の場合は，一般法である民法を根拠とする旧公益法人制
度に対し，市民公益活動などに，より簡便に法人格取得の道を開く特別法とし
て制定されたことから，公益法人の公益活動の範囲を超えることのないよう，
立法当初，「特定非営利活動」が別表に12項目限定列挙され，範囲限定の要請
は法人名にも反映されて「特定」非営利活動法人とされた．

　一方，職業能力開発促進法は，既に存在していた職業訓練法人の根拠法であ
る職業訓練法の指導理念が，「職業訓練」から「職業能力開発」にいわば「拡
充」されたことに伴い，法の名称が変更されたものである．

　この場合は，特定非営利活動法人が業務範囲を限定されたこととは逆に，従
来の職業訓練法人が担っていた認定職業訓練等の業務範囲の「限定」を解除し
て，法の名称の変化に合わせて拡充することもできたはずである．しかし，今
日にいたるまで職業訓練法人に留まっていることは，主務官庁である厚生労働
省をはじめ関係者によって，職業訓練法人については，広く「職業能力開発」
の業務を担うことが期待されてこなかったものと推測される．

　その理由として考えられることとしては，第4期において全国に隈なく設立
された中央・地方の職業能力開発協会が実質的に「職業能力開発」に係る業務
を担うNPO（認可法人）として期待されたために，職業訓練法人については，
法により画定された認定職業訓練等の業務を積極的に超えて担うことまで議論
される余地がなかったからかもしれない．つまり，職業能力開発政策において
派生的NPO政策として活用するべきNPOは，職業訓練法人ではなく職業能
力開発協会として設定されたとも考えられる．

　とすれば，職業能力開発政策の手段としての役割期待を一次的に寄せられて
いる中央・地方の職業能力開発協会が，その期待に応え得ているかが問われる
ことになる．

　この点に関して，この時期の中央職業能力開発協会の動向を見ておきたい．

中央職業能力開発協会（以下，「中央協会」）については，1978年の創設から5年後の1983年，臨時行政調査会第5次答申において，「自立化の原則」に従い民間法人化するとされていたが，上記の職業能力開発促進法への題名変更（1985年）をはさみ，創設から20年近くを経た1997年に，「平成10年度中の民間法人化」が閣議決定された（中央職業能力開発協会編2010：14-15）．ここにいう「自立化の原則」とは，① 認可法人という設立方式は変えずに，事業の制度的独占を排除，② 国による出資を廃止，③ 役員は自主的に選任，④ 国の補助金等に依存していないという4点を指す．同原則に照らし，中央協会は，① 事業の制度的独占は行っておらず，② 設立根拠法の職業能力開発促進法上も，また実態上も国による出資がなく，③ 役員も同法に基づき定款で定めるところにより総会において自主的に選任されているとして，法改正の必要はなく，④についても，自己収入の拡大に努め，国の補助金に依存しないことにより臨調答申の趣旨を達成するものと整理された．

中央協会が民間の自主的団体であることを明確化するため，翌1998年に中央協会の定款第1条（目的）に「協会は職業能力開発に関する自主的な活動を行うものであること」等の規定を新たに加える旨の定款変更が労働大臣により認可された．それ以降，「特別の法律により設立される民間法人」（特別民間法人）として，国の補助金，さらに委託費を縮減するため，計画的な事業の整理と自主事業の充実に努めてきたとされている（同上2010：14-15）．

次いで2001年，中央協会は，「中央職業能力開発協会の新たな発展のために」を発表し，同時に公表した「事業運営方針」に基づき，行財政改革に準じてPDCAサイクルに基づく目標管理システムを導入した（同上：14）．本論の観点から注目されるのは，同「方針」の中で，「事業運営の基本」として，同協会が「職業能力開発関係の基盤とされている① 教育訓練，② 職業能力評価，③ キャリア形成支援および④ 職業能力開発関連情報の整備のうち，特に，職業能力評価及び職業能力開発関連情報の整備に資するため，その専門機関となることを目指して，事業を展開することを事業運営の基本とするとともに，技能・ものづくり振興関連事業及び職業能力開発分野における国際協力事業を推進する」としている点である（同上：15）．これは，②に基づく「試験機関」「評価機関」，また④に基づく総合的な情報発信機関としての役割に特化する方針であり，① 教育訓練や③ キャリア形成支援からの後退，あるいは少なくとも①・③に係る事業の後順位化を示している．特化するとした④についても，かつて

122　第Ⅱ部　非営利法人の系統と伸展

中央協会は，厚生労働省からの情報提供を受けて官民の職業能力開発サービス
の提供施設（公共職業能力開発施設及び認定職業能力開発施設）について一体的に情
報提供していたが（中央職業能力開発協会編2005参照），その後，同形態で総覧する
ことのできる情報提供が継続されておらず，① 教育訓練に関する情報発信と
いう点でも後退しているように見受けられる.

2　職業訓練法人の制度，現況，意識

　本章では，前掲1.2.3の第3期に，44年法により創設された法人類型である
職業訓練法人について，まず，その主たる業務とされる認定職業訓練（2.1）と，
法人制度（法制及び税制）（2.2）を概観し，次に，職業訓練法人の現況や意識に
ついて，所管行政による把握とRIETI第4回調査結果から同法人の現況及び
意識（2.3）を見ることにより，職業訓練法人の課題について示唆を得ることと
したい.

2.1　認定職業訓練
（1）　職業訓練の認定とその効果
　認定職業訓練は，前掲1.2.2（2）で見たように，昭和33年職業訓練法によ
り，事業内職業訓練の積極的助長指導を行うとともに，職業訓練の合理的効果
的な基準を設けてその効果を最大限に確保するために，都道府県知事による認
定ができるようにしたものである.
　事業主等の行う職業訓練のうち，教科，訓練期間，設備等について厚生労働
省令で定める基準に適合して行われているものは，申請により訓練基準に適合
している旨の都道府県知事の認定を受けることができ，この認定を受けた職業
訓練を認定職業訓練という（法的根拠　職業能力開発促進法第13条，第24条）.
　認定の効果としては，中小企業事業主等が認定職業訓練を行う場合は，国及
び都道府県からその訓練経費等の一部につき補助金（認定訓練助成事業費補助金：
運営費及び施設・設備費）が受けられること，認定職業訓練の修了者は，技能検
定を受検する場合又は職業訓練指導員の免許を取得する場合，有利に取り扱わ
れること等が挙げられている.
（2）　認定職業訓練施設と訓練生
　認定職業訓練には，個々の事業主が単独で行うものといくつかの事業主が共

同して行うものとがある．平成29年度実績によると，全国で1138（法人：591施設，法人以外の団体：201施設，単独事業主：346施設（平成29年度実績））の認定職業訓練施設があり，訓練科は2902科が設置されている[20]．その3年前の平成26年度実績で見ると，全国で1131（法人：572施設，法人以外の団体：224施設，単独事業主：335施設）となっている．この間，法人以外の団体は23施設減少したが，法人は19施設，単独事業主は11施設がそれぞれ増加し，総数で7施設の増加となっている．また，訓練科も71科増加している．

訓練科の例示としては，建築，金属・機械加工，情報処理，和洋裁，調理等であり，訓練生数は，全国で約21.7万人（長期課程：約7000人，短期課程：約21.0万人（平成29年度実績））に上り，これも3年前は約21.5万人（長期課程：約7000人，短期課程：約20.8万人（平成26年度実績））と，短期課程の訓練生の増加により訓練生総数も伸びている．これらは，中小企業が共同で訓練施設を運営している場合が多い．

2.2　職業訓練法人制度

（1）　法　制

現行の職業能力開発促進法は，第4章で職業訓練法人について定めており（第31条〜第43条）[21]，その概要は次のとおりである．

第一に，認定職業訓練を行おうとする社団又は財団，あるいは，従来から認定職業訓練を行っている社団又は財団が，職業訓練法人となることができる（第31条）．

44年法により職業訓練法人制度創設を伴い拡大された「認定職業訓練」は，第13条に定められているように，「事業主，事業主の団体若しくはその連合団体，職業訓練法人若しくは中央職業能力開発協会若しくは都道府県職業能力開発協会又は一般社団法人若しくは一般財団法人，法人である労働組合その他の営利を目的としない法人で，職業訓練を行い，若しくは行おうとするもの（以下「事業主等」と総称する．）」が行い得る．

このことを図示すると図5-3のようになる．図中の丸数字は，図5-3の上図では44年職業訓練法第24条に，また図5-3の下図では職業能力開発促進法第13条に，それぞれ「事業主等」として列挙されている法人等の順序に沿って付した．いずれも営利組織と非営利組織にわたっていることが分かる．

また，上図の44年法当時には，現在の中央・地方の職業能力開発協会（⑤・

124　第Ⅱ部　非営利法人の系統と伸展

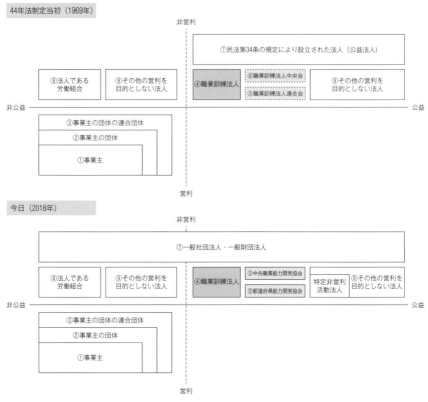

図 5-3　認定職業訓練の主体

(注)　図中の○番号は，44年職業訓練法第24条及び60年職業訓練法改正＝職業能力開発促進法第13条に「事業主等」として規定されている順を示す．④～⑥は「職業訓練団体」．
(出所)　筆者作成．

⑥）は存在しておらず，職業訓練法人とともに職業訓練法人連合会（⑤）と職業訓練法人中央会（⑥）が創設されることにより認定職業訓練制度の拡充が図られたことになる．公益性の認められた非営利法人としては，民法第34条に基づく公益法人（社団法人・財団法人）制度が存続しており，下図における特定非営利活動法人（⑨の一つ）や一般社団・財団法人（⑦）はいずれも存在していなかった．

　44年法における職業訓練法人の創設理由として，上記のうち，創設対象とした職業訓練法人とその連合会及び同法人中央会（④，⑤・⑥）以外の組織（①～

③，⑦，⑧，⑨など）がいずれも認定職業訓練を主たる目的とする者ではないことをとらえ，「認定職業訓練の永続性とその実施のための責任体制を明確にして，認定職業訓練の推進と国，都道府県等からの援助助成を強化するために，認定職業訓練を行うことを主たる目的とする法人を設立するための制度が是非必要であった」と説明されている[22]．

第二に，法人の設立は認可主義で，都道府県知事の認可を受けなければ設立することができない（第35条第1項）．知事は，法令違反や，業務を行うために必要な経営的基盤を欠く（資力や職業訓練指導員その他の人材の不足）等業務を的確に遂行することができる能力を有しないと客観的に認められるときを除いて，設立の認可をしなければならない（第36条）．許可主義のように主務官庁の自由裁量が認められているわけではない．ただし，認可の準則の運用上，設立の際の資産内容，主たる事業が営利事業である団体や収益を構成員に分配する団体の排除，設立認可後直ちに（認定職業訓練の）認定申請を行い認定を受ける確実性，残余財産の帰属先の定め等の確認などが認可庁には強く期待されている（厚生労働省職業能力開発局監修2012：395，労務行政研究所編2017：515-516）．

第三に，成立の時期は，主たる事務所の所在地において組合等登記令で定めるところにより設立の登記をした日であり（第37条第1項），成立の日から2週間以内に，その旨を都道府県知事に届け出なければならない（同条第2項）．

第四に，職業訓練法人という名称を独占使用（他の使用を制限）する（第32条第2項）．

第五に，業務（行為能力の範囲）は，認定職業訓練を行うことを主たる目的とするが，そのほかに，①職業訓練を振興し，推進するため，職業訓練に関する情報及び資料の提供，②職業訓練に関する調査研究，③その他この法律の規定による職業能力の開発及び向上に関して必要な一切の業務を行うことができる（第33条）[23]．

（2）税　制

職業訓練法人は，その業務が法律に定められており，（認定）職業訓練の推進を行う公益性の強い法人であることを理由に，次のような税制上の優遇措置が設けられている（労務行政研究所編2017：501-504）．

第一に，法人税の取扱いでは，法人税法別表第二に掲げる公益法人等とされ，収益事業から生じた所得以外の所得及び清算所得に対しては非課税としている．

第二に，所得税の取扱いでは，職業訓練法人は公共的性格を持つ法人である

ので，所得税法第11条の規定による同法別表第一第1号に掲げる公共法人等とし，一般の法人等には課せられる利子・配当等の所得についても所得税を課さないこととされている．

第三に，登録免許税法の取扱いでは，認定職業訓練の振興のため，中小企業を主体とする職業訓練法人が直接認定職業訓練の用に供する建物及び土地の取得登記については非課税とされている．

第四に，地方税法の取扱いでは，事業税については，収益事業課税（収益事業から生じた所得以外の所得及び清算所得は非課税）とされ，不動産取得税については，中小企業を主体とする職業訓練法人が直接職業訓練の用に供する不動産(土地，教室，実習場等) を取得した場合には不動産取得税は非課税とされている．さらに，不動産取得税が課せられないこととされた職業訓練法人が所有する土地又は取得した土地については特別土地保有税が課せられないこととされている（厚生労働省職業能力開発局編2002：399-402）[24].

一方，非営利法人にとって重要な寄附税制（非営利法人に寄附をした個人及び法人に対する税制上の優遇）についてはどうか．職業訓練法人は，公共法人ではあるが，社会福祉法人や更生保護法人のように特定公益増進法人とはされていない[25].

44年法制定当初には一般社団・財団法人も特定非営利活動法人も存在しなかったが，現在，職業訓練法人の設立の認可を求め得る「事業主等」の中には，一般社団・財団法人や特定非営利活動法人その他の非営利法人が含まれることから，これらの法人が直接，職業訓練を行なうときには，認定職業訓練を行ない，かつ公益社団・財団法人や認定特定非営利活動法人になる方途が開かれていることになる[26].

2.3 職業訓練法人の現況（1）：所管行政による把握

（1） 法人総数

現在，存続し機能している職業訓練法人数を特定し，その現況について述べる．

2016年，RIETI の「第4回調査」の実施前（調査票の設計時）に，筆者が厚生労働省から情報提供を受けた全国の都道府県別職業訓練法人の一覧表（2015年度現在）によれば，法人総数は356件であった．その後，第4回調査では，調査対象とする母集団情報を「国税庁法人番号公表サイト」に求め，職業訓練法人

については同データベースに依拠して全数419法人とされ，調査が実施された．

2017年，本章の原著論文の作成に当たり，上記の一覧表（2015年度現在）の時点修正のため，厚生労働省の所管課に再度同一の情報を照会したところ，都道府県別の総数と「活動中」（認定職業訓練実施中）と「休止中」の区分別の法人数の一覧表（2017年4月末現在）が提供された（全数：360法人，うち活動中：299法人，休止中：61法人）．当初の一覧表と比較すると，半数近い都道府県で，2015年度から2017年度当初にかけて法人総数，活動法人数が増減するなどの変化を生じている．そこで，変化の見られる全都道府県に個別に照会し，2017年度当初現在で時点修正した結果，都道府県所管課が把握している職業訓練法人（以下，「行政把握法人」という）の総数は352件であり，うち活動中の法人は290件（82.3%），休止中が62件（17.6%）であることが分かった．

第4回調査の調査対象とした全数（419法人）と上記の行政把握法人（352法人）との差（67法人）について，各府県への個別照会の過程で，担当者に法人番号公表サイトから入手した法人名を挙げてそれらの存続状況を確認した．その結果，所管課で名称を関知していない法人や，応募者減少等により職業訓練が廃止（廃校）され，運営主体である職業訓練法人も解散されて既に久しいなど[27]，都道府県が把握，認知していない事例が多数見られた．一方，法人番号公表サイトからは入手できていないが，新規設立など行政把握法人として現存が確認される法人も見られた．

以上より，国税庁法人番号公表サイトに登録されている法人は，法人番号を根拠とするため，必ずしも現に実在する法人とは限らない．法人が解散されても登記が閉鎖されない限り，番号法施行時に登記に基づいて法人番号が付されているからである[28]．

したがって，職業訓練法人の場合も，法人番号で把握した全数のうち相当数が既に解散していて現存していない可能性がある．2013年5月に成立，公布された番号法施行により，法人番号を手掛かりに，全国的な法人の現況に国民が容易にアクセスできる状態になったが，情報の鮮度，正確性は，利用目的に応じて別途精査を必要とする[29]．

職業訓練法人は，都道府県知事認可により設立されるため，都道府県の職業訓練所管課が認可や廃止の実務を担い，現在数も把握しているものとされている．毎年度，各職業訓練法人は各都道府県知事に対して，また，各都道府県は厚生労働省に対して認定職業訓練の実施状況の報告を行なっており，職業訓練

法人における認定職業訓練の「実施」・「休止中」の別とその法人数までは国において把握されている．厚生労働省は，都道府県単位で報告された数値をとりまとめているが，個別の法人ごとの実施状況については，各都道府県に照会する必要がある．

以上より，現在存続している職業訓練法人数をある時点で正確に確定するためには，すべての都道府県について所管法人ごとに精査していく必要があるが，本章では，ひとまず，行政把握法人，すなわち都道府県知事が認可し，現に存続している法人として把握している法人数（基準年：2016（平成28）年度末に都道府県から厚生労働省に報告され，同省の前掲資料（2017年4月末現在）に反映されたもの）を用いるものとする．

なお，第4回調査の回答法人111法人は，すべてこの行政把握法人に含まれることが確認できた．

さらに，その後，2018年10月に厚生労働省人材開発統括官に重ねて照会した結果，都道府県別の総数と「活動中」（認定職業訓練実施中）・「休止中」の区分別の法人数の一覧表（2018年4月1日現在）が提供された（全数：353法人，うち活動中：293法人，休止中：60法人）．前掲の2017年度当初で筆者が特定した結果（全数：352法人，うち活動中：290法人，休止中：62法人）と法人数が近似しているが，実は各都道府県の法人数の内訳は**表5-3**のとおりであり，1年前に比して，18都県で認定職業訓練の実施と休止中の法人数が変動していることが分かる．訓練生数など認定職業訓練実施の条件の充足の有無により，実施と休止が断続的に反復されている状況がうかがえる．

（2）分類

職業訓練法人の定款又は寄附行為の必要的記載事項である「名称」については，「職業訓練法人の文字を冠し，職業訓練協会，職業訓練運営会等の文字を用いることが望ましい．」（厚生労働省職業能力開発局監修2012：388）と指導されている．実務手引きで「職業訓練法人佐賀職業訓練協会，職業訓練法人山形建築職業訓練運営会」が例示されている（同上）こともあり，都道府県の実務上，設立認可申請に対して，法人の名称に①地域（佐賀，山形等），②組織形態（協会，運営会等），③活動分野（建築等）を示す文言を含めるよう助言がなされていることが推測される．そこで，前掲の行政把握法人：352法人を，その名称を手掛かりとして，①地域，②組織形態，③活動分野の三つの観点から分類す

ると，次のとおりである．

①　地域

法人名に「全国」より小さい何らかの地域名を含む法人は318件 (90.3%)，含まない法人は34件 (「全国」,「日本」の3件を含む) (9.6%) である．前者の法人について，含まれる地域の単位別に見ると，① 市区町村：188件 (53.4%)，② 都道府県：66件 (18.7%)，③ 地方・地域・地区：64件 (18.1%)，④ 表示なし：31件 (8.8%)，⑤ 全国：3件 (0.8%) となっている．市区町村や都道府県の名称を付しているものが多い．法人の設立が都道府県知事の認可にかかることから，都道府県以下の範域である市区町村の区域や，県内を分割した複数の市区町村にまたがる地方・地域・地区 (現行の市区町村の区域と完全には一致しない当該地伝来の地方の呼称の単位を含む) を名称とする法人が多い．

一般市民と職業訓練法人との関係を考えると，法人名として表示されている地域名は，当該法人の活動範囲や，設立許認可・監督権限を有する行政庁の所管との対応関係を推測させるものである．ただし，職業訓練法人の提供する職業訓練サービスの受講生は，法人所在地を管轄する行政の区域内在住者等に限定されるものではない．[30]

②　組織形態

次に，法人名に含まれる組織形態の名称で見ると，352法人の内訳は，① 職業訓練 (校) 協 (議) 会：203件 (57.6%)，② その他：52件 (14.7%)，③ その他協会：33件 (9.3%)，④ 職業能力開発 (運営・振興) 協会：25件 (7.1%)，⑤ 職業訓練運営会：20件 (5.6%)，⑥ センター：14件 (3.9%)，⑦ 財団：4件 (1.1%)，⑧ 運営会：2件 (0.5%)，⑨ 組合：1件 (0.2%) となっている．

53年法で中央・地方の職業能力開発協会が設置されてからは，職業訓練法人で「協会」名を用いる事例の場合，認定職業訓練にとどまらず職業能力開発 (促進) 一般を担うものと視認され得る状況となっている．特に，④の職業能力開発 (運営・振興) 協会のように，割合は7.1%と少ないが「職業能力開発」を名称に冠する事例がある．これらは，都道府県より狭い地域名を冠しているが，都道府県職業能力開発協会に類する業務内容を担うものと視認され得るものとなっている．職業能力開発促進法は，「都道府県協会でないものは，その名称中に都道府県名を冠した職業能力開発協会という文字を用いてはならない．」(第80条第2項) と名称の使用制限を定めているが，制限される名称はあくまで「都道府県名を冠した職業能力開発協会」であり，都道府県名以外の地域名を

130   第Ⅱ部　非営利法人の系統と伸展

表 5-3　職業訓練法人：都道府県別法人数

| 都道府県コード | 都道府県名 | 2017年度当初現在 (2017.4.1.) | | | 2018年度当初現在 (2018.4.1.) | | | RIETI 平成29年度第4回調査回答 |
		総数	認定職業訓練実施	認定職業訓練休止中	総数	認定職業訓練実施	認定職業訓練休止中	
1	北海道	25	20	5	26	21	5	8
2	青森県	12	7	5	12	7	5	4
3	岩手県	16	16	0	16	16	0	9
4	宮城県	6	6	0	6	6	0	2
5	秋田県	9	9	0	9	9	0	5
6	山形県	10	9	1	10	9	1	7
7	福島県	8	8	0	8	8	0	1
8	茨城県	13	9	4	13	9	4	4
9	栃木県	9	6	3	9	6	3	3
10	群馬県	7	7	0	13	12	1	3
11	埼玉県	10	8	2	10	8	2	1
12	千葉県	11	8	3	8	6	2	3
13	東京都	10	9	1	11	10	1	2
14	神奈川県	8	6	2	6	5	1	0
15	新潟県	15	15	0	15	15	0	3
16	富山県	8	7	1	9	7	2	3
17	石川県	4	2	2	4	3	1	1
18	福井県	3	3	0	3	3	0	2
19	山梨県	3	1	2	2	1	1	0
20	長野県	7	6	1	8	6	2	1
21	岐阜県	8	4	4	8	4	4	3
22	静岡県	17	14	3	16	16	0	8
23	愛知県	11	11	0	11	11	0	6
24	三重県	8	8	0	8	7	1	2

第 5 章　職業訓練法人と NPO 政策　*131*

都道府県コード	都道府県名	2017年度当初現在 (2017.4.1.)			2018年度当初現在 (2018.4.1.)			RIETI 平成29年度第 4 回調査回答
		総数	認定職業訓練実施	認定職業訓練休止中	総数	認定職業訓練実施	認定職業訓練休止中	
25	滋賀県	10	9	1	10	9	1	1
26	京都府	6	6	0	6	6	0	3
27	大阪府	6	5	1	6	5	1	1
28	兵庫県	4	4	0	4	4	0	0
29	奈良県	4	3	1	3	2	1	0
30	和歌山県	4	0	4	4	0	4	1
31	鳥取県	4	4	0	4	4	0	0
32	島根県	4	2	2	4	2	2	0
33	岡山県	5	2	3	5	2	3	2
34	広島県	6	5	1	6	5	1	2
35	山口県	2	2	0	2	2	0	1
36	徳島県	3	1	2	3	3	0	0
37	香川県	1	1	0	0	0	0	0
38	愛媛県	3	2	1	2	2	0	2
39	高知県	3	3	0	3	3	0	1
40	福岡県	4	4	0	4	4	0	2
41	佐賀県	8	8	0	8	7	1	4
42	長崎県	7	4	3	7	4	3	1
43	熊本県	6	6	0	6	5	1	2
44	大分県	6	3	3	6	3	3	0
45	宮崎県	11	10	1	11	10	1	6
46	鹿児島県	6	6	0	7	5	2	1
47	沖縄県	1	1	0	1	1	0	0
		352	290	62	353	293	60	111

（出所）筆者作成.

132　第Ⅱ部　非営利法人の系統と伸展

冠した職業能力開発協会という文字の使用までも制限していないことから，こうした事例も許容されるところである．

③活動分野

法人名に含まれる職業訓練の活動分野[31]により分類すると，多い順に上位10位は次のとおりである．

①特定の分野名を掲げず（複数の分野を扱っていることによる例が多い）：168件 (47.7%)，②理容・美容：42件 (11.9%)，③建設：34件 (9.6%)，④建築，住宅，表具：29件 (8.2%)，⑤着付，和裁・洋裁，寝具，衣類製造：12件 (3.4%)，⑥板金，金属加工：10件 (2.8%)，⑦電機，電気工事：7件 (1.9%)，⑦国際人材，観光等：7件 (同左)，⑧調理：6件 (1.7%)，⑨瓦葺：5件 (1.4%)，⑩左官：4件 (1.1%)，⑩造園：4件 (同左)，⑩自動車：4件 (同左)，⑩情報：4件 (同左)．なお，3件以下の分野は，3件 (0.8%)：塗装・溶接，菓子，2件 (0.5%)：測量，畳，彫刻・工芸，1件 (0.2%)：配管，ガス事業，ガラス，食品工業．

2.4　職業訓練法人の現況（2）：RIETI 第4回調査結果から

次に，RIETI「第4回調査」（以下「第4回調査」）の結果から，職業訓練法人について特徴がうかがえる点を中心に調査結果を見る[32]．

（1）　調査の対象と観点

①調査対象と回答状況 (2.1.–2.3.)

調査対象として，第4回調査では，前掲のとおり第3回調査までと異なり，「国税庁法人番号公表サイト」を用いて母集団情報を入手し，総数の少ない職業訓練法人は，更生保護法人とともに全数調査とされ，職業訓練法人は419法人，更生保護法人は163法人が調査対象とされた（後・坂本2017：8）[33]．

回答状況を見ると，職業訓練法人は更生保護法人とともに，回収率が全体よりも高く，団体数（問1）は，職業訓練法人が111件 (26.5%)[34]（サンプル全体に占める割合は7.5%），更生保護法人は54件 (33.1%)（同3.7%）で，両者をあわせて全体の11.2%を占める（後・坂本2017：9–10（「表2　法人格種別の有効回答数・回答率」））．

②日本のサードセクターの現状把握と職業訓練法人 (3.1.)

第4回調査における「日本のサードセクターの現状把握」では，「政策領域ごとに存在する縦割りの行政官庁による強い監督と統制」を「いわゆる主務官

庁制」とし，観点（「1つの分析視座」）としてサードセクター組織を「脱主務官庁制の非営利法人」，「主務官庁制下の非営利法人」，「各種協同組合」という3つのグループに分割している．職業訓練法人は，社会福祉法人，学校法人，更生保護法人と並び，「主務官庁制下の非営利法人」に位置づけられている（同上：12）[35].

（2） 職業訓練法人の現況と意識

職業訓練法人の現況とその意識について，以下その要点を記す．なお，①・②においては，第4回調査で職業訓練法人と同様，主務官庁制下にあるとされた更生保護法人の結果を付記している．

① 組織が保有する人的資源 （3.2.）

「組織が保有する人的資源」として，「組織の代表者や役員に中央省庁出身者，民間営利企業役員出身者がいる割合」（問5①・②）は，更生保護法人の場合，両方の出身者共に特に多いのが特徴であるが（同上：15），職業訓練法人では，中央省庁出身者：0.0％，都道府県出身者：1.0％，市町村出身者：1.9％，自治体首長：6.7％に留まる．一方，民間営利企業出身者は代表者：27.9％，役員：34.6％に上るが，代表者・役員ともに選択肢のいずれにも該当しない者が過半数を超えている．

また，職員についてみると，「女性有給職員比率」（問6）は，職業訓練法人の場合，常勤職員で62.3％，非常勤職員で35.4％となっている[36]．女性の就労支援，職業能力開発が課題とされるなか，認定職業訓練を専担する法人の（事務局）職員の状況として留意させられる数値である．

「組織内の有償・無償のボランティア数」（問8）を見ると，職業訓練法人では，医療法人などとともに，無償ボランティアが1人以上いる団体の割合は5％未満と少ない（同上：19）．

「人材の多様性と技能」に関して「技能を持つ職員の割合」（問24）を見ると，他の法人格と比べると，更生保護法人では，法律，行政制度に明るい人がいる割合が高い（43.1％）が，職業訓練法人では，人事，労務，教育訓練に明るい人がいる割合が高い（39.4％）（同上：25）[37].

② 組織ガバナンス （3.3.）

第4回調査では「組織ガバナンス」として，（1）情報公開の程度，（2）会議開催頻度，（3）監査体制，（4）組織の内部状況の変化（「非営利組織のビジネスライク化」）が問われている．

134　第Ⅱ部　非営利法人の系統と伸展

　更生保護法人では，7割以上の団体で外部監査が行われていることが挙げられているが（同上：27），職業訓練法人では特筆される点はうかがえない.

　③ 活動の経緯と現況 (3.4.)

　次に，「活動の経緯と現況」を見る.

　第一に「活動開始年」(問17) は，「主務官庁制下の非営利法人」や「各種協同組合」では，1997年以降であると回答したのは4分の1以下の割合に留まり，とくに，「各種協同組合」は1970年以前の団体の割合が多くなっていることが挙げられている（同上：29）[38].

　職業訓練法人の「活動開始年」は，1945-1970年 (42.2％)，1971-1996年 (45.6％) と両者を合わせると9割近い. 法人格創設の根拠法が1969年の職業訓練法 (44年法) であることから，法制定直後の1969年から1970年に，現存する法人の4割を超える法人が設立されていることがうかがえる（同上：31,「図3　個別法人格で見た活動開始年の分布」参照）[39].

　第二に，「活動開始の経緯」について，全体として「主務官庁制下の非営利法人」では，「行政の勧めや支援によって設立された」との回答がやや多く，行政主導型で設立された団体が多いことが推測されている.「職業訓練法人や更生保護法人に比べると，社会福祉法人や学校法人では行政主導型で作られた団体はより少ないことがわかる」と，職業訓練法人や更生保護法人は「行政主導型」が際立つ存在と見なされている（同上：32）.

　第三に，「組織の設立経緯」(問18) について，職業訓練法人を見ると，① 行政の勧めや支援によって設立された (36.6％)，② 先行して存在していた他団体が主導する形で設立された (31.7％) の順となっている. 職業訓練法人の場合，①の「行政」は都道府県が主であり，②の「先行して存在していた他団体」は，中小企業事業主や事業主の団体などの民間主体を意味していると考えられる（同上：33）[40].

　第四に，「設立時に受けた支援」を個別法人格ごとに見ると，組織の設立時に行政からの支援ありとの回答がとりわけ多いのが公益財団法人，社会福祉法人，公益社団法人，職業訓練法人，森林組合などである（同上：35）.

　「組織の設立支援・支援元」(問19) について，職業訓練法人を見ると，① 市区町村 (43.2％)，② 都道府県 (38.7％)，③ 業界団体 (29.7％) の順となっている[41]. 支援の内容は，①～③のいずれも，資金の提供の割合が最も大きい. 都道府県から得た支援は，資金提供に設立に関する情報提供がほぼ匹敵する割合

となっている[42].

④ 事業活動分野と活動の地理的範囲（3.4.4.）

第一に，「事業活動分野」（問25）について，多いものから上位5位を見ると，法人全体では，① 福祉の増進（19.4％），② その他（13.3％），③ 教育・スポーツ振興，自動・青少年育成（12.0％），④ 医療・保健の向上（9.9％），⑤ 地域活性化，地域振興（7.0％），⑤ 農林水産業の振興（7.0％）の順となっている（後．坂本2017：37，「表19 主な事業活動分野」[43]参照）．

これを，「主務官庁制下の非営利法人」で見ると，① 福祉の増進（25.8％），② 教育・スポーツ振興，児童・青少年育成（21.1％），② その他（21.1％），③ 経済活動の活性化，雇用機会の拡充（10.9％），④ 医療・保健の向上（8.1％），⑤ 他の団体・組織の支援，市民活動の促進（4.0％）の順となる（同上：37，「表19」参照）．

職業訓練法人に限って見ると，① 経済活動の活性化，雇用機会の拡充（32.4％），② その他（31.5％），③ 教育・スポーツ振興，児童・青少年育成（13.9％），④ 構成員の利益の実現（9.3％），⑤ 地域活性化，地域振興（5.6％）の順となっている[44]．

「主務官庁制下の非営利法人」で，特定分野に回答が集中していることから，これらに含まれる法人格が，「中央省庁の縦割り構造に沿う形で，特定の政策領域のみに特化した法人制度が形成され，現在も継続していることの現れと解釈」（後・坂本2017：38）されている．しかし，職業訓練法人について見ると，回答が，「経済活動の活性化，雇用機会の拡充」にのみ集中しておらず，特定の政策領域に特化していない結果となっている．その理由としては，回答法人が，主たる業務である認定職業訓練を，経済活動の活性化や雇用機会の拡充と関連づけるだけでなく，当該職業訓練が対象とする活動領域や，主たる業務以外の業務（法第33条1〜3号）を勘案して回答している可能性が考えられる．

第二に，「活動の地理的範囲」（問26）について，全体では，多い順に，① 1つの市区町村（31.5％），② 複数の市区町村（24.9％），③ 1つの都道府県（20.6％）で，合わせて85.8％の団体が，都道府県レベル以下のローカルレベルで活動していることが指摘されている（同上：38-39）．

これを職業訓練法人で見ると，① 複数の市区町村（55.6％），② 1つの都道府県（21.3％），③ 1つの市区町村（15.7％）の順となり，前掲4.2（2）分類，①地域で観察された状況と対応する結果となっている．

136 　第Ⅱ部　非営利法人の系統と伸展

⑤ 活動量の内訳 (3. 4. 5.)

組織が行うさまざまな事業や活動・協同を行なっている割合が活動量全体に占める割合 (エフォート率) を見ると，「主務官庁制下の非営利法人」では，「公的資金によるサービス提供事業」が，「各種協同組合」では「組織内部の会員に対するサービス提供事業」において，それぞれ最も大きくなっている (同上：40).

これを職業訓練法人について見ると，公益法人とはいえ，「組織内部の事務・管理活動」や「組織内部の会員に対するサービス提供事業」に対するエフォート率が各々「10〜30%未満」と最多で，他の「公的資金によるサービス提供事業」等の選択肢の場合 (いずれも「10%未満」の割合が最多) に比べてエフォート率が高くなっており，共益的な活動量が多いことがうかがえる[45].

⑥ 人的・財政的に深いつながりのある団体の有無 (3. 4. 7.)

第一に，「人的・財政的に深いつながりのある関連法人や団体」(問2) は，全体では，① 市区町村 (34.2%)，② 都道府県 (25.9%)，③ 株式会社，有限会社などの営利法人 (16.7%) の順となっている.

これを職業訓練法人について見ると，① 都道府県 (64.2%)，② 市区町村 (58.7%)，③ 各種の協同組合 (22.9%)，③ 国 (22.9%) の順となっており[46]，都道府県は，知事の設立認可や監督，補助金交付などの，また，市区町村は，職業訓練の実施上のつながりによるものと推測される.

第二に，「行政を関連組織として挙げる団体の割合」を個別法人格で多い順に見ると，国の場合，① 更生保護法人 (71.2%)，② 共済協同組合 (58.7%)，③ 公益社団法人 (33.8%)，都道府県の場合，① 漁業協同組合 (68.2%)，② 職業訓練法人 (64.2%)，③ 公益社団法人 (42.9%)，市区町村の場合，① 漁業協同組合 (68.2%)，② 公益社団法人 (61.0%)，③ 職業訓練法人 (58.7%) の順で多くなっている (後・坂本2017：45).

職業訓練法人は，国よりも都道府県，市区町村を関連組織として挙げる割合が高く，地方行政との密接な関係実態にあることがうかがえる.

⑦ 組織の財務状況 (3. 5.)

第4回調査では，組織の財務状況を，(1) 経常的な支出状況，(2) 経常的な収入状況，(3) 時系列で見た財務状況の変化，という三つの観点から検討している.

第一に，経常的な支出状況 (問31) を見ると，「主務官庁制下の非営利法人」

でとくに直接人件費比率が54.4％と高い（全体：39.7％）ことが指摘されている（同上：46，47（「図8　法人格ごとに見た，支出総額に占める直接人件費の割合の平均値」）参照）．

　個別法人格で見ると，上位3位は，① 社会福祉法人（67.8％），② 学校法人（65.2％），③ 社会医療法人，特定医療法人等（59.6％）となっている．同じく主務官庁制下の非営利法人とされていても，職業訓練法人は46.1％と，上記の3法人格を大きく下回っている．なお，更生保護法人は39.5％と全体平均並みである．

　第二に，経常的な収入状況（問32）に関して，「法人格ごとの総収入額の中央値，および総収入に占める行政からの収入比率」を見ると，総収入額の中央値は，「主務官庁制下の非営利法人」で4902万円である（同上：48-49，51（「図9　法人格別の総収入額（万円）の中央値，総収入に占める行政からの収入比率」）参照）．

　個別法人格で見ると，下位3位は，① 森林組合（380万円），② 特定非営利活動法人（769万円），③ 職業訓練法人（1267万円）となっている．職業訓練法人は，更生保護法人（3660万円）の3分の1に留まっている（同上）．

　第4回調査では，収入内訳の全体像を把握するために，「もらった収入」（会費，寄附，補助金，助成金等による収入）と「稼いだ収入」（受講料，物品販売対価，事業委託，指定管理者制度，バウチャー制度等による収入）を区別して回答を求めている．

　収入内訳の全体像について，「主務官庁制下の非営利法人」では，稼いだ収入（87.6％）：もらった収入（12.4％）で，内訳を見ると，政府行政セクターから稼いだ収入76.9％への依存度が高く，事業委託やバウチャー制度による収入と示されている（同上：52）．

　職業訓練法人について見ると，「稼いだ収入（51.7％）：もらった収入（48.3％）」というバランスになっており，内訳を見ると，稼いだ収入では個々の市民（23.0％）が，もらった収入では政府行政セクター（33.4％）が最も多くなっている[47]．

⑧ 政治・行政との関係性（3.6.）

　第4回調査では，政府・行政との関係性を，（1）政治・行政との日常的な関わり，（2）アドボカシー活動の実態，（3）回答者の信頼感と政策選好，という三つの観点から検討している．

　第一に，政治・行政との日常的な関わり（問35）を見ると，全体としては，

政治アクターより行政アクターの方が関わりは深く，行政の中では，市区町村＞都道府県＞中央省庁の順で関わりが深いことが指摘されている（後・坂本2017：56）．

これを職業訓練法人について見ると，「日常的にもっとも関わりのある行政機関」（問35）は，①都道府県庁（86.7％），②市区（役所），町村役場（55.2％），③中央省庁（13.3％）となっている．都道府県庁との関わりを個別法人格で見ると，職業訓練法人は，消費生活協同組合（92.9％）に次いで深いことが分かる[48]．

「現在取得している法人格や税制について」（問39），全体にわたり個別法人格別に見ると，「Ａ　法人格の取得」，「Ｂ　法人の活動や決算に関する行政への報告」，「Ｃ　法人の運営に関する行政からの指導・監督」のいずれにおいても，職業訓練法人は，「妥当である」とする回答割合が高い（Ａ：79.3％，Ｂ：84.3％，Ｃ：80.4％）．Ａの法人格取得については，大変だった（20.7％）という回答がそれに続くものの，現在の法人格（法制）・税制に対して大きな違和感や不満は表明されていない状況がうかがえる[49]．

第二に，アドボカシー活動（問40）については，法人格によって活動水準に一定の差異が見られること，いずれのタイプのアドボカシーについても消極的である法人格として，一般財団法人（非営利型），一般財団法人（非営利型以外），公益財団法人，医療法人（2007年3月末以前設立）と並んで，職業訓練法人が挙げられている[50]．

⑨　自由記述

以上のほか，第4回調査では，「組織が事業活動を展開していくうえで，障害となっている法的規制の有無と具体例」（問38）と「組織の運営・活動をする中で，組織のさらなる発展にとって障害となるような法律や制度など，困っている事柄」について自由記述回答を求めている（問45）．

第一に，現在の事業活動展開にあたり障害となっている法的規制の有無については，「ある」と回答した法人は，「主務官庁制下の非営利法人」で12.6％（N＝341法人），「脱主務官庁制の非営利法人」で16.6％（N＝733法人）となっている[51]．

これを職業訓練法人について見ると，「ある」と回答した法人は11.9％（N＝101）[52]で，挙げられた具体的な問題としては，「職業訓練受講生に対する補助対象外の取扱い（雇用保険被保険者以外の者）」，「職業能力開発校設備整備費等補助金（職業能力開発校設備整備等事業費・認定職業訓練助成事業費）交付要綱」，「昭和30

年代の受講者に対応した学習時間数（特に実習時間数）の指定が現在では多すぎ，履修，卒業に困難を来している」，「認定職業訓練助成事業の国と県の割合が対等であること」等があり，補助・助成制度とその運用に対するものが多い．「シルバー人材センターとの業務の競合」を挙げた法人もあった[53]．

第二に，組織のさらなる発展にとって障害となっている法律や制度などについては，「雇用保険加入を前提とする受講資格の見直し」，「中小の事業主の弱体化による技能者育成力の低下を支える補助金の拡充」，「工法変化により伝統的技術力を活かす機会が減少し，訓練校維持が困難化」，「(認定職業訓練) 事業に付属する事務量が多過ぎ，人件費に見合わない」等が挙げられている[54]．

以上，第4回調査結果からうかがえる職業訓練法人の回答を，全体及び主務官庁制下の法人の回答と比較しながら概観した．

（3）　職業訓練法人の課題の示唆

第4回調査結果から見た職業訓練法人の現況や意識からは，次のような点がうかがえる．

③（活動の経緯と現況）からは，（1）設立における行政あるいは協同組合や事業主団体による主導や財政的な支援，⑤（活動量の内訳）からは，（2）活動量における公益志向性にも優る共益志向性，⑦（組織の財務状況）からは，（3）質素な財政規模，⑧（政治・行政との関係性）からは，（4）都道府県庁との緊密な連携 (依存)，（5）法人の置かれた制度環境に対する馴致，（6）アドボカシーにおける消極性　などである．

こうした諸点は，官民関係の自由主義的改革の進行する中で，サードセクター組織の一員として，政府・自治体や民間企業と鼎立して公共サービスの提供を存在感をもって担っていく上でのさまざまな課題を示唆している．

職業訓練法人の課題解決の方向性として，仮にこれらの諸点を単純に反転させるとするならば，（1）設立における自発性，NPO自身の先導性の発揮，（2）業務における公益志向の活動量の増加，（3）財政規模の充実，（4）都道府県に偏らない多様なアクターとの連携，（5）現下の非営利法人制度はじめ制度環境の激変に呼応した意識改革，（6）アドボカシーの意欲と実践，などがサードセクター組織としての「再構築」課題として設定されうる．

これらの点は，職業訓練法人の創設の経緯，立法趣旨に照らし，時代の変化に即応した職業訓練の実施主体として，一つには，NPOとしての組織のあり

方（ガバナンス，人材・施設・財源・情報等の経営資源確保，経営力，認知度等），もう一つには，法人が業務として担う職業訓練サービスのあり方（対象領域ごとの人材育成，技能継承の養成や教育訓練ニーズとの整合性，教育訓練プログラムの適否，訓練課程の運営実務，事業評価やその基準等）の両面から，総合的に検討する必要がある．

次章では，この二つの局面を，NPO 政策の観点から検討する．

3　職業訓練法人の課題——NPO 政策の観点から

本章では，「職業訓練法人の課題」について，NPO 政策の観点から検討する．

まず，3.1で「RIETI サードセクター再構築研究」の主題である「官民関係の自由主義的改革とサードセクター組織の再構築」の意味を再確認し，NPO 政策との関係について述べ，基底的 NPO 政策と派生的 NPO 政策に対応する二つの局面を導く．次に，3.2では，基底的 NPO 政策の観点から「非営利法人法制再編の影響」を受ける中での職業訓練法人の存在意義の向上を，3.3では，派生的 NPO 政策の観点から「教育訓練サービス市場における差別化」に向けて，職業訓練法人を教育訓練プロバイダーとしてその機能を拡充する方向性について検討する．最後に，3.4では，課題と対応の方向性について一般化し，「主務官庁と非営利法人の新たな関係に向けて」考察する．

3.1　「官民関係の自由主義的改革とサードセクター組織の再構築」

（1）　職業訓練・職業能力開発政策と「官民関係の自由主義的改革」

「はじめに」で述べたように，本章では，「官民関係の自由主義的改革」とは，わが国の職業訓練・職業能力開発サービスをより効率的で質の高いものとするうえで，従来の職業訓練・職業能力開発政策における（主務官庁など）行政担当部局とサードセクター組織（非営利法人等）との間の規制，委託，補助などの関係（官民関係）を，多様な提供主体の間の透明で自由な競争と利用者の選択を促進する方向で抜本的に改革すること」を意味する．

本章の「1　職業訓練・職業能力開発政策と NPO 政策」で見たように，職業訓練政策においては，33年法で公共職業訓練と民間職業訓練を一体的に振興するものとされた段階で，既に官民連携による職業訓練サービスの供給形態が前提とされており，44年法で職業訓練法人を創出した段階で，行政担当部局と職業訓練法人の間で規制（認可主義による名称制限，業務の制約等）や補助（主たる

業務である認定職業訓練に係る各種補助金）などの関係は成立していた．

　職業訓練法人は名称独占ではあったが，認定職業訓練について業務独占ではなく，「多様な提供主体」の一つとして位置づけられ，それら多様な提供主体の中でも，認定職業訓練を主たる業務として担うこと，すなわち他の主体とは異なり，認定職業訓練に専念することで提供主体間において優位性を発揮することが期待されている主体として設けられた．

　もとより50年前の44年法が，今日「自由主義的改革」を論じる際の「多様な提供主体間の透明で自由な競争と利用者の選択」という表現の含意に等しい立法趣旨であったとはいい難いが，認定職業訓練については，立法当初から多様な提供主体が存在しており，それらの間で競争と利用者の選択が想定されていなかったわけではない[55]．

（２）　NPO 政策の観点から見た職業訓練法人の課題

　次に，職業訓練法人の課題を NPO 政策の観点から考察するにあたり，職業訓練・職業能力開発政策と NPO 政策との関係について確認しておきたい．

　本章の１．で述べたとおり，33年職業訓練法により政府と民間企業の政策連携による並行モデルが成立していたところ，44年の新職業訓練法制定により職業訓練法人という非営利法人類型（認可法人）が創出され，53年の同法第一次改正により職業能力開発協会という非営利法人類型（認可法人）が重層的に創出された．このことは，政府・民間企業の二者だけでなく，また，当時存在していた公益法人（民法第34条法人）など既存の非営利法人類型の援用ではなく，新たな非営利法人の創出そのものが公共的課題とされたという意味で，基底的 NPO 政策であるということができる．

　同時に，44年法によって職業訓練政策（サービス）の執行主体として職業訓練法人を，また53年法によって職業能力開発政策（サービス）の執行主体として職業能力開発協会を活用することを可能にしたという意味で，政府あるいは民間企業が職業訓練・職業能力開発政策の手段としてこれらの NPO 活用する派生的 NPO 政策に道を開いたということができる．

　こうした経緯を踏まえたうえで，今日の職業訓練法人について，改めて「多様な提供主体間の透明で自由な競争と利用者の選択を促進する方向で抜本的に改革すること」の意味を考察するには，前節のおわりに第４回調査の結果から示した，組織のあり方と職業訓練サービスのあり方という二つの側面にも連な

る次の二つの局面に分けて考えることができる.

第一に，基底的NPO政策の観点からは，職業訓練政策のNPOとしての存在意義が問われている．職業訓練政策の根拠法の改正に加えて，非営利法人の累次の制度改革によってNPO法人や一般社団・財団法人が参入してきたことにより，「多様な提供主体」はさらに多様化している．同時に，職業訓練法人のような個別根拠法に基づく非営利法人類型は，新たに参入した非営利法人類型から，特定の政策領域と法人類型の牽連性を低下させる方向に影響を受けており，そうした環境変化の中で，上記の「促進方向」に向けた「抜本的改革」を検討する必要がある.

第二に，派生的NPO政策の観点からは，職業訓練法人の担う職業訓練サービスの実態に即した検討が問われている．職業訓練サービスを含む教育訓練サービス市場の実態に係る先行調査研究からは，職業訓練法人の担う職業訓練サービスの位置づけを概略把握することができるが，他の提供主体との違いやその担うサービスの特徴をふまえたうえで，「透明で自由な競争や利用者の選択を促進する」必要がある．競争・選択環境といっても，広く教育訓練サービス全般の中での職業訓練サービス，さらにその中で非営利法人が提供する職業訓練サービスについて，どのような提供主体が職業訓練法人にとって競争主体であるか，また，どのような職業訓練サービスが職業訓練法人の提供するサービスと競合しているのかを検討する必要がある.

以下，この二つの局面に分けて，促進方向や改革の方向性について考察することとしたい.

3.2 職業訓練法人の課題と対応の方向性(1)：基底的NPO政策の観点から

（1） 課題：非営利法人法制再編の影響

本節では，まず，上記の基底的NPO政策の観点から，非営利法人法再編の過程を顧み，その傾向を明らかにすることにより，問題状況である提供主体の多様化の高進とその影響について述べる.

図5-4は，近年20年間の法人法の再編過程を簡単に図解したものである．上から時系列に【I】から【IV】までの4段階に分けている．【I】（1998年のNPO法制定まで），【II】（1998年のNPO法制定から2006年の公益法人制度改革関連三法まで），【III】（2006年の公益法人制度改革関連三法以降）の3段階が，近代以降今日までの経過を示し，IVは今後の方向性を検討する参考として作図したものである.

第5章 職業訓練法人と NPO 政策　143

図5-4　法人法制の再編と職業能力開発政策

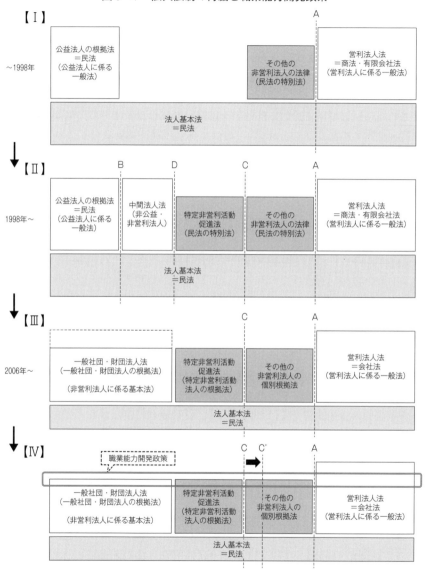

(出所) 初谷2015a：190所掲の「図7-2　法人法制の再編」(山本2011：455の図を一部加筆) をさらに加筆.

144 第Ⅱ部 非営利法人の系統と伸展

①【Ⅰ】の段階：特定非営利活動促進法制定以前

第一に，Ⅰの段階は，1998年の特定非営利活動促進法制定以前の状況を示している．

図中のＡの縦点線（以下Ａ線という．Ｂ以降も同様．）は，営利法人と非営利法人を分かつ線であり，Ｂ線は，一般法（法人）と特別法（法人）を分かつ線である．

この【Ⅰ】の段階においては，明治以降，2006年改正までの民法は，公益・非営利法人の根拠法（根拠規定），一般法であり，同法第34条は，公益法人の設立目的を例示してはいたが，個別の行政・政策分野（以下「分野」という）を限定しておらず，多様な設立目的に沿って公益法人の設立が可能であった．その時代にあって，所管事項のうちある分野を伸長させたい主務官庁や，みずからが属すると考える分野のさらなる振興，発展を目指す公益法人や民間非営利団体は，民法に基づく公益法人の活用に留まらず，より当該分野に特化して活用しやすい公益・非営利法人類型を求めるようになる．[56]

そうした要請に応える方法として，一つには，個別分野法を制定し，その一部に当該分野に特化して活用し得る非営利法人の根拠規定を定める方法が採られた．戦後間もない時期に創設された，私立学校法（1949年）に基づく学校法人制度や，社会福祉事業法（1951年公布）に基づく社会福祉法人制度がその例である．[57] 後述する職業訓練法（1969年公布）に基づく職業訓練法人制度や，更生保護事業法（1995年公布）に基づく更生保護法人制度の創設も，主務官庁が所管分野の振興，発展を期して制定した個別分野法の中に，当該分野の担い手となる非営利法人の根拠規定を設けた例として，この流れに連なるものである．いま一つの方法としては，個別分野に対応する非営利法人法を直接制定する方法が採られた．この例としては，宗教法人法（1951年公布）に基づく宗教法人制度が挙げられる．[58]

②【Ⅱ】の段階：特定非営利活動促進法，中間法人法の制定

第二に，Ⅱの段階は，1998年，民法の特別法として特定非営利活動促進法が制定され，特別法法人に加わったこと，次いで，それまで「法の間隙」となっていた非営利・非公益の領域に，2001年，中間法人法が制定された状況を示す．

1995年の阪神淡路大震災を契機として顕在化したボランティア活動や市民公益活動の持続的な組織基盤として，分野を限定することなく，多様な設立目的に沿って活用することのできる公益・非営利法人を，旧公益法人制度よりも，

第5章 職業訓練法人とNPO政策 *145*

はるかに簡易に設立することのできる根拠法を求める全国的な機運の高まりを
受けて，議員立法により特定非営利活動促進法が制定された．同法は，民法改
正を待たず，次善の策として，民法の特別法として制定され，特定非営利活動
法人の設立目的を限定した．

　非営利・公益の領域に位置する公益法人や特定非営利活動法人に対し，2001
年には，「法の空隙」とされていた非営利・非公益の領域にあった非営利団体
に法人格取得の道を開く中間法人法が制定された[59]．

　図中のＣ線は，当該法人格が想定している活動分野（業務類型）の特定性の
有無（あるいは程度）で左右に分かつものである．公益法人と中間法人の活動分
野（目的）は制限されていないことから多岐にわたっている[60]．特定非営利活動
法人は，設立当初こそ，民法の特別法として位置付けるために，法の別表に掲
げる活動分野を12項目に限定したが，その後，改正を繰り返して活動分野を追
加し，今日では20項目に増え，分野特定性を緩和し希薄化させていった．一方，
Ｃ線の右の特別法に基づく特別法法人は，活動分野が政策レベルで特定し得る
ものとなっている．

　第４回調査の結果紹介においても，「脱主務官庁制の非営利法人」と「主務
官庁制下の非営利法人」を区分する視座が提示されているように，非営利法人
法制では，しばしば「主務官庁制」について議論されるが，この【Ⅱ】の段階
では，Ｂ線の左側の旧公益法人は，設立にあたり活動分野を所管（共管）する
主務官庁の自由裁量に基づく許可主義が採られ，その指導監督に服していた．
Ｃ線の右側の特別法法人もまた，それぞれの活動分野を所管する主務官庁の認
可主義や監督に服していた．Ｂ線とＣ線の間にある特定非営利活動法人は明
確に主務官庁制からの離脱を意図した立法政策過程を経て所轄庁による設立の
認証主義を選択した．中間法人は当初から，設立については準則主義が採用さ
れた．

　主務官庁制は，第４回調査の定義では，前掲のとおり「政策領域ごとに存在
する縦割りの行政官庁による強い監督と統制」としている．この語義からは，
主務官庁制は，法人法が一般法であるか特別法であるかということや，活動分
野の特定性の有無とは直接的に結びつくものではない．ただ，活動分野の特定
は，それが法人側の意思であるか官庁側の意思であるか，あるいはその混淆で
あるかの別はあるとしても，当該活動分野を所管する官庁による「主務官庁制」
と結びつく誘因となりやすい．当該活動分野の法的根拠となる個別根拠法を所

146　第Ⅱ部　非営利法人の系統と伸展

管する官庁と，その根拠法に基づく政策の対象や客体となる法人とは，さまざまな接触や取引・交渉が不可避であり，そこに権力的な監督，統制や非権力的な影響関係が生じるからである.

　また，D線は，特定非営利活動促進法に3年遅れて中間法人法が制定された際，B〜Aの内側で，非公益（共益，私益）と公益を分ける線として捉えることができる.

③【Ⅲ】の段階：公益法人制度改革関連三法の制定

　第三に，【Ⅲ】の段階は，2006年の民法改正と公益法人制度改革関連三法の制定により，旧公益法人と中間法人が制度改革の対象となり，一般社団・財団法人（及び公益社団・財団法人）に移行した状況を示す.

　公益法人制度改革によって，旧公益法人と中間法人を統合し一般社団・財団法人とその公益認定による公益社団・財団法人制度が創設された. 同改革により民法は公益法人に関する一般法（根拠規定）を喪失し，法人通則（第33条〜第37条の5箇条）のみを定める法人基本法に留まるものとなり，法人類型ごとの個別の法律は，法人根拠法となった. 従来の「特別法上の公益法人」の成立を認める法律は，もはや特別法ではなく，単行法（民法第33条第2項を受けた各種法律）というべき存在となった.

　この変化について，筆者が先に「公益法人制度改革関連三法体系と従来の特別法法人」の関係について論じた要旨を掲げると，次のとおりである（初谷2015a：189-194）[61].

　第一に，法人法における一般法と特別法の位置づけは，公益法人制度改革（原著論文では，「2006年法人法改革」と称した）の前後で大きく変化し，法人基本法と法人根拠法の関係に転じている.

　一般法と特別法の区別の相対性や定義の限界も念頭に置いた上で，制度改革前後の状況を比較すると，改革前，民法は，法人通則を定める法人基本法であるほか，法人類型の一つである公益法人（社団法人・財団法人）に関する根拠法であり，公益法人に係る一般法としての性格を持つものであった. 改革後になると，民法は，法人通則を定める法人基本法（5箇条）となり，法人類型ごとの個別の法律が，［法人］根拠法となった（山本2011：455-457）（図5-4の【Ⅱ】の段階参照）.

　同じ観点から，民法典が公益法人に関する一般法を喪失した以上，従来の「特別法上の公益法人」の成立を認める法律はもはや「特別法」ではなく，「単行

法」(民法第33条 2 項を受けた各種法律) であり, したがってそれらの法人の呼称も「各種の法律に基づく公益法人」とでもいうほかないとする見解がある (後藤2008：132). 同見解によれば, 一般社団・財団法人法は, 民法典から括り出された体系的位置づけと, 同法の準則を充たす法人にのみ適用されるということに照らし, 非営利法人または公益法人に対する一般法としての性質は有しない. しかし, 非営利目的の団体・組織に対する準則主義による法人化の受け皿的機能・性質と, 会社法に範を取った詳細かつ充実した内容ゆえに, 非営利法人(または, 公益法人) の「基本的法律」(基本法) として, 解釈上, 援用ないし類推適用の対象とすべきものとされる[62]. つまり, 一般社団・財団法人は非営利法人の一類型 (一根拠法) に過ぎないが, 非営利性以外に目的の限定がないという意味で「一般性」を帯有しており, 非営利法人法の基本法として扱われる意義があるというのである[63].

　第二に, 第一で述べたことを前提として, 公益法人制度改革関連三法体系と従来の特別法法人の関係について検討すると, 一般社団・財団法人法は, 民法のような一般法ではないものの, その「一般」という名称から何らかの「一般性」獲得への動機を胚胎するものとして, 従来の特別法法人 (現在では個別の根拠法に基づく法人) にとって, その動向は無視し得ない存在であるだけでなく, 急速に増加している法人数は一種の脅威として映るものといえる[64]. 従来の特別法法人は, 新たな制度改革三法とそれに基づく一般社団・財団法人や公益社団・財団法人を, 例えば特定非営利活動法人や宗教法人のように, 自らの公益法人としての存在意義や位置づけを揺るがせ, 損なう懼れのある存在として警戒し, 敬遠, 牽制に及んだり, あるいは, 社会福祉法人や医療法人のように, 法人の指導理念としての「非営利性」や「公益性」を同じ水準で確保するよう促す存在として捉えたりしてきた[65].

　一般社団・財団法人法は, その「一般性」の帯有ゆえに, 他の特定領域の個別根拠法に基づく法人類型にとっては, 制度改革により, 自らの公益法人としての立場の保全をめぐる葛藤 (例えば宗教法人) や, 非営利性の徹底と公益性の追求を図る改革の波及 (例えば社会医療法人) 等をもたらした.

　同法は, 従来の特別法法人 (現在では個別根拠法に基づく法人) との関係では, もはや一般法ではないが, 非営利法人基本法として, 個別法人の根拠法に一定の枠づけや方向性を示唆する存在となる可能性がある. その際の「枠づけ」や「方向性」は, 上記のように「公益」の範囲の枠づけ (宗教法人の場合) や, 非

営利性の徹底と公益性の追求という方向性（医療法人の場合）などが挙げられるが，それに限られるものではない．他の個別根拠法に基づく法人との関係においては，新たな枠づけや方向性が浮上する可能性があり，それが個別根拠法に基づく法人側に受容され得るかが問題となってくる．

以上の経緯を，【Ⅲ】の段階の図で示している．一般社団・財団法人は非営利人の一類型（一根拠法）に過ぎないことから，Ｂ線（一般法と特別法の区分線）は消失したが，非営利性以外に目的の限定がないという意味で「一般性」を帯有し，非営利法人法の基本法として扱われる意義があるとされる存在である．

また，一般社団・財団法人法の制定にあたり，公益・非公益の区分を問わず，営利法人と非営利法人の二分法を採用したことから，Ｄ線（公益・非公益の区分線）も消失した．一般社団・財団法人は準則主義を採用したことから，主務官庁制からの離脱が進展した．

公益法人制度改革は，その動機において，公益法人（狭義：民法法人）の範疇に共益的法人や政府各省庁のエージェントとなっている公益法人が混在していることを問題視し，公益法人の純化志向が強かった．いわば既存の民法法人の内部完結的な改革であり，不純物を排除する思考が支配的な中では，民法法人と特別法法人との建設的な関係や，非営利法人法制全体のあるべき姿についての議論は少数にとどまっていた．多くの法人数を擁する社会福祉法人や宗教法人などがいずれも集合的に政治的なパワーを有しており，政府の改革圧力への抵抗力が強かったことも，特別法法人への改革の波及を遅らせた．[66]

その結果，公益法人制度改革や NPO 法制定論議の中でも，現実的な立法政策としては領域を特定した立法という次善の選択が繰り返されてきた．

しかし，現在では，公益法人制度改革から15年を数え，近年の社会福祉法人や医療法人に係る制度改革にも見られるように，個別根拠法に基づく法人も，[67]その規模の大小を問わず，広く非営利法人全体，あるいはサードセクター全体の視野の中で，その位置づけやあり方を再考することに関心や理解が広がりつつある．

④ 小括：非営利法人制度改革の趣旨と趨勢

以上の経緯を顧みると，法人の設立目的において，①「分野を特定しない公益・非営利人の一般法と法人根拠法の融合」（民法第34条）に，②「分野を特定した公益・非営利人の特別法と法人根拠法の融合」（民法から独立しての私立学校法や社会福祉事業法等の制定）が加わり，③「複数分野を特定した公益・非営

利法人の特別法と法人根拠法の融合」(特定非営利活動促進法) が次いで加わり,
④「分野を特定しない非公益・非営利法人の一般法と法人根拠法の融合」(中間法人法) がさらに加わったのち, ①と④を廃止して, ⑤「分野を特定しない非営利法人の根拠法」(一般社団・財団法人法) に統合した, という順序で改革が進んできたということができる.

この動向のポイントは, ① 公益・非営利法人における一般法・特別法区分を消失 (民法改正) させたが, ② 分野を特定した公益・非営利法人の個別根拠法は並存 (従来の特別法法人の存続) している中, ③ 公益・非営利法人の一類型 (特定非営利活動法人) については, 分野を特定しつつも数次の改正により分野を拡張させることにより, 分野限定性を希薄化 (特定非営利活動促進法) させる一方で, ④ 分野を特定しない, 公益・非公益不問の非営利法人の根拠法 (一般社団・財団法人法) を設けた点にある.

③で分野限定を希薄化させ, ④で分野不特定を原則としたことからは, 法人根拠法レベルでは分野を限定・特定しない方向へ, また, 個別分野の選択は法人格選択とは切り離して考える方向に改革の趨勢が向かっていることが見て取れる. つまり, ある分野を担うのは必ずこの法人格でなければならないというように, 分野と法人格を固定的に関連づける考え方から, ある分野を担うのに最も適切な法人格はどれかという組織選択 (それらが複数あるとすれば, 組織併用: 本書第9章参照) の発想へ意識の変化がみられるといえる.

こうした変化は, 前掲の「自由主義的改革」にいう「多様な提供主体の間の透明で自由な競争と利用者の選択を促進する方向」とも共鳴し, 組織選択の対象は非営利法人にとどまらず株式会社の参入など営利法人も含むかたちで展開している.

今や, ②で残存する特定された分野においては, 主務官庁と非営利法人の当事者はもとより当該官民関係に基づく公共サービス提供の利用者や関係者に, 分野特定の合理性や説得性を問い直す契機となっているといえ, これは, 基底的NPO政策の観点から見た職業訓練法人の課題でもあるといえる.

（2）　課題対応の方向性：職業訓練法人の存在意義の向上

上記のように, 法人法制の再編が進み, 法人類型と特定の政策分野との牽連性が低下してきている中, 依然として特定政策分野と牽連性の高い, 個別根拠法に基づく法人類型に対しては, その牽連性や特定の法人類型としての存在意義を問い直す圧力が加わっている. そうした中で, 職業能力開発促進法の下で

150 第Ⅱ部 非営利法人の系統と伸展

の職業訓練法人の存在意義はどのように考えることができるだろうか．図5－
4で【Ⅲ】に続く【Ⅳ】の段階を示した図を用いて考えてみたい．

第一に，職業訓練法人という名称に着目する．

職業訓練・職業能力開発政策分野では，歴史的に早く開始した政策（職業訓練政策）を包含しつつ，対象を拡大した政策（職業能力開発政策）が上位に位置付けられ，根拠法の名称も変更された．従来の職業訓練政策の担い手としての職業訓練法人の役割期待は変わらず，上位の職業能力開発政策の担い手として，新たに職業能力開発協会が中央協会と地方協会の二層で制度配置された．

図5－4ではその第【Ⅰ】段階（明治期～1998年）の後期にあたる1978年に職業訓練法（44年法）の第一次改正（53年法）により中央・地方の職業能力開発協会が創設された．同時点で，「職業能力開発」の政策概念は職業能力開発協会という認可法人の名称に反映され，職業能力開発政策の担い手も，同協会を核としてその他営利法人，旧公益法人，その他の非営利法人にわたって広く捉えられていた．図中，【Ⅳ】で全法人にわたり横断的に重なる二重線の枠（⬭）は，職業能力開発政策の担い手の範囲を指している．その後，1985年の第二次改正（60年法）により根拠法は職業訓練法から職業能力開発促進法に名称変更されたが，いわば，名が実を追ったものということができる．

今日，政府がある公共政策を官民協働で推進する場合の派生的NPO政策には，本書の第1章で述べたように補助，助成をはじめ多様な政策方式があるが，その一つに景観法（2004年）における景観行政団体（指定都市，中核市，都道府県等）（同法第7条第1項）の長による景観整備機構（一般社団・財団法人又は特定非営利活動法人）の指定（同法第92条）のように，政策の推進主体を「景観整備機構」として「総称」し，複数の非営利法人類型（この場合は一般社団・財団法人と特定非営利活動法人）の中から同機構としての適格性のある非営利法人を選択し指定する方式が採られることがある．

この方式は，前に今日の法人法再編の傾向について述べた「ある分野を担うのは必ずこの法人格でなければならないというように，分野と法人格を固定的に関連づける考え方から，ある分野を担うのに最も適切な法人格はどれかという組織選択（それらが複数あるとすれば，組織併用）の発想」に接近するものといえる．

職業訓練・職業能力開発政策の系譜を顧みると，こうした政策方式を採用し得る局面が何度かあったと考えられる．

一つは，33年法で職業訓練政策の施策・事業として認定職業訓練制度を先行開始したのち，44年法でその担い手としての職業訓練法人という法人類型を創設した時点である．44年法では，認定職業訓練の担い手として認定対象となる法人等の法人格の種類を狭く限定していないことから，職業訓練法人の創設に留まらず，認定職業訓練を行う法人は，法人類型を問わずに総称として「職業訓練機構」(仮称) とするような選択肢もあり得たかもしれない．

しかし，実際には，そうした総称組織は設けられず，44年法が「第4章　職業訓練団体」で定めたのは，事業主特に中小企業主が共同して職業訓練を行う場合等に都道府県知事の認可により法人格を取得する「職業訓練法人」と，その集合体として都道府県段階では「職業訓練法人連合会」，全国段階では産業ごとの「職業訓練法人中央会」の創設であった．職業訓練法人は法人税制上の優遇措置を伴うため，上記のような総称組織を設けると，対象法人の拡大により所管省庁も従来の主務官庁を超えて多元化すること，また，税制優遇対象法人を非営利・営利法人のどこまで拡大するかという問題も生じること，さらに，営利法人が単独で認定職業訓練を行っても税制優遇を受けられるとすれば，事業主等に対する職業訓練法人設立の誘因も低下することなどから，選択肢には挙がらなかったとも推察される．

二つには，職業訓練政策から職業能力開発政策に実質的に拡充を図った53年法の時点である．職業能力開発政策の推進主体として広く想定された営利法人，旧公益法人，その他の非営利法人 (その中には，認定職業訓練を担う職業訓練法人も含まれる) を，例えば，総称として「職業能力開発法人」(仮称) とし，適格性のある法人を選択し指定するような派生的法人政策 (その中に派生的 NPO 政策も含まれる) を採ることによって，指定された営利・非営利にわたる法人を包括的に「職業能力開発法人」として振興するような選択肢もあり得たかもしれない．

しかし，この場合も実際にはそうした総称組織は設けられず，53年法で職業能力開発を促進する法人として役割を期待されたのは，既存の職業訓練法人ではなく，新たに創設された中央・地方の職業能力開発協会 (認可法人) であった．その職業能力開発協会も，前述のとおり，中央協会にあっては，国の行財政改革の中で民間法人化が進められ，政府からの補助・助成金の削減により自立化が促された結果，職業能力開発に係る業務内容を試験，評価，情報発信等に傾斜させており，職業訓練からは後退している．

152   第Ⅱ部　非営利法人の系統と伸展

　次に，図を用いた考察の第二として，主務官庁制との関係を考えてみたい．

　図5-4中のC線（活動分野の特定性（あるいは活動分野との牽連性）の有無で分かつ区分線）からC′線への移動（→の矢印）は，個別根拠法に基づき活動分野が特定された法人の一部について，その特定性を緩和して活動分野を多様化することをイメージしたものである．その場合，① 現在の主務官庁の所管分野内で法人に画定され割り振られている業務を拡げるか，あるいは，② 当該主務官庁の所管分野を超えて，他官庁の業務も取り扱えるようにするか，あるいは③ 主務官庁制から離脱させるかの選択肢の違いが考えられる．①の場合は，当然，法人は主務官庁制下に存続することになり，②の場合でも複数の主務官庁の共管制下に置かれることがあり得るから，このように活動分野の特定性を緩めること（C→C′）は，必ずしも常に主務官庁制からの離脱（③）に直結するわけではない．

　では，C線とC′線の間に職業訓練法人は入り得るだろうか．前掲の第4回調査の結果からは，現在の職業訓練法人の当事者は現状に概ね馴致しており，主務官庁制からの離脱への強い期待や希望は特に表明されていない．現状から脱却する動因となり得るとすれば，例えば① 活動の公益性の向上，② 財政規模の充実，③ 都道府県との共依存に偏らない多様な主体との連携，などかもしれない．そのために，可能性として，①の場合のように活動分野（職業訓練）の画定に加えて「主たる業務」（認定職業訓練）まで限定されている現状からの変化として，業務範囲を拡張して法人としての自立性や自律性を高め，外部資源の獲得に結び付ける方途は一つ考えられるだろう．また，②の場合のように，例えば，教育や社会福祉，更生保護の分野との連携によりそれらの分野との複合的な業務に関与していき，結果として資源の獲得量を増やす方途もあり得るかもしれない[69]．①は現在の主務官庁制限りでも可能であり，②は他分野を所管する官庁との戦略的な連携の開拓により導かれ得る．

　法人法が再編され，44年法制定当初とは異なり，現在では一般社団・財団法人や特定非営利活動法人を簡易に設立でき，現にそれらの中からも認定職業訓練の担い手が多数存在している状況下では，職業訓練法人という法人格をその名称とともに現在の業務のまま保持，存続させなければならない積極的な理由は，法制上からは見出しにくい．44年法を引き継いで職業能力開発促進法第4章に規定された職業訓練法人の立法趣旨として挙げられている，①永続性の担保と，②責任主体の明確化は，他の法人格でも代替し得る．職業訓練法人がそ

の存在意義の向上を図るとすれば，今後，上記のように，全方位ではなく，一定の方向性を選択した上での何らかの業務の拡充を必要とするのではなかろうか．

　一方，税制上，特定公益増進法人とはされていないが，法人税，所得税，地方税等における法人自体の税制上の優遇措置は，この法人格の公益性を担保するものとして，一般社団・財団法人や特定非営利活動法人に優る点である．この点をもって職業訓練法人の関係者にすれば，一種の既得権として評価する考え方もあり得る．しかし，税制上の優遇の理由である法人の公益性は，44年法制定当初の一般社団・財団法人も特定非営利活動法人もなかった時期の，旧公益法人に準ずる公益性のままではなく，現下に求められてい公益性に適応して変化させてこそ満たされるものである．

3.3　職業訓練法人の課題と対応の方向性（2）：派生的NPO政策の観点から
（1）　課題：教育訓練サービス市場における差別化

　次に，本節では，前掲の派生的NPO政策の観点から，職業訓練を包含する教育訓練政策が展開されている場でもある教育訓練サービス市場における職業訓練法人の位置を捉えることにより，職業訓練サービスの提供主体間競争や利用者による選択の局面における職業訓練法人の差別化について述べる．

　職業訓練サービスを包含する教育訓練サービス市場についての先行調査研究としては，独立行政法人労働政策研究・研修機構同機構が2003-2005年度の研究プロジェクト「職業能力開発に関する労働市場の基盤整備の在り方に関する研究」に基づき，外部労働市場における教育訓練の現状を教育訓練サービス市場の視点から明らかにした報告書がある（独立行政法人労働政策研究・研修機構2007：1）[70]．

　同報告では，教育訓練サービス（教育訓練事業）を「社会人を対象とした学校教育以外の講習会・セミナー等の教育関連事業」と定義したうえで（同上：34），①教育訓練サービス市場の規模と構造，②教育訓練プロバイダーが教育訓練サービス市場で果たしている機能，③個人の能力開発行動の特徴と背景について示している．

　教育訓練サービスの「市場規模」については，「教育訓練プロバイダーが提供し，社会人によって消費された教育訓練サービス量」によって測ることができるとして，「サービス量」を，プロバイダーの①教育訓練事業収入と，研修

154 第Ⅱ部 非営利法人の系統と伸展

内容に関わる②延べ受講者数, ③延べコース数, ④延べ時間数の4指標 (変数) を用いて測定している (同上：33-34).

2003年度に二次にわたる調査を行っており, 第一次プロバイダー調査では, 教育訓練プロバイダーの組織特性とともに,「どの教育訓練プロバイダーが, どの分野のサービスを, どの程度提供しているのか」からみた教育訓練サービスの供給構造を明らかにしている. 第二次プロバイダー調査は「教育訓練サービス市場の質的な供給構造」を明らかにするため, ① どのような分野のコースが (コースの訓練内容), ② どのような労働者を対象に (年齢, 職業, キャリア・レベルからみた訓練受講者の属性), ③ どのような方法 (コースの開講期間, 開講頻度, 受講料) で提供されているのかという観点から教育訓練プロバイダーの提供する研修コースを分析している.

第一次調査は, 公共職業訓練機関, 一般企業以外の教育訓練サービスを提供していると考えられる組織を対象に実施され,「調査回答組織」のうち教育訓練サービスを実際に提供している組織を「教育訓練実施組織」として区別している. 調査対象組織の組織形態の大区分は, ①「民間企業」(株式会社, 有限会社, 合資会社, 合名会社), ②「経営者団体」(商工会議所, 商工会, 協同組合, 商工組合), ③「公益法人」(財団法人, 社団法人), ④「職業訓練法人」, ⑤「任意団体」, ⑥「学校」(大学・大学院, 短大, 高専, 専修・各種学校) とされている (同上：33-34).

第一次プロバイダー調査で得られたデータに基づき, 市場の規模と構造の把握が行われた結果, 推定された教育訓練プロバイダー総数は1万5105組織で, うち91.1%が講習会・セミナー, 8.9%が通信教育の形態で教育訓練サービスを提供している.

教育訓練プロバイダー総数の組織形態別構成は, ②「経営者団体」：5196 (34.4%) と①「民間企業」：2250 (28.8%) が3割前後で最も多く,「職業訓練法人等」[71]：400 (2.6%) は最も少ない.

「市場規模」は, ① 教育訓練事業収入ベースで1兆3800億円, ② 延べ受講者数ベースで2147万人, ③ 延べ開催コースで62万8000コースである[72]. そのうち,「職業訓練法人等」についてみると, ① 教育訓練事業収入ベースで84億5000万円 (0.7%), ② 延べ受講者数ベースで55万人 (2.6%), ③ 延べ開催コースで1万2000コース (2.0%) である (同上：40).

このように, 職業訓練能力開発の概念に対応するともいえる教育訓練サービスは多様であり, そのプロバイダーも営利・非営利にわたり多様な法人・団体

に分岐するなか，市場全体の中での職業訓練法人のシェアは限られている．

　同調査プロジェクトでは，政策課題として次の2点を提言している（同上：29-32）．第一に，教育訓練サービス市場調査の必要性である．長期的に活用できるデータベースの作成，公共部門を含めた市場の把握，供給（教育訓練プロバイダー）面だけでなく需要面からの，総合的で継続的な調査が求められる．第二に，教育訓練プロバイダーの育成である．同調査における教育訓練プロバイダーの構成把握から，民間（民間企業の意）の教育訓練機関と公益法人が二大プロバイダーであり，経営者組織がそれに次ぐ存在であることが明らかになったことを踏まえ，従来教育訓練プロバイダーとして注目されてこなかった公益法人と経営者組織という公的組織の役割を見直し，それらを活用した教育訓練政策のあり方が検討されるべきとする．

　また，「教育訓練プロバイダーの経営戦略とパフォーマンスとの関係分析から，プロバイダーが効率的で効果的な教育訓練サービスを提供するには，教育訓練を専業とし，特定の教育訓練分野に特化する戦略をとることが，経営の成長性を望むのであれば事業の多角化を指向する戦略をとることが必要であること，また，政府等からの委託研修を受注することがサービスの効率性と経営の成長性を同時に実現する早道であることを明らかにした」情報としての不十分さを留保しつつも，これらを踏まえてベスト・プラクティスの情報を整備し広く提供する政策を考えるべきとしている（同上：30）．

　職業訓練法人の市場規模は，民間企業に次ぐ経営者団体や公益法人と比べてもきわめて小さいが，認定職業訓練を専業とし，特定の訓練分野に特化しているものも少なくない（2.3参照）．上記の政策課題の第二点である，民間企業以外の民間教育訓練プロバイダーの育成という観点からは，経営者団体や公益法人とともに，その教育訓練プロバイダーとしての役割を再評価し，活用を図る意義はあると考えられる．ただし，それには，職業訓練の質の点で他のプロバイダーといかに差別化し，どのような点に存在意義を見出すかが課題である．また，上記の経営戦略とパフォーマンスの関係からは，サービスの効率性を求めるだけでなく，経営の成長性を図るためにいかに事業の多角化を講じるかも課題となると考えられる．

（2）　課題対応の方向性：**教育訓練プロバイダーとしての機能の拡充**

　上記のような課題に対応する方向性として，教育訓練プロバイダーとしての存在意義や，成長戦略としての事業の多角化は，職業訓練法人の場合，どのよ

156　第Ⅱ部　非営利法人の系統と伸展

うな点を手掛かりとして考えることができるだろうか.

　一つには，認定職業訓練の担い手として想定される多様な主体の中での優位性についてである．認定職業訓練は，「事業主等」が，法第4節及び第7節に定めるところにより，当該事業主等の行う職業訓練が職業訓練の水準の維持向上のための基準に適合するものであることの認定を受けて，当該職業訓練を実施するものをいう（第13条）.

　ここにいう「事業主等」には，前述のとおり民間企業や非営利法人など営利・非営利の組織が幅広く含まれる．元来，自らの組織内人材（社員等）を教育訓練して育成し事業の担い手として活用することは，企業等の私益や同業界としての共益に資する業務として意義がある．それが認定職業訓練の基準に適合するものとして認定されると，次のようなメリットがあるものとされ，認定へのインセンティブとされている.

　すなわち，① 人材育成の基盤整備，② 企業イメージの向上，③ 人材の職場定着に寄与，④ 認定職業訓練修了者に対する技能検定受検や職業訓練指導員免許取得に際しての優遇，⑤ 国及び都道府県から当該訓練経費等の一部につき補助金付与等である.

　中小企業事業主等は，自社の行う職業訓練について直接認定を受ければ，①～⑤のようなメリットのある認定職業訓練を行うことが可能である．これらのメリットを享受するために，別途，職業訓練法人を設立して活用する積極的誘因はどこにあるのだろうか．本論で示したNPO政策に係る分析枠組みを用いて言いかえるならば，事業主は直接，認定職業訓練サービスを供給（表1-3派生的政策の類型のF1）してもよいのに，名称独占ではあっても業務独占ではない職業訓練法人というNPOを別途設立して活用する派生的NPO政策（F3，F6）を採るのはなぜかということである.

　この点について，これまで筆者が複数の職業訓練法人で聴取したところでは[73]，まず，前掲の基底的NPO政策の対象としての職業訓練法人選択の意義として挙げた法制面の ① 永続性の担保，② 責任体制の明確化，税制面の ③ 法人税，所得税，地方税等の優遇措置などが各々評価され，職業訓練法人を選択していることは共通して伺える．それらに加えて，選択の動機として挙げられたのは，複数の中小企業事業主が共同で，あるいは中小企業等協同組合など業界の団体が職業訓練法人を設立する場合には，上記の認定職業訓練のメリット①～⑤は，たんに単独企業の取組みについてではなく，共同で職業訓練に取り組む当該複

数企業や業界団体がこぞって推進する取り組みとして社会的に訴求することを意味し，その企業群あるいは業界としての能動的な人材育成，技能継承の意欲や姿勢のアピール，機運の醸成，ひいては当該企業群や業界としての求心力の向上，世代をつないでの持続的な活性化の契機となることが期待されていることがうかがえた．職業訓練法人の教育訓練プロバイダーとしての存在意義としても評価できる点ではないかと考えられる．

二つには，成長戦略としての事業の多角化についてである．

まず，認定職業訓練を主たる業務とすることにより主務官庁との関係を結び，税制上の優遇も図られている職業訓練法人は，認定職業訓練の制度趣旨から考えるならば，主務官庁のエージェントに終始するのではなく，裁量を発揮する主体的なパートナーであることが期待されているはずである．「主たる業務」である認定職業訓練の確かな存続には，質保証に向けた不断の取組みが求められるが，限られた組織体制の法人において，その保証を実質化するためには，主たる業務に活動量（エフォート）を傾注できるよう，法人の組織管理や政府・自治体（都道府県及び市町村双方）との連絡調整に費やす時間的・労力的なコスト負担を軽減できるよう改善が図られねばならない．

それに加えて，（法人側の組織・人員の補強も伴う必要はあるが），法上，必ずしも積極的には規定されていない「従たる業務」を，主たる業務とのバランスに配慮しつつ拡充（多角化）することによって，現状では肩を並べている「もらう力」と「稼ぐ力」を質量ともに充実させる方途を見出すことができるのではないかと考えられる．

3.4 課題と対応の方向性の一般化：主務官庁と非営利法人の新たな関係に向けて

本節3.では，3.1で「官民関係の自由主義的改革とサードセクター組織の再構築」の意味を再確認し，NPO政策との関係について述べ，基底的NPO政策と派生的NPO政策に対応する二つの局面を導いた．3.2では，基底的NPO政策の観点から「非営利法人法制再編の影響」を受けるなかでの職業訓練法人の存在意義の向上を，3.3では，派生的NPO政策の観点から「教育訓練サービス市場における差別化」に向けて，職業訓練法人を教育訓練プロバイダーとしてその機能を拡充する方向性について検討した．

本節では最後に，本章で職業訓練・職業能力開発政策の所管官庁と職業訓練

法人の課題と対応の方向性について考察してきたことを，主務官庁と非営利法人の関係として一般化して検討しておきたい.

一般化した議論は次のように考えられる.

ある特定分野を所管する主務官庁が，当該分野で活動する民間非営利団体とともに，当該分野の振興，発展を目指して，個別分野法の制定を推進し，同法の一部にその分野に特化して活用し得る非営利法人の根拠規定を定めた場合に，その後の当該分野と非営利法人をとりまく環境変化によってもたらされた問題状況に対して，主務官庁及び非営利法人は，それぞれどのような対応をとることが望ましいであろうかという問題である.

法の目的と非営利法人への役割期待との関係から，考えられる選択肢は概ね次のように分岐する. 第一は，（1）法の目的の担い手として想定される官民の主体の中で，当該非営利法人のプレゼンスを向上・拡充させる道である. そのために，一つには，（1-1）現行法上期待されている役割の範囲で，運用改善により果たす役割を拡充させる道がある. 二つには，（1-2）拡張した法の目的に照らし，現行法上期待されている役割を超えて，新たな役割を割り振る道である.

RIETIサードセクター調査で「主務官庁制下にある非営利法人」に分類された職業訓練法人と更生保護法人についていえば，職業訓練も更生保護事業も，職業訓練法人では当初より，更生保護法人では近年，業務は他の非営利法人に開放されている. 職業訓練法人であれば，事業主や事業主団体，組合，他の非営利法人との比較，更生保護法人であれば，社会福祉法人や特定非営利活動法人など他の非営利法人との競合，比較において，プレゼンスを向上・拡充させることが要請される. 既定の認定職業訓練や更生保護事業（更生保護施設の場合は主に継続保護事業）について，職業訓練法人や更生保護法人ならではの優位性を発揮できるかという点である.

第二は，（2）当該非営利法人の現在のプレゼンスのありよう（現状）をあるがままに容認し，特段の措置を講じることなく自然体で推移を見守る道である.

第三は，（3）拡充した法の目的の担い手として想定される官民の主体の中から，当該非営利法人を整理，除去する道である.

筆者は，本章の2. で見た第4回調査の結果以外にも，両法人の当事者，関係者へのヒアリング，訪問調査を重ねているが，それらを通じて観察される両法人の現状からは，いずれの場合も第二の道（2）を採った場合，本章の3.2

で見た非営利法人制度改革の趣旨と趨勢，官民関係の自由主義的改革の進展に照らせば，それはいずれ第三の道（3）に至る道ではないかと考える．

それぞれに政策課題としては重視され，拡がった法の目的に照らすならば，これらの改革を等閑に付すわけにはいかない．改革の趨勢を捉え，それらに適応していける体制と力量を法人が整備できるよう，官民が協働して第一の道（1）を検討することを期待したい．その際，（1-1）の運用改善の道もあり得るが，むしろ（1-2）のように必要に応じて根拠法の目的の拡充や新たな時代の要請に応える業務の刷新強化の道について積極的に検討する必要がある．それにより，上記の改革の趨勢——①分野を限定・特定しない法人根拠法による法人数が急増し，個別分野の選択は法人格選択とは切り離して考える方向，また，②分野と法人格を固定的に関連づける考え方から，ある分野を担うのに最も適切な法人格はどれかという組織選択（それらが複数あるとすれば，組織併用）の発想への意識の変化——にも対応するものとなり，これらの法人が「自由な競争と利用者の選択」に支えられた健全な官民関係に基づく公共サービスの担い手として発展しうるのではないかと考える．

第4回調査結果に基づく分析では，わが国のサードセクター組織の「三重構造」化を挙げた上で，長期的には「脱主務官庁制下の非営利法人」と「主務官庁制下の非営利法人」の間の差異が徐々に解消されていく可能性を指摘し，「主務官庁制下の非営利法人」の制度が将来的に解体され，主務官庁制から脱却した社団法人と財団法人を共通の土台にした共通の公益認定制度が構築されることが展望されている（後・坂本2017：66-68）．

本章で検討してきたところからは，職業訓練法人制度については，もはや存在意義もなく，直ちに解体されなければならないといった状況にあるとは考え難い．ただ，この二十年余りの間の非営利法人法制・税制の充実や，公共サービスをめぐる官民関係の自由主義的改革の進展といった外部環境の著しい変化の中にあって，現状のまま存続させて「分断による多様性」の一翼を担い続けることは必ずしも得策とは考えにくい．業務独占がなく既に職業能力開発政策，職業訓練政策の担い手として，他の非営利法人（営利法人も）と並び「横断的多様性[74]」を構成し，体現している存在と考えられることから，主務官庁制下にある非営利法人の一つの改革の方向性を示すモデルとして，建設的な発展方向を考えていく必要がある．

注

1）NPO 政策全体，公益法人，特定非営利活動法人について初谷2001a，同2005a，同2012：第5章〜終章．社会福祉法人について初谷2005b，中間法人について同2012：第1，2章，更生保護法人について同書：第3，4章，地域自治組織（としての各種法人）について同書：第5，6章および同2016，一般社団・財団法人について初谷2015a および同2015b など．初谷2015a は，よりよい非営利法人体系に向けて考察している．

2）職業訓練法人など外部労働市場のアクターとなる NPO や非営利法人への問題関心以前に，そもそも労働市場法制や，その中の職業訓練・職業能力開発法政策に対する関心が，戦前から戦後を通じて，法学者，政策担当者，人事労務の実務家の間でも関心が薄く，法制と法理の展開が遅れ，議論も不活発であり続けた原因を分析した論考として，諏訪2003が示唆に富む（諏訪2017：第3章として所収）．諏訪は，その主な理由として，「実態において，①戦前から戦後の1950年代前半までは，労働をめぐる眼前の政策課題，法的課題への対応に忙殺され，職業教育訓練にまで手が回らなかったこと，②1950年代後半以降は，日本型雇用慣行とりわけ終身雇用制が社会的に強固になっていくなか，内部労働市場の人的資源管理に主導権をもつ企業が主体となった職業教育訓練に委ねる政策が主流になったこと，の2点」を挙げ，これに加えて「③学校教育と職業教育とが分離し，前者における職業への関心の希薄さ，および，後者における国家が直接に職業教育訓練を展開するよりも，背景に退いて企業主体の教育訓練を支援し，労働者個人が主体となる教育訓練への配慮が少ないままできた能開法の法構造が絡み，④さらに伝統的な法律家，労働法学（者）の特性（後略）」が絡んだことによるとする．そして，課題として①「「内部労働市場万能主義」とでもいうべき一面的な政策姿勢の補正」と②「「企業中心主義」の修正」を指摘する．諏訪2003：35-36（＝諏訪2017：53-54）．

3）職業訓練の時代区分については，隅谷編1970が，幕末から第二次世界大戦終戦までを，次の6段階に分けて「制度史」に着目して記述している（「はしがき」）．「第一段階　伝習生制度の成立と崩壊の時期，幕末から明治10年代はじめまで．第二段階　職人徒弟制の変容と展開の時期，明治10年代なかばから20年代まで．第三段階　工場徒弟制の形成と展開の時期，明治20年代終わりから30年代まで．第四段階，養成工制度の成立と動揺の時期，明治40年代から大正10年代はじめまで．第五段階　養成工制度の定着と展開の時期，大正末年から昭和10年前後まで．第六段階　養成工制度の法制化と崩壊の時期，昭和10年前後から終戦まで．」同書では，このうち第三段階までを取り扱っている．なお，隅谷は，「このような段階規定は，それぞれの段階の代表的訓練形態に視点を合わせて行ったものであって，その周辺に前段階の残存形態やつぎの段階の先駆的形態など性格を異にするものが混在していることは，いうまでもない．また，政府や大企業の行った学校教育的な組織的訓練のほかに，職場内での非組織的な技能修得が大きな役割を演じたことも，注目しなければならない．」と付言する（同書：7）．

　　これに続く職業能力開発政策の戦後史については，隅谷・古賀編1978の「第一部　戦後職業訓練体制の再編・確立とその展開」が戦後復興期から高度経済成長期までを扱っている．なお，同書の「第二部　わが国工場技能労働者の企業内訓練の理論的考察」では，職業訓練の理論として1960年代末にアメリカで現れた『人的資本』論や『内部労働市場』論を紹介し，職場内訓練の理論的分析を行っている．

第 5 章　職業訓練法人と NPO 政策　*161*

　このほか厚生労働省職業能力開発局監修2002等も参照した．なお，草創期以降1990年
代までの職業訓練・職業能力開発政策に係る用語の意義については，田中1994に詳しい．
4 ）斉藤1993：「第 3 章　現行職業能力開発法制——職業能力開発法・男女雇用機会均等
　法（第 9 条）等・障害者雇用促進法関係——」の「Ｉ　わが国における職業能力開発法
　制の歩み」（142-145）および同：「第 2 章　戦後における日本の職業教育訓練法制」（123-
　141）参照．
5 ）第一に，労働政策研究・研修機構編2005は，OECD の1994年の報告書（The Jobs Study：
　Facts,Analysis,Strategies, 1994）による「規制緩和による市場メカニズムを重視する立
　場に立った雇用創出のための戦略的政策」の提言と，EU（欧州連合）が1997年以来，
　「OECD の雇用戦略に比べて，社会的統合をより重視した EU 雇用戦略」を提示，推進
　していることを踏まえ，「我が国においても，雇用政策の概念や方向性を明らかにした
　上で，雇用戦略に基づいた政策展開を行なっていくことが必要になっている，という認
　識」に基づく研究である（同書，まえがき）．戦後の雇用政策を 6 期に分け，前半 4 期
　は，① 戦後復興期—昭和20年代（1940年代後半～1950年代前半），② 高度成長期—昭和
　30年代～40年代後半（1950年代後半～1970年代ば），③ 第 1 次石油危機～安定成長へ
　の移行期—昭和40年代後半～50年代後半（1970年代半ば～1980年代半ば，④ 安定成長
　期～バブル経済期—昭和50年代後半～平成初期（1980年代半ば～1990年代初期），後半
　2 期は，① バブル経済崩壊期—平成 3 年頃～ 9 年頃（1991年～1997年頃），② 経済変革・
　構造改革期—平成 9 年頃～現在（1997年頃以降）とし，各期で経済政策と雇用政策を並
　記している．
　　第二に，労働政策研究・研修機構2017は，「雇用システムと法政策の相互作用を観察
　し，雇用システムの実態との関係における法政策の機能と課題を抽出すること」を通じ
　て，日本の雇用システムの課題と政策的含意を探る研究として立ち上げられた「雇用シ
　ステムと法」プロジェクトの一環を成す研究である．バブル経済崩壊後である1996年以
　降における主な政策の変遷について，大きく 3 つの期間［第 1 章：市場主義的規制改革
　期（1996年～2006年），第 2 章：市場主義の弊害是正期（2007年～2012年），第 3 章：人
　口減少本格化・成長戦略期（2013年～）に分けて整理している．各期ごとに「労働市
　場」，「能力開発」，「労働条件，雇用均等・両立支援」，「労使関係，労働契約，労働者福
　祉」の各関連政策に分説されており，本論との関係では「能力開発関連政策」の各項（第
　1 章第 3 節：25-34，第 2 章第 3 節：93-99，第 3 章第 3 節：137-139）が参考になる．
6 ）前掲の先行研究（斎藤1993）の時期区分（以下，「先行研究時期区分」という．）と比
　較すると，①「戦前・戦中」（明治～1945年）及び②「Ｉ　民主的職業訓練政策の確立
　期：敗戦（1945年）～昭和32（1957）年」を一括して第 1 期とするものである．
7 ）なお，参考文献からの引用，要約に当たっては，年号表記は，特に注意のため元号を
　付記する場合を除いて西暦に改めている．ただし，「33年法」や「44年法」等の法律の
　略称については，慣例的呼称のため，元号表記を用いた．
8 ）先行研究時期区分では，③「Ⅱ　職業訓練政策の開花発展期＝昭和33年職業訓練法制
　期：昭和33（1958）年～昭和43（1968）年」に対応する．
9 ）こうした変化は，政府と企業の協同モデルの中でも，G 4 （エージェント型）から G
　7 （パートナーシップ型）へ移行したものと見ることができる．

10) 先行研究時期区分では，④「Ⅲ　職業訓練政策の拡充期＝昭和44年職業訓練法制前期：昭和44（1969）年〜昭和48（1973）年」と⑤「Ⅳ　職業訓練政策の調整期＝昭和44年職業訓練法制後期：昭和49（1974）年〜昭和53（1978）年」を一括した時期となる．

11) 第61回国会衆議院社会労働委員会議録第8号（昭和44年4月8日），29頁（原健三郎労働大臣による提案理由説明，第七）．

12) 例えば，1967年の大阪タクシー汚職事件，1968年の日通事件，1970年の八幡製鉄事件等．

13) 先行研究時期区分では，⑥「Ⅴ　職業訓練政策の転換期＝昭和53年職業訓練法制期（企業教育訓練中心期）：昭和54（1979）年〜昭和60（1985）年」に対応する．

14) 同法では，両協会の業務の筆頭に「会員の行う職業訓練，職業能力検定その他職業能力の開発に関する業務についての指導及び連絡を行うこと」が掲げられており（法第55条第1項及び第82条第1項），職業訓練と技能検定を包括する概念として「職業能力開発」が明示されている．

15) 中央職業能力開発協会編1989：337-338（「〈座談会〉都道府県職業能力開発協会の10年の歩み」，北海道職業能力開発協会前専務理事発言参照）．

16) 神奈川県について，同上：339-340．その他全都道府県の職業能力開発協会の設立の経緯について，同上，第4章（216-306）に詳しい．

17) 厚生労働省のウェブサイトでは，中央職業能力開発協会は「特別民間法人」の一つとして掲げられている．

18) 法第59条及び第84条．

19) 前掲・先行研究の時期区分では，⑦「Ⅵ　職業能力開発政策期＝職業能力開発促進法制期：昭和61（1986）年以降」に対応する．

20) 厚生労働省人材開発統括官資料「認定職業訓練の概要」（2018年11月情報提供）に基づく．

21) 認定職業訓練を行うことを主たる目的とする職業訓練法人について，その設立の法的根拠（第31条），人格等（第32条），業務（第33条），登記（第34条），設立の手続等（第35，36条），成立の時期等（第37条），役員（第37条の2〜第38条），総会（第38条の2〜第38条の8），規約（第39条），業務の監督（第39条の2），解散（第40条），破産手続（第40条の2），設立の認可の取消し（第41条），清算（第41条の2〜第42条の8），都道府県の執行機関による厚生労働大臣の事務の処理（第42条の9），準用（第43条）について定める．

22) 厚生労働省職業能力開発局編2002：397．なお，当時の労働大臣（原健三郎）による同法案の提案理由説明では，次のように述べられている．「第七に，事業主特に中小企業の事業主が共同して職業訓練を行う場合等に，責任体制を明確にし，永続性を確保するため，職業訓練法人を設立して法人格を取得できることとし，あわせて職業訓練法人連合会及び職業訓練法人中央会の制度を設け，事業主等の行なう職業訓練の自主的かつ積極的な発展をはかる体制を確立することといたしました．」第61回国会衆議院社会労働委員会議録第8号，29頁．

　　なお，後に，60年法（職業能力開発促進法）に基づき，都道府県が職業訓練法人制度について案内する中では，「職業訓練法人は，職業能力開発促進法による認定職業訓練

第5章　職業訓練法人とNPO政策　　*163*

その他職業訓練に関し必要な業務を行うことにより，職業人として有為な労働者の養成と労働者の経済的社会的地位の向上をはかることを目的とし」，「共同職業訓練団体に法人格を付与することにより，財産の所有，管理，責任の帰属等の面で権限がはっきりし，結果的に訓練の永続性が担保されることとな」るとし，責任体制の明確化が永続性の担保になると因果的に説明する例もある．沖縄県商工労働部資料参照．

23）設立当初の定款及び寄附行為に記載した業務から，新たな業務を行うために定款等を変更するには，都道府県知事の認可を得なければ効力を生じない（法第39条第1項）．実務手引きでは，定款等変更について，「特に業務の拡張又は付帯業務の運営の場合は，これによって認定職業訓練の内容が低下しないように留意すべきである．」とされている．同上，400頁．

24）なお，特別土地保有税については，2003年度から新規課税が停止されている．

25）特定公益増進法人とは，公共法人（法別表第一），公益法人等（法別表第二のうちで一般社団法人・一般財団法人を除く．）その他特別法により設立された法人のうち，①教育，科学の振興，②文化の向上，③社会福祉への貢献，④その他公益の増進に著しく寄与する，次の①から⑦に掲げる法人が該当する（法第37条第4項，令第77条）．従って，公共法人，公益法人等に該当しても，直ちに特定公益増進法人に該当するものではない．また，その寄附金は当該特定公益増進法人の「主たる目的である業務に関連する用途に充てられる寄附金」に限る．①独立行政法人，②地方独立行政法人，③自動車安全運転センター，日本司法支援センター，日本私立学校振興・共済事業団，日本赤十字社，④公益社団法人及び公益財団法人，⑤学校法人（私立学校法第3条）の学校及び一定の専修学校，各種学校（規則第23条の2）で学校の設置を目的とするもの等，⑥社会福祉法人，⑦更生保護法人．西巻2017，57頁．なお，特定公益増進法人に関する研究として，初谷2001：「第3章　特定公益増進法人制度の運用と効果」（231-267）参照．

26）一般社団・財団法人が認定職業訓練を行う具体例は多数に上るが，例えば，一般社団法人山梨鉄構溶接協会のウェブサイト参照．法人内の教育技術委員会の分担により認定職業訓練補助事業が実施されている．同協会の来歴や類縁団体との相関図も併せて示されており分かりやすい．

27）職業訓練法人の解散理由（法第40条第1項）のうち，訓練生の確保が著しく困難となり認定職業訓練の実施が不可能となる等「目的とする事業の成功の不能」による解散は，都道府県知事の認可を要する（同条第3項）．解散した職業訓練法人は清算の目的の範囲内においてはその精算の結了に至るまでなお存続するものとみなされ，いわゆる清算法人に移行する．清算が結了すると，清算人は清算結了の届出を都道府県知事に行う．清算人から清算結了登記申請書を提出し，同登記が完了しなければ登記簿は閉鎖されない．

28）国税庁法人番号公表サイト，FAQ参照．「Q1-5　法人番号は，指定した法人等の実在性を証明しているものか．また，支部に本部と同じ法人番号が指定されることがあるが，同じ法人番号を指定された法人等は一の法人等であることを証明しているものか．（平成28年6月27日更新）／（答）法人番号は，特定の法人や団体を識別する機能を活用し，行政の効率化や企業の事務負担の軽減を図ることを目的として，登記や税務上の

164　第Ⅱ部　非営利法人の系統と伸展

届出等に基づき指定されるものであり，必ずしも法人等が実在することを証明するものではない．また，同じ法人番号が指定された法人等がすべて一の法人等であることを証明するものでもない．／（参考）例えば，解散した法人であっても登記記録が閉鎖されていない限り，法人番号が指定される．また，所在地を移転しても所在地変更の手続をしていなければ変更前の所在地で公表される．したがって，法人や団体の実在性や同じ法人番号が指定された法人等の独立性については，法人番号の有無にかかわらず，それぞれ当該法人等の存立の根拠となる法令（会社法，公益法人認定法（ママ），一般社団・財団法人法，特定非営利活動促進法，宗教法人法，私立学校法，健康保険法，国民年金法など）などに基づき判断されることから，登記事項証明書や定款，規則等を別途確認する必要がある．」（原文は口語体．引用にあたり文語体に改めた．）

29）全国法人情報データベースで検索すると，都道府県ごとに職業訓練法人の一覧が表示されるが，そのうち登録廃止されたものを除いても，総数は必ずしも本文で述べた行政把握法人と一致しない．例えば，北海道の場合，道庁所管課が把握している職業訓練法人数は25件であるが，同データベースでは登録27件，登録廃止2件，計29件が検出される．登録27件と行政把握25件の差2件について，所在地を所管する道庁振興局（道から職業訓練法人の認可や認定職業訓練の認定について権限移譲されている）に確認したところ，1件は，同地域で現存する別の1件の前身の法人であり，1980年に統合され廃止されているが，法人番号が付されてデータベースに搭載されたもの，もう1件は，1970年代終わりに廃止，廃校となったが同じくデータベースに搭載されていることが判明した．全国法人情報データベースで検索可能な法人数と都道府県所管課の把握する法人数との差は，他府県でも生じており，例えば，東京都の場合であれば，前者による登録は16件，後者は10件となっている．

30）例えば，全国に唯一あるいは有数の伝統的な技能について訓練科目を設けている職業訓練校には，全国から訓練生が集まる例が見られる．

31）名称に顕出している用語をもとに筆者が分類した．例えば，②の「理容美容」は理容と美容の両方を行なっている法人（訓練校）と一方のみの法人を含む．④の「建築，住宅，表具」は三者とも単科であるが，類縁の科目としてグループとしてまとめて順位を見ている．なお，区分名は，各法人が標榜する科目をそのまま用いており，左のグループ化にあたり産業分類等に厳密に準拠したものではない．また，「①特定の分野名を掲げず」は，複数の分野（訓練科目）を実施している法人であることから，実施科目別に分けて全体を再集計すれば，順位は変化し得る．ここでは，あくまで複数科目と単数科目の開設の違いと，単数科目開設の法人における分野別の順位を概観する趣旨である．

32）以下，2.4について，丸数字の小見出し及びカッコ書きの付記番号は，後・坂本2017の該当目次を示す．また，本文で取り上げた調査項目には，カッコ書きで第4回調査の設問番号を付した．本文の記述は，後・坂本［2017］の解説を参照しつつ，法人格別に職業訓練法人に係る調査結果について，必要な範囲で筆者が補足，加筆した．

33）本文でも述べたように，対象419法人と前掲の行政把握法人352法人との差67法人からは回答がなかった．

34）111法人をすべて含む行政把握法人352件に対する回答率は31.5％となり，ほとんど更生保護法人と変わらない．

第5章　職業訓練法人とNPO政策　*165*

35）「いわゆる主務官庁制」の語義に規範的な意味を含む．なお，区分の内訳は次のとおりである．①「脱主務官庁制の非営利法人」（N＝723）：一般社団法人（非営利型），一般財団法人（非営利型），公益社団法人，公益財団法人，認定特定非営利活動法人，特定非営利活動法人，②「主務官庁制下の非営利法人」（N＝328）：社会医療法人・特定医療法人・2007年4月以降設立の医療法人，社会福祉法人，学校法人，職業訓練法人，更生保護法人，③「各種協同組合」（N＝247）：消費生活協同組合，農業協同組合，漁業協同組合，森林組合，中小企業等協同組合，信用金庫・信用組合・労働金庫，共済協同組合，④その他／「非営利型」以外の一般法人（N＝74），医療法人（2007年3月末以前設立のもの，N＝60），労働組合（N＝30），その他の法人格（N＝10），④小計N＝174．

36）第4回調査，「表7　有給職員数（問6）」参照．全法人格の中では中位にある．

37）職業訓練法人の業務から考えれば当然期待されるところではある．

38）問17の年幅の10段階に細分化した選択肢を5段階に整理し直している．

39）なお，更生保護法人では，戦前の1944年以前が52.0％を占め，1945-1970年が30.0％と，高度成長期までを含めると8割を超える．同頁．

40）加えて筆者の個別の職業訓練法人に対するヒアリング調査による．なお，更生保護法人では，①行政の勧めや支援によって設立された（44.0％），②自発的に集まった人々によって設立された（30.0％）の順となっている．同頁．

41）第4回調査，表21組織の設立支援・支援元（問19）参照．

42）第4回調査，表24，25，27参照．

43）なお，6位が「経済活動の活性化，雇用機会の拡充」（6.4％）.

44）第4回調査結果参照．

45）第4回調査結果，表62参照．

46）第4回調査結果，表3参照．

47）第4回調査結果，「表86　職業訓練法人の収入内訳（日本，2017年）」参照．

48）第4回調査結果，「表106　日常的にもっとも関わりのある行政機関」参照．

49）同上，「表110　現在取得している法人格や税制について」参照．

50）同上，58-61頁．

51）第4回調査結果，「表110　障害となっている法的規制（問38）」参照．

52）同上．

53）第4回調査，単純集計表に基づく．

54）同上．

55）ただし，提供する教育訓練サービスの分野や訓練期間によっては，提供主体の間には競争や利用者選択の環境に大きな差異がある．例えば，稀少な分野で技能習得に長期の訓練コースを設定している場合は，競争主体や利用者の選択肢も限定されている．

56）例えば，1995年4月，更生保護事業法案を審議した第132回国会衆議院法務委員会において，政府委員（法務省保護局長）は，同法案により，更生保護会が民法法人から更生保護法人に移行することができるようになることは，「従来から更生保護会側から強い要望」があるとともに，各更生保護会に対する意向調査でも「おおむねほとんどの更生保護会が組織変更を希望している」こと，また主務官庁（法務省）側としては同法の

意義を「従来の民法法人からこの法律に基づく特別な法人に更生保護会を格上げするということ」と説明している．第１類第３号　法務委員会議録第７号　平成７年４月26日，2-3頁．

57）私立学校法，社会福祉事業法について，初谷2001a：152-156参照．いずれも憲法第89条後段の政府解釈に整合する立法的措置としての意味があった．

58）宗教法人令及び宗教法人法について，初谷2001a：156-158．ポツダム勅令であり準則主義に立つ宗教法人令（1945年）の悪用，濫用が社会的非難を招き，1951年，準則主義を排し，認証主義を採用する宗教法人法（1951年）が公布，施行された．

59）「中間法人の誕生と展開が示唆するもの」について，初谷2012：第１章（32-92），「中間法人の転生：一般社団法人への移行がもたらすもの」について，同：第２章（93-116）参照．

60）中間法人の業務類型（活動分野）について，立法趣旨を超える展開が出来していることを分析したものとして，同上の初谷2012：第１章（32-92），第２章（93-116）参照．

61）以下，同上の拙稿を，第一，第二として要約した．その限りで文章を再掲している部分があることをお断りしておきたい．

62）同上．「基本法」には，教育基本法のように形式的に「基本法」と名付けられている法規範と，実質的に「基本法」の規定内容を有する法規範の両方を含む．引用文では，民法のように他の個別法に対して何らかの「枠づけ」や「方向性」（方針・指針）を示す機能を有する基本的な法律という意味合いで「基本法」を用いている例である．なお，基本法の概念，問題点については，川崎2005a，同2005b，同2006a，同2006b，同2006c，同2007参照．

63）この点に関し，佐久間毅は，「「非営利法人法」という学問分野が確立するまでの間は，これ［一般社団・財団法人法：筆者注］を中心に非営利法人にかかる諸問題を取り上げることには，（一般社団・財団法人法は会社法を参考にした規定・制度を数多く置いており，会社法とともに検討することが望ましい面があるにもかかわらず）一定の合理性がある」とする（佐久間2012：329）．なお，そうした観点からの非営利法人に関する法の検討例として，佐久間ほか2017参照．

64）前掲の国税庁法人番号公表サイトで検索すると一般社団法人：４万8871法人，一般財団法人：7075法人が検出される（2018年３月11日現在）．これらのすべてが実在する法人か否かは精査する必要があるものの，法人格創設以降の増勢は顕著である．

65）原著論文では，前者の例として宗教法人，後者の例として医療法人について論述している．すなわち，宗教法人については，制度改革により，特別法法人から個別の根拠法に基づく法人に位置づけが変化することに対して反発した同法人関係者によるロビー活動により，民法第33条第２項に「祭祀・宗教」の文言が残ったが，公益認定法第２条第４号の公益目的事業の定義には同文言は掲げられておらず，別表では「信教の自由」が掲げられるにとどまったことにふれた．医療法人については，社会福祉法人と同様に，各法人の改革に向けた調査や研究，報告等の契機となったことを挙げ，2006年第５次医療法改正（2007年４月施行）により，医療法人の非営利性の徹底と公益性の追求を前提として，「社会医療法人」が創設されたことにふれている．初谷2015a：192-193．

66）ただし，社会福祉法人については，社会福祉基礎構造改革の過程において規制緩和の

文脈でその見直しに取り組まれ，宗教法人については，一連のオウム真理教事件などを契機にそのあり方が問われた．初谷2005b 参照（一部，文章を再掲）．

67）社会福祉法人制度改革は，2016年3月31日に成立，公布された「社会福祉法等の一部を改正する法律」に基づく改革を指し，福祉サービスの供給体制の整備及び充実を図るため，社会福祉法人制度について経営組織のガバナンスの強化，事業運営の透明性の向上等の改革を進めるとともに，介護人材の確保を推進するための措置，社会福祉施設職員等退職手当共済制度の見直しの措置を講ずるものである．

医療法人制度改革は，2015年9月16日に成立，同年9月28日付けで公布，2016年9月1日に施行（一部の規定は2016年9月1日から施行）された第7次改正医療法に基づく改革を指し，医療法人のガバナンス強化等を内容とする．いずれも厚生労働省ウェブサイト参照．

68）景観整備機構の場合は，なお対象とする法人類型を一般社団・財団法人及び特定非営利活動法人の二つに限定している点で過渡的な措置といえるかもしれない．

69）活動分野が主務官庁制の所管をまたがる場合とは逆に，所管を異にする主務官庁が再編されて一体化することにより，管轄下の公益法人の活動分野が拡充して，その後，公益法人制度改革を経て，自律的に拡張した活動分野を有している例として，次のような事例がある．1958年，食中毒防止を目的とした調理士資格が厚生省により設置され，翌1959年，調理士養成施設の指定（認定）が始まり，卒業により調理士資格を取得する道が開かれた．同年，調理師養成施設の協会である全国調理士養成施設協会（全調協）が，厚生省の管轄下に発足する．なお，調理士養成施設である調理師専門学校は文部省の管轄下にもあった．一方，1958年の職業訓練法（33年法）制定後，44年法に改正された後，1973年に「調理」が同法の指定職種の一つとして指定される．1976年には，調理士を育成する調理訓練校の協会である全国調理職業訓練協会が労働省管轄下に設立され，1979年に社団法人化された．厚生省と労働省と主務官庁を異にする間，厚生省所管の調理士養成施設は労働省所管の全国調理職業訓練協会への入会が認められなかったが，2001年，中央省庁再編により厚生労働省が発足し，社団法人全国調理職業訓練協会の定款変更により調理士養成施設（調理師専門学校）は同協会の正会員として入会するようになった．同法人は，現在，公益法人制度改革を経て，公益社団法人全国調理業訓練協会となり，職業訓練事業とともに，「介護食士」資格事業等を推進している．同法人ウェブサイト参照．

70）なお，同プロジェクトに基づく調査結果を紹介し，教育訓練プロバイダーの現状と個人の能力開発行動について論じたものとして，藤波・今野2008参照．

71）なお，集計結果の記述において「職業訓練法人等」という区分が用いられているのは，職業訓練法人だけでなく，職業能力開発協会や，他の組織形態に含まれていない組織（NPO法人，労働組合，任意団体など）を含めているためであり（36頁），職業訓練法人に限定した結果ではないことに注意する必要がある．

72）人材ビジネス産業中最大の市場規模をもつ労働者派遣業の売上高ベース2兆8600億円（2004年度）の半分弱，わが国就業者数約6000万人であり，1年の間に就業者の約3人に1人が講習会・セミナーあるいは通信教育に参加していることを示すとしている（5頁）．

168　第Ⅱ部　非営利法人の系統と伸展

73）2017年度に，同一分野の訓練科目について，京都府（2017年8月），愛知県（2017年10月），奈良県（2018年2月）の3職業訓練法人（職業訓練校）で聴取した．この点を正確に把握するには，改めて，職業訓練法人全体を対象とした調査を必要とする．

74）後2013参照．後2009にいう「NPO―行政関係の戦略論的考察」が求められている．

第 III 部

非営利法人の分類と評価

第6章
NPO 分類と公益性評価

はじめに

　社会科学や人文科学の分野に自然科学の概念や方法論を導入，援用すること
で新たに優れた知見が開拓，提示された例は少なくない．たとえば，梅棹忠夫
の「文明の生態史観」などはその好例であるように思われる．1957（昭和32）
年，『中央公論』2月号に「文明の生態史観序説」として公表されたその論考
は，ユーラシア大陸を各々が特有の遷移（サクセッション）の型を持つ「第一地
域」と「第二地域」に二分する．日本と西ヨーロッパという東と西の果てに「第
一地域」があり，その内側には中国，インド，ロシア，イスラームという四つ
の巨大帝国が興亡する「第二地域」がある．両者における近代化の過程の差異
を第一地域は「オートジェニック（自成的）なサクセッション」，第二地域は「ア
ロジェニック（他成的）なサクセッション」として，西ヨーロッパの文明と日
本の文明は，ともに「第一地域」として「平行進化」し現在に至っていると論
じ（梅棹1957，梅棹1967，梅棹編2001：36-37），その独創性によって多くの人々に知
的衝撃を与えた．

　NPO（非営利組織）学は，対象となる NPO の組織も多岐にわたり活動もあら
ゆる分野に及ぶことから，社会科学，人文科学，自然科学といった学術の分類
の一つに収まりきるものではなく，優れて学際的である．

　本章では，「学際」ないしあらゆる「学」に通底する「分類」についての考
え方を，系統分類学の取り組みに素材を求め，NPO の分類にはどのような種
類があり得るのか，また，それぞれの分類はその目的に照らした有効性や機能
を発揮し得るのか，といった問題関心から出発し，一定の整理を試みるもので
ある．[1]

172　第Ⅲ部　非営利法人の分類と評価

1　分類学の概念と術語

　はじめに，議論の前提となる概念や術語について，中尾佐助がその晩年の1990
年に著した『分類の発想——思考のルールをつくる』（中尾1990）に依拠して，
生物分類学から一般的な分類学，そして非営利法人の分類に適用できる概念や
術語（ターミノロジー）を示す.
　中尾は，同書を，植物分類学や図書分類学など特定分野にのみ関わった分類
学ではなく，「特定分野を超えた，普遍性のある分類学という体系」が可能か
という命題に挑戦する試みであるとしており（同書：6-7），本書第2章で見た
文化系統学の系譜に連なる先達である.

1.1　タクソンとクライテリオン

　「タクソン」［taxon, taxa（pl.）］とは，「大小にかかわらず，あるシステムに
のっとって設定された分類単位」である. 例えば，それぞれ名前を持った植物
の種（スピーシス，species）は，独立したタクソンである. そして，「パラレル・
タクソン」とは，種レベルのタクソン同士のように，同格（equivalent）のタク
ソンを指す. また，「ノンパラレル・タクソン」とは，種のタクソンとの関係
で種の上の属，科，目，綱といった異なるレベルのタクソンを示す. 綱，目，
科，属，種の配列は「ヒエラルキー分類システム」と呼ばれる. 上位，下位の
相対的関係は，マクロタクソンとミクロタクソンとして表現される（中尾1990：
35-41）.
　また，「クライテリオン」［criterion, criteria（pl.）］とは，何らかの分類の
ための標準，基準をいう. 範疇という場合もある. 1つの分類体系の中で，い
ろいろ論議が起こる場合，クライテリオンの採否やその評価をめぐって起こっ
ていることが多い（同上：52-53）.

1.2　分類の種類

　分類には，大分類として，類型分類，規格分類，系譜分類，動的分類の四大
タクソンが考えられる（同上：80）. このうち，最後の「動的分類」は前三者を
複合した分類に積極的意義を見出す場合であることから，以下では前三つの分
類方式を見る[2].

1.2.1. 類型分類

（1） 意 義

第一に，「類型分類」は，現在の社会生活で日常出会う何らかの分類，あるいは人文科学その他の学問の中に登場する分類の大部分であって，あたかも自明の分類のように受け止められているものは，ほとんど類型分類の中に入る方式によっているとする（同上：80）．ただし，中尾は，学問に登場する類型分類については，その設定，運用の実態に厳しい評価を下している（後掲）．

（2） 特 徴

類型分類の特徴は，それが長所にもなり短所にもなるという双面性をもっている．中尾はその著書において類型分類の特徴について随所で言及しているが，それらは概ね次の2点に集約することができる．

第一は，クライテリオンの選択に関するものである．類型分類は，クライテリオン選択の自由が無制限であり，およそあらゆる事象観念をイメージ的にとらえて，クライテリオンを自由に転換しながら，適当な数に自由に分離分類できる．その結果，クライテリオンの設定法如何によっては，実に異なった分類結果が成立することになる（同上：81，107，188）．

このことは，類型分類を，分類する者の心情に合致しやすく，平易で分かりやすく，使いやすいものにしている（同上：81）．また，同一の事象に対して多様な類型分類がそれぞれ誤りなく成立でき，そうした多様な類型分類の中でどれを採用するかは，その類型分類で何を説明し，推理し，その他の用途に有用であるか否かで決めることができるから，分析のツールとしての実用性は大きい．広範に用いられるゆえんである（同上：330）．

反面，クライテリオンの選択が主観的で，イメージ優先（情緒的）になりがちで，タクソンの設定に厳密性が欠け，その境界が不明瞭であるのが常であるため，類型分類の結果は精緻な議論や入念で詳細な研究には不適当となることが多いとされる．また，イメージの頼り無さということに基因した欠陥は終始つきまとうため，客観的な信頼性が薄弱になるおそれがある（同上：81，188）．

第二は，その分類が有用性を発揮しうるタクソンの数はどの程度のものかという点に関わる．パラレル・タクソンの数は，それが数十ぐらいまでが限度である場合は，類型分類として理解しやすい．しかし，それ以上に数が多くなると収拾困難になるため，上位のマクロタクソンを設定して整理する必要が生ずる．ただし，それはたいてい困難になりがちである（同上：81）．

この点について，中尾は，何百万というタクソンの分類であるために，混乱しやすく疑問点が出てくるものとして図書分類の例を挙げている．そして，図書分類の場合には，そもそも分類のクライテリオンをいかに設定するべきかという研究やその開発こそが，今後の発展の道であるという（同上：62）．

（3） 比　較

タクソンの比較は，パラレル・タクソンの間で行うのが一番正当であり，その比較の結果は，そのパラレル・タクソン設定の論理の通用する範囲内ではより信頼性が高い．異なった類型のパラレル・タクソンの間でも比較はできるが，そのときには類型の異なるパラレル・タクソン間の比較であることを考慮して作業を行う必要がある（同上：127-128）．

このことを簡単に図示すると図6-1のようになる．クライテリオンを線分で表し，クライテリオンAA'による類型分類とクライテリオンBB'による類型分類では，それぞれxとy，pとqがパラレル・タクソンとなっているものとする．正当な比較は，これらパラレル・タクソンの間で行うのが本来の姿であり，例えばxとpとの比較はクライテリオンが異なることを前提に議論しなければならない．

中尾は，こうした原則から見て疑問が多いものとして，社会科学的な文献での言葉の概念規定が著者によって異なり，相互に比較できないことを挙げている．そして，それを改める方法として，例えば，「民主主義」という言葉を例にとれば，それを一つのタクソンとして考え，そのパラレル・タクソンとして「君主政治」，「貴族政治」など理念レベルの分類について，その理念に応ずる政治体制，社会体制の実在した標本を指定するべきであるとする．指定する場合，単一の標本を指定してもよいし，複数の標本を指定してもよい．単一標本

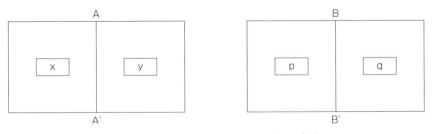

図6-1　タクソンとクライテリオン（1）

（出所）筆者作成．

法による標本のように1点のみを指定する場合は，その要件は，近縁のパラレル・タクソンとの区別点を明確に備えていれば，それで最低条件は充たされる．また，複数標本を指定する場合は，パラレル・タクソンを明快にし，標本を複数設定することにより，一つの論理体系としての明快さが生まれてくるという（同上：150-152）．

　また，比較の問題に関して，もう一つの問題は「孤立タクソン」に関するものである．「孤立タクソン」とは，一般的には生物の系統分類学の中で使用されてきた用語で，系統樹の上で他の大部分とひどく離れているタクソンの呼称である．しかし，中尾が提出する「孤立タクソン」という概念は，典型的には何かの一つのキーワードを考え，それだけにすべての考察を集中してしまう場合のことで，消極的な意味で用いられている．つまり，上記の原則のように，あるパラレル・タクソンについて平等に考察しながら，キーワードとなったタクソンを明らかにするという姿勢ではなく，まず独立，孤立したタクソンが先にありきとされ，パラレルな比較の視点が欠けている場合である．分類学から見ると，これはパラレル・タクソンが問題とされておらず，またそのタクソン設定の理論的システムも欠けたものということになる．

　孤立タクソンの論理の具体例として，中尾が挙げるのは，「根強くやっている日本論，日本文化論」である．いわゆる「日本（日本文化）は特殊で世界に類がない」という類の議論である．中尾は，こうした孤立タクソンの理論はいつも主観的につくられ，パラレル・タクソンと正当に比較されることがないために客観性を欠き，到底信用できない理論が提出されていると批判する．

　孤立タクソンの論理構造にはパラレル・タクソンという発想が欠如しており，そうした日本論，日本文化論においては，若干は外国や外国文化との比較が登場するものの，その比較相手をタクソンとして見ると，パラレル・タクソンであるのか，あるいはレベルの異なったタクソンであるかの吟味が欠けていて，恣意的に抽出して比較がなされているという（同上：121-122）．

　ではどうすべきか．「日本文化論」に例をとると，分類学の方法論でいえば，後述の「規格分類」の考え方に基づき，客観的に識別できる「言語」を手がかりにして，まず文化タクソンを設定するべきであるという．つまり，言語によって客観的な基本的タクソンを設定したうえで，キーワードの「日本文化」とし，タクソンとパラレル・タクソンになるものとして，「朝鮮文化」や「ベトナム文化」との比較の中から「日本文化」の特質を明らかにしていくことになる（同

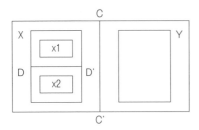

図6-2 タクソンとクライテリオン（2）

（出所）筆者作成．

上：123-124）．

（4）層化

次に，タクソンは，クライテリオンを段階的に設定していくことで，「層化」する．上位のタクソンはマクロタクソン，下位のタクソンはミクロタクソンとして，それぞれの下位，上位のタクソンと包含・被包含関係を結ぶことになる．

このことを図示すると図6-2のようになる．クライテリオンCC'によって分けられた二つのセルのうち，一方に含まれるタクソンXについて，さらにクライテリオンDD'でx1とx2に分類したとき，タクソンx1やx2は，Xとの関係ではミクロタクソンとなる．

1.2.2. 規格分類

第二に，「規格分類」とは，「数量」あるいはその他の明確に区別される何らかの「属性」などをクライテリオンとして採用して分類する方法である．

規格分類は，類型分類の欠点を補う側面を持っている．しかし，規格分類のクライテリオンが明確であるからといって，常に規格分類が類型分類よりも優れているかというと，必ずしもそうではない．「規格分類が，より高度のすぐれた分類方式と思い違いをするのは，まあ愚かな発想といってよ」く，分類の方式は，それぞれの場合，目的に応じて有効なものを自由に選択して使用すれば足り，原理として両者間に優劣はないというのが中尾の考え方である（同上：123-124）．

1.2.3. 系譜分類

第三に，「系譜分類」とは，過去の系譜，因縁がどうであったかを唯一のクライテリオンとする分類方式である．従って，系譜分類の対象となり得るものは，過去の歴史の上に成立しているものでなければならないが，時間を超越した対象を議論する場合はともかくとして，およそあらゆる事物や現象は時間とともに存在するといってよいから，論理的には，これらすべての場合に系譜分類は成立し得る．

第6章 NPO分類と公益性評価　*177*

系譜分類は，具体的な作業目的として「系統樹」をつくりあげることに要約されることから，同時に「起源論」が解明されてくることを意味する（同上：313）．つまり，系譜分類は分類対象を時間軸に従って配列することによって，その起源に遡る営みであり，その点で大きな意義をもっている．

1.3　分類間関係 （複合分類）

以上のように，大別すると類型分類，規格分類，系譜分類という三つの分類方式があるが，これら分類相互の関係としては，大きく分けて，同一の分類の間の関係と異なった分類の間の関係とが考えられる．

1.3.1.　同一分類間関係

第一に，同一分類間関係である．その例として，複数の類型分類間の関係を取り上げる．この点に関し，中尾は頻繁に用いられている「類型2分類」を取り上げ，その問題点を次のように指摘している．すなわち，類型2分類は，価値観と結合させるのに一番便利な分類方式だが，中間の灰色部分を排除し，白か黒かのいずれかに決するという無理の強行が許されるという前提条件が許容されており，この点が基本的な欠陥であるという（同上：146）．グレーゾーンの存在を認めない，あるいは認めたくないという傾向に陥りがちだというわけである．

さらに，この2分類が「正・誤」の分類であるとすると，例えば何らかの問題に一つの正しいとされる解答が出ると，他の解答はすべて誤りと見てしまうという「分類の誤用」に陥りやすいともいう（同上：146）．

「驚くべきことは，学問の世界でも二分類が恐るべき程度に多用されていることである．それはどうも社会学，あるいは社会学まがいの分野に一番目立っているようである」とするが，類型2分類は，社会科学の文献では頻繁にみられる．特に，2種のクライテリオンによって四つのパラレル・タクソンを提出し，命名するという例（中尾1990：148）がよく利用されている．タクソンを命名しなくとも，代わりに四つの象限を区別して，それらを比較する例も少なくない．

上記の欠陥を補う方法として，中尾は，類型2分類を避け，少なくとも3分類を用いるべきではないかと提案している．黒か白かだけでなく，灰色は灰色というタクソンを認めれば，それは類型3分類であり，一般的には黒白を明快

178 第Ⅲ部 非営利法人の分類と評価

に区別できる事柄はむしろ稀であるので，類型分類では少なくとも３分類を使用し，９タクソンとする方が，各々の誤差を少なくすることになり，より信頼性が高くなることが期待され望ましいとする（同上：172-173）．

ただし，では類型分類が多分類になればなるほど望ましいのかというとそうではない．類型分類は基本的性格上，タクソン間の境界区別が明確ではないため，多分類にするとその欠陥が重複されて錯綜し，分類の目的が損なわれてしまうからである（同上：174）．

1.3.2. 異分類間関係（複合分類）

「多様な分類が同一事象に適用されたとき，それらの個々の分類が相互にいかなる関係にあるか」という命題について，同一事象を異なったシステムで独立して分類した結果を総合的にまとめあげた分類というものが，第二次の分類として登場する必要が出てくる．これを中尾は「複合分類」と名づけている．実例として元素の周期表が挙げられている（同上：320）．

そして，類型分類，規格分類，系譜分類などの諸分類方式の成果が総合された，二次展開の分類方式として，「動的分類（ダイナミックシステム）」という概念を提示し，上記の「複合分類」としての実例に加えて，将来はさらに内容豊かな「動的分類」へと発展できると述べている（同上：331）．

2　NPO分類

2.1　タクソンとクライテリオン

2.2.1.　タクソン

１でみた一般的な分類学の概念や用語を，NPOの分類について援用して検討してみよう．

NPO分類の場合，個々のNPOは個体として一つずつ異なるから，組織ごとに一つのタクソンであるとみることも可能ではあるが，それでは膨大になりすぎる．生物の場合と同様に，一定の「種」（スピーシス）ごとにタクソンであると考えるとすると，その「種」の名称が問題となる．

クライテリオンとして「営利性」の有無でまず分類すれば，営利法人と非営利法人に二分されるところ，わが国はこれに「公益性」というクライテリオンを加えて公益法人と非公益法人の２分類も重ねることによって，４分類とし，

明治時代に「営利法人」と対比して「公益・非営利法人」である公益法人制度がスタートした（本書第2章参照）.

　表6-1は，この4分類について，NPO法が制定された翌年1999年の政府（総理府）による法人の捉え方を示している．同図では「非公益・非営利」の象限は「中間法人」の名の下，それぞれ個別根拠法に基づく労働組合，信用金庫，協同組合，共済組合が例示されている．

　この4分類の下では，国民が「非公益・非営利」の活動を行う団体について簡易に法人格を取得する道は閉ざされていた．「非公益・非営利」の象限は「法の空隙」とされ，いわゆる「中間法人」問題として長年にわたりその法制化が論議されてきた（たとえば総務庁は法務省に対して中間法人制度創設に関する検討を行うよう1980（昭和60）年，1992（平成4）年に勧告を重ねていた．初谷2001a：172-173）.

　NPO法制定の後，ようやく法務省が非公益・非営利法人の法人格取得のための法案を国会に提出する運びとなったが，その際の「非公益・非営利法人」の名称については，一時は「共同法人」とする案も浮上したが，法務大臣の意見も踏まえ「中間法人」に戻った経緯がある[3]．その結果，表6-1の「非公益・非営利」の象限には総称としての「中間法人」だけでなく，「中間法人」という法人類型が追加され，「法の空隙」が充填された[4].

　中尾によれば，「新しいタクソンの発見，設定，あるいは従来からあったタクソンの概念の修正，変更などにあたっては，新しい命名をするとか，あるいは慣用されてきたタクソン名に概念の変更を示す何らかの標示を付するのが適当」であるとしたうえで，「こうした命名の問題は，社会科学，人文科学の分野ではほとんど関心が払われず，混乱しているのが現状である」と指摘している（中尾1990：42-43）.

　中間法人制度の問題は，新しいタクソンの設定に際しての命名問題として，ひろく公論を求めることがふさわしい問題であるように思われたが，閣法として提出されるに当たり，そうしたプロセスは踏まれることはなかった.

　1世紀前に公益法人制度がスタートしたときの立法者意思を顧みるとき，この「空隙」充填（公益法人制度の純化）問題を生む原因ともいえる「営利性」と「公益性」という二つのクライテリオンによる類型4分類そのものの意義を問い直すような審議にはいたらなかった.

180　第Ⅲ部　非営利法人の分類と評価

表 6-1　法人の分類（総理府，1999年）

	非公益		公益	
非営利	中間法人		公益法人	
	労働組合	（労働組合法）	社団法人	（民法）
	信用金庫	（信用金庫法）	財団法人	（民法）
	協同組合	（各種の協同組合法）	学校法人	（私立学校法）
	共済組合	（各種の共済組合法）	社会福祉法人	（社会福祉事業法）
	中間法人（仮称）		宗教法人	（宗教法人法）
			医療法人	（医療法）
			更生保護法人	（更生保護事業法）
			特定非営利活動法人	（特定非営利活動促進法）
営利	営利企業		公共企業	
	株式会社	（商法）	電気会社	（商法・個別事業法）
	合名会社	（商法）	ガス会社	（商法・個別事業法）
	合資会社	（商法）	鉄道会社	（商法・個別事業法）
	有限会社	（有限会社法）		
	相互会社	（保険業法）		

（出所）総理府編1999：4（表1-1-1）に筆者一部加筆.
　　・原図では，各セルの配置が，左上（非営利×公益），右上（営利×公益），左下（非営利×非公益），右
　　下（営利×非公益）であったが，本書第1章の図と座標軸を合わせ，左上（非営利×非公益），右上（非
　　営利×公益），左下（営利×非公益），右下（営利×公益）とした．また，左上（非営利×非公益）の
　　セルに，当時，法制定に向けて検討されていた法人類型としての「中間法人（仮称）」を追加した.

2. 2. 2.　クライテリオン

（1）　制　度

　上記のように，タクソンを分かつクライテリオンの第一は，法制や税制など
「制度」を用いるものである（以下，「制度志向分類」という）．法人格の有無や，
税制優遇措置の有無，程度などがクライテリオンとして活用される．従来「法
人類型」として用いられる.

　例えば，**図6-3**は経済企画庁がNPO法制定から2年後の2000年に「NPO
に含まれる団体の種類」として「国民生活白書」で示した図である．法人格の
有無と法人格の種類で分類しており，同白書本文で次のように説明されている.

　「（NPOの狭い定義から広い定義まで）

　　このように，組織化されたボランティア団体や市民活動団体は「NPO」

図6-3　NPOに含まれる団体の種類（経済企画庁，2000年）

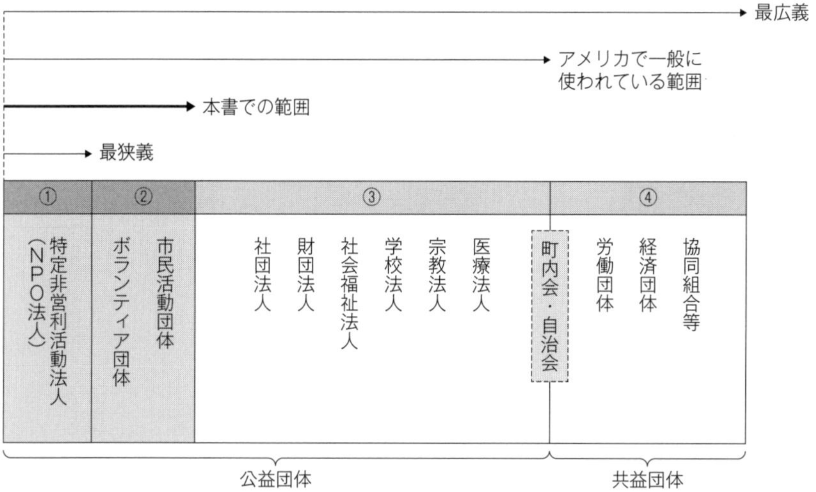

最広義

アメリカで一般に使われている範囲

本書での範囲

最狭義

①	②	③	④
特定非営利活動法人（NPO法人）	ボランティア団体　市民活動団体	社団法人　財団法人　社会福祉法人　学校法人　宗教法人　医療法人　町内会・自治会	労働団体　経済団体　協同組合等

公益団体　　　　　　　　　　　　　　　　　　共益団体

（出所）経済企画庁2000：「第5章　ボランティア活動の促進とNPO　第1節　高まるNPOへの期待　2　NPOの定義」.

と呼ばれる．しかし，NPOという語は，国民の間ではまだまだ知られていない．当庁「国民生活選好度調査」（2000年）によると，「十分に知っている」人は2％にすぎず，「ある程度知っている」人でも19％にとどまっている．以下ではNPOの考え方を整理しておこう．

　NPOにどのような団体を含むかについては，色々な考え方が存在している（第I-5-3図）．狭義から広義まで，国内でも海外でも使われ方は統一されていない．

　本書におけるNPOは，①NPO法に則して認証されたNPO法人，②そのような法人格は取得していない市民活動団体やボランティア団体，と二つの類型を含むものと考えて議論をしている．

　なお，必要に応じて，広い定義を参照する場合がある．」

　この説明は，図の①〜④を「類型」として意識しているが，欄外に「公益団体」，「共益団体」の区別が付記されていることから，同図では「公益性」，「営利性」，「法人格」（団体格）の三つのクライテリオンが用いられていると考えられる．同図の目的はNPOの定義を説明するものであるため，類型が一列に配

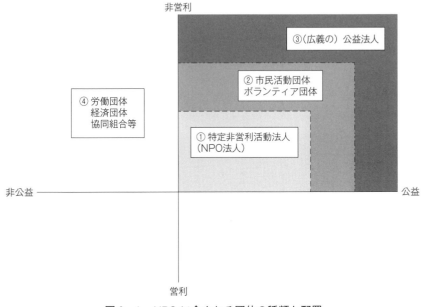

図 6-4　NPO に含まれる団体の種類と配置
(出所) 筆者作成. 図 6-3 を 4 象限に配置.

列され, 定義ごとの範囲を示すために複数の矢印が付されている.
　この図に用いられているクライテリオンを明示するには, 同じ内容を例えば, 図 6-4 のようにも表現することができる. ①〜④というタクソンは,「法人格」をクライテリオンにすれば「①と③」と「②と④ (任意団体のもの)」がパラレルになり,「公益性」をクライテリオンにすれば,「①・②・③」と④がパラレルになる.「営利性」をクライテリオンにしたときの「①〜④」のパラレル・タクソンは示されていない.
　また, ②, ③, ④の各々の中に列挙されている法人名や団体名は, これらのタクソンについて, 類型分類によってミクロタクソンを詳細に検討する下向分類をした結果にほかならない.
　(2) 目　的
　クライテリオンの第二は, NPO の「設立目的」によって分類するものである (以下,「目的志向分類」という). これにはその目的に沿った「活動内容」,「業務内容」による分類も併せて考えてよいだろう. NPO 法制定当時に立ち返る

と，各法人類型ごとに使用されている分類は，この型のものが少なくなかった．国際比較で用いられている「非営利組織国際分類」(ICNPO) や，国内の例では，市民活動団体の活動分野別の類型，特定非営利活動法人の活動分野12類型（当初），公益法人の設立目的による類型，特定公益増進法人のかつての政令第3号に定める業務類型などは，いずれもこのタイプである．

（3）　その他

クライテリオンとして採用し得るのは，制度や目的だけではない．類型分類はクライテリオンの自由な採用が特徴でもある．各種の法人統計では「財産規模」や「組織規模」がクライテリオンになり，規格分類がなされることが多い．営利法人の場合は，中小企業法制に見られるように企業の規模によって法の規律そのものが異なっている．

また，「組織機構」をクライテリオンにして，例えば「理事の出身セクター別の支配度」や「評議員会の有無」をクライテリオンにして類型分類し，当該法人の独立性や組織運営の客観性を論じる例もみられる．

このほか後述するが，「公益性」をクライテリオンとすることもある．その場合であっても，それをたんに公益法人の類型を整理するための静的な類型分類としてみるだけでなく，一連の公益性評価システムにおける評価の根拠として考えると，評価主体の評価活動である「分類」を左右するクライテリオンとして重要な意味をもってくる．

2.2　分類の種類

2.2.1.　制度志向分類

（1）　団体・法人類型による分類（経済規模調査の対象団体）

この分類の例として，かつて経済企画庁が日本のNPOの経済規模を計測するときに用いた対象団体は，**表6-2**のように提示されていた（経済企画庁国民生活局編1998：9）．この表では，「団体名」のレベルに配列された各種法人・団体がタクソンとして設定されているが，そのマクロタクソンとして，「公益法人等」，「公共法人」，「協同組合等」，「非法人」，「普通法人」が配列され，さらにその上位のマクロタクソンとして，「非営利性」をクライテリオンとする「非営利法人」と「営利法人」の区別が掲げられている．「×」を付して調査対象としていないタクソンについては，備考欄に理由が付されており，NPOの定義の要件を何らかの形で充たさないものとして排除されたものである．

184　第Ⅲ部　非営利法人の分類と評価

表6-2　非営利組織経済規模調査の対象団体

団体名			今回調査	備考	SNA対家計 民間非営利団体	JHCNP
非営利	公益法人等	社団法人	○		△（注2）	○
		財団法人	○		△（注2）	○
		学校法人	○		○	○
		社会福祉法人	○		○	○
		宗教法人	○		○	×
		更生保護法人	○		○	○
		労働組合	○		○	○
		共済組合	×	非政府性に不適応	×	×
		厚生年金基金	×	非政府性に不適応	×	×
		商工会・商工会議所	○		×	○
		国際交流基金　等	×	非政府性に不適応	○	一部○
		アジア経済研究所	×	民間産業に該当	×	○
		日本自転車振興会・日本小型自動車振興会	×	民間産業に該当	×	×
		各種事業団等	×	非政府性に不適応	×	×
		政党・政治団体	○		○	×
		管理組合法人	×	自発性・外部性低い	×	×
		認可地縁団体	○		△（注3）	×
	公共法人	地方公共団体	×	非政府性に不適応	×	×
		事業団（年金福祉事業団）	×	非政府性に不適応	×	×
		金融公庫・特殊銀行	×	非政府性に不適応	×	×
		公社・公団	×	非政府性に不適応	×	×
		日本学術振興会・心身障害者福祉協会等	×	非政府性に不適応	○	×
		基金・振興会・協会等	×	民間産業に該当	×	×
	協同組合等	農業・漁業協同組合・森林組合	×	剰余金配当あり	×	×
		事業協同組合	×	剰余金配当あり	×	×
		消費生活協同組合	×	剰余金配当あり	×	×
		信用金庫・労働金庫・農林中金	×	金融活動に該当	×	×
		商工中金	×	金融活動に該当	×	×
	非法人	市民活動団体（事業所統計に含まれるもの）（注1）	○		○	○
		市民活動団体（都道府県又は市町村で確認可能）	○		×	一部○
		市民活動団体（都道府県又は市町村で確認不可能）	×	把握方法が未整備	×	
		地縁団体	○		△（注3）	×
		公益信託	×	産業に該当（一部社会福祉法人）	×	○
	一	医療法人	○		×	○
営利	普通法人	公共企業（電力・ガス・鉄道会社　等）	×	非政府性に不適応	×	×
		営利企業（株式・有限・合資・合名会社, 第3セクター）	×	非政府性に不適応	×	×

（注1）「市民活動団体」とは，平成8年度「市民活動団体調査（経済企画庁委託調査）」の定義に従い，「継続的，自発的に社会活動を行う，営利を目的としない団体で，公益法人でないもの」をさす．
（注2）社団法人，財団法人については経済団体が含まれていないことを示す．
（注3）認可地縁団体，地縁団体については事業所を構えている場合は含まれている．
　　　・SNAとは，国民経済計算（System of National Accounts）のことをさす．
　　　・JHCNPとは，米国のJohns Hopkins大学におけるComparative Nonprofit Sector Projectのことをさす．
（出所）経済企画庁国民生活局編1998：9．

2.2.2. 目的志向分類

(1) 「非営利組織国際分類」(ICNPO)

Johns Hopkins 大学国際比較研究プロジェクト (JHCNP)[5] の「非営利組織国際分類」(The International Classification of Non Profit Organizations (ICNPO)) では，大分類項目として，① 文化，芸術，レクリエーション，② 教育と研究，③ 保健医療，④ ソーシャル・サービス，⑤ 環境保護，⑥ コミュニティ開発，住宅，雇用，⑦ 法律サービス，アドボカシー活動 (市民活動)，⑧ フィランソロピー・インターミディアリー (仲介) 及びボランタリズムの応援，⑨ 国際活動，⑩ 業界団体・職業団体 等のグループが挙げられている (Salamon & Anheier 1994：118-121). なお，同分類では GROUP 7 として POLITICS，GROUP 10 として RELIGION を分類項目としては設けているが，前掲の同調査独自の定義 (要件) として加えられた「⑥ 非宗教的」，「⑦ 非政治的」に基づき，これらは研究対象からは除かれている (表6-3参照).

(2) 市民活動団体の活動分野

法人格を持たない NPO の活動実態を初めて調査した経済企画庁1997は，8万5786団体から無作為抽出した1万団体のうち住所のわかる9826団体に対する郵送によるアンケート調査結果をまとめている．ここに「市民活動団体」とは「継続的・自発的に社会的活動を行う，営利を目的としない団体で，公益法人 (社団法人，財団法人等) でないもの」をいうものとされている.

その活動分野は，大きく① 社会福祉系，② 教育・文化・スポーツ系，③ 国際交流・協力系，④ 地域社会系，⑤ 環境保全系，⑥ 保健医療系，⑦ その他，に分けられ，団体数の多い順をみると，「社会福祉系」(1551団体，37.4%)，「地域社会系」(703団体，16.9%)，「教育・文化・スポーツ系」(697団体，16.8%)，が上位3位を占める (N=4152団体，100.0%) (経済企画庁1997，山内1999：40-42) (表6-4参照).

(3) 特定非営利活動法人の活動分野

特定非営利活動促進法では，制定当初，同法別表において12の活動分野が定められている.

すなわち，① 保健，医療又は福祉の増進を図る活動，② 社会教育の推進を図る活動，③ まちづくりの推進を図る活動，④ 文化，芸術又はスポーツの振興を図る活動，⑤ 環境の保全を図る活動，⑥ 災害救援活動，⑦ 地域安全活動，⑧ 人権の擁護又は平和の推進を図る活動，⑨ 国際協力活動，⑩ 男女共同参画

186 第Ⅲ部 非営利法人の分類と評価

表6-3 非営利組織の国際分類 (ICNPO)

第1グループ：文化とレクリエーション
　　1　100　文化と芸術
　　　　　　・メディアと情報
　　　　　　・ビジュアル芸術，建築，陶芸
　　　　　　・パフォーミングアート
　　　　　　・歴史的，文化的，人文学社会
　　　　　　・博物館
　　　　　　・動物園と水族館
　　　　　　・多目的な文化と芸術の団体
　　　　　　・援助やサービス機関，評議会，標準機関および統治機関
　　　　　　・その他に分類されない文化や芸術団体
　　1　200　レクリエーション
　　　　　　・スポーツクラブ
　　　　　　　レクリエーション／娯楽または社会クラブ
　　　　　　　多目的なレジャー団体
　　　　　　　援助やサービス機関，評議会，標準機関および統治機関
　　　　　　　その他に分類されないレジャー団体
　　1　300　サービスクラブ
　　　　　　　サービスクラブ
　　　　　　　多目的なサービスクラブ
　　　　　　　援助やサービス機関，評議会，標準機関および統治機関
　　　　　　　その他に分類されないサービスクラブ
第2グループ：教育と研究
　　2　100　初等および中等教育
　　　　　　　小学校／中学校／高校の教育
　　2　200　高等教育
　　　　　　　高等教育（大学レベル）
　　2　300　その他教育
　　　　　　　職業／技術学校
　　　　　　　成人／生涯教育
　　　　　　　多目的な教育機関
　　　　　　　援助やサービス機関，評議会，標準機関および統治機関
　　　　　　　その他に分類されない教育機関
　　2　400　研究
　　　　　　　医療研究
　　　　　　　科学と技術
　　　　　　　社会科学，政策研究
　　　　　　　多目的調査機関
　　　　　　　援助やサービス機関，評議会，標準機関および統治機関
　　　　　　　その他に分類されない研究機関
第3グループ：保健医療
　　3　100　病院と社会復帰（リハビリテーション）
　　　　　　　病院

第6章　NPO分類と公益性評価　*187*

　　　　　リハビリテーションのための病院
　3　200　看護療養所
　　　　　看護療養所
　3　300　メンタルヘルスと危機調整
　　　　　精神病院
　　　　　メンタルヘルス処置
　　　　　多目的メンタルヘルス機関
　　　　　援助やサービス機関，評議会，標準機関および統治機関
　　　　　その他に分類されないメンタルヘルス機関
第4グループ：ソーシャルサービス
　4　100　ソーシャルサービス
　　　　　児童福祉，児童向けサービス，デイケア
　　　　　青少年向けサービスと青少年福祉
　　　　　家族向けサービス
　　　　　障害者向けサービス
　　　　　高齢者向けサービス
　　　　　自助および他の個人向けソーシャルサービス
　　　　　多目的のソーシャルサービス機関
　　　　　援助やサービス機関，評議会，標準機関および統治機関
　　　　　その他に分類されないソーシャルサービス機関
　4　200　緊急性と難民
　　　　　災害／緊急予防，救援と管理
　　　　　一時的避難所
　　　　　難民援助
　　　　　多目的緊急および難民援助機関
　　　　　援助やサービス機関，評議会，標準機関および統治機関
　　　　　その他に分類されない緊急および難民援助機関
　4　300　収入の支援と維持
　　　　　収入の支援と維持
　　　　　物質援護
　　　　　多目的収入の支援と維持機関
　　　　　援助やサービス機関，評議会，標準機関および統治機関
　　　　　その他に分類されない収入の支援と維持機関
第5グループ：環境
　5　100　環境
　　　　　公害減少と管理
　　　　　自然資源保存と保護
　　　　　環境の美化とオープンスペース
　　　　　多目的環境機関
　　　　　援助やサービス機関，評議会，標準機関および統治機関
　　　　　その他に分類されない環境機関
　5　200　動物
　　　　　動物の保護と福祉
　　　　　野性保存と保護
　　　　　獣医サービス

188　第Ⅲ部　非営利法人の分類と評価

　　　　　　　多目的動物機関
　　　　　　　援助やサービス機関，評議会，標準機関および統治機関
　　　　　　　その他に分類されない動物関連機関
第6グループ：開発と住宅
　　6　100　経済的，社会的およびコミュニティ開発
　　　　　　　コミュニティと近隣の機関
　　　　　　　経済的開発
　　　　　　　社会的開発
　　　　　　　多目的経済的，社会的およびコミュニティ開発機関
　　　　　　　援助やサービス機関，評議会，標準機関および統治機関
　　　　　　　その他に分類されない経済的，社会的およびコミュニティ開発機関
　　6　200　住宅
　　　　　　　住宅連合
　　　　　　　住宅援護
　　　　　　　多目的住宅供給機関
　　　　　　　援助やサービス機関，評議会，標準機関および統治機関
　　　　　　　その他に分類されない住宅機関
　　6　300　雇用と訓練
　　　　　　　職業訓練プログラム
　　　　　　　職業カウンセリングとガイダンス
　　　　　　　職業復帰と保護された作業場
　　　　　　　多目的な雇用訓練機関
　　　　　　　援助やサービス機関，評議会，標準機関および統治機関
　　　　　　　その他に分類されない雇用訓練機関
第7グループ：法律，アドボカシー活動と政治
　　7　100　市民・アドボカシー活動機関
　　　　　　　市民連合
　　　　　　　アドボカシー活動機関
　　　　　　　市民権連合
　　　　　　　人種連合
　　　　　　　多目的な市民の政策提言機関
　　　　　　　援助やサービス機関，評議会，標準機関および統治機関
　　　　　　　その他に分類されない市民・アドボカシー活動機関
　　7　200　法律と法的サービス
　　　　　　　法的サービス
　　　　　　　犯罪予防と公共の安全
　　　　　　　犯罪者の社会復帰
　　　　　　　被害者のサポート
　　　　　　　消費者保護連合
　　　　　　　多目的な法律と法律的サービス機関
　　　　　　　援助やサービス機関，評議会，標準機関および統治機関
　　　　　　　その他に分類されない法律と法的な機関
　　7　300　政治的機関
　　　　　　　政党
　　　　　　　政治行動団体

多目的な政治的機関
援助やサービス機関，評議会，標準機関および統治機関
その他に分類されない政治的機関
第8グループ：フィランソロピー・インターミディアリー（仲介）およびボランタリズムの応援
　　8　100　フィランソロピー・インターミディアリー
助成財団
ボランタリズムの応援とサポート
資金調達（ファンドレイジング）のインターミディアリー
多目的なフィランソロピー・インターミディアリーおよびボランタリズム機関
援助やサービス機関，評議会，標準機関および統治機関
その他に分類されないフィランソロピー・インターミディアリー機関
第9グループ：国際活動
　　9　100　国際活動
交換／友好親善／文化プログラム
開発援助連合
国際災害および救助機関
国際人権および平和機関
多目的な国際活動機関
援助やサービス機関，評議会，標準機関および統治機関
その他に分類されない国際活動機関
第10グループ：宗教
　10　100　宗教的会合と連合
プロテスタント教会
カトリック教会
ユダヤ教会
ヒンズー寺院
神社
アラブ教モスク
多目的な宗教機関
会合連合
援助やサービス機関，評議会，標準機関および統治機関
その他に分類されない宗教機関
第11グループ：業界・職業団体，連合
　11　100　業界・職業団体，連合
業界
職業団体
労働組合
多目的な業界・職業団体，連合
援助やサービス機関，評議会，標準機関および統治機関
その他に分類されない業界・職業団体機関
第12グループ：その他に分類されないもの
　12　100　その他に分類されないもの

（出所）Salamon & Anheiar 1994：118-121（笹川平和財団編訳1995：資料B）.

190   第Ⅲ部　非営利法人の分類と評価

表6‑4　市民活動団体の活動分野と主な事例 (経済企画庁1997)

分類	番号	活動分野	主な事例	団体数
1　社会福祉系	1	高齢者福祉	○高齢者施設訪問　○独居老人の家庭訪問　○訪問看護　○老人相談　○給食サービス　など	
	2	児童・母子福祉	○地域の子育て支援　○乳幼児の保育サービス　○共同保育　○母子家庭の自立支援　など	
	3	障害者福祉	○作業所や自立生活の支援　○手話・点訳活動　○障害児保育　○移送サービス　など	
	4	その他社会福祉	○福祉施設への慰問　○刑務所慰問　○いのちの電話　○カウンセリング　など	1551
6　保健医療系	5	健康づくり	○食生活の改善　○禁煙活動　○成人病予防　○歩け歩け運動　○断酒支援　など	
	6	医療	○末期ガン患者の介護　○難病患者の会　○医療情報の提供　○骨髄バンクの推進普及　○献血　○ホスピスのボランティア　など	196
4　地域社会系	7	まちづくり・村づくり	○地域緑化運動　○都市農村交流　○街並み・建物の保全活動　○地域おこし　○清掃活動　など	
	8	犯罪防止	○地域の犯罪予防　など	
	9	交通安全	○交通安全活動　など	
	10	観光の振興	○観光ボランティア　など	703
5　環境保全系	11	自然環境保護	○自然保護　○森林保全　○野生生物の保護　○河川のクリーン活動　○環境教育　○地域生態系の調査研究　など	
	12	公害防止	○ゴミの減量化　○過剰包装追放　○自然エネルギー推進　○公害の防止　など	
	13	リサイクル	○リサイクル活動など	415
2　教育・文化・スポーツ系	14	教育・生涯学習指導	○教育問題を考える活動　○学童保育　○不登校児教育など	
	15	学術研究の振興	○学術研究支援など	
	16	スポーツ	○少年野球等各種スポーツ指導　○スポーツ教室　など	
	17	青少年育成	○少年少女の非行防止　○青年学級　○こども文庫等読書普及　など	
	18	芸術・文化の振興	○伝統文化の継承，振興　○芸術文化の振興　○美術館・博物館のボランティアなど	697

第6章　NPO分類と公益性評価　*191*

分類	番号	活動分野	主な事例	団体数
3　国際交流・協力系	19	国際交流	○国際文化交流　○国際芸術支援 ○留学生との交流，支援　○帰国者支援 ○通訳ボランティア　○外国語講座 ○日本語講座　など	
	20	国際協力	○国際医療協力　○国際開発協力　○難民支援 ○発展途上国への援助，支援など	189
7　その他	21	消費者問題	○消費者保護　○有機農産物の生産・流通 ○自然食活動　など	
	22	人権	○人権啓発・擁護運動　○差別撤廃活動　など	
	23	女性	○女性の地位向上　○女性が働く環境づくり 　など	
	24	市民活動支援	○市民活動に関する情報収集・提供 ○市民活動の振興　など	
	25	平和の推進	○平和の推進 ○戦争資料の後世への引継ぎ　など	
4'　地域社会系	26	災害の防止・災害時の救援	○被災者救助　○救援物資の供給 ○防災活動　など	
7'　その他	27	その他	○その他	235
計				3986

(出所) 経済企画庁国民生活局編1997：39, 112. なお，表側の「系」分類の見出し：1～7'は，1～27の番号
　　を付された「活動分野」の列の対応する行に付した.

社会の形成の促進を図る活動，⑪ 子どもの健全育成を図る活動，⑫ 前各号に掲げる活動を行う団体の運営又は活動に関する連絡，助言又は援助の活動，の12分野である（活動分野ごとに活動事例として想定されていたものを示す**表6-5**参照）．

同法の立法政策過程において，これら12分野に集約されるまでには各政党，運動団体間でさまざまな論議が繰り返されたが，これらの活動分野自体も，同法の見直しにあたっては検討対象となる（経済企画庁国民生活審議会2000参照）[6]．この12分野を前掲の「非営利組織国際分類」と比べると，明らかに重ならないのは，⑩ 業界団体，職業団体のみであり，それ以外は相互に読み込み得る範囲と考えられる．

法人数の多い順をみると，「保健，医療又は福祉の増進」（1137法人，66.0％），「社会教育の推進」（580法人，33.6％），「まちづくりの推進」（549法人，31.8％）が上位3位を占める（2000年8月現在）[7]．

（4） 公益法人の設立目的

ここにいう公益法人は，公益法人制度改革前，改正前民法第34条に基づく旧公益法人を指す（以下，「公益法人」のまま表記する）．

公益法人については，活動分野別の類型は法定されていないが，総理府では従来「公益法人概況調査」において「設立目的別」の分類を行っており，そのデータは1993年から財団法人公益法人協会により『全国公益法人名鑑』として毎年公開されるにいたり，1997年からはさらに総理府編の『公益法人白書』にも掲載されていた[8]．

それによれば，大分類は，① 生活一般，② 教育・学術，③ 政治・行政，④ 産業の4分類（マクロタクソン）であり，その下に，例えば① 生活一般であれば，家庭生活，保健・衛生・医療，体育・レクリエーション，保育，福祉・援護，職業・労働，福利・共済，居住・環境，安全，その他，の10区分の小分類（ミクロタクソン）が設けられている（総理府編1999：79-81）[9]．

法人数の多い順は，大分類では，① 生活一般（1万4285法人，52.6％），② 教育・学術（1万783法人，39.7％），③ 産業（7609法人，28.0％），④ 政治・行政（3180法人，11.7％）となっており，小分類では，「保健・衛生・医療」（3896法人，14.4％）「教育」（3002法人，11.1％），「農林水産」（2342法人，8.6％）が上位3位を占める（同上）．（**表6-6**参照）．

（5） 特定公益増進法人の業務類型

特定公益増進法人については，法人税法及び所得税法の各施行令で法人類型

第 6 章　NPO 分類と公益性評価　*193*

表 6-5　NPO 法人の活動分野と活動事例

活 動 分 野	活 動 事 例
1　保健・医療又は福祉の増進を図る活動	高齢者・障害者への介護サービス，難病者の支援，高齢者への配食サービス，生活保護者の支援，共同作業所，障害者・高齢者の移送サービス，盲導犬の育成，聴覚障害者への声のボランティア，点字・手話サークル，老人相談室，自立生活の支援，作業所の支援，障害者保育，福祉マップの作成，命の電話，病気の予防グループ，医療に関するサービス提供，高齢者への精神的サポート（誕生カード・施設訪問等），障害者・高齢者への雇用紹介，母子家庭・寡婦（夫）の自立支援，公衆衛生，エイズ患者の支援，救急医療の普及，安全な食べ物の普及
2　社会教育の推進を図る活動	消費者保護・教育，フリースクール，高齢者の海外学習旅行の手助け，生涯学習の推進
3　まちづくりの推進を図る活動	歴史的建造物の保存，過疎の村おこし，地域おこし，町並み保存，地域情報誌の発行，花いっぱい運動，町の清掃活動，ひと鉢運動，都市農村交流運動，高齢者・障害者・外国人等への住宅のあっせん，地域議会ウォッチング，大規模開発等に対する住民の提案活動，自治体オンブズパーソン，公園の管理，地域産業の活性化，地域振興，コミュニティづくり
4　文化，芸術又はスポーツの振興を図る活動	民間博物館，歴史館，郷土資料館，おもちゃ博物館，スポーツ大会等の手伝い，伝統文化の振興・継承，美術館の開設ボランティア，地域の少年スポーツチーム，市民音楽団(市民オーケストラ)合唱団，学会，学術支援，スポーツ教室，スポーツ指導，歴史の探求会，演劇鑑賞会，芸術家の支援，映画の上映会
5　環境の保全を図る活動	熱帯雨林の保護，野鳥の保護，樹林の観際，ホタル生息地復活，野生生物の保護，森林保全，河川の浄化，わき水の保全，酸性雨調査，水質汚染調査，再生紙利用，棚田の保全，環境教育，オゾン層保護，地域生態系の調査，フロン回収，動物愛護，ナショナル・トラスト，リサイクル運動の推進，牛乳パックの回収，公害防止，古着販売・洋服のリフォーム，古本回収，ソフトエネルギー推進，住環境の維持・保全
6　災害救援活動	地震・津波等自然災害の救援，流出油災害等の事故災害の救援，被災者への支援，災害の予防活動，それらの調査・研究
7　地域安全活動	事故防止，交通安全活動，犯罪の防止活動，犯罪・事故被害者の救済・支援，犯罪を行った者の更生・援助，災害の予防，遺族の精神的サポート，犯罪者の社会復帰支援・家族支援
8　人権の擁護又は平和の推進を図る活動	軍縮，核兵器反対，地雷の禁止を求める活動，国際紛争の予防，戦争資料館，差別に反対する活動，人権啓発，子供の虐待防止，家庭内暴力からの保護，ホームレスの生活支援活動，売春防止，法律相談
9　国際協力の活動	難民救援，開発協力，教育支援，飢餓撲滅，食料援助，国際的里親の紹介，国際交流活動，国内での開発教育，在日外国人のための通訳・翻訳サービス，留学生支援，海外の市民活動の情報提供，文化交流，教室，ペンフレンドの募集・紹介，日系外国人等の帰国者支援

194　第Ⅲ部　非営利法人の分類と評価

活　動　分　野	活　動　事　例
10　男女共同参画社会の形成の促進を図る活動	性差別への反対運動，女性の自立支援，女性の地位向上，女性が働く環境をつくる運動，女性経営者の支援，セクシュアルハラスメントを防止する活動，女性の雇用均等を求める活動
11　子どもの健全育成を図る活動	遊び方の伝承，子供の買売春の禁止，非行防止，青年学級，読書会，ボーイスカウト，ガールスカウト，登校拒否児の親の会，いじめ問題110番，帰国子女のサポート，保育所，地域の子供会，地域の子育て支援，自主保育，学童保育
12　前各号に掲げる活動を行う団体の運営又は活動に関する連絡，助言又は援助の活動	サポートセンター，市民活動への助成，ボランティアセンター，市民活動に対してインターネット利用を進める活動，情報収集・提供，ミニコミ紙の情報センター，市民バンク，市民活動の映像記録作成，企業・自治体への市民活動の紹介，情報公開制度による市民活動への情報提供サービス

(備考)　1．シーズ＝市民活動を支える制度をつくる会，「NPO法人定款作成マニュアル」(1999年)を参考に作成.
　　　　2．表の記載事項は12分野の活動内容を具体的に例示したものである.
　　　　3．実際には，NPO法に基づいて個別に認証審査を行うため，所轄庁によって判断が異なる場合がある.
(出所)　経済企画庁2000：「第5章　ボランティア活動の促進とNPO　第1節　高まるNPOへの期待　4　活発化するNPOの活動」第Ⅰ-5-7表.

が限定列挙されている．第1号は特殊法人，第2号は個別に法人名が掲げられている民法法人，第3号は2006年の公益法人制度改革より前は同号に列挙された業務類型を主たる目的とする民法法人（社団法人・財団法人）で，各業務を所管する主務大臣により一定の要件を満たすことを認定されたものである．2006年制度改革後は公益社団法人・公益財団法人である．このほか第4～6号はそれぞれ学校法人，社会福祉法人，更生保護法人である[10]（**表6-7参照**）.

　政令第3号法人の業務類型はイロハで区分されているが，2001年当時，「イ　科学技術の試験研究」から「テ　上記業務のうち複数の業務を一体として行う」まで35類型（2000年5月31日現在）に限られていた．1998年のデータによれば，法人数の多い順は，「学資の支給等・寄宿舎の設置運営」(200法人, 23.9%)，「科学技術の試験研究を行う者に対する助成金支給」(189法人, 22.6%)，「科学技術の試験研究」(107法人, 12.8%) が上位3位を占める（㈶公益法人協会1999, 山内編1999：88-89).

2.2.4.　分　析

（1）比　較

　タクソンの比較については，前掲のように，一つにはパラレル・タクソンの

間で比較するのが最も正当である．もう一つは，孤立タクソンについて述べた
ように，本来，タクソンは孤立させて論じるべきではなく，そのパラレル・タ
クソンを求めて，それと比較して客観性を高める手法が一番よい．

　この２点に関して，2.2の「分類の種類」で挙げた事例を見るとどうか．

　制度志向分類とした「（１）団体・法人類型による分類（経済規模調査の対象団
体）」では，**表6-2**が，調査団体の対象・非対象の分類を示す表である．用い
られているクライテリオンは，まず「営利性」の有無で「非営利団体」と「営
利団体」に分けている．次に「非営利団体」を「公益法人等」「公共法人」「協
同組合等」「非法人」「−」の５タクソンに分類しているが，クライテリオンと
しては，「法人格」（法人と非法人），「公益性」（公益法人と非公益法人），さらに「政
府性」（公共法人とそれ以外）の三つが同一レベルで用いられている．５タクソン
の間のパラレル・タクソンの関係が見て取りにくい．さらに，５タクソンのう
ち「公益法人等」を例にとると，10のミクロタクソンが挙げられているが，「公
共法人に含まれない各種事業団等」の中で対象団体と非対称団体を分類するク
ライテリオンとして「非政府性への適応」と「民間産業への該当性」が用いら
れていることが「備考」欄注記から分かる．また「管理組合法人」を非対象団
体とするクライテリオンは「自発性・外部性の高低」とされている．一方で，
「労働組合」や「商工会・商工会議所」，「政党・政治団体」を調査対象団体と
していることから，これらの団体は，「非政府性に適応」し「民間産業に非該
当」で「自発性・外部性が高い」とみなされているようである．調査対象団体
を画定するための分類過程が複雑である．

　目的志向分類の（１）〜（５）の５事例については，例えば「（２）市民活
動団体の活動分野」は，市民活動団体の活動実態を初めて調査したものである．
対象とした「市民活動団体」の定義からは，クライテリオンとして「継続的・
自発的に社会活動を行う」（活動の継続性，自発性），「営利を目的としない」団体
で（非営利性），「公益法人（社団法人・財団法人）でないもの」（非公益性）と三つ
ないし四つのクライテリオンが用いられていることが分かる．

　このように，非営利法人（非営利組織）の多様性もあって，類型分類における
クライテリオンの設定もまちまちである．

（２）層　化

　NPOについて，「層化」の問題は，例えば次のような問題をどう解釈するか
ということに関わる．

196　第Ⅲ部　非営利法人の分類と評価

表6-6　公益法人の設立

	合計	割合(%)	社団	割合(%)	財団	割合(%)
法人実数	27,137	100.0	13,101	48.3	14,036	51.7
生活一般の小計	14,285	52.6	7,274	50.9	7,011	49.1
家庭生活	196	0.7	145	74.0	51	26.0
保健・衛生・医療	3,896	14.4	2,653	68.1	1,243	31.9
体育・レクリエーション	1,789	6.6	484	27.1	1,305	72.9
保育	248	0.9	17	6.9	231	93.1
福祉・援護	1,983	7.3	665	33.5	1,318	66.5
職業・労働	2,136	7.9	1,525	71.4	611	28.6
福利・共済	1,228	4.5	437	35.6	791	64.4
居住・環境	1,158	4.3	399	34.5	759	65.5
安全	963	3.5	590	61.3	373	38.7
その他の生活一般	688	2.5	359	52.2	329	47.8
教育・学術の小計	10,783	39.7	3,013	27.9	7,770	72.1
教育	3,002	11.1	907	30.2	2,095	69.8
育英・奨学	1,503	5.5	73	4.9	1,430	95.1
学術・研究	1,876	6.9	642	34.2	1,234	65.8
文化・芸術	1,999	7.4	410	20.5	1,589	79.5
報道・出版	334	1.2	194	58.1	140	41.9
宗教関係	231	0.9	31	13.4	200	86.6
国際交流	1,071	3.9	378	35.3	693	64.7
その他の教育学術	767	2.8	378	49.3	389	50.7
政治・行政の小計	3,180	11.7	1,643	51.7	1,537	48.3
政治・行政	268	1.0	134	50.0	134	50.0
財政・経済	816	3.0	750	91.9	66	8.1
総合計画	115	0.4	33	28.7	82	71.3
地方行政	881	3.2	228	25.9	653	74.1
自然・環境	482	1.8	199	41.3	283	58.7
国際関係	348	1.3	148	42.5	200	57.5
その他の政治行政	270	1.0	151	55.9	119	44.1
産業の小計	7,609	28.0	5,013	65.9	2,596	34.1
金融・保険	251	0.9	189	75.3	62	24.7
農林水産	2,342	8.6	1,459	62.3	883	37.7
通商産業	2,025	7.5	1,207	59.6	818	40.4
運輸・交通	662	2.4	485	73.3	177	26.7
建設	962	3.5	782	81.3	180	18.7
通信	218	0.8	154	70.6	64	29.4
情報	661	2.4	412	62.3	249	37.7
その他の産業	488	1.8	325	66.6	163	33.4
合計（延べ法人数）	35,857	—	16,943		18,914	

(注1) 公益法人の実数（2万7137法人）と合計欄（3万5857法人）が合わないのは，複数の区分に分類・再掲

(注2) 出所元の原表では，表側の筆頭項目は「延べ法人数」とされていたが，2万7137法人は当時の「法人実対する百分率」と解される.
　　　また，表側最終行の「合計」の数値3万5857法人は「合計（延べ法人数）」と解される.
　　　よって引用にあたりそのように修正した上で，「国所管」，「都道府県所管」の社団・財団別の各列の法人

(注3) 社団法人，財団法人別の内訳は，数値の高い方にアミカケを施した.

(出所) 総理府1999：80に筆者修正追記.

目的別法人数 （総理府1999）

国所管				都道府県所管			
社団	割合(%)	財団	割合(%)	社団	割合(%)	財団	割合(%)
3,897	14.3	3,486	12.8	9,204	33.9	10,550	38.8
1,163	8.1	1,163	8.1	6,111	42.8	5,848	40.9
10	5.1	16	8.2	135	68.9	35	17.9
189	4.9	327	8.4	2,464	63.2	916	23.5
177	9.9	173	9.7	307	17.2	1,132	63.3
2	0.8	1	0.4	15	6.0	230	92.7
66	3.3	165	8.3	599	30.2	1,153	58.1
279	13.1	136	6.4	1,246	58.3	475	22.2
63	5.1	154	12.5	374	30.5	637	51.9
90	7.8	76	6.6	309	26.7	683	59.0
150	15.6	63	6.5	440	45.7	310	32.2
137	19.9	52	7.6	222	32.3	277	40.3
1,186	11.0	2,615	24.3	1,827	16.9	5,155	47.8
202	6.7	430	14.3	705	23.5	1,665	55.5
23	1.5	397	26.4	50	3.3	1,033	68.7
357	19.0	837	44.6	285	15.2	397	21.2
195	9.8	285	14.3	215	10.8	1,304	65.2
145	43.4	92	27.5	49	14.7	48	14.4
15	6.5	63	27.3	16	6.9	137	59.3
207	19.3	437	40.8	171	16.0	256	23.9
42	5.5	74	9.6	336	43.8	315	41.1
958	30.1	444	14.0	685	21.5	1,093	34.4
54	20.1	51	19.0	80	29.9	83	31.0
686	84.1	47	5.8	64	7.8	19	2.3
18	15.7	33	28.7	15	13.0	49	42.6
43	4.9	66	7.5	185	21.0	587	66.6
41	8.5	71	14.7	158	32.8	212	44.0
87	25.0	152	43.7	61	17.5	48	13.8
29	10.7	24	8.9	122	45.2	95	35.2
1,909	25.1	908	11.9	3,104	40.8	1,688	22.2
123	49.0	39	15.5	66	26.3	23	9.2
299	12.8	141	6.0	1,160	49.5	742	31.7
468	23.1	295	14.6	739	36.5	523	25.8
436	65.9	151	22.8	49	7.4	26	3.9
170	17.7	57	5.9	612	63.6	123	12.8
112	51.4	60	27.5	42	19.3	4	1.8
219	33.1	115	17.4	193	29.2	134	20.3
82	16.8	50	10.2	243	49.8	113	23.2
5,216	—	5,130	—	11,727	—	13,784	—

されている法人が一部含まれることによる.
数」にあたる. また「割合は, 延べ法人数に対する百分率」と注記されていたが, これも「割合は, 法人実数に

数についても当該区分に該当する「法人実数に対する百分率」を割合として追記した.

表6-7　特定公益

政令号数	区分	記号	1991年12月現在	記号	1993年10月現在	記号	1996年4月現在	記号	1998年4月現在
政令第1号	特殊法人等（自動車安全運転センター，総合研究開発機構，理化学研究所等，同号に掲名．）		22		25		26		25
政令第2号	民法上の社団法人・財団法人のうち，政令に掲名しているもの（日本体育協会，貿易研修センター等．）		41		52		58		65
政令第3号	民法上の社団法人・財団法人のうち，政令で定める業務を主たる目的とすることなど一定の要件を満たすことについて主務大臣（一部は都道府県知事）の認定を受けたもの．		820		897		822		837
	科学技術の試験研究	イ	112	イ	122	イ	111	イ	107
	科学技術の試験研究を行う者に対する助成金支給	ロ	163	ロ	171	ロ	184	ロ	189
	科学技術に関する知識思想の普及啓発	ハ	16	ハ	20	ハ	16	ハ	10
	人文科学の研究					ニ		ニ	1
	人文科学諸領域の優れた研究を行う者に対する助成金支給	ニ	2	ニ	3	ホ	5	ホ	3
	学校における教育に対する助成	ホ	36	ホ	33	ヘ	38	ヘ	38
	学資の支給等・寄宿舎の設置運営	ヘ	165	ヘ	155	ト	186	ト	200
	多数の大学の教授研究のための宿泊施設の設置運営	ト	2	ト	0	チ	0	チ	0
	留学生交流			チ	1	リ	2	リ	1
	青少年に対する社会教育	チ	15	リ	15	ヌ	15	ヌ	10
	芸術の普及向上	リ	41	ヌ	41	ル	47	ル	49
	文化財・歴史的風土の保存活用			ル	8	ヲ	10	ヲ	9
	文化財等の保存活用	ヌ	10						
	登録博物館の設置運営							カ	1
	開発途上にある海外の地域に対する経済協力	ヲ	33	ワ	33	カ	36	ヨ	33
	開発途上にある海外の地域に対する経済協力を主たる目的とする法人で国の無償援助に係る当該地域に所在する公共的施設の管理運営	ワ	0	カ	0	ヨ	0	タ	0
	博物館の振興	ル	1	ヲ	0	ワ	0	ワ	0
	海外における我が国についての理解の増進	カ	8	ヨ	8	タ	7	レ	6
	海外における我が国についての理解の増進を行う者に対する助成金	ヨ	0	タ	0	レ		ソ	
	更生保護事業	タ	153	ソ	156				
	地域の国際交流			レ	1	ソ	1	ツ	2
	受刑者等に対する篤志家面接指導の推進	レ	1	ツ	2	ネ	2	ネ	2
	貧困者の訴訟援助	ソ	1	ネ	1	ナ	1	ナ	1
	中国残留邦人の円滑な帰国促進及び帰国後の生活安定支援					ラ	1	ラ	1
	野生動植物の保護繁殖	ツ	6	ナ	8	ム	9	ム	11
	すぐれた自然環境の保存活用	ネ	2	ラ	2	ウ	1	ウ	1
	国土緑化事業の推進	ナ	31	ム	26	ヰ	31	ヰ	39

増進法人数

政令号数	区分	2024年現在
政令第 1 号	一　独立行政法人 一の二　地方独立行政法人法第二条第一項に規定する地方独立行政法人で同法に定める特定の範囲の業務を主たる目的とするもの	87 165
政令第 2 号	二　自動車安全運転センター，日本司法支援センター，日本私立学校振興・共済事業団，日本赤十字社及び福島国際研究教育機構	5
政令第 3 号	三　公益社団法人及び公益財団法人	9,711

政令号数	区分	記号	1991年12月現在	記号	1993年10月現在	記号	1996年4月現在	記号	1998年4月現在
政令第3号（続き）	覚醒剤等の薬剤乱用の防止及び青少年の非行防止等	ラ	1	ウ	0	ノ	0	ノ	0
	暴力追放推進	ム	1	ヰ	47	オ	47	オ	47
	水難に係わる人命の救済			ノ	1	ク	1	ク	1
	レクリエーション活動の普及振興等			オ	1	ヤ	1	ヤ	1
	盲導犬の訓練			ク	7	マ	7	マ	6
	福祉用具の研究開発及び普及の促進					ケ	1	ケ	1
	障害者の雇用の促進					フ	0	フ	0
	シルバー人材センター連合							コ	5
	上記薬物のうち複数の業務を一体として行うもの	ウ	20	ヤ	35	コ	61	エ	62
政令第4号	学校法人で，学校教育法第1条に規定する学校の設置を目的とするもの.		1,177		1,183		1,125		1,073
政令第5号	社会福祉法人		13,423		14,174		14,832		16,005
政令第6号	更生保護法人						163		165
	総計		15,483		16,331		17,026		18,170

（注）旧公益法人制度下での特定公益増進法人（左表）は，初谷2001a：236の表3.1を再掲した.

新公益法人制度下での特定公益増進法人（右表）は，各号に相当する法人数を掲げた.

（出所）下表のとおり.

表6-7の出所一覧表

出所	(財)公益法人協会［1992］	(財)公益法人協会［1994］	大蔵省主税局［1996］	(財)公益法人協会［1998］
集計時点	1991.12.31.現在	1993.10.1.現在	1996.4.1.現在	1998.4.1.現在
政令第1号該当				
政令第2号該当	・「リ」該当法人数：1991.12.31.における特定公益増進法人に該当する旨の証明書発行件数	・「ヌ」該当法人数：1993.10.1.における特定公益増進法人に該当する旨の証明書発行件数	・「ル」該当法人数：1996.4.1.における特定公益増進法人に該当する旨の証明書発行件数	・「ル」該当法人数：1998.4.1.における特定公益増進法人に該当する旨の証明書発行件数
政令第3号該当	・原則として2年の期限が付されている（更新可能）.	・同左	・同左	・同左
政令第4号該当	・1991.12.31.における特定公益増進法人に該当する旨の証明書発行件数	・1993.10.1.における特定公益増進法人に該当する旨の証明書発行件数	・1996.4.1.における特定公益増進法人に該当する旨の証明書発行件数	・1998.4.1.における特定公益増進法人に該当する旨の証明書発行件数
政令第5号該当	・厚生省調べによる1991.3.31.における件数	・厚生省調べによる1993.3.31.における件数	・厚生省調べによる1996.3.31.における件数	・厚生省調べによる1998.3.31.における件数
政令第6号該当			・法務省調べによる1996.4.1.における件数	・法務省調べによる1998.4.1.における件数

政令号数	区分	2024年現在
政令第4号	四　私立学校法第三条に規定する学校法人で学校及び幼保連携型認定こども園の設置若しくは学校及び専修学校若しくは各種学校の設置を主たる目的とするもの　等	1,857※
政令第5号	五　社会福祉法人	21,082
政令第6号	六　更生保護法人	164

出所	
集計時点	2024.12.31.時点での直近件数
政令第1号該当	・総務省調べによる2023.4.1.における件数
政令第1号の2該当	・総務省調べによる2024.4.1.における件数
政令第3号該当	・内閣府「公益法人インフォメーション」による2023.12.1.における件数
政令第4号該当	・文部科学省調べによる2024.5.1.における件数 ※学校法人全7622法人（放送大学学園を除く）のうち所得控除法人（特定公益増進法人）数は，1857法人（24.3%）．その所轄別内訳を見ると，文部科学大臣所轄は全667法人のうち614法人（92.1%）であるのに対し，都道府県知事所轄は全6995法人のうち1243法人（17.8%）にとどまっている．
政令第5号該当	・厚生労働省調べによる2022年度末（2023.3.31.）の件数
政令第6号該当	・全国更生保護法人連盟調べによる2024.11.現在の件数

202　第Ⅲ部　非営利法人の分類と評価

　NPO 法の成立によって，従来，非営利法人制度や公益法人制度をめぐる制
度改革論で説かれて止まなかった主務官庁による許可という一元的な法人格付
与法が複線化した．それは，わが国が民法制定以来依拠してきた政府セクター
の自由裁量による「公益性評価システム」が多元化し，所轄庁の自由裁量が介
在しない法人格付与システムが成立したことを意味し，一般法である民法の特
別法という次善の策とはいえ，この分野では革新的な政策アウトプットが現実
化したことを意味していた．

　そのことは反面，民間非営利セクターの「階層化」の問題も惹起した．同法
の成立によって，法制と税制の視点から区分すると，特定公益増進法人，公益
法人，特定非営利活動法人，人格なき社団，という 4 層構造が創出されること
になった．

　この点に関し既に当時，これらの NPO を「活動のレベルで評価していくと
きに，そのようにいわば制度でランキングされた位置づけと，活動によってラ
ンキングした位置づけというものに今後矛盾が起こってくる危険性がある」，
また「NPO のマーケット化が始まることによって，法律上，入り口ベースで
許可していくことの矛盾」が顕在化する可能性について指摘されていた[11]．

　これは，従来単線であった公益性評価システムが複線化し，認定にあたり依
拠する「主務官庁による許可主義」と「主務官庁制を採らない所轄庁による認
証主義」の格差がクローズアップされることを予想させるものだったが，この
政策アウトプットの革新性は，民法によって制度化されている公益法人の法制
や税制の本体にも制度改革の機運を次第に促す効果も併せもつものと言うこと
ができる．

　それはまた，沿革上，若干の規制緩和期はあるものの，はるかに規制強化の
傾向が勝る公益法人と，法制面の規制緩和を体現した「特定非営利活動法人」
とが共存する状況を生じさせる結果となった[12]．

　この「4 層化」ということを，本論の分類学の視点から考えてみると，「法
制（法人格付与）」というクライテリオンによって，まず「人格なき社団」と「そ
れ以外」に分かれ，後者は，「法人格付与手続き」というクライテリオンによっ
て，さらに「特定非営利活動法人」と「それ以外」のミクロタクソンに分かれ
る．一方，「税制（税制優遇措置の有無，程度）」というクライテリオンによって，
「人格なき社団」，「特定非営利活動法人」，「公益法人」，「特定公益増進法人」
の 4 類型に分かれ，法制と税制のクライテリオンを交差させたマトリクスに

第6章　NPO分類と公益性評価　*203*

表6-8　非営利組織・非営利法人の4層構造

段階	法人の種類等	◆法制上の法人格取得	◇税制上の公益性判断	税制上の取扱い（適用の有無）				
				収益事業課税	軽減税率	みなし寄附	利子等非課税	寄附金控除
	人格のない社団等［任意団体］	手続き不要	手続き不要	○	×基本税率	×	×	×
Ⅱ	特定非営利活動法人（NPO法人）	◆所轄庁の認証		○	×	×	×	×
	うち認定特定非営利活動法人		◇所轄庁の認定（2011年法改正で国税庁長官の認定から所轄庁の認定に変更）	○	×	○	×	○
Ⅰ	旧公益法人	◆主務官庁の許可	◇主務官庁の許可と連動	○	○	○	○	×
	うち特定公益増進法人		◇主務官庁と財務省の協議により認定	○	○	○	○	○

（出所）本書：「表1-3　民間法人の法制と税制の推移」のうち，本文に関連するⅠ・Ⅱの段階から抜粋して配列．

よって，階層が分かれていると理解することができよう（表6-8参照）．

2.3　分類間関係

次に，NPO分類についても複数の分類相互の関係を検討する．この場合も，同一分類間関係と異分類間関係の2種類を区別することが可能である．

2.3.1.　同一分類間関係

（1）　国際通用性

前掲2.2.3.の「目的志向分類」のうち，国際比較で用いられる分類と国内で用いられている分類との関係がある．これは，国内の類型分類に用いられているクライテリオンの国際通用性，あるいはその逆に，国際的に用いられているクライテリオンの国内通用性の問題として捉えることができる．

前掲のJHCNPの非営利組織国際分類（ICNPO）は，その対象国数の規模，クライテリオン設定にいたる議論のきめ細かさといった点で，普遍性，国際通用性に対する強い意欲のうかがえるものである．

この分類では，宗教法人及び政党・政治団体は，サービスの提供範囲が限定的であるため対象外とされ，地縁団体についても，組織としての熟度が低いこ

204　第Ⅲ部　非営利法人の分類と評価

とを理由に対象から外されている．しかし，前掲の経済企画庁による経済規模
調査では，前者について「国内の状況を鑑みると必ずしもサービスの範囲は限
定されるものではない」として対象に含め，後者（町内会，自治会等）について
も「外部性は低いものの実際の活動への参加には自発性が認められることから
計測対象とする」とされた（経済企画庁国民生活局編1998：8，11）．

（2）　統一的分類

　国内で通用している「目的志向分類」は，前掲のように，それぞれの団体・
法人類型の経緯を反映して統一されたものになっていない．その結果，相互の
類型の関連性をみることが困難なものになっている．

　例えば，複数の活動を行っている，あるNPOが，自身の活動分野を見て，
それが特定非営利活動法人，公益法人，さらには特定公益増進法人の各類型分
類において，いずれのタクソンに該当するのかということを自分から直ちに予
測し判断することができない．

　これは，もう少し正確に言えば，特定非営利活動法人化の場合は，次のよう
になる．NPOには，自身の団体の「目的─事業─プロジェクト」を考えるこ
ととは別に，「事業─プロジェクト」を特定非営利活動促進法の「活動分野」
という視点に当てはめて自己評価することが求められている．一方，所轄庁は，
NPOの「活動分野」選択にかかる自己評価が，特定非営利活動促進法の規定
および社会通念上妥当か否かだけを判断するように求められていると考えるべ
きであるとされている．所轄庁が自らの評価をNPOに強いることは許されて
いない．その結果，まったく同じ「事業─プロジェクト」を営んでいるNPO
でも，NPO自身の評価においては，異なる特定非営利活動に該当すると自己
評価することもあり得る．その場合でも，所轄庁はその違いを許容し，あくま
で申請者の意思を尊重することに重点を置いて運用されなければならないとさ
れる（堀田・雨宮1998：96-99）．

　他方，公益法人や特定公益増進法人の場合は，2006年の公益法人制度改革ま
では，必ずしも，このようにNPO（法人）の自己評価が先行することが予定さ
れてきたわけではない．むしろ逆に主務官庁による評価が法人の設立目的や業
務類型の帰属先を左右することがままあると指摘されてきた．このことは，現
行制度を前提として，NPOが人々の支持を集めて組織的に成長していく過程
を想定した場合，法人化や税制優遇措置を求めていく際の主務官庁等との交渉
において，その入口の選択自体について情報格差があることを意味していた．

また，NPOが，複数の活動分野間での保有資源のバランスや，新たな資源動員のための計画的な組織戦略を組み立てる上で参考にしにくいということも意味している．

表6-9は，国際分類（ICNPO）と国内の市民活動団体，特定非営利活動法人（制定当初），新旧の公益法人，特定公益増進法人の目的志向分類を「2001年当時」と「2024年現在」で左右に並べたものである．

いくつかのタクソンは相互に類似しているが，その範囲はまちまちで，一方で単数のタクソンが他方では複数のタクソンに分岐する例もある．あるいはタクソンそのものが一方ではあるが他方ではないという場合もある．

2001年当時，筆者は今後，これらの相互関係を統計的に整理し，国際分類との整合性も図りつつ，目的志向の国内統一分類を整備することによって，多くの錯綜した議論が整理されてくるとともに，NPOにとっては，特定非営利活動法人格，公益法人格いずれを取得するとしても，また，特定公益増進法人認定を目指すとしても，どのタクソンで公益性評価や公益増進性評価を受けていくのかという点の予測と自覚が高まるのではないかと示した．

2024年現在，特定非営利活動法人と公益法人の目的志向分類は依然並存している．特定公益増進法人の政令第3号の旧業務類型はなくなった．

2.3.2. 異分類間関係

次に，異なった「NPO分類」相互の関係については，これまでほとんど議論されていない．そこで，本章ではその例として，「補完性の原則」について，類型分類としての3セクター論と，物理的な規格分類の組み合わせによって説明してみたい[13]．

一般に「補完性の原則」とは，キリスト教社会倫理に起源を持つ理念で，個人主体の社会建設のため，国家のように上位に立つ共同体は，政治的権限をより低いレベルの共同体に分配し，下位にある市民や中間団体の活動を妨げず，それらが職務を遂行するのを助けるべきであるという意味で用いられていた（八十田1993：9-10）．つまり，「補完性」とは，決定はそれにより影響を受ける市民にできるかぎり身近なところでなされるべきであるということを意味する（エドワード他著，庄司訳1998：206-207）．

補完性原則を，「さまざまな社会団体間の階層的秩序」を規律する原則として，政府，民間を問わず各セクター内，及び各セクター間など，およそ「権限

206 第Ⅲ部　非営利法人の分類と評価

表6-9　NPOの目的

2001年当時

国際分類（ICNPO）	市民活動団体	特定非営利活動法人 （制定当初）	旧公益法人
12グループ・26区分	7系・27区分	12項目（活動）	4大区分・33小区分
■第1グループ：文化とレクリエーション	■1．社会福祉系	□1　保健，医療又は福祉の増進を図る活動	■生活一般
□1　文化と芸術	□1　高齢者福祉		□家庭生活
□2　レクリエーション	□2　児童・母子福祉	□2　社会教育の推進を図る活動	□保健・衛生・医療
□3　サービスクラブ	□3　障害者福祉		□体育・レクリエーション
	□4　その他社会福祉	□3　まちづくりの推進を図る活動	□保育
■第2グループ：教育と研究			□福祉・援護
□1　初等および中等教育	■2．教育・文化・スポーツ系	□4　学術，文化，芸術又はスポーツの振興を図る活動	□職業・労働
□2　高等教育	□14　教育・生涯学習指導		□福利・共済
□3　その他教育	□15　学術研究の振興	□5　環境の保全を図る活動	□居住・環境
□4　研究	□16　スポーツ	□6　災害救援活動	□安全
	□17　青少年育成	□7　地域安全活動	□その他
■第3グループ：保健医療	□18　芸術・文化の振興	□8　人権の擁護又は平和の推進を図る活動	
□1　病院と社会復帰（リハビリテーション）	■3．国際交流・協力系	□9　国際協力の活動	■教育・学術
□2　看護療養所	□19　国際交流	□10　男女共同参画社会の形成の促進を図る活動	□教育
□3　メンタルヘルスと危機調整	□20　国際協力		□育英・奨学
		□11　子どもの健全育成を図る活動	□学術・研究
■第4グループ：ソーシャルサービス	■4．地域社会系		□文化・芸術
□1　ソーシャルサービス	□7　まちづくり・村づくり	□12　前各号に掲げる活動を行う団体の運営又は活動に関する連絡，助言又は援助の活動	□報道・出版
□2　緊急性と難民	□8　犯罪防止		□宗教関係
□3　収入の支援と維持	□9　交通安全		□国際交流
	□10　観光の振興		□その他
■第5グループ：環境	□26　災害の防止・災害時の救援		
□1　環境			■政治・行政
□2　動物			□政治・行政
	■5．環境保全系		□財政・経済
■第6グループ：開発と住宅	□11　自然環境保護		□総合計画
□1　経済的，社会的およびコミュニティ開発	□12　公害防止		□地方行政
□2　住宅	□13　リサイクル		□自然・環境
□3　雇用と訓練			□国際関係
	■6．保健医療系		□その他
■第7グループ：法律，アドボカシー活動と政治	□5　健康づくり		
□1　市民・アドボカシー活動機関	□6　医療		■産業
□2　法律と法的サービス			□金融・保険
□3　政治的機関	■その他		□農林水産
	□21　消費者問題		□通商産業
■第8グループ：フィランソロピー・インターミディアリー（仲介）およびボランタリズムの応援	□22　人権		□運輸・交通
□1　フィランソロピー・インターミディアリー	□23　女性		□建設
	□24　市民活動支援		□通信
■第9グループ：国際活動	□25　平和の推進		□情報
□1　国際活動	□27　その他		□その他
■第10グループ：宗教			
□1　宗教的会合と連合			
■第11グループ：業界・職業団体，連合			
□1　業界・職業団体，連合			
■第12グループ：その他に分類されないもの			
□1　その他に分類されないもの			

（出所）筆者作成.

志向分類・比較表

2001年当時（左の続き）

特定公益増進法人

政令第1～第6号
- ■一 特殊法人等
  （自動車安全運転センター，総合研究開発機構，理化学研究所等，同条に掲名．）
- ■二 民法上の社団法人・財団法人のうち，政令に掲名しているもの（日本体育協会，貿易研修センター等．）
- ■三 民法上の社団法人・財団法人のうち，政令で定める業務を主たる目的とすることなど一定の要件を満たすことについて主務大臣（一部は都道府県知事）の認定を受けたもの．
- □科学技術の試験研究
- □科学技術の試験研究を行う者に対する助成金支給
- □科学技術に関する知識思想の普及啓発
- □人文科学の研究
- □人文科学諸領域の優れた研究を行う者に対する助成金支給
- □学校における教育に対する助成
- □学資の支給等・寄宿舎の設置運営
- □多数の大学の教授研究のための宿泊施設の設置運営
- □留学生交流
- □青少年に対する社会教育
- □芸術の普及向上
- □文化財・歴史的風土の保存活用
- △文化財等の保存活用
- □登録博物館の設置運営
- □開発途上にある海外の地域に対する経済協力
- □開発途上にある海外の地域に対する経済協力を主たる目的とする法人で国の無償援助に係る当該地域に所在する公共的施設の管理運営
- □博物館の振興
- □海外における我が国についての理解の増進
- □海外における我が国についての理解の増進を行う者に対する助成金
- △更生保護事業
- □地域の国際交流
- □受刑者等に対する篤志家面接指導の推進
- □貧困者の訴訟援助
- □中国残留邦人の円滑な帰国促進及び帰国後の生活安定支援
- □野生動植物の保護繁殖
- □すぐれた自然環境の保存活用
- □国土緑化事業の推進
- □覚醒剤等の薬剤乱用の防止及び青少年の非行防止等
- □暴力追放推進
- □水難に係わる人命の救済
- □レクリエーション活動の普及振興等
- □盲導犬の訓練
- □福祉用具の研究開発及び普及の促進
- □障害者の雇用の促進
- □シルバー人材センター連合
- □上記業務のうち複数の業務を一体として行うもの
- ■四 学校法人で，学校教育法第1条に規定する学校の設置を目的とするもの．
- ■五 社会福祉法人
- ■六 更生保護法人

2024年現在

特定非営利活動法人「特定非営利活動」

20項目（活動）
- □1 保健，医療又は福祉の増進を図る活動
- □2 社会教育の推進を図る活動
- □3 まちづくりの推進を図る活動
- □4 観光の振興を図る活動
- □5 農山漁村又は中山間地域の振興を図る活動
- □6 学術，文化，芸術又はスポーツの振興を図る活動
- □7 環境の保全を図る活動
- □8 災害救援活動
- □9 地域安全活動
- □10 人権の擁護又は平和の推進を図る活動
- □11 国際協力の活動
- □12 男女共同参画社会の形成の促進を図る活動
- □13 子どもの健全育成を図る活動
- □14 情報化社会の発展を図る活動
- □15 科学技術の振興を図る活動
- □16 経済活動の活性化を図る活動
- □17 職業能力の開発又は雇用機会の拡充を支援する活動
- □18 消費者の保護を図る活動
- □19 前各号に掲げる活動を行う団体の運営又は活動に関する連絡，助言又は援助の活動
- □20 前各号に掲げる活動に準ずる活動として都道府県又は指定都市の条例で定める活動

新公益法人「公益目的事業」

23項目（事業）
- □一 学術及び科学技術の振興を目的とする事業
- □二 文化及び芸術の振興を目的とする事業
- □三 障害者若しくは生活困窮者又は事故，災害若しくは犯罪による被害者の支援を目的とする事業
- □四 高齢者の福祉の増進を目的とする事業
- □五 勤労意欲のある者に対する就労の支援を目的とする事業
- □六 公衆衛生の向上を目的とする事業
- □七 児童又は青少年の健全な育成を目的とする事業
- □八 勤労者の福祉の向上を目的とする事業
- □九 教育，スポーツ等を通じて国民の心身の健全な発達に寄与し，又は豊かな人間性を涵養することを目的とする事業
- □十 犯罪の防止又は治安の維持を目的とする事業
- □十一 事故又は災害の防止を目的とする事業
- □十二 人種，性別その他の事由による不当な差別又は偏見の防止及び根絶を目的とする事業
- □十三 思想及び良心の自由，信教の自由又は表現の自由の尊重又は擁護を目的とする事業
- □十四 男女共同参画社会の形成その他のより良い社会の形成の推進を目的とする事業
- □十五 国際相互理解の促進及び開発途上にある海外の地域に対する経済協力を目的とする事業
- □十六 地球環境の保全又は自然環境の保護及び整備を目的とする事業
- □十七 国土の利用，整備又は保全を目的とする事業
- □十八 国政の健全な運営の確保に資することを目的とする事業
- □十九 地域社会の健全な発展を目的とする事業
- □二十 公正かつ自由な経済活動の機会の確保及び促進並びにその活性化による国民生活の安定向上を目的とする事業
- □二十一 国民生活に不可欠な物資，エネルギー等の安定供給の確保を目的とする事業
- □二十二 一般消費者の利益の擁護又は増進を目的とする事業
- □二十三 前各号に掲げるもののほか，公益に関する事業として政令で定めるもの

特定公益増進法人

政令第1～第6号
- ■一 独立行政法人
- ■一の二 地方独立行政法人法第二条第一項に規定する地方独立行政法人で同法に定める特定の範囲の業務を主たる目的とするもの
- ■二 自動車安全運転センター，日本司法支援センター，日本私立学校振興・共済事業団，日本赤十字社及び福島国際研究教育機構
- ■三 公益社団法人及び公益財団法人
- ■四 私立学校法第三条に規定する学校法人で学校及び幼保連携型認定こども園の設置若しくは幼稚園若しくは各種学校の設置を主たる目的とするもの等
- ■五 社会福祉法人
- ■六 更生保護法人

208 第Ⅲ部 非営利法人の分類と評価

逆移譲方式」を採り得る関係にある社会団体間に広く援用するものとすると，政府セクター内における「市町村→都道府県→国→国際連合」という補完関係（渡邉1996：100-95）はもとより，PPP（官民連携）のように，政府組織と民間組織が，あるいは民間セクター内で営利組織と非営利組織が，協働・連携して公共サービスを提供する場合でも「より小さい下位のコミュニティ→より大きい上位のコミュニティ」という補完関係を想定することができる．

　例えば，民間非営利セクター内について考えると，あるNPOが全国組織と地方組織を有し，両者間に一定の統制関係が法的に定められているような場合には上位・下位の区別があり得るが，一般的には市民個人を中心とした段階的な各範域レベルにおいて同心円的，水平的に存在する複数のNPOのうち，より個人に身近な小さなNPOがまず自らの資源で対応，処理し，それがかなわないときに，より大きなNPOが補完するという関係として捉えられる．また，セクター間について考えると，市民に対する社会サービス提供主体としてのNPOに対して，政府が支援するなどして補完的役割を果たすような例が考えられる．この場合も，NPO支援はまず地方政府（基礎自治体，広域自治体）が行い，その資源で対応しきれないときに中央政府が対応するというように政府セクター内での補完関係が重層的に想定され得る[14]．

　政府間の場合は，市区町村を都道府県が，続いて国が，最後に国際機構が補完していくとして，NPO間や企業間の場合，あるいはセクター間で交錯する場合は，政府間の場合の行政区域のように同心円状に重複・包含関係にあり，かつ一定の（場合によっては上位下位の）制御関係が法定されているような関係にないのが一般的であろう．したがって，補完する順序や階層は，それらのNPOや企業の大小の規模だけが指標となるのではなく，それらの供給能力，提供しうる財やサービスの質や量などによって常に変化するものと考える方が実態に即している（図6-5参照）．

　このように，補完性原則は，市民個人と政府セクターの関係だけでなく，非営利セクター内や政府セクターと非営利セクターとの関係を考える上でも示唆に富むものである．

　後藤1996：189-191は，「分権」を，国家権力の上から下への分与ではなく，市民自らが，市民個人の自己決定権を，諸機構や諸政府に対しそれぞれの自己決定権として配分していくこととととらえ，従来の市民と政府セクターの関係に加え，市民と社会を構成する3セクターとの関係にも補完性原則を広げて適用

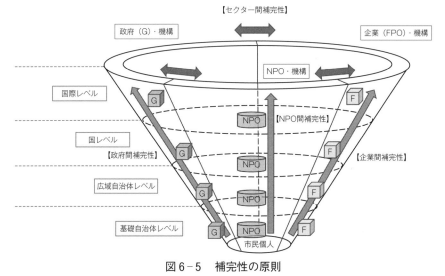

図 6-5　補完性の原則

(注) 国際，国，広域自治体，基礎自治体の各範域レベルにおける「G：政府」，「F：企業」を示す．
(出所) 筆者作成．初谷2001a：75の図序.14を立体的に表示した．

し，分権論として説明している．すなわち，市民個人がボランティア活動でできることは，市民個人が自己決定を下し，自己責任を引き受けて行い，市民同士が協同して行った方がよいものは市民個人をNPOが補完する．次に営利機構が補完し，続いて政府機構が補完する（社会的補完性）．さらに，政府間関係にも補完性の原則を適用し，諸政府機構とそれを制御する諸政府に市民の自己決定分の配分，分権を行う．市区町村レベルを都道府県レベルが，続いて国レベルが，最後に国際機構が補完していく．その際，代行機構に対する代表機構たる政府の制御権と，政府に対する市民個人の制御権を確保しておく（政府間補完性）（同上：189）．そして，市民の委託や信託を受託したこれらの諸機構，諸政府は，① 市民のために仕事を引き受ける任務責任（duty），② 市民のニーズと注文に応じる対応責任（responsibility），③ 市民に代わって決定したことについての説明責任(accountability)，④ 市民に生じた損害を償う負担責任(liability)という四つの責任を負うとし，③の説明責任を最も重視するのである（同上：189）．

　この論は，① 公共政策の行動主体の多元性を前提とした上で，市民との近

210 第Ⅲ部　非営利法人の分類と評価

接度に応じて各主体間には段階的な「補完性」があること，②まず各セクター間の「社会的補完性」の枠組みがあり，政府セクター内について見れば「政府間補完性」が見られること，③市民から自己決定権を配分された諸機構・諸政府はすべて市民に対して説明責任等を負うことを指摘しており，補完性原則の適用範囲を広く捉えるという点で筆者と共通する．

　しかし，「社会的補完性」の補完関係を「NPO→営利機構→政府機構」としている点については，補完の順序をそのように固定的に考える必要はないように思われる．前述のように，市民に近いところからNPOも企業も政府も並列で存在しており，セクターごとに「NPO間補完性」，「企業間補完性」，「政府間補完性」があり，セクター間にも各レベルで多様な組合せの補完関係があると考える．市民自らが市民個人の自己決定権を諸機構や諸政府に対しそれぞれの自己決定権として配分していくことを「分権」とするならば，自己決定権が常にまずNPOにのみ配分されるというのは現実的ではない．NPOと企業と政府は選択肢として競争的に並立しているものとみるのが自然である．

　また，政府間において，代行機構に対する代表機構たる政府の制御権と政府に対する市民個人の制御権を確保しておくという意味での「政府間補完性」が垂直的に存在するのと同様に，「NPO間補完性」や「企業間補完性」は水平的（ときには階段状）に存在していると考える．つまり，市民から委託や信託を受けたこれらの諸機構，諸政府は，後藤の列挙する四つの責任を，いずれも等しく負っているとみる[15]．

　これは，本章の「分類」の観点からは，「政府性（公権力性）」と「営利性」の有無をクライテリオンとして類型3分類をした政府，民間営利，民間非営利の3つのセクターについて，各セクターというマクロタクソンの中に含まれる個別の組織，つまり，中央政府や自治体，民間企業，NPOについて，その物理的な活動範囲（地域）をクライテリオンとして，例えば市町村，都道府県，国，国際社会といった規格分類が可能であり，各セクター内，あるいはセクター横断的に，個人に近いところからそのニーズを充足していく「補完性の原則」が妥当することを示している．

3 NPO 分類と公益性評価

3.1 公益性評価システム

2006年の公益法人制度改革以前の旧公益法人制度の時代を顧みると，非営利法人の公益性評価については，次のようなことがいえる.

公益法人法制における主務官庁による法人設立許認可も，公益法人税制における主務官庁および財務大臣（大蔵大臣）による特定公益増進法人の認定も，主務官庁がNPOに対してその「公益性」（公益増進性）を評価（認定）する作用を行っている点で共通しており，このように法制，税制を通じて主務官庁の裁量に基づく判断がなされるのは，国際的にみてもわが国独特の制度であった.

そこで，筆者は，公益法人法制における主務官庁による法人設立許可を「公益性評価システム」，公益法人税制における主務官庁等による特定公益増進法人の認定を「公益増進性評価システム」と呼び，両者を連続的に捉えて，任意団体から公益法人へ，公益法人から特定公益増進法人へというステップアップ（またその逆もある）における政府と非営利組織，換言すれば政府セクターと非営利セクターとの関係を考察してきた（初谷2001a 参照）.

2001年当時は，そのように，公益法人（民法法人）の許可が税制上の優遇措置の自動承認とリンクし，公益法人の中から特定公益増進法人が認定されていた点に明らかなように，「法制と税制の連動（融合）」ともいうべき制度的な特徴が，法人格付与法制における厳格な規制を正当化し存続させてきた．したがって，こうした規制が将来にわたり存続するか，あるいはより柔軟で開放的なシステムに漸次転じ得るかは，この「法制と税制の連動」を依然維持するのか，あるいは切断するのかという判断にかかっていたといってよい.

筆者の「公益性評価システム」という捉え方について，詳しく述べると，およそ次のとおりである[16].

第一に，公益法人の設立の場合は，「公益活動」をしていると申請する「公益志向性」のある任意団体のNPOについて，その「公益活動」であると申請された活動の「公益性」を評価し，認定するシステムであると考えられる．つまり，「公益活動」の「公益性」評価（認定）システムといってよい.

第二に，特定公益増進法人の場合は，「特定」の業務類型に当たる「公益活動」を「公益増進活動」と評価し，認定するシステムであると考えられる．つ

212　第Ⅲ部　非営利法人の分類と評価

まり，当時の政令第3号に該当する特定公益増進法人を認定する主務官庁，財務省（大蔵省）の判断のプロセスを考えると，①「公益法人」の「公益活動」を定義し，②「特定」の「公益活動」を（特定公益増進法人の）業務類型として選択，設定し，③「特定」の業務類型にあたる「公益活動」を行っている「公益法人」について，その「公益活動」が一段高い「公益増進活動」といえるレベルに達しており，レベルが維持されているかという判断を行う，という順序であるとみられるからである．

　例えばA分野のa法人について，まず，A分野が業務類型であること，次に，A分野を主たる目的とするa法人の公益活動が「公益増進活動」とまでいえる高いレベルに達しているか，という順序で判断されている．つまり，この場合の判断は，たんなる「公益法人」ではない，「公益」を増進させる「公益増進活動」を行っている公益法人の「種概念」を設定しているともいえる．すなわち，ある公益法人について，その「公益活動」が「公益増進活動」という一段高いものであるといえるかどうかを評価し，認定するという意味で，「公益増進活動」評価システムといい得るものであり，「特定」の「公益活動」の「公益増進性」評価（認定）システムなのである．

　第三に，特定非営利活動法人の場合は，法案段階では「市民公益活動促進法」と称されていたが，立法過程で参議院自民党による修正要求が容れられて「市民」の名称が外れた．「市民公益活動」という表現は，従来の「官」の認定による「公益」とは一線を画するということで，「市民（が主体の）公益」という語意をこめていたものである．そこで，現在の名称から還元させていくと，あるNPOの行っている「非営利活動」について，広義の公益性を評価し，認定するという意味で，「特定」の「非営利活動」の「公益性」評価システムと理解することができる．[17]

　この場合の判断プロセスは，①任意団体「NPO」の「非営利活動」が何か，②その「特定」の「非営利活動」を（当初は）12類型の特定非営利活動の中に含まれるものとして選択，設定し，③「特定」の類型にあたる「非営利活動」を行っている「NPO」について，その「非営利活動」の「公益性」を評価・特定する，という順序になる．

　したがって，拙著（初谷2001a）で以上のシステムについて述べた当時（2001年の認定NPO法人制度発足前），筆者は，今後，公益法人における特定公益増進法人の認定とパラレルに特定非営利活動法人の寄附税制上の優遇措置を想定する

ならば，それは，「特定」の「非営利活動」の「公益増進性」評価システムということになると捉えた．そして，そのような法人に名称をつけるとすれば，定めし「特定非営利活動公益増進法人」とでもするのが，公益法人と特定公益増進法人との関係とをパラレルにとらえ，文脈上整合性がとれるということになると考えた．当時の政令第3号の公益法人の特定公益増進法人制度と全くパラレルに制度設計するとすれば，特定非営利活動12項目の中で，さらに特定のn項目（業務類型）に該当する特定非営利活動法人のみが，公益増進性を評価され得る客体としての適格性を持ち得るとする方法が考えられたからである．

　当時，NPO税制について検討した国民生活審議会総合企画部会NPO制度委員会でも，寄附税制上の優遇措置を与えるのにふさわしい一定の要件を満たした法人（のちの認定NPO法人）の要件について，「公益性の高い分野の限定」，「活動の実績」，「収入の中で一般からの寄付金等が占める割合」の三つが挙げられて検討されたが，「公益性の高い分野の限定」については，「行政の恣意性が働きやすい」，「時流に即して変化するため不適当」，「そもそも公益性に高低があるのか」など否定的な意見が強く，特定の項目を分離することなく，後の2点を要件とする考え方が支持されていた (初谷2001a：「序章　4.2.3　公益性評価[18]
システム」（49–53）参照).

　以上のように，2001年当時から筆者が述べてきた「公益性（公益増進性）評価システム」は，その後現在にいたるまでどのように推移してきたか．それを示すのが「**図6-6**　非営利法人の法制・税制と公益性評価システム」である．

　同図では，表側に，下から上に向かって，「公益性評価システム」による公益性の評価と，「公益増進性評価システム」による公益増進性の評価が連続的・段階的に行われることを示している．表頭では，左から右へ時系列に，【公益法人①】と【NPO法人①】，【公益法人②】と【NPO法人②】の順でシステムが変化してきたことを示している．

　まず左頁では，【公益法人①1898年，民法施行以降〈2001年，中間法人法施行以降〉2008年，公益法人制度改革関連三法まで】と【NPO法人①1998年，特定非営利活動促進法施行以降】の組み合わせを示している．【公益法人①】も【NPO法人①】も，第一段階として，公益志向性のある任意団体から「公益法人」の設立許可，同じく公益志向性のある任意団体から「NPO法人」の設立認証という「公益性評価システム」があり，第二段階として，公益法人から「政令第3号特定公益増進法人」の認定，NPO法人から「認定NPO法人」

214　第Ⅲ部　非営利法人の分類と評価

図6-6　非営利法人の法制・

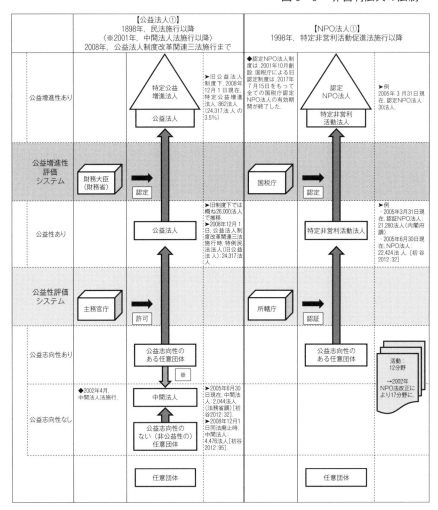

（※注）公益法人制度改革渦中の2006年度に筆者が実施した「中間法人全国実態調査」に基づき，回答法人を51
　　　　「2．公益志向型」（公益的団体の中間法人化），「3．営利補完型」（営利法人等の補完・支援）の3グルー
　　　　果）参照．
（出所）筆者作成．

税制と公益性評価システム

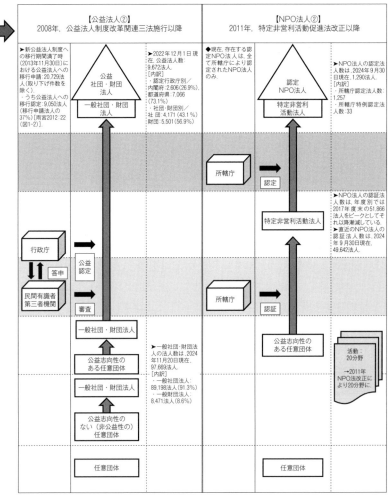

の業務類型に分類したところ，中間法人の類型として，「1．共益型」（立法前から想定された典型的中間法人），プが析出された．初谷2012：66-73（第1章　未完の公益法人制度改革（1）　5.2　中間法人全国実態調査の結

216 第Ⅲ部　非営利法人の分類と評価

の認定という「公益増進性評価システム」があり，２段階の公益性（公益増進性）評価システムが公益法人とNPO法人の両者の場合で並列していたことを示している．

　【公益法人①】では，2002年に中間法人法が施行される前は，公益志向性のある任意団体は公益法人の設立許可を申請していたが，中間法人ができた後は，公益志向性のある団体が中間法人になる例も多く見られた．公益志向性のない（非公益非営利の）任意団体の法人格取得の道をひらいた中間法人は，公益志向性のある任意団体によっても利用されたのである（図6-6の（※注）にも示すように，筆者の中間法人全国実態調査では，「共益型」・「公益志向型」・「営利補完型」の３グループを析出した．これは，のちの一般社団法人の利用目的にも通じるところとなる）．

　次に，右頁では，【公益法人②2008年，公益法人制度改革関連三法施行以降】と【NPO法人②2011年，特定非営利活動促進法改正以降】の組み合わせを示している．【公益法人②】では，公益志向性の有無にかかわらず，任意団体は届出（準則主義）により一般社団・財団法人となり，そこから公益認定により「公益社団・財団法人」となる．ここでは【公益法人①】のときの２段階の公益性（公益増進性）評価システムではなく，公益性評価が新たな「政令第３号特定公益増進法人＝公益社団・財団法人」の公益増進性評価でもある１段階のシステムとなっている．一方，【NPO法人②】では，【NPO法人①】と同様に２段階の公益性（公益増進性）評価システムが存続している．変化したのは公益増進性評価システムにおける認定主体が所轄庁となったことである．

　公益法人とNPO法人の公益性（公益増進性）評価システムの違いは，本書第２章で見たように，非営利法人の系統問題としての「NPO法人の新たな可能性」を考えるうえでも念頭に置くべき課題の一つである．

3.2　NPO分類と公益性評価システム

　次に，上記のような「公益性評価」という目的にふさわしい「NPO分類」はどのようなものであろうか．上で見たように，公益性評価システムにおいて，類型分類されたタクソン（類型）によって公益増進性を評価する方法（「公益性の高い分野の限定」）は，国民生活審議会総合企画部会の議論においても，事務当局の思いとは裏腹に多数の賛同は得られていない（初谷2001a：53）．タクソンの違いによって公益性に多寡があるとすることは，タクソンそのものが類型分類に基づく場合は，類型分類そのものが持つ欠点（本章1.2.1（２）参照）を払拭

し得ず，評価の信頼性や客観性において劣るものとならざるを得ないからである．

　しかし，それならば「公益性」そのものをクライテリオンにすればよいのかというと，それも適当ではない．その場合は，公益性概念の多義性ゆえに，結果としてその類型分類もまた，相当程度主観的なものとならざるを得ないからである．これは主務官庁の担当官による行政裁量に基づく公益性評価システムそのものに対する批判に通じるものである（本章第7章参照）．

　望ましい公益性評価は，何らかの合理的なクライテリオンによる分類行為に基づくものであるといえよう．それは，第一に，基礎の部分は類型分類によるとしても，法制という制度指向分類によって「公益性」を判断し，目的指向分類は用いないこと，第二に，上乗せ部分（公益増進性）は，可能な限り数値的に明確なクライテリオンによる規格分類に基づくことが望ましい．

　こうした当時の筆者の観点からは，平成13年度税制改正における「認定NPO法人」（仮称）制度案において，寄附金優遇税制を認定する基準について，

- 「① 基本的事項」のうち，「事業内容の適正性」の基準の一つとして，「特定非営利活動に係る事業費の総事業費のうちに占める割合が80％以上であること」や「寄附金の70％以上を特定非営利活動に係る事業費に充当すること」を挙げていること，
- 「② 活動実態に着目した要件」のうち，「同一市区町村の者からの寄附金，同一市区町村内の活動及び受益者については，いずれも80％以下であること」を挙げていること，
- 同じく，「事業活動の相当部分（50％以上）が次のような活動でないこと」として，「会員等に対する財・サービスの提供活動」など5項目を挙げていること，

など数値基準による規格分類が図られたことは，申請者と認定者との間の情報の対称性を確保し，行政裁量を可視化し客観化する意味で，基本的には望ましい方向であると考えた．

　ただし，問題は，その認定基準とされた「規格」が厳格であれば，その規格分類によって「認定」側に分類されるタクソンがきわめて希少なものにならざるを得ないということである．この点について，同制度案に対しては「ハードルが高すぎる」，「この要件をクリアできるNPO法人などいったいいくらあるのか」といった批判が少なくなかったことが対応する．

218 第Ⅲ部 非営利法人の分類と評価

　実際，2001年の税制改正によって認定 NPO 法人制度が導入された後，これらの批判や懸念は現実のものとなり，その後の度重なる認定要件緩和要求やそれに漸進的に応える税制改正が続くことになった．

　目的指向の類型分類を排して制度指向の類型分類を基礎としたこと，そして，公益増進性の認定のクライテリオンに「規格」を採用したことは，類型分類と規格分類を組み合わせた「複合分類」を提示したものであるといえ，妥当な判断として評価される．2001年まで，NPO 税制の創設を目標とする多数の市民活動団体や運動団体によって求められてきたのは，いわば規格分類のクライテリオンの厳格性の緩和にほかならない．これは，可視化され客観化された基準（クライテリオン）の評価が問われたものでもあった．

3.3　公益性評価情報としての NPO 分類

　このように，NPO 分類は，公益性評価情報として重要な意味を持つことになる．

　この点に関してさらに具体例を挙げるならば，第一に，「分類コード」の問題がある．一般に，既存の分類を利用するとき，特に多数のタクソンを含む分類を利用するときには，どうしてもインデックス（索引），コード（略号），キー（検索表）といったものを利用することになるが，これらは分類の本来目的ではなくとも，分類利用のうえでは重要な役割を果たすものであり，分類の論理の一部分と見ることもできる（中尾1990：54）．

　こうした観点からは，2001年当時の特定公益増進法人の業務類型のコードが，毎年の税制改正によって業務類型が増加すると，「イ，ロ，ハ，…」のコードがずれていくという煩雑さも，コードとしての検索や比較の便宜からは課題と考えられたが，公益法人制度改革によって政令第3号も改正され，旧政令第3号特定公益増進法人の業務類型とその記号は廃止された．

　公益性評価情報としての NPO 分類について，第二には，特定非営利活動促進法の立法過程や税制上の優遇措置を含めた見直し論議でも大きな論点となった別表に掲げられた特定非営利活動の項目の分野と数の問題がある．NPO 法制定当初の見直し論の中では，限定列挙された活動分野12項目に追加すべき類型は何か，という「タクソンの増加」を個別に求める議論や要望が少なくなく，結果として，その後の NPO 法改正により20項目にまで増加してきた．ただ，むしろ「どのような種類の分類方式を採用するか」，「多様な非営利活動の中か

ら特定非営利活動にふさわしい活動を分類抽出するためのクライテリオンを何に求めるか」という観点からの検討が深められる必要がある．その際 NPO の「公益性」評価のために，類型分類相互のクライテリオンやタクソンの名称を共通化して，類型相互の関係を整理していくことが課題となろう．

おわりに

本章の初出である筆者の2001年報告論文では，最後に次のように本論を締めくくった．

以上，一般分類学の知見に拠りつつ，NPO 政策における NPO 分類について検討してきた．

かつて立花隆は，遷移現象について，「次代の優先種は必ず先代の優先種の内部あるいはその近縁のものから生まれてくる．」という科学的予測を引用した上で，「市民社会は社会主義社会を経て共産主義社会へという遷移系列をたどり，そこで極相（クライマックス）に達するであろう」とした社会史に関するマルクスの予言について，「社会主義社会における優先種が権力の座についたまま，遷移が進行することはありえない．」と批判し「科学的予測に願望を混ぜ合わせるという過誤を犯している」と断じている（立花1990：166-168）．

ここでやや飛躍することを承知で比喩的に述べるならば，この原理をNPO の世界に当てはめれば，現在の優先種である「公益法人」の内部ないしその近縁から新しい種が萌芽し次代を制することになるといってよいかもしれない．それが果たして特定非営利活動法人なのか，それとも現在法制化の進められている中間法人なのか，あるいはまた，それらを根本的に凌駕する非営利法人のタクソンについての新たな提案が何処かで胎動しているのか，直ちに結論は見いだせない．ただ，「公益法人」優先の時代がいつまでも続くと考えるのは，万物にとって遷移が必然であることからも，楽観的に過ぎるものといわなければなるまい．今，制度化されている公益法人にとって必要なことは，「優先種は自己の繁栄そのものの中に，自己の衰退の原因を発見せずにはおかない」こと，「環境変化に応じて，自己の体質を変革させていかない」種は斜陽化する（同上：169-170）とい

220　第Ⅲ部　非営利法人の分類と評価

うことの自覚とそれに基づく行動である.

　中尾は, 分類のシステムというものは, 物事の本来持つ性質と, その分類の使用目的に応じて, 最も都合のよいシステムを使用すればよいと説いている(中尾1990：41-42).

　現行の「NPO分類」が, 使用目的にかなったものになっているか, そのタクソン, クライテリオン等の有効性と機能を不断に検証しつつ, 今後のNPOの発展やNPO学の進展にとって必要な「NPO分類」のあり方を批判的に検討していくことが求められている.

　その後の四半世紀の非営利法人制度の改革動向を踏まえるならば, 2006年の公益法人制度改革は, 2001年当時の「優先種」：旧公益法人がはらんでいた「衰退の原因」を完全に克服し, 「環境変化に応じて, 自己の体質を変革」させたといえるだろうか. また, 改革によって生まれた一般社団・財団法人が, 「新しい種」として「次代を制することになる」だろうか. 本書の第2章「非営利法人の系統と分類」や第3章「公益法人制度改革と一般法人の伸長」は, 筆者のこうした問題関心に基づくその後の考察の所産でもある.

　今日, 2024年に実現した「公益社団法人及び公益財団法人の認定等に関する法律」の一部改正と「公益信託に関する法律」の制定等をもって「第二次公益法人制度改革」とも称されているが, その改革効果もまた同様の問題関心のもとに注目されるところである.

注
1）もとより筆者は系統分類学は専門外である上に, 考察も不十分な段階ではあるが, 一つの問題提起の意味を込めている. なお, 本章の元になった論考は, 2001年3月, 日本NPO学会第3回大会における筆者の報告論文であり, 拙著『NPO政策の理論と展開』の刊行（2001年2月）直後に執筆したものである. 当時は, 1998年12月の特定非営利活動促進法（NPO法）施行から3年が経ち, 2001年10月に認定特定非営利活動法人制度が創設される（平成13年度税制改正）直前にあたる. 本書に収録するにあたり, 近年の系統分類学にかかる文献を複数参照し, 必要と思われる補注を施したが, なお誤解や誤謬も多いと思われる. ご指摘ご叱正を賜りたい.
2）三中信宏は, 中尾1990の「第六章　動的分類」（317-326）と「終わりに―総括と展望」（327-331）について, それまでの章と比べてその頁数（分量）が著しく少ないことへの疑問から, 中尾の生涯にわたる著作を整理した「中尾佐助コレクション」（大阪府立大学総合情報センター）に当たり, 同書には書かれなかった「第七章　総括と展望」の草稿を見出している. そのうえで, 中尾が植物学者・早田文蔵の「動的分類学」を継承しており, 早田の動的分類学が, 複数の形質軸がつくる高次元（多次元）空間の中で対象

を分類することであると紹介している（三中2009：149-159）．中尾自身は，「動的分類は類型分類，規格分類，系譜分類などの諸分類方式の成果が総合された，二次展開の分類方式と受け取ってよい．それは今のところ複合分類として実例があるわけだが，将来はさらに内容豊富な動的分類へと発展できると考えてよい．動的分類は未来にかかっている．」と述べて同書を締めくくっている（中尾1990：331）．

3）『毎日新聞』，2001年1月31日朝刊．『日本経済新聞』，2001年2月20日夕刊．
なお，中間法人法の立法の経緯については，初谷2012：37-45を参照．

4）中間法人の誕生と展開については初谷2012：第1章（32-92），中間法人の一般法人への転生については同2012：第2章（93-116）を参照．

5）1990-1993年に行われた第一段階国際比較調査報告では，日本の民間非営利セクターに主要な位置を占める公益法人制度が，主務官庁による許可制や，設立に必要とされる資産要件などによって，国際的に比較しても非常に制約の多い制度あることが明確に指摘されていた．Salamon, L. M. and H. K. Anheier 1994，跡田1993a，同1993b 参照．

6）詳しくは，初谷2001a：「第4章 特定非営利活動促進法の立法政策過程」参照．

7）経済企画庁ホームページ．http://www.epa.go.jp/j-j/npo/000331bunya.html（2001年閲覧．現在は閲覧不可）．

8）公益法人に関するデータが情報公開されるようになったのは1990年代になってからである．
　1993年から発行され始めた『全国公益法人名鑑』では，全国の公益法人がその所在する都道府県別及び設立目的の大項目（「生活一般」，「教育・学術・文化」，「政治・行政」，「産業」）別に，50音順に配列されている（表6-5参照）．この名簿から得られるデータは，①社団法人・財団法人の別，②名称，③所在地（郵便番号含む），④電話番号，⑤設立年月日，⑥代表者職・氏名，⑦設立目的（細目／略号），⑧監督官庁（主務官庁）である．
　それ以上の詳細なデータは，主務官庁によっては所管法人名簿を別途刊行して，この他の情報を開示している例があるが（通商産業省，農林水産省等），全法人を網羅的に把握する詳細な資料は2001年時点でも未だ開示されていなかった．
　同名鑑が刊行され始める4年前の1989年9月，公益法人の公的資料がほとんど存在しないなか，民間において「公益法人アンケート調査委員会」が組織された．「価値観の多様化，国際化の進展という時代の趨勢の中で，それに応える新しい機能と役割の担い手としてのこのセクターに内外からの期待が高まるにつれて，その全体像に関する基礎的データへの要望も一強くなってきた」（林雄二郎1992：3）ことを受けて，同委員会は1989年11月及び1990年7月の2度にわたり，中央所管5117団体と，地方所管1万5017団体に対してアンケートを発送し，回収，調査結果を1992年に刊行した．

9）公益法人概況調査では，小分類の中から主要な設立目的を二つ以内で記入することとしているため，合計数は法人数と一致しない．

10）特定公益増進法人については，その前身である1961年の旧試験研究法人等制度の発足以来，一般には公益法人同様，全体像の把握が困難な状況が続いていたが，各界からの強い要望に応えて，大蔵省主税局は，全主務官庁の協力を求め，1993年から同局でとりまとめた資料を公開することとし，『特定公益増進法人一覧―寄付を行った場合に特別

222　第Ⅲ部　非営利法人の分類と評価

の寄付金控除（損金参入）の適用のある寄付先法人の名称等の一覧』（（財）公益法人協会）として刊行されるようになった．公開の経緯は，川北力1992：193参照．

　臨時行政改革推進審議会においても寄付金が取り上げられ，「国際化対応・国民生活重視の行政改革に関する第2次答申」（1991年12月12日）の中で，文化の充実策について「企業や個人による支援の充実が不可欠」とし，税制上の措置の活用，貢献を希望する企業や個人に対する情報の提供等の必要性が指摘されたことも発表の契機となったことが報告されている．

11）星野・本間・山岡・永谷1998：16（座談会）における本間発言．

12）この点に関し，特定非営利活動促進法の施行により，グラスルーツNPOと既存NPO（公益法人）との間に政策上「逆のベクトル」，「ねじれ現象」が生じており，日本のNPOは「十字路にたたされている」と評し，日本における「非営利団体革命」に懐疑的なものとして出口1999：28-31．

13）筆者は，かつてサラモンが挙げた六つの「NPOの課題」（初谷2001a：53-58）のうち，一つ目の課題である（民間）非営利セクターに対する「認識の是正」について，「公益」，「多元主義」，「補完性の原則」という理念レベルの認識ギャップに関わる3点について論述した（同上：58-77）．このうち「補完性の原則」については，（1）「補完性の原則」の意味，（2）補完性原則における主体と客体，（3）補完性原則の適用範囲について述べた．本章で異なった「NPO分類」相互の関係を示す例として「補完性の原則」を取り上げるに際し，この（1）〜（3）の説明を要約して再掲している．

14）こうした政府の補完的役割について武智1996：184．また田中1999b：353-354．

15）これらの「責任」概念，とくにレスポンシビリティとアカウンタビリティの異同については，山谷1997，同1999参照．

16）なお，ここでの公益法人についての記述は，公益法人制度改革前の旧公益法人を前提としたものである．制度改革後はこのシステムの主体や客体が変化しているが，システムの枠組みは連続的に考えることができる（後出）．

17）筆者は，「公益」概念を「不特定性」や「多数性」，あるいは「非営利性」の要件で制約せず，さらに広く「人間的生存と社会的福祉を発展向上させること」と理解したい．
　そして，これを公益法人制度の通説的理解による「公益」（不特定多数の利益）と区別する意味で，「広義の公益」と称することとする．それは人間社会の目標であり，その実現されている姿とは，「基本的人権相互の矛盾・衝突を調整する公平の原理」としての「公共の福祉」の原理が合理的に機能した上で「各個人の基本的人権の保障が確保」されている状態を想定している．
　基本的人権と公共の福祉の関係については，多くの議論がある．「公共の福祉」を定義する作業についても，結局は同語反復に陥り実用性に乏しい．伊藤1983：54-57，佐藤1981：285等参照．また，官僚の公益観の変化を分析したものとして真渕1987が有益である．
　「広義の公益」は，公益法人制度の「公益」や，従来の公益概念よりも広い概念であるが，これによれば，従来の政府セクター主導の「公益」に対置する意味で一部の論者によって語られる「市民益」（新党さきがけ1995：19）も含まれることになる．
　安達和志が「行政法原理的次元における『公益』観の理念的モデルを便宜上（傍点著

者）措定」した3種の区別，すなわち，① 個人的利益に優越する異質・高次元のそれ自体独自の国家存立利益としての絶対主義的「公益」観，② 究極的には個人的利益と一致・調和する個人的利益の総和として，市民社会の秩序維持を国家目的とみる市民的自由主義的「公益」観，③ 特定個人の利益を超えたあらゆる社会的諸利益の実現を全面的に国家自身の手に委ね，したがって社会の福利増進を究極の国家目的とみる福祉国家的「公益」観のうち，③の福祉国家的公益観と②の市民的自由主義的公益観の双方を包含するものといってよい．筆者としては，公益概念を②の観点で徹底するには，その前提としての「市民社会」がわが国で成立しているのかという論点について，さらに考察する必要があると考えており，③の観点を併有した折衷的な見解を採る．

18）同審議会総合企画部会6回NPO制度委員会（1999年12月27日）議事要旨．

第7章
NPO 政策と行政裁量

は じ め に

　わが国の「NPO政策[1]」のうち，公益法人政策について，2006年の公益法人
制度改革関連三法制定以前は，主務官庁の自由裁量に委ねられている法人設立
許可に際しての「公益性」認定や，法人に対する指導監督において，行政庁と
クライアントとの間の「情報の非対称性」による裁量判断過程の不透明性，予
測可能性の欠如などが指摘され，民主的な裁量統制が困難であるとの批判が少
なくなかった[2]．

　こうした批判に対して，国においては「公益法人の設立許可及び指導監督基
準」（平成8年9月閣議決定）やその「運用指針」（同年12月関係閣僚会議幹事会申合せ）
を整備するなど，行政の執行活動における決定の適正化に向けた指導が強化さ
れてきた[3]．特定非営利活動促進法は，こうした公益法人政策における課題を踏
まえ，法人格付与について所轄庁による認証のシステムを採用したが，具体的
な執行段階において，所轄庁によっては法の趣旨を逸脱する裁量判断を介在さ
せており，しかもその判断過程が不明瞭であるとNPOの批判を受ける例も報
告されている[4]．

　また，従来の公益法人政策の税制面を見るならば，特定非営利活動法人制度
における「公益の増進に著しく寄与するかどうか」（以下「公益増進性」という）
の認定についても，政令や基本通達に記された「認定基準」に基づく主務官庁
及び大蔵省の裁量について同様の批判がなされるとともに，その認定が厳格に
過ぎ，公益法人に対する寄附金優遇措置を著しく狭き門とし，わが国の非営利
セクターを伸長させる上での制約になっていると指摘されている．

　さらに，特定非営利活動促進法の検討（見直し）条項の意味する「特定非営
利活動の推進及び支援のための税制等を含めた制度の見直し」の中で，とくに
寄附税制の改革については，各方面から様々な提案が試みられ，国民生活審議[5]

226 第Ⅲ部　非営利法人の分類と評価

会総合企画部会における審議でも，当該法人に寄附金優遇措置を認定する上で[6]
行政機関の裁量判断を介在させるのか否か，あるいは現行の特定公益増進法人
制度との接続をどのように制度設計するべきか等が重要な論点となっている．

　こうした制度の見直しに当たっては，総合的な「NPO 政策」の観点から，
公益法人及び特定非営利活動法人の法制及び税制上見られる「行政裁量」の課
題について，横断的に整理する必要がある．そこで本稿では，行政学等の先行
研究における「裁量論」で提示された分析枠組を活用しながら，具体的な「公
益性」や「公益増進性」の認定事例を分析し，適切な裁量統制のあり方につい
て検討してみたい[7]．

1　行政裁量とその統制

1.1　行政裁量論とその空白部分

1.1.1.　行政法学，行政学，組織論による裁量論の空白部分

　行政官の決定や行動は，原則として法令に基づいて行われるものとされるが，
現実には，そうした法令が行政官の決定，行動のすべてを詳細に規定するもの
ではなく，行政官が自ら判断・選択を行う，法令に規定されない「裁量」領域
が必ず存在する（森田1984：25）．

　「行政裁量」の概念構成については，従来，行政法学，行政学，組織論等に
おいてその目的に応じてさまざまに試みられてきた[8]．

　これら関連諸学による概念構成を，既に1970年代に横断的に考察した西尾勝[9]
は，「官僚制の決定過程」の特質を整理した上で[10]，「個々の行政官による『決定
作成』の構造に関する微視的な分析から組み立てて，巨視的な行政国家論にま
で関連づける一つの鍵が，『裁量』概念の再構成ではないか」との「仮説」を
提示している．

　西尾が行政学における議論の系譜をたどる中で紹介するアメリカ行政責任論[11]
によれば，「責任」は「『統制手段』が法的担保を有するか」，「統制が行政府の
内外いずれから発動されるか」の区分に対応して４類型（外在的制度的責任，外
在的非制度的責任，内在的制度的責任，内在的非制度的責任）に分類される（西尾1990：
339）．それらの関係はマトリクスで**表７-１**のように示すことができる．伝統
的な「行政責任論」は，このうち専ら「非制度的責任」を「法的責任」，とく
に「外在的制度的責任」へ収斂させる方向へ，換言すれば，「行政機関の外在

第7章　NPO政策と行政裁量　　*227*

表7-1　統制手段の観点からみた行政責任の分類

		制度的責任（法的責任） （統制手段に法的な裏付けがある）	非制度的責任 （統制手段に法的な裏付けがない）
外在的責任 （統制が行政府の外側 から行われる）		外在的制度的責任	外在的非制度的責任
	その統制手段の例	・立法府による統制と司法府による 　統制に対応	・国民に対する責任 　マスコミの報道，利益集団の圧 　力行動，市民参加などの影響力 　に対応
内在的責任 （統制が行政府の内側 で行われる）		内在的制度的責任	内在的非制度的責任
	その統制手段の例	・上級機関による訓令・職務命令等 　の指揮監督，財務・人事・組織・ 　文書等の管理統制，行政監察等に 　対応	・行政官による自己規律の責任， 　採用方針や研修がこれを促進 　→性質上，これを統制する手段は 　ない

（出所）西尾1990：317-324の記述を元に筆者作成.

的機関（政治機関）への服従」を強調する方向で論じられてきた.

　西尾は，関連諸学における裁量論の「空白部分」を，「① 行政法学，行政学においては「内在的制度的責任」の分析，② とくに行政学では「内在的非制度的責任」の「制度化」の動態の分析，③ 組織論においては「外在的責任」の分析」と指摘している[12].

1.1.2.　空白部分の分析―内在的責任の動態

　本章では，これらの「空白部分」のうち，②の「『内在的非制度的責任』の『制度化』の動態の分析」について，行政学的アプローチにより検討する.

　森田朗は，政策過程のうち「政策の実施（執行）過程」，つまり執行活動における決定・行動に焦点を絞り，サイモン＆マーチの組織論における裁量論，具体的にはそのプログラム概念に若干の修正を施して分析枠組を設け，「決定分析」を試みている（森田1984：25）.

　すなわち，行政官による決定の思考過程において定型化された手順を「プログラム」（環境における一定の刺激に対する非常に複雑で体系的な反応のセット）と称し，いったんこのようなプログラムが形成されると，「特定の問題領域に関しては，

一定の刺激に対する反応が半ば自動化されることから，反応が迅速になり，行動が定型化する．その結果，外部から見て，その行政官の行動に対する予測可能性が高くなる」とする（森田1984：28）．

　そして，このようなプログラムを森田は二つの種類に分け，個人の思考過程に存在するプログラムは〈内面的プログラム〉，意識化し客観化されたプログラムは〈客観的プログラム〉と呼ぶ（森田1984：31）．

　前掲の責任論のマトリクス（表7-1）に基づくならば，ここにいう〈内面的プログラム〉は「内在的非制度的責任」に，〈客観的プログラム〉は「制度的責任」にそれぞれ対応していると考えられる．後者の〈客観的プログラム〉は，「意識化」し「客観化」されたプログラムという定義である限り，そこには，行政府の外側にある「外在的」なものと内側にある「内在的」なものが未分化のまま包含される．

　森田は，「法令」は「〈客観的プログラム〉と考える」ことができるが，「あくまでも〈客観的プログラム〉の一形態にすぎない」とし，「前述の定義に従うならば，〈客観的プログラム〉には，それ以外にも，拘束力をもつ組織の慣習や非公式なルールも含まれると考えることができ」るとする（森田1984：32）．ここにいう「法令」のうち，「法律」は行政府から見て「外在的」であり，「命令」は「内在的」である．「内在的」であるものは，そのほかにも，「慣習や非公式なルール」が含まれるということである．

　次いで森田は，本章の問題関心からは重要な「議論の画定」を行う．すなわち，「〈客観的プログラム〉には……拘束力をもつ組織の慣習や非公式なルールも含まれると考えることができよう．しかし，ここでは，議論の展開を簡潔にするために，一応，法令を〈客観的プログラム〉とみなし，行政官個人の〈内面的プログラム〉と対比させる」とするのである（森田1984：31-32）．

1.1.3.　「準客観的プログラム」の存在

　森田のように〈客観的プログラム〉の意味を限定すると，〈内面的プログラム〉（内在的非制度的責任）ではないが，かといって〈客観的プログラム〉（制度的責任）でもない領域，すなわち，①「外在的非制度的責任」と，②「内在的制度的責任のうち『命令』以外の『準則』によるもの」が考察の対象から外れることになる．

　このうち①「外在的非制度的責任」を除外することについては，前掲の西尾

が「組織論」における裁量論の「空白部分」について，「広く国民による行政裁量の統制という視点が枠組の外におかれ，外在的責任の問題が欠落している」と批判した点（西尾1990：330-331）がそのまま当てはまる．

　また，②内在的制度的責任のうち『命令』以外の『準則』によるもの」とは，従来の「命令」の定義では捉えにくい幅広い「行政基準」を包含するものてあるが，これらを除外することは，内在的制度的な統制についての「準則の定立とその公開」にまで踏み込んで論及していないことになる．

　もとより森田が，このように論述の範囲を画定するのは，その問題関心が〈客観的プログラム〉と〈内面的プログラム〉との関係にあり，「議論の展開を簡潔にするため」であるから，確定したことの当否を問題にするものではない．ただ，その簡潔化のために略した部分である「内在的制度的責任のうち『命令』以外の『準則』によるもの」，つまり「行政基準」，「慣習や非公式のルール」といった部分を考察しなければ，西尾らの指摘した「空白部分」に対する回答にはならない[13]．

　そこで，本章では試論として，上記のうち②の「内在的制度的責任のうち『政令』以外の『準則』によるもの」を導くプログラム概念として，〈準客観的プログラム〉という概念を提示する．ここに準客観的プログラムとは，

　　①〈内面的プログラム〉と同様，「組織内」（内在的）プログラムであるが，〈内面的プログラム〉が行政官個人のものであるのに対して，単一ないし複数の組織に属する行政官の集団に概ね共有されているものである．

　　②〈客観的プログラム〉と同様，行政機関の組織内で「周知の事実」化されており，場合によっては特定の組織内の「取扱要領」的に客観的に記述されているが，その場合であっても，未だ立法機関が認知した規範（法律）や政策機構＝政府による行政立法とまではなっていない，その意味で「非制度的」（「非公式」）なものである．

　　③いわば〈内面的プログラム〉と〈客観的プログラム〉との中間的な存在であるが，ここではその「客観化」（制度化）しつつある動態に着目して，〈準内面的〉とはせずに〈準客観的〉と呼ぶものとする．

　こうした〈準客観的プログラム〉の概念は，中間領域を積極的に顕在化させることにより，前掲の「②「内在的制度的責任のうち『命令』以外の『準則』によるもの」が考察の対象から外れる」という批判に応える可能性をひらき，

1.2. で後述する「裁量統制」を段階的に考える手立てとなる．また，2. で取り上げる NPO 政策に見られる具体的な裁量事例を説明する上でも活用しうるものである．

1.2 行政裁量の統制

1.2.1. 統制方法からみた行政責任

行政裁量の統制方法について，プログラム概念を用いて考察すると，第一に，行政裁量の統制局面は，これら行政機関ないし行政官の依拠する〈プログラム〉を段階的に外在化し制度化（客観化）していくプロセスそのものと，責任論のマトリクスの各段階におけるものとが連続的に存在していると考えられる．

図 7-1 は，統制手段の観点からみた行政責任の分類を示した表 7-1 に，プログラムとの関係を加え，「プログラムに基づく行政裁量（責任）とその統制」の関係を示したものである．

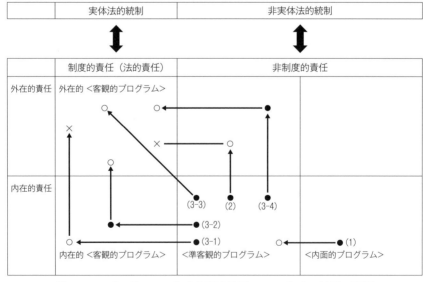

図 7-1 プログラムに基づく行政裁量（責任）とその統制の関係

（注）裁量統制の例 （1）：行政官のリクルート，トレーニング
　　　　　　　　　　（2）：①行政過程へのフォーマルな参加者の拡大，②行政過程の公開
　　　　　　　　　　（3）：準則の詳細化（政策目的の操作的定義など）

（出所）阿部1987a，同1987b，森田1984を参考に筆者作成．

多くの行政活動は，個々の行政官の判断の稟議制を通じた階統的集積による
ことから，**図7-1**では，行政官の個人的な〈内面的プログラム〉に基づく行
政裁量，次いで集団的な〈準客観的プログラム〉に基づく行政裁量，さらに〈準
客観的プログラム〉の「客観化」ないし「外在化」を経て〈客観的プログラム〉
による行政機関の行政裁量へという一連のプロセスを矢印で示している．

　まず，行政官の個人的な〈内面的プログラム〉に基づく行政裁量と集団的な
〈準客観的プログラム〉に基づく行政裁量は，行政官による自己規律による「内
在的非制度的責任」と対応している．次に，行政府内で「客観化」した〈準客
観的プログラム〉による裁量は，上級機関による「内在的制度的責任」の問責
に，また，「外在化」した〈準客観的プログラム〉による裁量は，マスコミや
利益集団を含む国民による「外在的非制度的責任」の問責に，それぞれ対応す
る．さらに，〈客観的プログラム〉による行政機関の行政裁量は，立法府や司
法府による「外在的制度的責任」の問責（統制）に対応している．

　「制度的責任（法的責任）」には「実体法的統制」が，「非制度的責任」には「非
実体法的統制」が各々対応する．

　第二に，行政裁量の統制の程度については，〈内面的プログラム〉を外在的
〈客観的プログラム〉へ可能な限り「制度化」し「外在化」させることを求め
るという「行政裁量否定論」から，「非制度的」で「内在的」な〈内面的プロ
グラム〉に基づく裁量であっても許容する，さらに言えば，統制されない裁量
（絶対裁量）も認めるという徹底した「行政裁量肯定論」に至るまで，多様な段
階が考えられる（西尾1990：315-320，359-361）．

1.2.2. 裁量統制の段階

　裁量統制の程度を，上記のいずれの段階に留めるのがもっとも望ましいかと
いうことは，行政分野ごとに個別の検討を必要とし，一般的な通則は見出し
難い[14]．

　本章では，「NPO政策」における行政裁量の考察に用いるため，裁量統制の
段階を，さしあたり次のように分けておきたい．

　第一に，〈内面的プログラム〉に基づく裁量の統制は，きわめて困難である．
行政官の信念体系，良心に依存するからである．そこで，行政官個人の内心に
あった非公式ルールが，望ましいものである場合には，その在籍する行政庁等
に属する行政官集団にとって共有の非公式ルールとして客観化（制度化）され

232 第Ⅲ部 非営利法人の分類と評価

ていくように図り，反対に，望ましくないものである場合には，〈準客観的プ
ログラム〉に制度化されないように抑止しなければならない．阿部昌樹が，行
政裁量の「非実体法的統制」の方法について例示する「行政官のリクルートメ
ント方法の改善やトレーニングの強化により，彼らの有する価値観・利害関心
そのものを，直接的に立法者のそれと合致するものに変化させていくという方
法」(阿部1987b：78) は，この段階に対応するものと考えられる．

　第二は，〈準客観的プログラム〉を「外在化」することによる統制である．
ある行政庁内部 (行政官集団) による非公式ルールの適用が，市民団体やマスコ
ミ等，非制度的な問責者によって外在化させられることを通じて統制される場
合である．阿部が，「非実体法的統制」の例として挙げる，①「行政過程への
参加者の拡大」や，②「行政過程の公開」などがこの場合に該当する (阿部1987
b：78-79).

　第三は，〈準客観的プログラム〉を〈客観的プログラム〉に「制度化」する
ことによる統制である．これは，従来「実体法的統制 (準則の詳細化)」といわ
れてきたものであり，この段階はさらに，4通りに区分され得る．

　まず，(3-1)〈準客観的プログラム〉を「制度化」して，内在的〈客観的
プログラム〉とするが，外在的〈客観的プログラム〉にまでは「制度化」しな
いで留める場合 (準則が政令，通達等に留まり法律にまでならない場合) がある．具
体的には，ある行政庁内部の非公式ルールの適用が，行政庁内部で制度化され
て，公式の準則として確立するが，それ以上に立法府による法律に「制度化」
しない場合である．

　次に，(3-2)〈準客観的プログラム〉を「制度化」して，まず内在的〈客
観的プログラム〉とし，その上で，外在的〈客観的プログラム〉にまで「制度
化」する場合 (行政立法で規律していた内容を法律にする場合) がある．具体的には，
ある行政庁内部の非公式ルールの適用が，行政庁内部で制度化されて，公式の
準則として確立する場合である．

　さらに，(3-3)〈準客観的プログラム〉を，直接，外在的〈客観的プログ
ラム〉に「制度化」する場合 (客観的に記述され通用していた非公式ルールから法律
案が起案される場合) がある．具体的には，ある行政庁内部の非公式ルールの適
用が，外在的な問責を経ずに，また，行政庁内部での制度化 (公式の準則化) を
経ずに，一気に立法府によって外在的に制度化され，法律として成立するよう
な場合である．

最後に, (3-4) 〈準客観的プログラム〉を, 「外在化」した上で, さらに外在的〈客観的プログラム〉に「制度化」する場合（非公式ルールを公開し問責した上で, それをもとに法律にする場合）がある. 具体的には, ある行政庁内部の非公式ルールの適用による裁量の適否が, 市民団体やマスコミ等, 外在する問責者によって問われ, その結果として, 「制度化」されて立法化されるような場合である.

1.2.3. 裁量統制の方向

　中央省庁内部の政策形成過程を類型化し詳密に分析した城山他編1999は, その終章において, 「行政裁量の『感度』を確保するための制度化」を「課題」として掲げている. それによれば, 行政活動におけるルールの適用が「具体的妥当性」や「実質的公平性」をいかに確保するかということは, 「行政官に対する制度的統制を強めたり, ただ市民参加を進めれば解決するという問題ではない. また, 行政官の倫理的質を上げれば済むという問題でもない. 行政官等関係者が適切かつ必要な情報が得られるような回路を設定し, 行政官等関係者に公益実現の適切なインセンティブを与えることが必要になる」（城山他編著1999：330-331）. 本章の視点に従って換言すれば, 「行政官に対する実体法的統制（制度的責任の問責）を強めたり, ただ（市民参加により）外在的に非実体法的統制（非制度的責任の問責）を進めれば解決できるという問題ではない. また, 行政官の採用時の判定や研修を通じた非実体法的統制を強めれば済むという問題でもない」ということであり, 行政官個人, 行政官の集団が, どのようにすれば「公益実現の適切なインセンティブ」を持つことができるのか, という主体的な問題にほかならない.

　統制の各段階でいえば, 良き〈内面的プログラム〉が表出された場合には, 進んでそれを〈準客観的プログラム〉として共有化, 客観化されるような能動的態度が発揮されることが本来望ましい. また, 〈準客観的プログラム〉については, その適用についての統制機構は, 政策機構の外部ではなく, 内側にビルトインされていることが望ましく, クライアントに対する説明責任の履行のプロセスにおいて, 自ずから外在化するべきものであろう. さらに, 〈準客観的プログラム〉を制度化して, 内在的であれ外在的であれ〈客観的プログラム〉として定立する場合は, そもそもその起案にあたる行政官が, 公益実現に向けて, 〈準客観的プログラム〉のうち何を「客観化」, 「制度化」すべきかという

234　第Ⅲ部　非営利法人の分類と評価

点について適切な裁量を公使しなければならないのである．そのために情報回路とインセンティブが必要であるというのであれば，他のセクターに能動的に働きかけて，それらをシステム化しなければならない．

2　公益法人政策における行政裁量

2.1　公益性評価システム

さて，本章では，公益法人の設立や指導監督に際して，主務官庁がその公益性を認定し評価するしくみを「公益性評価システム」と称するものとする．公益法人の設立の場合でいえば，「公益活動」を行っていると申請する法人格なき団体[15]の「公益性」を評価し，認定するシステムである．

一般に「システム」とは「相互作用をもつ要素の集合」と定義され，相互作用を有するがゆえに個々の要素には還元できない全体としての特性をもつ（桑田・田尾1998：21）．「公益性評価システム」は，主務官庁とクライアントというアクター間の相互作用によって社会的制度としての「公益法人」を創造するシステムであり，「システム」のレベルの分類（ボールディング）でいえば，「社会システム」（複数の人間が分業関係にある組織レベル）の一種であるということができる（桑田・田尾1998：21-22）．主務官庁内部では，階統的構造に従って，プリンシパルとエージェントの関係が重層化しており，クライアントとの関係では多層的な三者関係にあるということができる．また，主務官庁内の各層の水平面では行政官相互の作用による〈準客観的プログラム〉の共有等が観察され得る．

2.1.1.　客観的プログラム

公益性評価システムにおいて行政機関の裁量の根拠となっているプログラムには，〈客観的プログラム〉，〈準客観的プログラム〉，〈内面的プログラム〉を区別し得る．

〈客観的プログラム〉は，外在的〈客観的プログラム〉として民法第33条，同法第34条，内在的〈客観的プログラム〉として審査基準，指導監督基準を挙げることができる．内在的〈客観的プログラム〉である審査基準等について，政府は，公益法人行政の統一的推進及び公益法人の指導監督の適正化等を図るため，公益法人等指導監督連絡会議を開催し，1972（昭和47）年に「公益法人

設立許可審査基準等に関する申し合わせ[16]」を，次いで，1985（昭和60）年の総務庁勧告を契機として，1986（昭和61）年に「公益法人の運営に関する指導監督基準[17]」を決定し，これらの基準に基づき，公益法人に対する指導監督等が行われてきた．

その間，国の公益法人政策に対する批判は絶えず，政府は1996（平成8）年に上記の二つの基準を整理・強化し，「公益法人の設立許可及び指導監督基準」を決定し，同年12月には「公益法人の設立許可及び指導監督基準の運用指針」を定めた．また，公益法人の実態及びこれらの基準の実施状況等を明らかにするため，毎年度「公益法人に関する年次報告」を作成，公表（『公益法人白書』）するに至った[18]．

公益法人設立許可，指導監督に臨む行政官は，（民法はもとよりとして）具体的には，これらの「審査基準」や「指導監督基準」を，裁量にあたって依拠する〈客観的プログラム〉としており，法人設立を希望するクライアントにとって公開された基準となっている[19]．

ただ，これらの「審査基準」や「指導監督基準」には，「一般条項」的な文言（例えば「適切な内容の事業」，「健全な事業活動」，「健全，かつ継続的な管理運営」など）が少なくなく，行政基準としての「詳細化」の余地を多く残すものとなっている．

2.1.2. 純客観的プログラムまたは内面的プログラムの例

公益法人設立許可に携わる行政官の〈準客観的プログラム〉や〈内面的プログラム〉を把握するための予備的かつ間接的な分析対象として，さしあたり（財）公益法人協会の月刊誌『公益法人』誌上で，過去に企画された公益法人設立許可・指導監督担当官による座談会の記事（1985年〜1991年）[20]を用いる[21]．

1972（昭和47）年の「公益法人設立許可審査基準等に関する申し合わせ」（以下「審査基準（1972）」という），1986（昭和61）年の「公益法人の運営に関する指導監督基準」（「指導監督基準（1986）」），1996（平成8）年の「公益法人の設立許可及び指導監督基準」（「許可及び指導監督基準（1996）」）に示された基準を，許可及び指導監督基準（1996）の項目順に並記し，座談会での発言内容を分解して該当項目の箇所に並記し対比した[22]．

行政官の発言を通覧すると，① たんに内在的〈客観的プログラム〉である各基準について，その文言に裁量的判断を加えることなく，機械的に適用し，

その遵守を求めるもの，②内在的〈客観的プログラム〉である各基準には定められていないが，〈準客観的プログラム〉として通用しているとみられるもの，③発言者個人の〈内面的プログラム〉に止まるとみられるもの，の3種類がある．

今回素材とした記事に関する限り，①ではない場合については，前後の発言の流れ（文脈）から見る限り，そのほとんどは③ではなく②，つまり，当該行政官の所属する公益法人担当部課なり官公庁単位で構成員に共有されている〈準客観的プログラム〉と見なされる場合に該当する．

2.1.3. 公益性評価システムにおける裁量統制

前述の行政裁量の統制段階を，公益性評価システムの場合に当てはめて整理すると，第一に，当該記事から抽出しうる事例は，ほとんどが〈準客観的プログラム〉とみられる場合であり，内在的〈客観的プログラム〉である「基準」との関係に着目するならば，次のような類型に分けて考えることが可能である．

（1）既存の内在的〈客観的プログラム〉に「加重」する〈準客観的プログラム〉に基づく裁量の事例／①「営利企業の実質的経営」の6項目の指針に加えて，より詳細な基準が必要とするもの（公益法人協会1987：8），②社団法人について「最低2年間」の公益事業の実績を要件とする例（公益法人協会1985a：18），③多目的事業は「総合商社的」としてこれを抑制する例（公益法人協会1991：10），④行政補完型法人の場合に，委託事業は主たる事業に含めないという見解（公益法人協会1985a：20），⑤収益事業の業種を制限し，あるいは法人が自制すべきであるという意見（公益法人協会1991：13），⑥基本財産の額を明示する例（公益法人協会1985a：18-20，同1985b：11），⑦会計科目を小項目まで設けることを指導する例（公益法人協会1991：13）．

（2）既存の内在的〈客観的プログラム〉から「減軽」する〈準客観的プログラム〉に基づく裁量の事例／①「理事の資格」についての親族，特定企業関係者が過半数を超えることも容認する意向（公益法人協会1987：7），②「財団法人における評議員会設置」について，既存法人には適用しがたく，見合わせようという傾向（公益法人協会1987：6）．

（3）内在的〈客観的プログラム〉が「不存在」の場合に，「創出」した〈準

客観的プログラム〉に基づく裁量の事例／①申請者の希望する事業分野に対して，隣接のより地味な領域へ誘導しようという発想（公益法人協会1990：14），②社団法人の代議員制の容認（公益法人協会1990：12）.

　以上の三つの類型の裁量に対する統制方法としては，まず一つ目に，内在的〈客観的プログラム〉のレベルに戻す方向での統制が考えられる．上記の事例でいえば，①申請者の希望する事業分野に対して，隣接のより地味な領域へ誘導することや，②共管法人数の抑制，③申請者の希望する財団法人形態よりも営利企業，公益信託形態の採用を勧奨すること，④社団法人の代議員制の容認等の適否を，〈客観的プログラム〉との関係で見るのではなく，〈準客観的プログラム〉自体としての適否が問われ，その判断基準を別途設けるということである．

　二つ目は，これらの〈準客観的プログラム〉を「外在化」することによる統制である．これは①〜③のいずれの場合についてもありうる．

　三つ目は，〈準客観的プログラム〉を〈客観的プログラム〉に「制度化」することによる統制である．①と②のように既存の内在的〈客観的プログラム〉が「存在」する場合は，①「加重」，②「減軽」した〈準客観的プログラム〉が，もし適正であるというのであれば，そのまま，それぞれ元の内在的〈客観的プログラム〉のレベルに比して上乗せ修正するなり下方修正することによって，新たな内在的〈客観的プログラム〉に改訂することになる．一方，③のように内在的〈客観的プログラム〉が「不存在」である場合には，「創出」された〈準客観的プログラム〉をそのまま内在的又は外在的な〈客観的プログラム〉として定めることになろう．

　1.2.3.では，〈準客観的プログラム〉の〈客観的プログラム〉への「制度化」について，（3-1）〜（3-4）の4通りを区別したが，2001年当時，公益性評価システムについては，民法第34条等は改正されておらず，外在的〈客観的プログラム〉（法律）の改変はみられないことから，すべて（3-1）に該当するものであるといってよい.[23]

2.2　公益増進性評価システム

　次に，公益法人政策の税制面に目を転じ，特定公益増進法人制度における「公

益の増進に著しく寄与するかどうか」(公益増進性) の認定について，これを「公益増進性評価システム」と称して，同様の分析を試みる[24].

　特定公益増進法人を認定する主務官庁，大蔵省 (当時) の判断のプロセスをみると，①まず，当該公益法人の「公益活動」の評価，②次に，その「公益活動」が「特定」の業務類型として選択，設定されている「公益活動」に該当するか否かの評価，③さらに，当該法人が行っている「特定」の業務類型に当たる「公益活動」が，一段高い「公益増進活動」といえるレベルに達しており，かつそのレベルが維持されているか否か，という順序であるとみられる．つまり，「特定」の「公益活動」の「公益増進性」評価システムなのである．

　本章では，第3号の民法法人である特定公益増進法人 (以下「第3号特増法人」という) について，1995年8月から11月にかけて筆者が行った抽出ヒアリング調査の結果 (初谷1996：『特定公益増進法人ヒアリング調査結果』．以下『ヒアリング調査結果』という)[25]，及び，同年11月から1996年3月にかけてNPO研究フォーラムが実施した悉皆アンケート調査の結果 (NPO研究フォーラム1996：『特定公益増進法人調査報告書』．以下『特定公益増進法人』という)[27] を素材として用いる．公益性評価システムについては，前述のとおり行政官自身の発言記録という資料があったが，公益増進性評価システムについては，同様の資料が得られないため，クライアント側に対するアンケート結果から，行政官の指導内容を把握しようとするものである．

2.2.1.　客観的プログラム

　公益増進性評価システムにおいて主務官庁や大蔵省の裁量の根拠となっているプログラムのうち，〈客観的プログラム〉として法人税法，所得税法，内在的〈客観的プログラム〉として，それらの法律の施行令や基本通達に定められた「認定基準」がある[28]．

2.2.2.　準客観的プログラムまたは内面的プログラムの統制

　第一に，『特定公益増進法人調査』から抽出しうる事例について，クライアントの回答の文脈からみて，明らかに〈内面的プログラム〉であると見られる場合以外は，当該主務官庁等において，一定程度客観化が進み，行政官集団に共有されているものと推量し，〈準客観的プログラム〉の事例として扱う．

　第二に，〈準客観的プログラム〉に基づく裁量とみられる事例は，内在的〈客

観的プログラム〉である「基準」との関係に着目するならば，公益性評価システムの場合と同様，次のような類型に分けて考えることが可能である．

（1）既存の内在的〈客観的プログラム〉に「加重」する〈準客観的プログラム〉に基づく裁量の事例／① 多目的法人の認定要件を設けること（「一体性」の解釈を厳格化する場合），②「主たる業務」の事業費比率を定めること，③「『適正運営』の認定」のうち，「基本財産の額」を明示する例

（2）既存の内在的〈客観的プログラム〉から「減軽」する〈準客観的プログラム〉に基づく裁量の事例／該当なし

（3）内在的〈客観的プログラム〉が「不存在」の場合に，「創出」した〈準客観的プログラム〉に基づく裁量の事例／① まったく新たな業務類型を設定する場合の設定範囲の定め方，②「適正運営」の認定のうち，「共管法人数の抑制（所管法人の複数化の回避）の例[29]」

（1）と（3）の類型の裁量に対する統制方法としては，公益性評価システムの場合と同様に，まず一つ目に，①「加重」した〈準客観的プログラム〉を，元の内在的〈客観的プログラム〉のレベルまで戻すよう，行政府内で内在的に統制する方法が考えられる．

　具体的事例に即していえば，①「多目的法人の認定要件」において「一体性」の解釈をいたずらに厳格化しないようにすること，②「主たる業務」の事業費比率をとくに数値で明示しないこと，③「適正運営」の認定にあたり，基本財産の額を明示しないこと，に戻すことになる．

　しかし，①の場合はともかく，②や③の場合に，内在的〈客観的プログラム〉で客観化されたレベルに戻すことは問題がある．なぜならば，②，③については，それぞれ数値目標が示されることで，クライアントにとってはむしろ情報の対称性が確保できるという側面もあるからである．ただし，既に指摘したように，その数値目標の根拠や比率・金額が，現下の社会経済情勢に照らして妥当なものかどうかという問題は依然残る．また，②の「70％要件」は，多くの省庁に共通して用いられているが，③の「基本財産額」は前掲の回答例でも明らかなように，主務官庁によってまちまちであり，かつ年代によっても変化している．②の場合と③の場合とでは〈準客観的プログラム〉を共有する行政庁の「共同体（ネットワーク）」の規模が異なっている．③のように主務官庁によっ

て〈準客観的プログラム〉が異なる場合は，ある官庁は3億円を要求し，ある官庁は1億円でよいというのは何故か，という点について，クライアントに対し，各主務官庁において個別的妥当性の説明責任を負うこと（外在化）が求められよう．

一方，③「創出」された〈準客観的プログラム〉については，その適否を判断する別途の基準が必要になる．これも事例に即していえば，①「新たな業務類型の設定」については，その政策体系上の価値付けを行う〈準客観的プログラム〉の当否は，個別的判断を必要とするし，②「適正運営」の認定のうち「共管法人数の抑制（所管法人の複数化の回避）の例」については，当該法人の事業量全体の中で当該事業の占める量的・質的割合と共管化することによる様々なコストを比較検討して，いずれが公益にかなうのかという問題設定が必要であろう．

二つ目は，これらの〈準客観的プログラム〉を「外在化」することによる統制である．公益性評価システムでみたのと同様，〈準客観的プログラム〉を「外在化」したままとし，あえて（内在的であれ外在的であれ）〈客観的プログラム〉には「制度化」しない，という選択肢が含まれる．

具体例でいえば，上記の「基本財産」についての〈準客観的プログラム〉が，外在的〈客観的プログラム〉はもとより，はたして内在的〈客観的プログラム〉に「制度化」することになじむのか，「制度化」することが適切かという判断が求められる．

三つ目は，〈準客観的プログラム〉を〈客観的プログラム〉に「制度化」することによる統制である．例でいえば，上記の①「新たな業務類型の設定」は法令の改正により確定するから，内在的〈客観的プログラム〉及び外在的〈客観的プログラム〉に「制度化」されることによって決せられる．主務官庁の提案に対する大蔵省の裁量判断と査定案が政治過程を経て「制度化」することから，業務類型にもよるが，政治的関心の高い業務類型の創設の場合には，外在的統制が働いて「制度化」されていくといえよう．

3 特定非営利活動法人政策における行政裁量

3.1 公益性（不特定多数性）評価システム

特定非営利活動法人の法制面について，これを「公益性（不特定多数性）評価

システム」と称して，公益法人の法制面の「公益性評価システム」や税制面の「公益増進性評価システム」と同様の分析を試みる．

特定非営利活動法人の設立に際して，所轄庁による公益性の判断プロセスは，①法人格なき団体である NPO の「非営利活動」が何か，②その「非営利活動」が法別表の12項目に当初「特定」された「特定非営利活動」の中に含まれるか否か，③「特定非営利活動」の「公益性（不特定多数性）」を評価，という順序であるとみられる．[30]

特定非営利活動法人の場合の公益性（不特定多数性）評価システムにおいて所轄庁の認定根拠となるプログラムは，立法過程で「認証」という準則主義に近い認可主義を採用したことと国会での質疑からも明らかなように，〈客観的プログラム〉に限定されているはずである．しかし，法施行後の運用実態は，〈客観的プログラム〉ではないプログラムに依拠する取り扱いが報告されており，〈準客観的プログラム〉や〈内面的プログラム〉に基づく裁量行為とみられる事例も散見される．

3.1.1. 客観的プログラム

公益性（不特定多数性）評価システムにおける〈客観的プログラム〉は，特定非営利活動促進法に定める認証基準（同法第12条第1項）に限られる．[31] 所轄庁の認証の審査については，国会の審議において「書面審査」の原則が示されている．[32] それらの認証基準は，民法に比べ比較的詳しく定められているが，それらは決して「無裁量状態」に行政官を置くほどの絶対的なものではない．

この〈客観的プログラム〉に対する問題点は関係者に次のように認識されている．

まず，所轄庁の担当者の意識については，シーズによる「第5回各都道府県 NPO 担当者向けアンケート集計結果」（1998.8.21.）によれば，[33] 担当者らが，法の問題で改善を希望する点として，「認証・不認証の基準があいまいである」，「定款や事業計画書・収支予算書などに最低限何が書かれていなければならないかが不明確である」等の回答数が多い．「認証基準があいまい」とは，外在的〈客観的プログラム〉が定立それているものの，その「制度化」，「客観化」の「密度」に不満があるということであり，外在的〈客観的プログラム〉のさらなる「詳細化」に向けた希望が表明されているものである．

次に，特定非営利活動法人申請団体の意識について，同じくシーズによる

242　第Ⅲ部　非営利法人の分類と評価

「NPO法人申請団体への法律運用状況に関する調査（1999.8.25.）結果」[35]におけ
る「アンケートを通してのコメント」によれば，「1．NPO法自体に起因する
問題点」について，次のように整理している．

　　「1）NPO法の基準が不明確である．（中略）「当団体では，収益事業は
　　行わないとしたが，本来事業のいくつかの項目を収益事業ではないかと指
　　摘された．」，「特に『特定非営利活動事業』と『収益事業』の区分が不明
　　確だ．非営利活動事業と収益事業の基準がないことが大きな難点となって
　　いる」（定款に記載する特定非営利活動の事業と収益事業の分け方のルールがない），
　　「子育て支援は福祉でないといわれた」（特定非営利活動の12分野にどう当ては
　　めるかの明確な基準がない），「定款作成について，団体の実状（ママ）にあっ
　　た指導というより，経済企画庁のサンプルに合っているかどうかが指摘さ
　　れた」（定款に何を書けばいいのかが不明確なために，経済企画庁のサンプルの方が法
　　律よりも重視された指導が行われている）」

　所轄庁，申請団体双方の動向を踏まえつつ，「1）わが国経済社会における
NPOの位置づけと役割」,「3）NPOに対する政策対応のあり方」とともに「2）
NPO法の施行状況と問題点」について審議してきた国民生活審議会総合企画
部会NPO制度委員会では，自由討議の中で「法の解釈・運用上の問題」[36]にふ
れた部分で，認証申請に関する所轄庁へのクレームの類型化が示されており，
それによると，「①「不特定かつ多数」の解釈が厳格過ぎる（会員に対してサービ
スを提供する団体の扱いなど），②活動の適法性を過度に証明させられる（移送サー
ビスの実施における認可など），③法に規定されていない事項に関してまで指導さ
れている」といったものが多く，「解釈の統一が必要」といった意見が示され
ている．
　こうした見解に共通するのは，外在的〈客観的プログラム〉である特定非営
利活動促進法の中に含まれる「不確定概念」の問題である．行政法学上，「公
益ノ為必要アルトキ」（河川法第20条）のように「抽象的・多義的・弾力性伸縮
性のある概念」を通常「不確定概念」という[37]．特定非営利活動促進法の第2条
1項の「不特定多数のものの利益」もこうした不確定概念の例であるといえ，
これを「公益」とした場合には，公益適合性の法的資格を裁量概念と解するこ
ともできるために，公益法人政策における「公益性認定が主務官庁の自由裁量」

という従来の公益性評価システムの「慣行」に支配されることを危惧し、「価値中立的で一定の客観的な判断ができる基準へと書き換え」られたものであることは周知のところである。「活動の対象もしくは活動の結果として利益を受けるものが『不特定かつ多数のもの』であれば『公益性』の要件を充たしているという形式」による公益性評価のシステムが採用されているのである（堀田・雨宮編1998：78-87）。

　現在（2001年）までに所轄庁の担当者，申請者等から示されている希望や不満に対しては，立法経緯を踏まえるならば，不確定概念の一つひとつについて，立法府における議論を経た統一的な解釈に基づく外在的〈客観的プログラム〉への詳細化は許容できても，行政府の内在的〈客観的プログラム〉として詳細化することは許容されないものというべきである[38]。

3.1.2. 準客観的プログラムまたは内面的プログラムの統制
　第一に，特定非営利活動法人の場合の公益性評価システムにおいては，公益法人の場合の公益性評価システムや特定公益増進法人の場合の公益増進性評価システムでは検討を保留した行政官個人の〈内面的プログラム〉に基づく裁量の統制の問題を閑却するわけにはいかない。法が，所轄庁においてクライアントに対する窓口で，本来の立法者意思どおりに執行されていない原因の少なからぬ割合が，個人レベルの理解不足等に起因している可能性がある。こうした誤った裁量を統制するために，まずは行政官個人に正確な知識を具備させる教育・研修機会の充実などの非実体法的統制が急がれなければならない。

　第二に，〈準客観的プログラム〉に基づく裁量と見られる事例は，外在的〈客観的プログラム〉である法との関係に着目するならば，次のような類型に分けて考えることが可能である。

　（1）外在的〈客観的プログラム〉に「加重」する〈準客観的プログラム〉に基づく裁量の事例／同法の場合，〈準客観的プログラム〉によるこうした「加重」は想定されていない。にもかかわらず，そうした〈準客観的プログラム〉の形成がやむをえず進行するとすれば，それは〈客観的プログラム〉への「制度化」を考えるべきものであって，たんに「外在化」させて〈準客観的プログラム〉のまま維持することは許容されないものといわなければならない。この点は，公益法人の公益性評価システムや公益増進性評価システムと異なる点である。

244 第Ⅲ部 非営利法人の分類と評価

（2）外在的〈客観的プログラム〉から「減軽」する〈準客観的プログラム〉に基づく裁量の事例／この場合も，①と同様，「外在化」に留まらず，「制度化」まで視野に入れる必要がある．

（3）外在的〈客観的プログラム〉が「不存在」の場合に，「創出」した〈準客観的プログラム〉に基づく裁量の事例／この具体例としては，前掲のシーズ「申請団体調査結果」における「アンケートを通してのコメント」によれば，次のような回答が紹介されている．

「6）その他，NPO 法の仕組み自体への改善要望――「大規模法人には，『代議員』または『総代』等の決議機関制度を設ける必要がある」，「公開株式会社の譲渡規定のようなものが必要ではないか」――これらの希望についての評価は別途検討する必要があると思われるが，仮にこうした項目が〈準客観的プログラム〉として「創出」され共有化されるならば，やはり外在的〈客観的プログラム〉への「制度化」を検討する必要がある．

特定非営利活動促進法の見直しについては，前掲の（3-2），（3-3），（3-4）等の経路により，外在的〈客観的プログラム〉である法律の改正まで至るべきことが立法者意思にかなうのではなかろうか．

おわりに――NPO 政策と行政裁量

最後に，以上検討してきた三つのシステムの特徴を概括的に述べる．

① 公益法人政策における「公益性評価システム」においては，外在的〈客観的プログラム〉は簡単なものに留まり，従来から主務官庁単位で〈準客観的プログラム〉が多数発達してきた．公益法人政策に対する数々の批判の過程で，こうした〈準客観的プログラム〉の「外在化」も進行している．そして，それらの〈準客観的プログラム〉のうち優れたものが，内在的〈客観的プログラム〉に「制度化」され，近年その「詳細化」は顕著である．反面，こうした「詳細な制度化」が，裁量判断の硬直化につながらないよう，個別的妥当性の観点からの認定が許容される余地を，透明性を維持しながら確保する必要がある．

② 公益法人政策における「公益増進性評価システム」においては，外在的〈客観的プログラム〉はポジティブリストの追加という形で蓄積されてきた．認定基準となる内在的〈客観的プログラム〉は簡単な定めに留まることから，〈準客観的プログラム〉が形成されつつある．これは主務官庁と大蔵省の双方にみられるが，主務官庁の「共同体」で共有されている〈準客観的プログラム〉もある．「公益増進性評価システム」はその厳格な認定そのものの緩和が求められており，適切に裁量統制をしつつその要請にどのようにして答えるか，「公益性」と「公益増進性」との一体的把握による方法など，検討が必要である．

③ 特定非営利活動法人政策における「公益性評価システム」においては，上記の二つのシステムとは異なり，外在的〈客観的プログラム〉を優先させ，行政府の裁量を可能な限り排除するのが立法者意思である．但しそれは複数の「不確定概念」を含み，その解釈をめぐって〈内面的プログラム〉や場合によっては〈準客観的プログラム〉間に相剋，混乱が見られる．このシステムにおいては，外在的〈客観的プログラム〉に定めのない「不存在」ケースについて，良質の〈準客観的プログラム〉が形成されること，それが形成された場合には，速やかに立法府での審議に載せ，「制度化」を図っていくことが期待されている．

なお，特定非営利活動法人の税制の問題については，公益法人政策における現行の公益増進性評価システムにそのまま参入することはきわめて困難であろう．上記のように，公益増進性評価システムの運用を柔軟なものにして架橋するか，まったく新たな評価主体による公益増進性評価システムを設計し，その中に統合する方法など，様々な制度改革の方向が考えられる[39]．

ただし，行政府以外のあるいは行政府が部分的にのみ関わる新たな評価主体を設けても，その評価主体の裁量とその依拠するプログラムについて，本稿で分析枠組を用いて述べた裁量統制上の課題は同様に発生する[40]．本来は，行政府が段階的な裁量統制機構を組み込んだ政策機構として，みずから「外在化」の努力を果たしつつ，内在的に統制することが，議論の出発点となるべきで，そうした改革努力をさておいて，統制機構の外部化に傾斜することは，必ずしも最善の道ではないように思われる[41]．

246　第Ⅲ部　非営利法人の分類と評価

　NPO 政策の制度改革，それを通じた政府セクターと NPO セクターの相互依存関係に基づく政策の協働が進む当面の鍵は，NPO の設立や活動に対する行政裁量とその統制をいかに適切なものにデザインできるかにかかっている[42].

注

1）「NPO 政策」の意味については，初谷2001a：183，本書第 1 章参照.

2）広義の「公益法人」として，民法によるものとその他特別法によるものとがあるが，本章にいう「公益法人」は，狭義の公益法人（民法によるもの）とする．なお，公益法人の設立許可が主務官庁の自由裁量権に係らしめられていることから，法人設立を希望する者が一般的に踏むプロセスを詳解したものとして，雨宮1994：50–154.

3）公益法人に関する1999年の施策について，総理府編1999：15–30.

4）例えば，さわやか福祉財団・シーズ・日本 NPO センター1999参照.

5）例えば，NPO/NGO に関する税・法人制度改革連絡会1999など多数.

6）同部会中間報告参照.

7）［補注］本章の元となった論考の執筆は2000年で，掲載誌の発行（初出）は2001年であり，1998年の NPO 法制定から日もまだ浅く，2006年の公益法人制度改革関連三法の骨子も明らかではなかった．旧公益法人制度の下，公益法人制度改革が政策課題として浮上するなかで，NPO 政策と行政裁量について考察した論考である．ただ，本章で示した検討枠組みや分析結果とそれに基づく提言は，公益法人制度改革以降も，NPO 法人の認証や公益法人の公益認定に際して依然指摘される所轄庁や行政庁の裁量判断の当否やその適切な統制方法を考えるうえでも有益であると考え本書に収録した.

8）行政法学では平岡1995はじめ宮田1994及び同書：2の注（2）所掲の文献参照．行政学では平岡1995：194の注（1）所掲の文献，日本行政学会1984所掲論文に紹介されている文献，西尾1990等参照．組織論では，さしあたり田尾1990，桑田・田尾1998参照.

9）西尾1974（西尾1990に収録）参照.

10）特質として，「① 機関決定はほとんどつねに複数の構成員による決定の複合物であり，最終的な決裁は階統型の権限体系によって制度的に保証されている．② 代表性の主張と自己利益の要求が許されず，決定の合法性と公益性を論証しなければならない．③ 決定過程が公開の討議にさらされにくく，不透明で接近困難である．」と指摘している（西尾1990：306–307）.

11）西尾1990：317，Gilbert1959に準拠している.

12）なお，西尾の整理について，批判的に補論した田辺1992は，西尾の論旨をまとめて表を作成し，空白部分としてこれら①〜③に加えて，④ 関連諸学を通じて「行政価値の多元化（『公正』に加えて『効率』，『適応』等），「アクター間関係の立体化」，「統制機構の設計」への顧慮が欠けていることを指摘している．田辺1992：43–46．田辺の指摘は，西尾の「外在的責任と制度的責任の重視」，「内在的責任・非制度的責任に対する統制の外在化・制度化への強い関心」という姿勢に加えて，「内在的責任」に対する「問責」を政策機構の設計そのものに制度化しておくことに注意を喚起するものといえる.

13）この点に関し，平岡1995は，自らの提示する「行政基準」概念を「行政活動の内容・

第 7 章　NPO 政策と行政裁量　*247*

要件・手続等に関して行政機関が定立した定めであって，行政立法がもつような外部的法的効力をもたないもの」と定義するに際し，それは森田のいう〈内面的プログラム〉にほぼ該当するものであると考えられる，としている（同上：201）．法規としての定めを〈客観的プログラム〉と解すれば，法規としての定めを持たない行政基準は，二分法でいく限り，〈内面的プログラム〉とパラレルに捉えられるという趣旨であろう．しかし，森田の〈内面的プログラム〉が行政官個人の内面に在る〈プログラム〉である以上，平岡が「行政基準」に含める「訓令」「通達」，「閣議決定」「閣議了解」，「告示」，「指導要綱」類など，法律的条文形式（ないしそれに類した形）で客観化され制度化されたものとは異なるものというべきである．平岡の「行政基準」には，むしろ森田の〈客観的プログラム〉のうちの行政機関に内在的なものが該当するといった方が正確である．

14）例えば，阿部1991a，同1991b は，意思決定機構の制度構造上，いかなる決定を行おうとも，上位の権威により審査され，破棄される可能性がないことから，行政官が事実上享受している法規範から逸脱した決定を行う自由（「制度上の裁量」と称する）を，行政裁量の一形態として積極的に評価し把握するための認識枠組を提示している．その上で，そうした「制度上の裁量」のうち，積極的価値を見出しうるものの程度，割合については「個別具体的な行政活動領域を対象とした経験的研究」が必要であるとする（阿部1991b：53-54）．

15）法人化研究会編1993：4-5，22.「権利能力なき社団・財団」等とも呼ばれる．

16）昭和47年3月23日同協議会申し合わせ．

17）昭和61年7月22日公益法人指導監督連絡会議決定．

18）公益法人政策のあゆみについては，総理府編1999：171-174．

19）その意味では，これらの基準は，内在的〈客観的プログラム〉であるとしても外在化が進んでいるといえる．

20）① 公益法人協会1985a：5，② 公益法人協会1985b：17，③ 公益法人協会1987：2，④ 公益法人協会1990：6，⑤ 公益法人協会1991：2．

21）これらのプログラムをより確度を上げて把握するためには，中央省庁，都道府県の公益法人行政に携わる相当数の行政官に対する調査を設計，実施する必要がある．ここで用いる素材では，そのための仮説を立てることが許される範囲である．

22）座談会の掲載時期から，① 公益法人協会1985a および② 公益法人協会1985b は，審査基準［1972］と指導監督基準［1986］の間，③ 公益法人協会1987，④ 公益法人協会1990および⑤ 公益法人協会1991は，指導監督基準［1986］と許可及び指導監督基準［1996］の間に位置している．ただし①～⑤のいずれの場合も，許可及び指導監督基準［1996］に統合される以前のものであることに注意する必要がある．

23）なお，本章3．で後述するが，特定非営利活動促進法の見直しについては，（3-2），（3-3），（3-4）等の経路により外在的〈客観的プログラム〉である法律そのものの改正にまで及ぶ例を予定しているのが立法者意思でもあるといえよう．

24）特定公益増進法人制度の運用とその効果については，初谷1996b，初谷1999参照．

25）『特定公益増進法人ヒアリング調査結果』は，初谷1996a に所収．対象は，① 全国の特定公益増進法人のうち，法人税法施行令に定める第3号法人（民法法人のうち主務官庁の認定により特定公益増進法人となるもの）897法人から，ア．乱数表を用いて5％

248　第Ⅲ部　非営利法人の分類と評価

の抽出率で無作為に選んだ46法人，イ．その他任意に抽出した特色ある特定公益増進法人6法人，の計52法人，②特定公益増進法人の認定を目指して主務官庁と事前協議中の公益法人2法人，③（財）公益法人協会，及び（財）助成財団資料センターの2法人，の計56法人である．各法人の理事長，専務理事，常務理事等の役員，事務局長69人に対してインタビューを行った．同調査結果では，公益法人アンケート調査委員会1992と比較しながら特定公益増進法人の現況を示すことに努めている．

26）筆者は同調査の事務局を担当した．

27）NPO研究フォーラム1996．同アンケートは，筆者が先行して行ったヒアリング調査（初谷1996）とほぼ同様の質問項目で実施したものである．アンケート調査票は1995年11月24日に発送し，中間で1度督促を行い，1996年3月5日の最終締切までに228件の回答があった（回答率25.4％．うち有効回答数195件（21.7％））．

28）要件の整理については，石村1992：12参照．

29）自然科学分野における研究者に対する助成が主たる目的であるので科学技術庁が主務官庁である財団法人が，研究開発事業だけでなく，広く人材育成を通じて海外諸国と交流することが重要になってくるという考えで，来日留学生に対する奨学事業も始めたところ，同事業について，大蔵省から「『国際奨学金』の文言を使うならば科学技術庁の専管ではおかしい，文部省との共管になるのではないか」と指摘したため，名称を「国際学生研究助成金」とするように主務官庁から指導を受けて従ったという例である．NPO研究フォーラム1996：67参照．

30）特定非営利活動促進法第2条第1項．同項にいう「不特定多数のものの利益」は，法律用語としての「公益」と同義で「社会全体の利益」を表す．同法の立法過程を踏まえ，公益法人政策における「公益性評価」との対比上，「公益性（不特定多数性）評価」と表記する．「公益」と「不特定多数性」の関係については，橘・正木1998：58-59等．

31）詳細は，橘・正木1998：52-93等参照．

32）橘・正木1998：112-113．同法を受けて各都道府県が制定する施行条例では追加的な要件が定められることはない．

33）シーズのホームページ（http://www.vcom.or.jp/project/c-s/news/990901.html）2000年11月20日取得による．

34）同アンケート，問12．

35）シーズのホームページ（http://www.vcom.or.jp/project/c-s/news/990830.html）2000年11月20日取得による．

36）http://www.epa.go.jp/99/c/19990707kokuseishin-s.html 参照．

37）宮田1994：50．なお，同書第Ⅲ章，第Ⅹ章は行政法上の不確定概念について詳説している．また，不確定概念に対するわが国の代表的見解については，①具体的場合における不確定概念の意味内容は，終局目的たると中間目的たるとを問わず，常に客観的かつ一義的に定まっていて，行政庁の主観的任意の判断の余地はない，②いわゆる行政の中間目的を示す不確定概念は裁量概念ではなくして法概念であり，したがってその認定は法の解釈問題である．③以上の①および②については見解が一致しており，争われている問題は，行政の終局目的たる公益適合性が行政処分の要件として行政法規に掲げられている場合の公益概念ないし公益原則の法的資格いかん，すなわち法概念か裁量

第 7 章　NPO 政策と行政裁量　*249*

概念かという問題である．―と整理されている（宮田1994：53-55）．

38）堀田・雨宮編1998：18-19にいう「NPO 法解釈の基本的考え方」は「見直しの考え方」にも通じるものである．

39）本章の元となった論文を執筆中の2000（平成12）年 8 月26日に，大蔵省が，特定非営利活動法人に対する寄付金優遇税制を平成13年度税制改正に盛り込む方針を固めたとの報道に接した．読売新聞平成12年 8 月27日朝刊．

40）2000（平成12）年 3 月19日，日本 NPO 学会第 2 回年次大会のセッション C 2 で，筆者は本章の元となった研究報告を行ったが，続いて，田中弥生氏によるフィリピンのPCNC の評価システムについての極めて示唆に富む報告があった．市民参加の評価組織による公益性認定の実態が紹介されたが，田中氏自身も指摘されたように，民主的統制は当該認定組織が政府セクターに属する場合にのみ求められるのではなく，民間セクターに帰属する組織においても必要であり，官僚制は必ずしも政府組織の専有物ではなく，NPO においても常にそれに陥る危険性をはらんでいる．

41）筆者のこの主張に対しては，上記の学会報告に際しても，出席者から，官の裁量権濫用に関する経験を交えたぬぐい難い行政不信感を背景とする質問が示され，本文に示した「外在化」に向けた努力や「内在的統制」を可視化するなど，相互信頼関係をどのように形成すべきかについて改めて考えさせられた．引き続き研究課題としたところである．

42）*Final version accepted November 20, 2000.*

第8章
非営利法人の公益性判断基準
——一般社団・財団法人と
　　特定非営利活動法人を事例として——

はじめに

　本章は，2014年，（公社）非営利法人研究学会第18回大会の統一論題「非営利法人に係る公益性の判断基準」における筆者の報告に基づく．

　大会準備委員会から報告者らに示された統一論題の発題趣旨は次のとおりであった．

> 「法人格の付与と公益性の認定を分離した制度設計となっている『一般社団・財団法人』と『特定非営利活動法人』の各々の公益性判断基準には，『程度の差として理解されるものだけではなく，根本的に公益性の捉え方が異なると思われる要素も見受けられる』ことから，『日本における公益性判断に係る思考を検討する』ことを主目的とし，その検討を補完するために，他国の公益性の判断基準を取り上げる．」

　4名の報告者のうち筆者（第二報告者）への役割期待は，この題意にもうかがわれるように，①（第一報告が一般社団・財団法人の側から論じられるのに対し，）特定非営利活動法人（以下「NPO 法人」という）の側からその公益性判断基準について，一般社団・財団法人の公益性判断基準との相違点を整理し，そこに見られる②「程度の差として理解されるもの」と「根本的に公益性の捉え方が異なるもの」とを区別し，③そうした「公益性判断に係る思考」を検討することにあった．

　そこで，これらの検討課題に対し，筆者の NPO 政策論（非営利法人政策論）の観点から，「公益（増進）性判断」と「中央・地方政府間関係」に係る二つの分析枠組みを用いて考察することとした．[1]

252 第Ⅲ部 非営利法人の分類と評価

1 分析枠組み

本章では二つの分析枠組みを用いる．第一は，公益性判断と公益増進性判断の区別とそれらの段階的な把握である．第二は，中央・地方政府間関係における集権・分権と集中・分散の区別である．

1.1 公益性判断と公益増進性判断

まず，公益性判断と公益増進性判断の区別と段階的把握について述べる．

前掲の題意にいう「公益性判断」とは，一般社団・財団法人が公益認定により公益社団・財団法人となる場合やNPO法人が認定により認定NPO法人となる場合のように，寄附金税制上の優遇対象法人となる場合の「公益認定」や「認定」に際して行われる公益性判断を包括して指していると考えられる．しかし，本論では，従来の制度において任意団体が旧公益法人やNPO法人の法人格を取得する場合のように，法人所得課税上普通法人より優位な立場（収益事業課税）に至らせる「許可」や「認証」に際して行われてきた公益性判断を第一段階の「公益性判断」とし，さらに寄附金優遇対象法人に至らせる「公益認定」や「認定」に際して行われる公益性判断を第二段階の「公益性判断」（以下，前者と区別するために「公益増進性判断」という）として連続的，段階的に捉えることとしたい[2]．

1.2 集権・分権と集中・分散

次に，中央地方政府間関係における集権・分権と集中・分散の区別については，先行研究による分析枠組みを援用する[3]．

1983年，天川晃は，中央政府と地方団体の関係を分析するモデルとして〈集権〉—〈分権〉（centralization—decentralization）軸と〈分離〉—〈融合〉（separation—interfusion）軸の組み合わせによる4類型を提示した．集権・分権軸は，中央政府との関係でみた地方団体の意思決定の自律性を示し，地方団体とその住民に許された自主的な決定の範囲を狭く限定しようというのが集権型，反対にこの範囲を拡大させるのを分権型とする．一方，分離・融合軸は，中央政府と地方団体の行政機能の関係を示し，地方団体の区域内の中央政府の行政機能を誰が担うのかを問題とする．地方団体の区域内のことではあっても中央政府の機

第8章 非営利法人の公益性判断基準　253

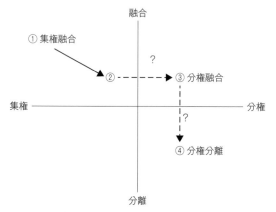

図8-1　集権・分権軸と融合・分離軸 (天川モデル)
(出所) 天川 [1983] に基づき，筆者作成．

能は中央政府の機関が独自に分担するのが分離型，逆に，中央政府の機能ではあっても地方団体の区域内のことであれば地方団体がその固有の行政機能とあわせて分担するのが融合型とする (天川1983, 120-121). 天川は，このモデルを日本の地方自治制度の位置づけに用い，明治以降の集権・融合型が「戦後改革」を経て分権・融合型に再編されたとする (図8-1の① → ② → ③に相当).

次いで1998年，神野直彦は，日本の行政システムを分類するモデルとして集中・分散軸と集権・分権軸の組み合わせによる4類型を提示した．それによると，政府体系を構成する各級政府が人々に提供する行政サービスの提供義務が上級政府に留保されている度合が強いほど集中的なシステム，その逆は分散的なシステムとする．また，これらの行政サービス提供義務の実質的決定権が上級政府に留保されている度合が強いほど集権的なシステム，その逆は分権的なシステムとする．神野は，このモデルを各国の行政システムの類型化に用い，日本は集権的分散システムであるとした (西尾2007：8)[4] (図8-2の①).

西尾勝は，上記の天川モデル，神野の分類軸を援用した上で，戦後日本の地方制度の特徴点として，(1) 集権的分散システム，(2) 集権融合型＝地方制度，(3)「三割自治」，(4) 市町村優先主義と市町村横並び平等主義を挙げている (同上：7-18)[5]．西尾は，このうち (2) について，日本の行政システムを先進諸国並みのグローバル水準に近づけるために，まずは日本独特の機関委任事務制度を全面廃止し，国と自治体の融合の度合を大幅に緩和することが求め

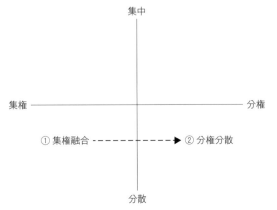

図 8-2　集権・分権軸と集中・分散軸
（出所）神野1998，同2002，西尾2007の記述をもとに筆者作成．

られ，それが集権性の度合を大幅に緩和すること（図8-1の①→②に相当）にも寄与するとし（同上：13），第一次分権改革の根底を成した考え方に言及していた．

　地方分権改革が30年を経て一定の進展を見せた今日，日本の特徴点に係る西尾の指摘は，わが国において仮に集権融合型の傾向が依然強いとしても，行政サービス提供義務の各級政府間の融合の度合（上級政府に集中的か，下級政府に分散的か）を検討し，集権的分散システムから分権的分散システムへの移行（図図8-2の①→②）の可否や是非を議論する必要があるという問題提起と解することができる（同上：223）．地方分権改革を，意思決定権限の集権性の緩和と，行政サービス提供義務の中央政府への集中度を緩和し自治体への分散度を高める改革として捉えるものといえよう．

　本論のテーマに即して考えるならば，天川モデルにいう「集権・分権」は，非営利法人の公益（増進）性判断（行為）における自治体の意思決定の自立性（自律性）の問題として，また，「融合・分離」は，公益（増進）性判断という行政機能の中央・地方政府間の分担関係の問題として捉えることができる．一方，神野の分類軸にいう「集中・分散」は，非営利法人の公益（増進）性判断（と，それを通じて創出される「公益（増進）性を具えた非営利法人」を通じて行われる公共サービスの提供）義務が上級政府に留保される度合の問題として，また，この場合の「集権・分権」は，そうした公共サービス提供義務の実質的決定権が上級政

府に留保される度合の問題として捉えることができる.

2　公益（増進）性判断主体と公益（増進）性判断基準の設定

2.1　従来の公益法人制度における公益（増進）性判断主体と公益（増進）性判断基準

　まず，従来の公益法人制度（：2006年改革以前の旧公益法人制度）における公益性判断主体と公益性判断基準，また公益増進性判断主体と公益増進性判断基準を振り返る．そこでは，公益法人の設立許可及び指導監督に関する権限は主務官庁にあり（主務官庁制・許可主義），法人の設立と「公益性判断」が各主務官庁において一体的になされ，法人格の付与と法人課税上の優遇が連動していた．その上で一定の要件に基づく厳格な「公益増進性判断」に適合した法人のみが寄附金優遇対象法人である「特定公益増進法人」に認定されていた．

　（1）　公益（増進）性判断主体

　第一に，公益性判断主体である「主務官庁」は，内閣の行政事務を分担管理する府省を指すが，1の都道府県の区域内に事業が限られる法人については，その権限は都道府県知事等に委任されていた.[7] その後，1997年の「地方分権推進委員会第二次勧告」から第三次，第四次勧告を受け，1999年の地方分権一括法（2000年施行）に基づく地方自治法改正により機関委任事務が廃止されたことから，公益法人の設立許可に関する事務のうち都道府県知事等に委任されているものは都道府県の自治事務となった．

　この間の事情を見るならば，1996年3月，「地方分権推進委員会中間報告」に「機関委任事務制度そのものを廃止する決断をすべきである」との記述が盛り込まれ，廃止後の事務区分のあり方や一つひとつの事務の分類についての検討が始められた．具体的には，同年10月以降，地方分権推進委員会は各省庁の所管法の関与の規定の見直しや，事務の区分を法定受託事務にするのか自治事務にするのかという「振り分け作業」を「グループヒアリング」により集中的に実施した．このグループヒアリングでは，「法人の設立許可」の問題も地方分権推進委員会と各省との間で争われ，「およそ法人設立の許可は国に専属している」とする省庁の主張が，振り分け作業の中で修正されたことが報告されている[8]（磯部力他2014：23）．

　また，特定公益増進法人を認定する公益増進性判断主体も主務官庁が財務大

臣と協議の上行っていた[9].

（2）公益（増進）性判断基準

第二に，公益性判断基準については，従来の制度下でも既に各主務官庁による縦割りの自由裁量による弊害が指摘されていたことを受けて，基準の一定の統一性を確保するために，主務官庁間の連絡調整を踏まえ，「公益法人の設立許可及び指導監督基準」（平成8年9月20日閣議決定）及び「公益法人の設立許可及び指導監督基準の運用指針」（平成8年12月19日公益法人等の指導監督等に関する関係閣僚会議幹事会申合せ）が定められ，これらに基づいて公益性判断が行われるようにはなっていた．

このように，従来の公益法人制度では，公益性判断主体については，当初，国への集権を基本に機関委任を通じた都道府県知事等へ分散する体制であったものから，都道府県への部分的な分権（自治事務化）・分散の体制へ移行し，公益性判断基準については統一化に向けた伏流が見られたということができる．また，公益増進性判断主体については，都道府県への法定受託事務化による分散体制にとどまり，公益増進性判断基準については主務官庁の大きな裁量が残存していた．

2.2 NPO法人制度における公益（増進）性判断主体と公益（増進）性判断基準

次に，NPO法人制度における公益性判断主体と公益性判断基準，また公益増進性判断主体と公益増進性判断基準を振り返る．

1998年に民法第34条（当時）に対する特別法として特定非営利活動促進法（以下「NPO法」という）が成立した．上記の公益法人の場合とパラレルに述べるならば，NPO法人の設立認証及び監督に関する権限は所轄庁にあるものとされた（所轄庁・認証主義）．法人の設立と「特定非営利活動」該当性の判断—公益性判断—が所轄庁において一体的になされ，法人格の取得は「人格なき社団並み」（普通法人と公益法人の中間）の限りにおいて法人課税上の優遇（収益事業課税）と連動していた．

公益法人における特定公益増進法人のような公益増進性判断を通じた寄附金優遇対象法人（認定NPO法人）の制度は，NPO法制定後3年を経た2001年に創設されたものの，同制度の利用はその後10年を経ても僅少にとどまった[10]．

（1）公益（増進）性判断主体

公益性判断主体である所轄庁は，原則として法人の所在する都道府県の知事

とされ、例外的に2以上の都道府県の区域内に事務所を設置するものは経済企画庁長官（のち内閣総理大臣）とされた（同法第9条）。また、公益増進性判断主体は国税庁長官とされた。

（2）公益（増進）性判断基準

次に公益性判断基準については、認証基準が法定され（NPO法第12条第1項）、公益増進性判断基準については、租税特別措置法に規定されていた。

このようにNPO法人制度では、公益性判断主体は、当初から都道府県への分権・分散体制が原則とされ、公益性判断基準については法定された。しかし、公益増進性判断主体や公益増進性判断基準は、別途税務当局の管轄下にあった。

3　公益（増進）性判断主体と公益（増進）性判断基準の変化

3.1　新公益法人制度における公益（増進）性判断主体と公益（増進）性判断基準

2006年に成立した公益法人制度改革関連三法による新公益法人制度により、上記IIIの1で見た旧公益法人制度の主務官庁制・許可主義が廃止された。一般社団法人及び一般財団法人に関する法律（以下「一般社団・財団法人法」という）により一般社団・財団法人の法人格取得は準則主義に基づくものとされたことから、従来の意味での公益性判断主体（主務官庁）や公益性判断基準（設立許可基準）は消失した。

一方、公益増進性判断主体は行政庁（内閣総理大臣又は都道府県知事）とされたが、実質的には民間有識者からなる合議制の機関の意見に基づき公益認定がなされることとなった。公益増進性判断基準が明確に公益社団法人及び公益財団法人の認定等に関する法律（以下「公益認定法」という）に法定され（同法第5条）、公益認定された法人はすべて寄附金優遇対象法人（特定公益増進法人）となり、大幅に増加した。[11]

このように、新公益法人制度では、従前の制度における公益性判断主体と公益性判断基準が消失し、公益増進性判断主体の民間化と公益増進性判断基準の法定、統一化が図られた。

258 第Ⅲ部 非営利法人の分類と評価

3.2 改正 NPO 法に基づく公益（増進）性判断主体と公益（増進）性判断基準

上記2.2で見た NPO 法人制度は，東日本大震災の後，「新しい公共」の担い手となる NPO 法人を拡充する趣旨の下に2011年6月に成立した改正 NPO 法（2012年4月施行）によって大きく進化した．公益性判断主体の所轄庁のうち，2以上の都道府県に事務所を置く法人については，内閣府から主たる事務所の所在地の都道府県に，1の政令指定都市の区域のみに事務所を置く法人については，都道府県から政令指定都市に，各々所轄庁が変更された．公益増進性判断主体も国税庁長官による認定制度が廃止され，代わって NPO 法の中に所轄庁（都道府県知事又は指定都市の長）による「認定制度」が法定され（第三章），公益性判断主体と一元化された．

次に，公益性判断基準については，拡充され（3種類の活動分野の追加等），公益増進性判断基準（認定基準）については，2005，2006，2008各年度の緩和に続き，PST 基準が相対値，絶対値，条例個別指定の三つのいずれかを充足すればよいこととされる（第45条第1項1号）など，大幅に緩和されるとともに選択肢が拡充された．また，設立初期の NPO 法人に財政基盤の脆弱な法人が多い事実から，1回限りのスタートアップ支援として，PST 基準を免除した「仮認定制度」も導入された．

このように，NPO 法人制度では，公益（増進）性判断主体の一元化と地方分権・分散がさらに進み，公益（増進）性判断基準の大幅緩和が続いている．

4 公益（増進）性判断と公益（増進）性判断の準拠する考え方の推移

以上の推移から，「はじめに」で述べた問題関心のうち，NPO 法人制度と公益法人制度の比較からうかがえる①②相違点の整理とその内容（程度の差か根本的な考え方か）を検討するならば，さしあたり次のように整理することができる（表8-1参照）．

（1） 公益性判断

① 公益性判断主体

公益法人制度では，公益性判断主体の「地方分権・分散化」から主体の「消失」にいたったのに対し，NPO 法人制度では，公益性判断主体の「地方分権・分散化」が昂進している．

表8-1　公益法人と特定非営利活動法人の公益性判断および公益増進性判断

		旧公益法人制度	新公益法人制度	特定非営利活動法人制度	（2011年改正法による）特定非営利活動法人制度
		従前（～2006年公益法人制度改革関連三法制定まで）➡	現在（2006年公益法人制度改革関連三法制定）	従前（1998年NPO法制定，2001年認定NPO法人制度創設）➡	現在（2011年NPO法改正以降）
公益性判断	判断主体	主務官庁による設立許可（許可主義）都道府県・都道府県教育委員会に機関委任 ➡	行政庁は関与せず（準則主義）（行政庁は関与せず）	所轄庁による設立認証（認証主義）原則：都道府県知事　例外：経済企画庁長官（内閣総理大臣）➡	〔同左〕所轄庁による設立認証（認証主義）原則：都道府県知事　政令指定都市の長
	〔特徴〕	・国に「集権」・都道府県レベルへ「分散」	・消失（行政庁は関与せず）	・地方自治体が「原則」	・分権・分散の進行
	判断基準	「設立許可及び指導監督基準」・全8大項目36中項目 ➡	なし	「認証基準」 ➡	〔同左〕認証基準
	〔特徴〕	・統一化（伏流）	・消失（行政庁による統一的な判断基準不要に）	・法定	・基準の拡張
	効果 法制上	「公益法人」としての法人格取得	※「一般社団・財団法人」としての法人格取得には，公益性判断を介さない．	「特定非営利活動法人」としての法人格取得	〔同左〕「特定非営利活動法人」としての法人格取得
	効果 税制上	・法人所得課税上，普通法人より優遇．・公益事業非課税・収益事業課税		・法人所得課税上，普通法人より優位に．・公益事業非課税・収益事業課税	〔同左〕
公益増進性判断	判断主体	主務官庁が財務大臣（大蔵大臣）と協議して認定 ➡	民間有識者による公益認定等委員会合議制機関（第三者機関）が意見 ※行政庁が公益認定・都道府県知事・内閣総理大臣	国税庁長官による認定 ➡	【変更】所轄庁による認定原則：都道府県知事　政令指定都市の長
	〔特徴〕	・都道府県レベルで分散	・実質的な判断主体の民間化	・公益性判断主体と分立・集権	・公益性判断主体に一元化・都道府県・政令指定都市レベルで分権
	判断基準	「特定公益増進法人」への認定基準・37類型の業務の規定（旧法人税法施行令第77条第3号） ➡	【変更】「公益認定基準」・全18項目・別表に23事業（公益認定法第5条）	「認定非営利活動法人」への認定基準（租税特別措置法） ➡	【変更】「認定非営利活動法人」への認定基準（特定非営利活動促進法）
	〔特徴〕	・不透明・不統一・主務官庁の裁量大	・法定・統一化・合議制機関の裁量少（ただし，裁量による差異を全否定せず許容）	・法定・統一化	・緩和（相対値基準＋絶対値基準）・選択肢の拡充（条例指定制度）
	効果 法制上	・「公益法人」としての法人格には変更なし．	【変更】・「一般社団・財団法人」としての法人格には変更なし．・「公益社団・財団法人」としての（資格の）取得	「特定非営利活動法人」としての法人格には変更なし．	〔同左〕
	効果 税制上	・「特定公益増進法人」としての（資格の）取得→寄附金優遇措置	【変更】・法人所得課税上，普通法人より優遇．・公益目的事業非課税・収益事業課税・〔同左〕「特定公益増進法人」としての（資格の）取得→寄附金優遇措置	「認定特定非営利活動法人」としての（資格の）取得	・〔同左〕

（出所）筆者作成．

② 公益性判断基準

公益法人制度では，公益性判断基準の「統一化への伏流」が見られたが，やがて基準の「消失」にいたったのに対し，NPO 法人制度では，公益性判断基準が「法定」され，さらにその「拡充」にいたっている．

これらの相違は，公益法人の場合は公益性判断のよりどころとなる考え方が許可主義から準則主義へ転換したことによるものであり，NPO 法人の場合は認証主義の下での地方分権・分散化と対象の拡充に向けた対応の深まりという「程度」の問題と捉えることができる．

（2） 公益増進性判断

① 公益増進性判断主体

公益法人制度では，公益増進性判断主体の「都道府県知事等への分散」から「都道府県知事への分散の継続と合議制機関設置による民間化」であるのに対し，NPO 法人制度では，公益増進性判断主体の「（公益性判断主体である）所轄庁への一元化」がみられた．

② 公益増進性判断基準

公益法人制度では，公益増進性判断基準の「自由裁量」から「法定・統一化」にいたっているのに対し，NPO 法人制度では，公益増進性判断基準の「根拠法の転換と基準緩和の昂進」がみられる．

以上より，本論の最初に掲げた統一論題の題意に対応させて小括するならば，一般社団・財団法人と NPO 法人の各々の公益性判断のよりどころとなる考え方は，前者においては制度改革を経て，「官による公益」から「民間の担う公益」へ「根本的に公益性の捉え方が異なる」ものとなった（転換した）．一方，後者においては，もともと「民間（市民）の担う公益」活動の器として，その公益性判断に（認証主義の範囲で）行政庁の一定の関与を残した制度設計がなされ，同制度とその準拠する思考は維持されている．ただ，公益性の捉え方が変化したというよりは，公益性の判断主体の分権・分散化と判断対象の拡充に向けた判断基準の緩和といった対応の深まりが見られるのであり，いわば「程度の差として理解されるもの」が進行しているといってよい．

おわりに——公益増進性判断基準としての条例個別指定 PST

　最後に，本章で述べた非営利法人の公益性判断とその準拠する考え方について，筆者が用いた分析枠組みに照らして小括しておきたい．

　第一に，非営利法人の公益性判断とその準拠する考え方を明らかにする上で，一般社団・財団法人と NPO 法人を比較検討するに当たり，公益性判断を包括的に捉えるのではなく，段階的に把握することにより，公益（増進）性判断の判断主体と判断基準の設定と変化の様相はより明確に対比できたのではないかと考えられる．

　第二に，地方分権改革を経て，わが国の中央地方政府間関係は，まず，従前の強い「集権融合型」から集権と融合の度合いを各々緩和させた，弱い「集権融合型」へ，さらに「分権融合型」を志向してきた．また，「集権分散型」から，「分権分散型」へ移行してきた．換言するならば，前者においては「融合」を，後者においては「分散」を基調としながら各々「分権」の度合いを高めてきたということができる．本章で見た一般社団・財団法人と NPO 法人に係る近年の立法や法改正による制度改革（改編）もまた，その潮流の中にあるといえる．

　そうした観点から注目されるのは，2011年の改正 NPO 法で導入された「市民公益税制」の中の「条例個別指定 PST」である．2009年9月，「新しい公共の担い手を支える環境を税制面から支援する」ことを標榜し，「市民公益税制 PT 報告書」（2010年12月）における提言を経て，平成23年度税制改正大綱に「市民公益税制」が盛り込まれた．次いで2011年6月に改正 NPO 法が成立するとともに，税制改正（新寄附税制）も行われたが，この新寄附税制では，所得税の税額控除制度の導入とともに，認定 NPO 法人の認定要件の緩和（新 PST・選択制）が行われ，① 相対値基準（寄附金等収入金額／経常収入金額≧20%），② 絶対値基準（各事業年度中の寄附金額が3000円以上の寄附者数が，年平均100人以上），③ 地域において活動する NPO 法人等の支援（条例で個人住民税の寄附金控除対象として個別指定）が選択可能になった．[12]

　このうち③ については，各自治体の条例個別指定により個人住民税4%（6%）の税額控除を受けられるようにするもので（地方税法第37条の2第1項3号，4号），3号条例指定の対象は認定 NPO 法人，独立行政法人，公益社団・財団

262 第Ⅲ部 非営利法人の分類と評価

法人，学校法人，社会福祉法人，更生保護法人等であり，既に全都道府県で条例が制定されている．一方，4号条例指定の対象はNPO法人であるが，これまで北海道，神奈川県，埼玉県，三重県，滋賀県，京都府，奈良県，鳥取県，大分県等で条例が制定されている[13]．

　この条例個別指定は，本章のテーマに照らすならば，公益増進性判断主体のさらなる地域分散を促進するものであり，各自治体には，いかなるNPO法人を指定するかについて主体的な基準設定と判断力が要請される．このことは，「分権分散」の意義を踏まえるならば，自治体経営において，管内の非営利法人という組織資源の横断的活用力が求められる一例ともいえる．また，公益増進性判断基準の観点からは，同制度では各自治体における指定に係る判断基準の多様性（分岐）を許容しており，指定に当たっての判断方法等についても各団体の創意に委ねられている．このことは，所轄庁の認証主義を基盤としつつ，所管区域における寄附文化の醸成による非営利法人の財政基盤強化や，区域内の地域課題の解決に資するNPO法人との総合的な関係性構築力が各自治体に求められているといってよい．

　同制度は，公益増進性判断に係る判断主体と判断基準の両面における新展開の契機としての意義を有していると考えられ，その展開と全国自治体の取り組み動向が注目される．そうした問題関心に基づき市民公益税制についての考察を深めることを課題としたい．

注
1）筆者のNPO政策論の考え方については，初谷2001a：第1章および初谷2012：序章を参照．本書第1章に掲げている．
2）筆者はかつて，公益法人法制における主務官庁による法人設立許認可を「公益性評価システム」，公益法人税制における主務官庁による特定公益増進法人の認定を「公益増進性評価システム」と呼び，両者を連続的に捉えて，任意団体から公益法人へ，公益法人から特定公益増進法人への移行における政府とNPOの関係を考察した．合わせて，両システムの分析枠組みを公益法人と特定非営利活動法人にそれぞれ当てはめて比較検討している（初谷2001a：序章　4.2.2（44–49），4.2.3（49–53））．また，NPO政策の観点から，公益法人及び特定非営利活動法人の法制及び税制上見られる「行政裁量」の課題について横断的に整理し，行政学等の先行研究における「裁量論」で提示された分析枠組を活用しながら，具体的な「公益性」や「公益増進性」の認定事例を分析し，適切な裁量統制のあり方について検討した（初谷2001c，本書第7章に所収）．
3）以下の先行研究の分析枠組みの整理に基づき，筆者は地域分権の制度設計と行程管理

について論じている．初谷2014参照．

4）なお，神野は，「地方政府が主として『実行』，つまり主として公共サービスを供給していれば『分散』，中央政府が主として『実行』し，公共サービスを供給していれば『集中』とすれば，日本の政府間財政関係は分散システムである．しかし，『分権』か『集権』かのメルクマールはあくまで決定権限にある．そこで中央政府が主として決定権を持っていれば『集権』，地方政府が主として決定権を持っていると『分権』とすれば，日本の政府間財政関係は，あくまでも集権システムである．したがって，日本の政府間財政関係は『決定』が中央政府，『実行』が地方政府という集権的分散システムと呼ぶことができる．」と述べる（神野1998：118，124）．そして，「いま求められるのは，『集権的分散システム』を打破して『分権的分散システム』を創り出すことである．」とする．なお，「自治体が自己決定権を持つことで」「団体自治と住民自治を兼ね備えた真の地方自治が可能になる．その場合，『縦割り』を特徴とする国から権限と財源を移譲して，自治体が総合的な視点からサービスを担うという意味で，『分権的分散システム』は自治体の『集権的自己決定』を特徴とする．」と指摘している（神野・金子1999：229-230）．同旨，神野2002：294．

5）なお，西尾の天川モデルに対する評価については，西尾1990：403-438（「第12章　集権と分権」（初出論文は1987年））に詳しい．また，その集権分権理論の再構成について西尾2007：Ⅴ章参照．

6）なお，西尾が②の集権融合型は，①の集権的分散システムが日本で形成された由来，少なくともその一つの由来を説明したものになっており，（天川モデルを改装した）自らの類型区分と神野の類型区分は相互に全く矛盾していないとするのも本文と同趣旨と考えられる（西尾1990：10）．

7）機関委任事務．その他，主務官庁の権限が国の地方支分局長に委任されている例もあった．

8）磯部力他2014：23．なお，大森彌は，当時，地方分権推進委員会がこうした省庁の主張に対し，「国家とは，実体法上に言えば，国と地方公共団体で構成されるのだから，形成権的な権能について専ら国の事務ということでなくていいのだ」と反論し，振り分け作業の中で「宗教法人と学校法人と社会福祉法人以外の設立許可は都道府県知事に権限を持たせるという整理になったことで，従前の固定観念が打破できたのではないか」と顧みている．

9）これを主務官庁による「2度の審査」とするものとして，水野2011：27．

10）2012年10月25日時点でも280法人（NPO法人総数の0.60％）にとどまっていた．

11）旧公益法人制度での公益法人2万4317法人のうち，特定公益増進法人は862法人（3.5％）に過ぎなかったが，新公益法人制度で移行申請した2万736法人のうち公益認定された法人は9054法人（44％）と，約10倍に増加している（内閣府資料に基づく）．

12）市民公益税制については，加藤2010，市民公益税制PT2010，日本租税理論学会編2011を参照．

13）ここでは本章原著論文公表当時の条例制定先行府県を掲げているが，2023年9月30日現在，「地方税法第37条の2第1項第4号及び同法第314条の7第1項第4号に基づく条例個別指定の実施状況（2023.9.30現在）」（内閣府NPOホームページ）によれば，令和

264　第Ⅲ部　非営利法人の分類と評価

　5年9月30日現在，条例個別指定を受けている法人は全国で355法人である．また，条例指定制度を設けて指定を行っている自治体数は，182（都道府県（14），政令指定都市（8），その他市町村（160））であり，認証NPO法人数の多い都道府県，政令指定都市であっても東京都，愛知県，兵庫県，福岡県，大阪市などで条例が未だ制定されていない．

第 IV 部

法人の選択と併用

第9章
非営利法人の選択と併用

はじめに

　本書第1章で述べたように，筆者は，NPO政策とは，NPOを対象とし，多元化した政策主体によって担われる公共政策であると考える．

　NPO政策は，NPOを対象（公共的問題）とする公共政策である．NPO政策の政策主体は多元化しており，政府，民間営利，民間非営利の3セクターに属する中央省庁・地方自治体，民間企業，NPO等が各々政策主体となる．多元化した主体によるNPO政策は，拮抗・連携など複合的で多様な相互関係下にあり，PPP（官民連携）の進展によって，3セクターの政策主体による「鼎立するNPO政策」は常態化しているといっても過言ではない．

　また，NPO政策も公共政策として，基底的政策と派生的政策の2種類を区別することができる．基底的NPO政策とは，NPOそのものが公共的問題とされている場合であり，例えば，法人政策は，国家装置を形成する政策（基底的政策）の一環として捉えられ，公共法人，営利法人，非営利法人など各セクターに属する法人が対象となる．一方，派生的NPO政策とは，NPOが何らかの基底的政策の実現を図るための派生的な政策の対象とされている場合であり，基底的政策の政策領域に対応して無数に想定することができる．

　わが国では，近代以降，基底的NPO政策については，国家の法制・税制等のあり方に関わることから政府セクター主導で展開してきたが，近年，NPOに係る立法政策過程に民間セクターが参入し影響を与える例が増加している．一方，派生的NPO政策については，明治以降の民間企業や助成財団等によるフィランソロピーの実績にみられるように，民間セクターの政策主体によるNPO政策が，先駆性，先導性という点で大きな役割を果たしてきた（初谷2001a：第2章）．

　そこで，本章では，第1章で述べたNPO政策の意味，種類，特に「派生的

NPO 政策の類型」を用いて，「組織併用による民間公益活動」の意味や構図，構造，課題について考察する．

1 組織併用による民間公益活動

1.1 組織選択

1.1.1. 組織化

組織（公式組織（formal organization））は，Bernard によれば「2 人以上の人々の，意識的に調整された諸活動，諸力の体系」と定義される（桑田・田尾1998：20）．① 組織の構成要素は人間が提供する活動や力であり，② 組織を構成する諸活動・諸力は，体系（system）として互いに相互作用をもち，③ 組織を構成する諸活動は，「意識的に調整」されている（同上：20-23）．

NPO は，少なくとも「非営利性（利益の非配分）」，「非政府性（民間性）」，「自発性（自発的参加）」の要件を備えた組織として把握することができるが（初谷2001：15），これらの要件に加えて，「組織的実在（法的な法人化の有無を問わないが，当該組織がある程度組織的な実在を示していること．つまり，ある程度公式組織化されたものであること（非公式かつ一時的なものを排除しているが，正式に法人化されていない任意団体をすべて排除するものではない．））」や「自己統治（自己の活動を自分で管理する能力があり，外部の組織によってコントロールされていないということ．）」も要件として加えることができる．前掲の組織の定義から見れば，これら「組織的実在」と「自己統治」の 2 点は，当該組織を構成する諸活動・諸力の相互作用や意識的調整の程度の問題に係る要件ということができる．

山岡義典は，NPO 法制定から間もない2000年，NPO の一般的な組織化の過程を図9-1のように図解し，個人（Person）→ 仲間・集団（Group）→ 任意団体（Organization）→ 法人（Corporation）の 4 段階について，それぞれに非営利を意味する NP を冠して，NPP → NPG → NPO → NPC という呼称を区別し，組織化の過程で個人の人間的情熱（Passion）は他者に共有化され，客観化されて社会的使命（Mission）が明確になってくるとした．ここに任意団体と仲間・集団は，前者が，規約を持ち，代表者・運営者の選任手続が明確であり，継続して存続し，社会的な義務や権利を担っているのに対し，後者は，それらの要素を欠くものとして区別されている（山岡編2000：2-6）．

この説明を参考に，一般的な団体・法人の組織化の過程を非営利法人だけで

第 9 章　非営利法人の選択と併用　　269

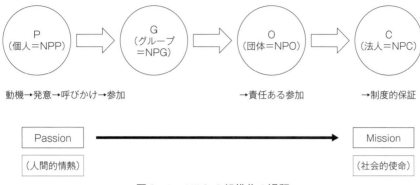

図 9-1　NPO の組織化の過程

(出所) 山岡編 2000：3．

なく営利法人まで視野に入れて考えると，図 9-2 のように図解することができる．[1)]

1.1.2.　組織選択の動機

　NPO としていかなる組織的実在を選択するかという問題は，①（個人の集合した）仲間・集団のままでいるか，任意団体（人格なき社団）になるか，②仲間・集団や任意団体から，法人格を取得して法人成りするかどうか，③法人成りするとしても，どのような法人組織（類型）を選択するかという三つの段階に分けて考えられる．

　第一に，任意団体成りするかどうかは，ボランティアグループのような仲間・集団から，ある程度公式組織化された存在に移行するか否かという選択の問題である．

　第二に，法人成りするかどうかについては，さまざまな比較衡量が働く．

　営利法人の場合には，一般に，個人事業から法人成りするメリットとして，①対外的信用力の向上（取引先・従業員等の確保に有利），②資金調達に有利，③基本的に有限責任（実際には代表取締役社長個人の連帯責任を要請される），④政府管掌の社会保険に加入，⑤税制上のメリット（必要経費が課税対象外，個人所得と法人所得の分離による節税効果等），⑥経営者，従業員の意識改革，経営の近代化，⑦経営者交代，事業譲渡が容易　といった点が，他方，デメリットとして，①設立手続に時間と労力を要する，②赤字でも法人府県民税や法人市民税の

270　第Ⅳ部　法人の選択と併用

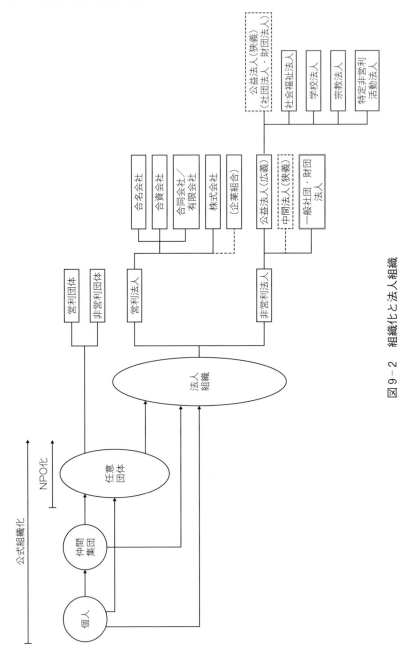

図9-2　組織化と法人組織

(出所) 筆者作成.

均等割を負担，③住所変更，役員変更に当たり変更登記費用が必要 といった点が挙げられる[2]．

　非営利法人の場合も，法人成りする得失は，営利法人について列挙された諸点がほぼ該当する．法人化のメリットとしては，例えば特定非営利活動促進法（以下「NPO法」という）の立法過程では，立法の必要性の理由として，①個人と法人の法的責任の明確な分離（有限責任）や②社会的信用の向上などが挙げられた．他方，デメリットとしては，①長年にわたり任意団体で活動してきた団体は，規約を法人格に対応した定款や寄附行為に改める上で構成員全員に諮り議論を尽くすプロセスが不可避であり（山岡編2000：22-25），煩雑であること，②法人格取得のため，あるいは取得後の諸手続や情報公開に伴う事務等に人的・経済的な間接コストを要すること，③所轄庁の相当程度の監督（検査，改善命令，設立認証の取り消し等）に服すること等である．

　一般にはこれらの得失を比較衡量して法人化の検討が行われるが[3]，メリットが誘因にならず，デメリット回避の意向が強い場合は，「任意団体のままでよい」という選択になる．

　第三に，法人成りするとしてどのような法人類型を選択するかについては，非営利の任意団体が必ずしも非営利法人のみを目指すのではなく，営利法人成りも含めた選択となる．

　まず，非営利法人と営利法人の間の選択がある．この場合は，特定非営利活動法人（以下「NPO法人」という）（あるいは財団法人，今日であれば一般財団法人）と株式会社（あるいは有限会社，今日であれば合同会社）のいずれを選ぶかという形で議論される例が少なくない．NPO法人（または財団法人）を避けて株式会社（あるいは有限会社）を選択した事例では，当事者の動機として次のようなものが挙げられている[4]．

　①営利法人の組織運営や事業展開の自由度に対する選好

　例えば，高齢者介護事業に従事する民間営利法人は，営利組織にする理由として，組織運営や事業の自由度がNPO法人より高く，結局はそのほうが経営の安定やサービスの向上を通じて高齢者福祉により貢献でき，個人のリーダーシップも発揮しやすいという．また，低廉な受益者負担でデイケアやグループホームの利用者対象に，ワゴン車によるドライブサービスを行う団体は，NPO法人ではサービス内容を合意すること自体が困難と述べる[5]．

　また，先進的な行政経営で知られた三鷹市の例では，（財）三鷹市まちづく

り公社を株式会社まちづくり三鷹へ移行した理由として，① 小さい組織によるガバナンス，意思決定までの時間が短縮できるなど，戦略性が拡大すること，② 株式会社化することにより，民間企業と自治体との橋渡し，民間企業と市民との橋渡しができることが挙げられている[6]．

② 時間コストの節約や行政（所轄庁）の介入忌避

制度発足当初，NPO 法人の設立認証には 4 カ月以上かかるが，かつての有限会社ならば定款認証，出資保管証明等を含めても約 1 カ月程度で足りるという時間コストの節約や，NPO 法人の認証権限を持つ都道府県（当時）が，定款や事業計画などの細部に干渉してくることを避けたいといった意向も示されている[7]．

③ NPO 法人の場合の税制上のメリットの乏しさ

NPO 法制定後間もない時点で，まちづくり NPO が積極的に NPO 法人とならない要因について，税制上のメリットの乏しさを挙げる例があった．NPO 法人は人格のない社団等なみに課税され，法人税等は，収益事業から生じた所得に課税（それ以外は非課税扱い）されるが，税法上の収益事業と NPO 法上の収益事業の概念が異なることから，NPO の本来事業であっても税法上の収益事業（物品販売事業，不動産販売業等33業種）であれば課税対象となり，また NPO 内部で生じた収益の一部を本来事業への寄付とみなす「みなし寄付金」が認められないために，理念は NPO でも形態は株式会社という組織が生じると指摘する（佐谷2000：14）．その後，2001年に NPO の支援税制が成立施行されたものの，認定 NPO 法人の厳格な認定要件のため，その認定数がきわめて少ないことは周知のところである．

次に，非営利法人間での組織選択がある．民法法人への新規参入要件の厳しさから NPO 法の制定要望が高まったように，民法法人を目指すか NPO 法人あるいは中間法人（当時）になるかという選択がある．NPO 法の制定前には，民法法人格取得のための人的・物的要件について主務官庁の行政指導による高いハードルがあり，それらを満たす資源や実績を持ち合わせていない場合には，消極的選択として有限会社を選択するという例がみられた[8]．

NPO 法制定後においても，同様に，消極的選択として財団法人ではなく NPO 法人を選択する例がある[9]．

1.2　組織併用による民間公益活動の意味

上記のように，個人（または個人の集団）が公益目的を達成するために，営利・非営利を問わず，任意団体あるいは法人を選び，さらにいろいろな法人類型を段階的に組織選択していく過程では，必ずしも一つの組織を選択するのではなく，当該目的の内容に応じて複数組織を選択し併せて用いることが生じる．これが本稿の対象とする「組織併用」の問題であり，こうした「組織併用による民間公益活動」の意味は次のように整理することができる．

第一に，ここに言う「組織」とは，任意団体（人格なき社団）または法人，あるいはそれらの集合体であり，営利・非営利の区別を問わない．

第二に，「併用」とは，それらの組織を併存的に活用することをいうが，外見上複数の組織を併用しているように見えても，各組織が休眠化していたり機能不全に陥っているような場合は除く．各組織の特性と機能を発揮させつつ，有機的にそれらを活用しているような場合を想定している．

併用の形態は，①組織化の段階（法人格の有無），②営利性の有無，③法人格の種類などを基準に区分することができる．表 9-1 には，縦軸に①組織化の段階による区分，横軸に②営利性の有無による区分を取り，後出の五つの事例を③法人格の種類に従い該当箇所に例示した．

なお，こうした組織併用の主体は，当該組織の構成員，とりわけ設立主体となった個人，あるいは個人の集団の場合ならばコアとなった複数の個人を指す．

第三に，「民間公益活動」とは，民間セクター（民間営利・民間非営利セクター）による公益活動を想定しており，公益性を要件とすることから共益活動を除い

表 9-1　組織併用の区分 (例)

①組織化の段階＼②営利性	同種類	異種類
団体と団体	・営利団体＋営利団体 ・非営利団体＋非営利団体	・営利団体＋非営利団体
団体と法人	・営利団体＋営利法人	・営利団体＋非営利法人
	・非営利団体＋非営利法人	・非営利団体＋非営利法人
法人と法人	・営利法人＋営利法人 ・非営利法人＋非営利法人	・営利法人＋非営利法人

（出所）筆者作成.

274　第Ⅳ部　法人の選択と併用

ている.

　以上より,「組織併用による民間公益活動」とは,「個人または複数の個人が主体となり,任意団体または法人,あるいはそれらの集合体 (営利・非営利の両方を含む) を併存的に活用することによって行われる民間公益活動」をいう (以下,「組織併用」と略する).

1.3　組織併用の動機

　こうした組織併用の動機は,前掲の組織選択動機の複合的な結果として,次のように整理することができる.

　第一に,法制 (税制) 上,設立・運営手続きの自由度が高く容易な類型を併用し使い分けることにより,共通目的とする民間公益活動の展開に多様性と機動性を持たせたいという志向である.

　法人設立要件でいえば,行政庁の関与の程度,設立手続きにおける準拠主義の違い,成立に要する期間の差,社員数,役員数の条件などが,また税制でいえば,法人そのものへの課税,その法人に対する寄付の優遇措置などが選択に影響しているものと考えられる.

　第二に,資金調達上の要請である.

　一般に,NPO の収入源は,会費,寄附金,本来事業収入,収益事業収入,助成金,補助金,借入金等に区分されるが,NPO の発展のためには,健全な資金調達方法によるその財政基盤の安定と強化が不可欠である.

　各国の税制上,NPO への寄附金や,NPO 自体に対する課税軽減措置により,NPO 支援方策が講じられており,上記の収入源のうち,こうした支援方策の対象となる会費,寄附金及び本来事業収入は,NPO 経営の自主性を担保する上で重要なものである.しかし一方で,収益事業収入,助成金及び補助金等が,NPO の財政基盤形成に果たす役割も依然大きいことは否定できない.これらの収入のうち,行政からの補助金は別として,何らかの利益を上げる事業については,それを NPO 自身が収益事業として行う場合と,別組織の NPO や FPO が収益事業や営利事業を展開して得た利益をそれらの組織から寄附金等として収入する場合がある.

　後者の場合,当該 NPO は,別組織の NPO や FPO の設立や運営に計画的に関与し,積極的にそれらの組織を併用することによって,自ら収益事業を行う場合に生じる本来事業との煩瑣な調整を避け,より効率的に資金調達を図ろう

第9章　非営利法人の選択と併用　　*275*

とする動機が働くものと考えられる.

　第三に，サービス供給上の要請である.

　個人や個人の集団が，公益活動の共通目的を達成するために行う個々のサービス供給についてどのような組織が最もふさわしいかは，当該サービスの領域や規模等によっておのずから異なってくる.　最初は財団法人によって活動していたが，活動領域が拡大し，教育や社会福祉分野にも展開するために学校法人や社会福祉法人を新たに設立し併用していくというような例である.　有限会社を株式会社にするなど，サービスのシェアの変化によって，併用される組織もまた変遷していく.

1.4　組織併用による民間公益活動とNPO政策

　「組織併用による民間公益活動」は，NPO政策の観点から見ると，個人または個人の集団が任意団体または法人の組織を併用することにより，その組織が営利組織の場合には民間営利セクターの立場で，また，その組織が非営利組織の場合には民間非営利セクターの立場で行う民間公益活動であるといえる.　これは，民間セクターのNPO政策が並行的に執行される場合（並行モデル）に該当する（第1章：**表1-1**　3セクターの政策主体による派生的NPO政策の類型　参照）.

　例えば，ある個人が有限会社とNPO法人を設立し，有限会社で得た利益をNPO法人に寄付し，他方，NPO法人も収益事業で得た収益を自らの非営利事業に投じるなどの方法により，両者を併用して福祉サービスを供給する場合，それは，有限会社というFPOとNPO法人というNPOがそれぞれ政策主体となって，（福祉政策という基底的政策を実現するためにNPOを政策の対象とする）派生的政策としてのNPO政策が並行的に実施されていることを意味する.

　前掲の**表1-1**でいえば，政策主体としてのFPO（有限会社）は財源調達を担い，パートナーであるNPO法人に対して利益を移転するなど経済的支援を行い，NPO法人はパートナーとしてサービス供給に当たる.　これは，当該FPO（有限会社）による協同モデル（パートナーシップ型）のNPO政策（F6）である.　一方，このNPO法人がみずからも収益事業により財源調達を担い，その収益を自身の非営利活動（サービス供給）に充当していれば，これは，当該NPO法人の単独モデルによるNPO政策（N1）である.

　並行実施されている「有限会社の協同モデルによるNPO政策」と「NPO法人の単独モデルによるNPO政策」の背後には，当該民間公益活動を発意し，有限

276 第Ⅳ部 法人の選択と併用

会社やNPO法人の組織化を推進してきた個人または個人の集団が存在しており，彼らを真の政策主体とするNPO政策が成立しているということもできる．

こうした個人または個人の集団と，有限会社やNPO法人を構成する人々は，(前者が後者の役員，社員を兼ねることも少なくないと思われるが，)当該公益活動の共通目的を共有し，相互にコミュニケーションを図り，その共通目的を達成するために互いに作用し意識的に調整し合うことから，広い意味ではここにもまた公式組織が成立していると見ることも可能である．この組織は，有効性(effectiveness)と能率（efficiency）の2条件を充たすことにより存続していくことになる（島田1999：66-67）．

逆に，これらの個人等と，併用される組織の意思決定機関とが共通の目的を共有し得ずに乖離していくと，公式組織は分解し破綻していくことになる．

2 事 例 研 究──5事例の概要

2.1 事例の選択

組織併用の事例は，さまざまな政策領域において全国的に多数見いだすことができる．本章では，前掲の区分（表9-1）をもとに，わが国における先駆的な事例1件と，現代，とりわけNPO法制定以降，こうした組織併用がNPO法人を含むかたちで増えていた時期に，筆者がそれらの活動現場を取材，観察し得た事例等4件を加え，計5事例を取り上げる．

表9-2はその一覧である．縦軸は表9-1に従い組織化の段階による区分とし，横軸には併用されている組織を併用の順序に従って示している．

なお，選択した5事例は，営利性を基準にすると異種類の組織併用事例に当たるが，同種類の組織併用事例（例えば，非営利団体と非営利法人，非営利法人と非営利法人など）を閑却するものではない．

例えば，非営利団体または社会福祉法人とNPO法人との併用は福祉NPOに多くみられる．NPO法制定前に，任意団体（非営利団体）として活動していた者が，同法制定後，その任意団体の活動を分け，新たにNPO法人を設立して両者を併用する場合や，社会福祉法人として特別養護老人ホームやケアハウスを設置運営していた者が，法制定後に，介護保険法に基づく居宅介護支援事業，通所介護事業，訪問介護員養成研修事業等を担うNPO法人を新たに設立して両者を併用する場合などがある．[10]

第9章　非営利法人の選択と併用　*277*

表9-2　組織併用の事例

①組織化の段階 ／ ②営利性	異種類		
		事例	番号　　組織名等
団体と団体	・営利団体＋非営利団体		
団体と法人	・営利団体＋非営利法人	・財団法人＋有限会社，非営利団体	【事例4】たんぽぽの家
	・非営利団体＋営利法人		
法人と法人	・営利法人＋非営利法人	・任意団体⇒（有限会社＋特定非営利活動法人）	【事例2】たすけあい名古屋
		・任意団体⇒（特定非営利活動法人＋有限会社）	【事例3】アサザ基金
		・株式会社＋特定非営利活動法人	【事例5】ふるほん文庫やさん
		・合名会社→株式会社，＋財団法人＋学校法人＋社会福祉法人	【事例1】近江兄弟社グループ

（出所）筆者作成.

　次に，五つの事例の要旨を掲げる.

【事例1】「近江兄弟社」グループ（滋賀県）
　明治時代に米国から来日した W. M. ヴォーリズ（1880-1964）が創始した近江兄弟社の活動は，わが国の民間公益活動の歴史に大きな足跡を残している[11].
　ヴォーリズは，キリスト教伝道と医療，福祉，教育など幅広い社会貢献活動を展開し，それらを支える建築設計，製薬会社等を起業し，さまざまな曲折を経て今日の近江兄弟社グループの活動の基礎を築いた.
　非営利団体から出発し，合名会社，次いで株式会社，さらに財団法人，学校法人を順次設立して進めた活動は先駆的な組織併用事例といっても過言ではない．近年ではさらに社会福祉法人が設立されている.

【事例2】「NPO法人たすけあい名古屋」と「有限会社介護みどり」，「ケアプラン鳴子」（愛知県）
　NPO法制定前に任意団体（「たすけあい名古屋」）として活動していたが，同法制定後は，その任意団体をもとに，新たにNPO法人たすけあい名古屋と有限

会社介護みどりを設立し，両者を併用してきた[12]．

　その後，有限会社を解散してNPO法人に営業譲渡し，NPO法人の内部に，「介護みどり」(訪問介護を担当) と「けあプラン鳴子」(居宅サービス計画 (ケアプラン) を担当) で構成される「介護保険グループ」と，「たすけあいグループ」(介護保険対象外サービスを担当) を設けて活動している[13]．

【事例3】「有限会社霞ケ浦粗朶 (そだ) 組合」と「NPO法人アサザ基金」(茨城県牛久市)

　NPO法制定前に非営利団体が中心となって霞ケ浦の自然環境保護・再生運動を開始し，「アサザ基金」を発足させた．その後，消波堤に用いる粗朶を間伐材から製作販売する有限会社を設立．NPO法制定後は，非営利団体(霞ケ浦・北浦をよくする市民連絡会議) や有限会社に加えて，新たにNPO法人を設立し，これらを併用している[14]．

【事例4】「財団法人たんぽぽの家」(奈良県) と「有限会社ワンダーネット」及び任意団体「エイブル・アート・ジャパン」(2000年，「日本障害者芸術文化協会」から改称) (東京都)[15]

　NPO法制定前に，狭義の公益法人 (民法法人) と営利法人，非営利団体を併用する事例である．既存の財団法人が事務局機能を担い障害者芸術文化ネットワーク構想を具現化する組織として非営利団体を新設，その資金調達のために有限会社を併用する．

【事例5】「株式会社ふるほん文庫やさん」と「NPO法人としょかん文庫やさん」(いずれも福岡県)

　NPO法制定前の1994年，文庫本専門の古本屋「ふるほん文庫やさん」を開業し，翌1995年株式会社化して経営を軌道にのせる一方，明治以来日本で出版されたすべての活字文庫本推定30〜40万冊全点を完全蒐集して世界中に貸し出す非営利事業「としょかん文庫やさん」に着手．当初は財団法人化を目指すも基本財産ができるまで，当面NPO法人化し，北九州市の理解を得て，廃校校舎 (庄司小学校：1997年廃校) を廉価で借り受け2001年に開館．日本初の「発信型文庫専門図書館」を標榜する．株式会社とNPO法人を併用する[16]．

3 先駆的事例——近江兄弟社グループの場合

3.1 組織併用の展開

はじめに,【事例1】,組織併用による民間公益活動として先駆的であり,著名な「近江兄弟社」グループの事例である.非営利団体から出発し,合名会社,次いで株式会社,さらに財団法人,学校法人,社会福祉法人が順次設立された.

3.1.1. 近江兄弟社の概要

W. M. ヴォーリズ (1880-1964) の事績と彼の創始した近江兄弟社の活動は,わが国の民間公益活動の歴史に大きな足跡を残している.

ヴォーリズは,1905 (明治38) 年2月,米国から滋賀県県立商業学校 (現八幡商業高等学校) 英語教師として赴任するため,単身来幡した.しかし,ほどなく彼の課外における熱心なキリスト教伝道を快く思わない反対勢力が,校内で起きた生徒の暴力事件を県議会へ働きかけて問題化させたことから,当局との曲折を経て1907 (明治40) 年3月,英語教師の職を解任された.[17]

その後,ヴォーリズが,キリスト教伝道と医療,福祉,教育など幅広い社会貢献活動を展開し,それらを支える建築設計,製薬会社等を起業し,さまざまな曲折を経て今日の近江兄弟社グループの活動の基礎を築いたことは,彼が日本の各地に残した1600棟を超す建築物とともによく知られている.

ヴォーリズの事績と,彼が展開した民間公益活動のあらましを,本稿の目的に照らし,NPO と FPO に区分して記載した年表が**表9-3**である.

本章では,これらの民間公益活動を「組織併用」の観点から検討するため,まず,近江兄弟社の組織構成を見ることとする.

図9-3は,近江兄弟社グループの1983年段階の機構図である.株式会社近江兄弟社は,1974 (昭和49) 年12月に経営不振で会社整理を申請し,その後再建を果たした経緯を有するが,[18]この激動の中,分裂の危機に瀕した各事業体を再び一つのグループにまとめるために,1980 (昭和55) 年,ヴォーリズ生誕100年目の年に,大幅な機構改革が行われ,本部を中心に5法人7事業体からなる近江兄弟社グループが再建された.この図は再建間もない頃の組織構成を示している (奥村1986:40).なお,このうち近江八幡 YMCA は,1988 (昭和63) 年に財団法人滋賀 YMCA と合併し,近江兄弟社から離れている.

表9-3　ヴォーリズの民間公益活動

年		【日本】法人の法制など	W. M. ヴォーリズの事績 ◇：NPO（民間非営利組織・法人）関係 ○：FPO（民間営利組織・法人）関係	
1880	明治13			
1894	明治27	〈日清戦争（-1895）〉		
1898	31	7月 ■新民法施行. 公益法人制度（許可主義）		
1899	32	6月 ■新商法施行. 営利法人制度（準則主義）		
1902	35	〈日英同盟締結〉	2月	■カナダのトロント市マッセイホールで開かれた「海外伝道学生奉仕団」第4回世界大会に出席, 海外伝道への献身を決意.
1904	37	〈日露戦争（-1905）〉	10月28日	■米国カンザス州レゴンワースにてウィリアム・メレル・ヴォーリズ誕生. ■海外伝道学生奉仕団本部から, 日本の滋賀県が英語教師を求めているという手紙が届き, 応諾.
1905	38		1月末	■YMCAの仲介により, 滋賀県立商業学校英語教師として赴任するため, 来日.
			1月29日	横浜に上陸. 30日東京YMCAで認知の指示を受ける.
			2月2日	午後3時半頃, 八幡に着く.
				■滋賀県立商業学校（現滋賀県立八幡商業高校）英語教師として着任.
			10月6日	◇商業学校校内に「基督教青年会」（YMCA）を組織.
1907	40		2月10日	○八幡基督教青年会館（YMCA）竣工式. 同日を創立記念日とする.
			3月	■キリスト教伝道の理由で商業学校教師解職となる. 契約更新されず.
			4月	■4月から, 八幡基督教青年会館で吉田悦蔵と共同生活.
1908	41		12月	○京都三条YMCA会館の設計者であるドイツ人技師デ・ラランダの代理現場監督者として委任され, 建築設計監理事務所を開設（これが機縁となって後に「ヴォーリズ建築事務所」を設立）.
1910	43		5月	○ヴォーリズ, 初めてメンソレータム会社創立者 A. A. ハイドに会い, メンソレータムの見本を贈られる.
			12月	○ヴォーリズ, 村田幸一郎, 吉田悦蔵により建築設計監理会社「ヴォーリズ合名会社」設立.
1911	44		1月	◇「近江基督教伝道団」（近江ミッション）結成.
1914	47	〈第一次世界大戦（-1918）〉		
1918	大正7		3月	◇「近江基督教慈善強化財団」（現・財団法人近江兄弟社）設立. 理事長就任. 全事業を近江ミッションと総称する.
			5月	◇結核療養所, 「近江サナトリウム（近江療養院（現・ヴォーリズ記念病院））」開設.
1919	8		6月	■一柳末徳の三女, 満喜子と結婚.
1920	9	〈国際聯盟発足. 日本は加盟し, 常任理事国.〉		◇「近江ミッション」を「近江兄弟社」と改称する. ○メンソレータム（現・メンターム）の輸入販売を開始に伴い, ヴォーリズ合名会社を解散.
			12月6日	○ヴォーリズ合名会社を解消. ○近江セールズ株式会社（現・株式会社近江兄弟社）設立. 取締役就任.（メンソレータムについては, のちに製造・販売を行い, その利益を財団の伝道教化事業に用いる.） ○ヴォーリズ建築事務所設立.
1922	11	■信託法, 信託事業法公布. 翌年施行.	9月	■夫人満喜子により清友園幼稚園（現・学校法人近江兄弟社学園）設立. 正式認可. 3年保育.
1923	12	〈関東大震災〉		
1930	昭和5			○株式会社近江兄弟社, メンソレータムの製造権取得. 製造・販売を行う.
1931	6	〈満州事変〉		
1932	7	〈5.15事件〉		

年		【日本】法人の法制など		W. M. ヴォーリズの事績 ◇：NPO（民間非営利組織・法人）関係， ○：FPO（民間営利組織・法人）関係	
1933	8			5月	◇吉田悦蔵を中心に，近江勤労女学校と，工場女子従業員の教養を高めるための「近江向上学園」を開校．（これらは戦時中に文部省認可の「近江兄弟社女学校」「同女子青年学校」となり，戦後の高等学校開設の母体となった．）
				11月	◇近江ミッション週報第1号発行．
1934	9			2月	◇「近江ミッション」を「近江兄弟社」と改称．
				2月	○湖畔プレス（印刷部）創立，開業．
1936	11		〈2.26事件〉		
1937			〈日中戦争〉（-1945）		○近江兄弟社の組織を改め，ヴォーリズ建築事務所を近江セールズ株式会社の一部門とする．
1939	14		■宗教団体法制定．翌年施行．		
1940	15				◇社会事業法による施設として「こどもの家」開設．
				11月	◇近江兄弟社図書館，滋賀県知事より設立認可．12月開館．
1941	16		〈太平洋戦争（-1945）〉	1月	○日本への帰化により日本国籍を得る．妻満喜子の姓を名乗り，一柳米来留（ひとつやなぎめれる）と改名．
1942					○ヴォーリズ建築事務所を一柳建築事務所と改称．
1944	19				○近江セールズ株式会社を日本メンソレータム株式会社と社名変更． ○戦時体制の影響により一柳建築事務所解散．
1945	20		■宗教法人令		
1946	21	11月	■日本国憲法公布．	7月	◇近江療養院を近江サナトリウムと改称．
					○日本メンソレータム株式会社を株式会社近江兄弟社と改称． ○株式会社近江兄弟社内に建築部門復活．
1947	22	5月	■日本国憲法施行．		◇近江兄弟社小中学校新設．
1948	23				◇近江兄弟社高等学校開設．
1949	24	12月	■私立学校法公布．翌年3月施行．		
1951	26	3月	■社会福祉事業法公布．社会福祉法人の創設．	2月	◇小中学校，高等学校を統合し，学校法人近江兄弟社学園設立． ■学校法人近江兄弟社学園設立．理事長就任．「失敗者の自叙伝」を『湖畔の声』に連載を開始．
		4月	■宗教法人法公布．即日施行．（認証主義）		
		9月	〈サンフランシスコ平和条約調印〉		
1952	27				○株式会社近江兄弟社，エアーウイック発売．
1954	29				■一柳米来留（ウィリアム・メレル・ヴォーリズ），社会教化事業の功績により藍綬褒章を受ける．
1957	32			8月	■軽井沢で病に倒れる．以後近江八幡の自宅で療養生活に入る． ○株式会社近江兄弟社東京ビルディング落成，同時に東京出張所開設．本社新工場落成．
1958	33				一柳米来留，近江八幡市名誉市民第一号に推挙される．
1961	36		■「試験研究法人等」制度発足．		○近江兄弟社の組織変更で，「株式会社一粒社ヴォーリズ建築事務所」設立．大阪（本社），東京，福岡に事務所を開設．
					■一柳米来留，建築界における功績により黄綬褒章を受ける．
1962	37			5月	○近江オドエアーサービス株式会社設立．（株式会社近江兄弟社の工業用脱臭部門を専門化するために，独立，法人組織化したもの）
1964	39		〈東京オリンピック開催〉	5月7日	■83歳6カ月の生涯を終え召天． 正五位勲三等に叙せられ，瑞宝章授与．
				5月16日	■近江八幡市民葬，近江兄弟社葬を以て近江兄弟社納骨堂「恒春園」に葬られる．
1969	44			9月7日	夫人満喜子召天．従五位勲四等に叙せられ，同じく恒春園に葬られる．
1970	45				■『湖畔の声』誌上の連載を元にヴォーリズ自叙伝『失敗者の自序伝』出版．

282 第Ⅳ部　法人の選択と併用

年		【日本】法人の法制など		W. M. ヴォーリズの事績 ◇：NPO（民間非営利組織・法人）関係， ○：FPO（民間営利組織・法人）関係
1971	46			◇「近江サナトリウム」，院名を「ヴォーリズ記念病院」と改名．
1972	47	〈沖縄返還〉		○株式会社近江兄弟社，ミスタードーナツ事業部開設．また，商事部，不動産部，工務部が発足．
1973	48	〈オイルショック〉		
1974	49		12月	○株式会社近江兄弟社，経営不振により商法に基づく会社整理申し立てを申請．東京営業所を残し，大阪・名古屋営業所，札幌・福岡各出張所を閉鎖．
1975	50		2月	○米国メンソレータム・インターナショナル社より，財団に対してメンソレータムに関する実施権契約破棄の通告あり．（ただし，実施権に基づく製造権は追って指示するまで暫定的に認める．）また，米国エアーウィック社より取引契約破棄の通告を受ける．
			4月	○メンソレータム製造販売独占権はロート製薬に移る．メンソレータム社より製造販売契約は2月3日で終わり，製造は6月30日，販売は7月31日で停止するよう通告あり．
			5月	○第56期株主総会で旧役員退任，再建に向けた新体制スタート．
			7月	○「負債返済に見通しがあるほか，独自商品の販売など整理の見込みはある」との検査役の調査報告書により，会社整理申立てを取り下げる．銀行を除く一般負債50％を返済．
			9月	○新生第1号製品「近江兄弟社メンタームS」を新発売．
1976	51		7月	○一般負債の残額返済完了．株式会社近江兄弟社債権者委員会解散．
1988	63	■特定公益増進法人制度開始．		
1991	3	〈湾岸戦争，ソ連邦崩壊，バブル経済崩壊〉		◇ヴォーリズ記念病院，新基幹病棟（現本館）竣工．
1997	9	〈介護保険法公布（2000年施行）〉		
1998	10	■特定非営利活動促進法成立．		◇老人保健施設ヴォーリズ老健センター開設．
2000	12			◇ヴォーリズ居宅介護支援事業所開設．
2001	13	■中間法人法成立．		○社会福祉法人近江兄弟社地塩会設立．
2002	14			○社会福祉法人近江兄弟社地塩会ケアハウス信愛館（軽費老人ホーム）を八幡山の麓に設立
2003	15			
2004	16			
2005	17	■会社法成立．		■ヴォーリズ来日から100年を迎える．
2006	18	■公益法人制度改革関連三法成立		
2007	19			
2008	20	＜世界金融危機＞		
2009	21			
2010	22			
2011	23	■特定非営利活動促進法改正 ＜東日本大震災＞		
2012	24		4月	◇本部事務局，ヴォーリズ記念病院，在宅サービス部門，ヴォーリズ老健センターの4事業所が全体として公益財団法人近江兄弟社として公益認定．創立者ウィリアム・メレル・ヴォーリズの精神を継承する諸事業を行いながら，「地域医療の予防から終末期まで住民が安心して暮らせる地域社会の実現に寄与する事業」を公益目的事業として実施．
2013	25			
2014	26			■没後50年を迎える． ◇ヴォーリズ没後50年記念行事「ヴォーリズメモリアル in 近江八幡」市民実行委員会により開催．

年		【日本】法人の法制など	W. M. ヴォーリズの事績 ◇：NPO（民間非営利組織・法人）関係， ○：FPO（民間営利組織・法人）関係	
2015	27		4月	◇学校法人近江兄弟社学園，法人名を「学校法人ヴォーリズ学園」に変更．小，中，高校の名称は変えない．
2016	28		4月	◇公益財団法人近江兄弟社の公益目的事業に「地域包括支援センターの運営」を追加． 近江八幡市中北部地域包括支援センターの運営を開始．
2017	29		4月	◇近江八幡市の認定のもとに，在宅サービス部門に新設された看護小規模多機能型居宅介護「友愛の家ヴォーリズ」が活動開始．
2018	30			
2019	31 令和元			
2020	2	＜新型コロナウィルス感染症，拡大＞		
2021	3			
2022	4		2月	◇「近江兄弟社グループSDGs宣言」．
				◇学校法人ヴォーリズ学園，創立100周年を迎える．
			11月	◇ヴォーリズ記念病院，新病院に移転．
2023	5		3月	◇学校法人，近江兄弟社小学校閉校．
			4月	◇就労移行支援事業所ワークステーションヴォーリズを開設．
2024	6	■公益認定法改正，公益信託法改正		
2025	7			■ヴォーリズ来日から120年を迎える．

（出所）吉田1937，『湖畔の声』1973年8月号，近江兄弟社パンフレット1975，奥村1986，近江兄弟社グループの各法人，病院，老健のウェブサイト，独立行政法人福祉医療機構「社会福祉法人の財務情報等電子開示システム」，滋賀県「介護事業所検索サイト」等により筆者作成．

この機構図から明らかなように，同グループは本部のもとに財団法人，学校法人各1法人，株式会社3法人を併用するという構成をとっている．

ちなみに同グループは，2002年時点では**図9-4**のような法人群によって構成されている．

3.1.2. 組織併用の展開

前掲の機構図を構成する組織の成り立ちを時系列に古いものから順にたどることにより，ヴォーリズとその共鳴者らによる組織併用がどのように展開してきたかを見てみよう（以下の記述は奥村1986：付録を参照）．

（1） 近江兄弟社本部

まず，グループ全体の総称である「近江兄弟社」は，最初からそう呼ばれていたわけではない．1934（昭和9）年に，それまでの呼称である「近江ミッション」から改称したものである．この「近江ミッション」とは「近江基督教伝道団」のことであり，1911（明治44）年，ヴォーリズが来日5年を経て結成した伝道団である．

「近江兄弟社本部」は，①共通行事主催，②広報活動，③社内各種選挙実

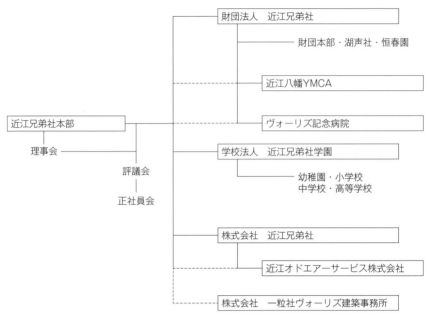

図 9-3　近江兄弟社グループ組織図（1983（昭和58）年改定）

(出所) 奥村1986：40.

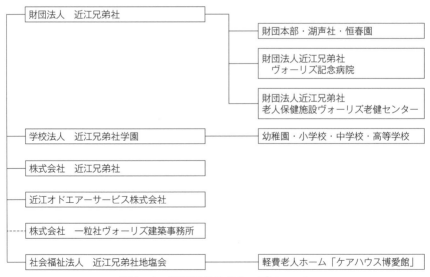

図 9-4　近江兄弟社グループ（2002年）

(出所) 筆者作成.

施，④渉外活動，⑤一柳記念館の活動などを行っている．

（2）法人等

次に，各活動分野とそれに対応する法人について見てみよう．

① 建築，住宅，まちづくり

第一に，建築，住宅，まちづくりの活動分野である．

株式会社一粒社ヴォーリズ建築事務所の前身は，1908（明治41）年，ヴォーリズが来日3年目に，京都YMCA会館の設計者であるドイツ人技師デ・ラランデの代理監督者として委任を受けたことを端緒とする．1920（大正9）年，メンソレータムの販売開始に伴い，下記のヴォーリズ合名会社が解散されて新たに近江セールズ株式会社とともに「ヴォーリズ建築事務所」が設立された．同事務所は，1961（昭和36）年に，近江兄弟社の組織変更により，株式会社一粒社ヴォーリズ建築事務所として設立されたものである．

② 伝道，医療，社会教育

第二に，伝道，医療，社会教育の分野では，財団法人近江兄弟社が中核的な役割を果たしている．同財団法人の前身は，1918（大正7）年に設立された近江基督教慈善教化財団であり，設立当初はヴォーリズ自身が理事長を勤めていた．YMCAや病院（サナトリウム）などの事業を行う．図書館の運営も支援している[19]．

また，財団本部では，出版なども行っている（湖声社）．

③ 製薬，販売

第三に，製薬・同販売の分野である．

株式会社近江兄弟社の前身は，1920（大正9）年に設立された近江セールズ株式会社であり，設立当初，ヴォーリズは取締役に就任している．戦時中に一時，日本メンソレータム株式会社と社名変更したが，1946（昭和21）年，株式会社近江兄弟社と改称した．

また，近江オドエアーサービス株式会社は，1962（昭和37）年5月に設立された．株式会社近江兄弟社の工業用脱臭剤部門を専門化するために独立，法人組織化したものである．

④ 教育，保育

第四に，教育，保育の分野である．

学校法人近江兄弟社学園は，1951（昭和26）年に，それまでに開設されていた幼稚園（1922（大正11）年「清友園幼稚園」として正式認可），近江兄弟社小・中学

校 (1947 (昭和22) 年新設), 同高等学校 (1948 (昭和23) 年開設) を統合して設立された.

3.2 組織併用の動機

一般に組織併用の動機として考えられる前掲の3点 (1.1) を踏まえつつ, ヴォーリズとその共鳴者らによる組織併用の基本にある考え方, 動機がどのようなものであったかを見てみよう.

① 公益活動の多様かつ機動的な展開

第一は, 共通目的とする公益活動を多様かつ機動的に展開したいという志向に関してである.

ヴォーリズとともに近江兄弟社の礎を築いた吉田悦蔵は, 戦前「近江兄弟社の目的」について次のように記している (吉田1937: 1-2. 引用にあたり表記を現代仮名遣いに改めた).

> 「宇宙の創造者なる神, われらの大和島根を作り給いし神, その大御心を, キリストの精神を持って推察し奉り, 近江の国に, 理想の生活を営み, まず全身全霊を捧げて身を清め, 家を修め, やがて兄弟社として集団する一大家族を作り, 大日本帝国に盡忠報国の誠を致さんとするものであります.
>
> この一団のものは, 産業部と教務部を有し, 経済的に自活しつつ教育に, 社会奉仕に, 宗教生活の実行化に, 医療社会事業に, 生命と財産を投げ出して目的の達成を計らんとするものです.
>
> 社員は余分に自分達の個人的財産を作る考 (え) を有さずただ一生無理のない生活に必要な俸給だけで喜んで働きます. そして利益があれば全部近江兄弟社の財団 (近江基督教慈善教化財団) に提供するのです. (中略)
>
> この兄弟社は基督教のどの宗派にも関係を有しません. 個人の信仰の自由を重んじ世界各国の人々とも協力して, 合理的に近江の国七十万の同胞が最も適切なる宗教文化の華を見, その成果を獲得せらるる様にしたいと念願して居ります.」

この一文は, 書かれた時期が1937年と第二次世界大戦前夜ということもあり, 国家主義とキリスト教精神に基づく国際協調主義が混在したものとなっている. ただ, 組織的実在のかたちを見るならば, まず「兄弟社として集団する」「一

団のもの」が，民間非営利組織として認識され，それらの社員がいろいろな事業を行うことが想定されている．そして各種事業で利益が生じれば，すべて財団に提供するとされており，社団としての近江兄弟社と，財団（法人）としての近江基督教慈善教化財団とは別主体として認識されているようにうかがえる．

財団法人近江兄弟社の資料によれば，この一団は「国家の根幹をなす地方田舎の生活文化，精神文化の発展のためにキリストの眞精神を以て奉仕する．そして外部よりの物質的援助を求めず自ら産業を経営してその利益金を以て文化活動や，奉仕事業の資に当てる」ものとしている（財団法人近江兄弟社1942：2-4）．

このように，会員運動体としての社団的伝統を持つ組織が財団法人としての法的存在との統合を図る例として，島田恒はYMCAを取り上げて事例研究を行っているが，そこでは，社団と財団法人両者の性格を統合するために組織的配慮がなされていることを指摘している（島田1999：82-85）．

近江兄弟社の場合，そうした組織的配慮はどのように凝らされていただろうか．吉田が上記の一文に続けて「近江兄弟社の実行機関」として述べるところによれば（吉田1937：7），近江兄弟社に社長はなく，実行委員会が「神経中枢」（最高意思決定機関）となっていた．ヴォーリズとその最初の共鳴者である吉田，村田，及びこれら3人が特に選んだ数名，さらに，近江兄弟社の8部門の部会で選ばれた各部1名の者が実行委員として実行委員会を構成し，委員はみな同権で常に満場一致で決議することとされ，多数決は排されていた[20]．

このように，共通目的の実現のために多様な公益活動への展開が想定され，しかもそれらの活動を担う各主体・組織群は一団の「兄弟社」として統治されていた．

② 資金調達上の要請

第二に，資金調達上の要請に関してである．

公益事業を営む財団法人近江兄弟社は，今日，財団法人について一般的に理解されているように相当の基本金（基本財産）を擁してその果実によって事業の経営を行うのではなく，毎年その産業部ともいうべき「不即不離，両者一体の関係」にある近江セールズ会社からの寄付金によってその寄付行為の財源としていた．恒常的に財団法人の運営を賄っていく資金は相当額に上るが，近江セールズ会社は専らその資金を調達する役割を担うために設立されたのである．

同社は，定款第2条に，「当会社は諸建築材料及び附属品，塗料，薬品並びに雑貨の輸入販売及び薬品，建築用諸金物並びに雑貨の製作販売，建築請負及

び印刷業を為しその利益大部分を財団法人近江兄弟社へ贈与するを以て目的とす」と定めていた.

そして，同定款第33条「純益処分」の条項で，

「一，財団法人近江兄弟社　　百分の五十以上
　二，法定積立金　　　　　　百分の五　以上
　三，財産減損償却金　　　　百分の五　以内
　四，株主配当　　　　　　　以上の残額」

と規定し，会社創立当初から，一般の株式会社とは著しく異なった組織になっていた.

この結果，株式会社創立以来の財団に対する寄付金額は，1921（大正10）年度から1941（昭和16）年度までの21年間で漸増し，累計136万6929円89銭となっており，株式会社創立以前のヴォーリズ合名会社時代のものを加算すると，寄附金総額は約200万円に達していた[22].

③ サービス供給上の要請

第三に，サービス供給上の要請に関してである.

前掲の吉田の一文に見られるように，近江兄弟社本部の掲げる共同目的の達成をはかるうえで，「教育に，社会奉仕に，宗教生活の実行化に，医療社会事業に」サービスを追加し多様化することはむしろ期する所でもあった．それに従い当該サービスを担う事業体が分化していき，財団法人近江兄弟社は，株式会社から受け入れた資金を，伝道（YMCA），医療（サナトリウム），社会教育（図書館），保育，教育（幼稚園，学校等．のち学校法人）等の各事業体へ配分，供給する機能を担っていた.

以上のように，近江兄弟社グループにおける組織併用の動機は，まず，近江兄弟社本部の掲げる共同目的によって統制された自活型組織体として，自己完結しうるだけの資金を調達するという要請が著しく強く働いており，それに共同目的達成のためのサービス供給多様化の要請に応じたものとなっている．法人類型について見ると，営利法人については，当初合名会社で設立し，後に株式会社に改め，さらに事業内容によって一部門を独立させて別会社としていること，非営利法人については，資金循環の装置として，当初から（社団法人ではなく）財団法人の設立を図っていることが見てとれる.

1960年代になると，近江兄弟社の従業員の増加とともに各法人もその使命目

的によって，それぞれ組織化され，組合も存在するようになり，いわゆる近代化にともない「縦の連繋」が重視，強化されるようになった．1968（昭和43）年には，近江兄弟社規約も，① 本部理事制，② 本部機構，③ 評議会を中心に改正，施行され，草創期以来の「横の連繋」の維持，各法人間を結ぶ「紐帯」の検討，各人の近江兄弟社に存在する意義と価値（アイデンティティ）の再確認等が課題となった（評議会運営委員の筆になる西川1971参照）．

3.3　組織併用の課題

　ヴォーリズ，近江兄弟社によるこうした組織併用は，その動機を満たすものであっただろうか．また，何が課題であり，それは現代の私たちに何を示唆しているといえるだろうか．

　① 共同目的の下での組織群全体の統治と組織間連携

　第一に，ヴォーリズの理想としたところのものが，わが国の草創期の法人法制における法人組織を併用して実現するにはきわめて困難な道であったことは否めない．

　奥村直彦は1983年の論考で，ヴォーリズの経済思想について，その応用実践としての「ヴォーリズ建築事務所」と「近江セールズ株式会社」の働きを検証して考察し，その経済思想を次の3点に要約している（奥村1983：134）．

- （一）産業における兄弟主義の実践．換言すれば，「イエス・キリストの原理」によってビジネスを経営すること．
- （二）新しい動機による経済組織をつくる．世の中の社会経済体制は反キリスト教的であり，金儲けの動機によって堕落しているが，それを超越した創造と奉仕の動機によって働く新しい組織をつくり，それを demonstrate する．
- （三）「神の国」の理想社会——宗教と経済の調和した理想的な家族主義的集団のモデルをつくる．これが近江で成功すれば，社会に及ぼし，その開拓運動の先駆となる．

　そして，ヴォーリズの経済思想の特長として，次の二点を指摘する．

　一つには，「近江ミッション」の産業部門（ヴォーリズ建築事務所，近江セールズ株式会社）は，元来ミッションの伝道・社会活動を経済的に支えるという実際的な必要から生まれたものではあったが，それ自体の活動に"神のあかし"の

道具としての使命を持たせ，単なる“金儲けの道具”の位置からこれを精神的に高く引き上げたこと．これは彼のピューリタン的職業観と経済倫理のあらわれである．

二つ目に，社会から隠遁した理想郷やコロニーを目ざしたのではなく，当時の資本主義経済社会のただ中にあって，それと共存し，外面的にはその諸制度に準拠しながら，なおそれとは異質のキリスト教経済組織の建設を目指したことである（同上：135-136）．

しかし，既に1930年代の終わりごろから，戦時体制に順応せざるを得なくなり，事業体としては存続したが，その「予言者的使命」は失われ，戦後の高度経済成長時代に入るにつれて不適応度が強まり，憲法上，あるいは労働力需給バランスからも，雇用関係における信仰的組織の維持は次第に困難になったと評価する（同上：136）．

奥村は自らの信仰に基づき，同論考で，ヴォーリズのピューリタン的経済思想と「産業的実験」は多くの矛盾の前にもはや破綻したように見えるが，彼の説いた「イエス・キリストの原理」は，いかなる時代にも普遍的に通用する社会倫理であり経済倫理であるから，その原理から演繹される新しい経済体制を生み出すことが今後の課題であると結んでいる（同上）．

奥村の指摘を筆者のNPO政策論との関係から見れば，一つ目の特長は，ヴォーリズらのNPO政策が，株式会社等営利部門をたんに非営利部門のための資金調達機能に特化させるのではなく，それ自体もまたサービス供給主体としてNPOとともに活動させたと評価するものといえよう．また，二つ目の特長は，こうした組織併用によって構成される近江兄弟社グループという組織体の共同目的が，資本主義の支配する外部環境とは異質の内部環境を創造しつつ，閉じられた体系を目指さなかったということを意味している．

ヴォーリズらの活動は，既存の法人組織を併用しつつ，そのコンプレックスによって各々の組織だけでは達成し難い価値を創造しようとした先駆的な実験であったと思われるが，それらの組織群を強い精神的紐帯に結ばれ公益活動のために一体的に活動する「一団」として統治し運用していくうえでは，併用される個々の営利・非営利の各法人が法制上予定する統治・管理のルールが制約になった面も見受けられる．

② 資金調達機能を担う組織の安定的運営

第二に，当初，最大のメリットと目されていた資金調達機能は，はじめのう

ちは株式会社と財団法人との間で良い循環をもたらしていたが，財団法人が主として担うサービス供給機能の多角化や，事業体の増加に伴う所要額の増嵩とともに，その機能を十分には果たし得なくなった．株式会社から財団法人が得る権利金や配当金は限られており，しかも株式会社に多額の債務を抱えるようになったためである[23]．

また，資金調達機能を一手に担っていた株式会社は主製品に大きく依存しており，不動産，外食などの多角化路線の行き詰まりなどによって同社が1974年に破綻すると，その利益を専ら資金源として仰いでいた一連の公益活動は，たちまち危機に瀕した．

財団法人が，株式会社の大株主としての配当を受けられず，メンソレータムの権利金も切られ，資金配分機能を果たせなくなったことで，財団法人からの補助金を絶たれた学校法人は，公費助成の増額と父兄の協力で対応を迫られ，病院やYMCAも社員の自助努力で当面の経営を続行せざるを得なかった[24]．

自己完結的な資金調達とその分配，特定の資金調達源への集中に限界があった．

③ 目的に照らして必然性の高いサービス供給の多様化

第三に，サービス供給という面では，上記のとおり，伝道のほか，医療，保育，学校教育，社会教育などに幅広く展開され，それぞれに純化された組織が並立し，それぞれが目的を絞って活動したことにより地域に大いに貢献したが，反面，併用する組織の増加に伴い，共同目的の下に，それらの活動間の連繋を維持強化していく精神的支柱，組織的担保が大きな課題となった．

このうち精神的支柱については，ヴォーリズの妻としてともに近江兄弟社を支えてきた一柳満喜子は，1960年代株式会社の存在感の高まりに伴い奉仕団としての性格が希薄化することを慨嘆し，メンバー間のフラットな関係，デモクラシーの徹底を訴えている（一柳1965a，同1965b）[25]．

また，1972年当時の財団法人理事長は，ヴォーリズが1934年に「近江ミッション」を「近江兄弟社」と改めた際に掲げた五つの理想：「同心協力」「デモンストレーション」「信仰」「能率」「神の国の模範」に立ち戻ること，とりわけ「神の国」のメッセージの下に共同して達成する理想を再確認することを説き，近江兄弟社の現状が当初の理想と大きく隔たっていることを指摘している（伴1972）[26]．

組織的担保については，前掲のように規約改正により本部機能の強化が図ら

れたが,「実業と社会奉仕活動の調和にはそれを統御する精神的支柱になる人物が必要」[27]であるところ,「偉大なる創業者」ヴォーリズの後継者として組織併用を統括する人材が未だ育っていなかったことから,十分に統御機能が発揮されたとは言い難い.

多様なサービスを供給する組織併用を統括しうる中核的人材をいかに育成し継承していくか,また,組織的にフォローしていくかが課題として残された.

以上をまとめれば,近江兄弟社グループの事例は,組織併用の先駆的事例として,①共同目的の下に併用される組織群において,設立者である個人または個人の集団の人間的情熱を共有化し,社会的使命を明確化させていく上で,併用される個々の組織を規律する法制と整合させながらいかにして組織群全体を統治し組織間連携を図るか,②併用される組織のうち,資金調達機能を担う組織をいかにして安定的かつ効果的に機能させるか,③サービス供給の多様化が,共同目的との関係においてどの程度必然性を保ち得るか,またその維持のために精神的支柱となる人材をいかにして育てるか,といった点について貴重な示唆を与えるものといってよい.

4　現代の事例——NPO 法草創期の事例

次に,現代（NPO 法制定直後の草創期）の4事例（事例2〜5）に目を転じて,組織併用の展開とその課題を見ることとしたい.まず,事例の概要を,そこで併用されている法人類型の組み合わせにより,三つに分けて掲げる.

4.1　組織併用の展開
4.1.1.　特定非営利活動法人,有限会社の併用
【事例2】「特定非営利活動法人たすけあい名古屋」と「有限会社介護みどり」
　　　　　「ケアプラン鳴子」（愛知県）

NPO 法制定前に「任意団体」として活動していたが,同法制定後はその任意団体をもとに,新たに「特定非営利活動法人」と「有限会社」を設立して,両者を併用する場合がある.

この「特定非営利活動法人たすけあい名古屋」と「有限会社介護みどり」「ケアプラン鳴子」の事例は,日本ガイシの企業マン OB・渡部勝氏による高齢者介護福祉サービスを行う組織併用事例として,各種のメディアやシンポジウム

第9章 非営利法人の選択と併用 293

等にもたびたび紹介されている[28].

　1997年8月，有償ボランティア団体（任意団体）として設立された「たすけあい名古屋」では，介護保険のスタートを控え，指定事業者に参入するために特定非営利活動法人格取得を目指すべきかどうか，会員アンケートを実施した結果，賛成：4割，反対：2割，どちらとも分からない：3割と意見が分岐した．反対した会員は，「介護保険への参入が営利企業との競争になり，収益獲得，市場原理優先はボランティア精神を犠牲にするもの」と反発したのである．

　その結果，組織分裂を回避しつつ介護保険への参入を図るため，組織併用が選択された．1999年7月，愛知県知事により特定非営利活動法人として認証を得た「たすけあい名古屋」の出資により，介護保険事業者となる有限会社「介護みどり」を設立したのである．

　（有）介護みどりの中に，介護サービス事業（訪問介護（ヘルパーの派遣））を収益事業として実施する「介護みどり」（ホームヘルパー2級を派遣する専門家集団）と，利用者の居宅サービス計画（ケアプラン）を作成する「ケアプラン鳴子」（介護支援専門員（ケアマネージャー）の専門家集団）が，二つの「事業部」のように位置づけられている[29].

　「たすけあい名古屋」は介護保険枠外サービスをチケット（たすけあいチケット）で提供し，「介護みどり」「ケアプラン鳴子」の介護保険収益を「たすけあい名古屋」に還元して有償ボランティア活動を支援するという設計である．こうして二つの組織（事業部を単位とすれば三つ）が同じ事務所を分割して使用することになった．

　この組織併用は，有限会社による介護保険収益を特定非営利活動法人に還流させることによって，介護保険事業だけではできない「心のケア」を担う「たすけあい名古屋」の有償ボランティアの活動基盤を充実したものにすることを目指していたわけである．

　その後，2001年に「たすけあい名古屋」が「向こう2年間の課題」として掲げた認識の記述では，

　　「2　介護保険事業とボランティア活動が並立できるのか．
　　　　・有限会社を存続させるのか（NPO法人と合併して融合できるのか）．
　　　　・成長の限界を見定める（市民事業の限界を悟ることが大切と思う）.」

とされており（渋川2001：31），ここに示された認識は，むしろ組織併用をやめ

て，特定非営利活動法人自体が指定事業者となり介護保険収益を挙げつつ，内部で介護保険枠外の有償ボランティア活動も充実させていく「一本化」の方向である．

いずれが望ましいのかということは，この文中の「融合」という文言に端的に表れているように，たんに法人組織の融合だけでなく，アンケート結果にみられたような会員の理解とコンセンサスが得られるのかという問いにどう応えるかということにほかならない．

2002年1月，(特活) たすけあい名古屋の理事会では，代表理事の渡部氏は二つの組織のあり方について次のような問題提起を行った．

「3．介護保険事業の運営は引き続き有限会社介護みどりに委ねるとしても，NPO法人たすけあい名古屋の理事会として念頭に置いておくべきことがあるので下記した．

　3-1　有限会社介護みどりに黒字体質が定着している訳ではない．

　　間接経費の負担を軽減するために，適正な事業規模に拡大する必要があるが，その結果として，売り上げの増加に見合った運転資金の調達が必要となる．

　3-2　介護みどりの設立趣意書には「有限会社介護みどりで生ずる収益をボランティア団体に還元することによりボランティア団体の経営に貢献することが期待される」とあるが，主として税法上の制約により，節税しながら還元することは不可能であることが判った．

　3-3　介護みどりの設立趣意書には「介護保険に取り組むことはプロとしての職業意識と専門知識と相当の技能が要求され，社会的な責任を果たし，適切な収益を確保するために，効率的な運営体制を必要とする」とあるが，運営を二つのグループに分割したことは明暗二つの側面があり，たすけあい名古屋の本来業務である「介護保険の枠外の」高齢者への支援活動と介護保険事業との両者の役割分担は，必ずしも緊密な関係とはいえず連絡調整について再構築が必要である．(3-4，
3-5略)[30]」

そして，この問題認識に基づき，渡部氏は次のような新たな提案を行った．

「（新しい提案）

 1．NPO法人たすけあい名古屋と有限会社介護みどりの一体化について

　NPO法人が出資して有限会社を設立し，ボランティア活動と介護保険事業の運営をわけているのは全国的にみて特異な例である．

　歴史の浅いNPO法人たすけあい名古屋が運営上の混乱を避ける目的で，便法上，別組織を編成して介護保険事業に参入したが，たすけあい名古屋の発足の原点に立ち返って，会の理念と目的とを実現するために，時期を見て両者を一体運営に移行することが望ましいと考えるがいかがなものであろうか．

　市民事業体を標榜しているのであれば，営利か，非営利か，その性格を厳しく問われることになる．（介護保険で訪問介護をしているNPO法人は777あるが，その多くが両者を一体運営している．[31]）」

　渡部氏は，「有限会社の収益を特定非営利活動法人に還元するといっても，税法上は贈与扱いになり，課税後の実額は半減する．NPO支援税制の拡充を．」と述べる[32]．

　高齢者介護の分野における組織併用の得失の比較衡量の実例として，その後の推移が注目されたところ，現在（2005年）では，前掲のとおり有限会社は解散しNPO法人に営業譲渡し，NPO法人の内部に，「介護みどり」（訪問介護を担当）と「けあプラン鳴子」（居宅サービス計画（ケアプラン）を担当）で構成される「介護保険グループ」と，「たすけあいグループ」（介護保険対象外サービスを担当）を設けて活動している．

【事例3】「有限会社霞ケ浦粗朶（そだ）組合」と「特定非営利活動法人アサザ基金」（茨城県）

　1984年に茨城県牛久市に移り住んだ飯島博氏（霞ケ浦・北浦をよくする市民連絡会議事務局長）が中心となって推進する「アサザプロジェクト」は，複合的な組織併用による自然環境保護・再生運動である．

　NPO法制定前に非営利団体（市民連絡会議）が中心となって運動を開始し，「アサザ基金」を発足させた．NPO法制定後は，非営利団体（同会議）や「有限会社」に加えて，新たに「特定非営利活動法人」を設立し認証を受け，さらに（積極的組織選択により）「有限会社」を設立してこれらを併用している．

296 第Ⅳ部 法人の選択と併用

「アサザプロジェクト」とは，国内第二の面積の湖である霞ケ浦・北浦の人
工化が進んだ湖岸に，地域の小学校160校などが里親となって水草のアサザを
種から育て，その苗を植え付けることにより，波を除け砂の堆積を促して砂浜
や浅瀬を生み出し，葦の群生を育み動植物や昆虫など自然豊かな湖岸を再生さ
せていくという遠大な計画である．アサザが根付くまでの間，強い波を消すた
めに，近隣の雑木を間伐して作られる粗朶を湖に沈める粗朶沈床工法を用いる.
これは魚礁にもなる．その粗朶を出荷するために「有限会社霞ケ浦粗朶組合」
が設立され，その収益は「特定非営利活動法人アサザ基金」に寄付されてその
資金源となっている．

特定非営利活動法人アサザ基金は，市民ボランティアによる間伐「一日きこ
り」や，小学生たちによる「アサザの植付け会」，休耕田を利用したビオトー
プづくりなどを行っている．「アサザプロジェクト」には，これらの有限会社，
特定非営利活動法人が軸となり，地元の森林組合，生活協同組合，漁業協同組
合，石材組合などさまざまな組織との連携・協力関係が築かれ，幅広い資源動
員が図られている.[33]

4.1.2. 財団法人，有限会社，任意団体の併用

【事例4】「財団法人たんぽぽの家」(奈良県) と「有限会社ワンダーネット」
及び任意団体「エイブル・アート・ジャパン」(2000年,「日本障害者
芸術文化協会」から改称.）(東京都)[34]

NPO 法制定前に，狭義の公益法人 (民法法人) と営利法人，非営利団体を併
用した事例である．

既に1970年代から二十数年間にわたり，文化活動，表現活動を通じて，障害
のある人たちの生き方を問い直す運動をしてきた「財団法人たんぽぽの家」は，
1992年の国際障害者年の最終年に東京と大阪で行われた障害者のアート展を契
機として，翌1993年から事務局機能を担い，「障害者芸術文化ネットワーク準
備委員会」を立ち上げた．

このネットワーク構想を具現化する組織について，任意団体では契約主体に
なれないことから法人格取得を目指し，1994年4月，(NPO法もない時期でもあり)
「消極的選択」として中心メンバーの共同出資により「有限会社ワンダーネッ
ト」を設立した．

2カ月後の1994年6月，上記準備委員会が発展する形で，非営利の任意団体

「日本障害者芸術文化協会」が設立された．ただ，同協会の経費は専ら上記有限会社の資本金（出資金）に依存していた．同年10月には，中心メンバーの一人がオーナーであるビルが東京で竣工したことに伴い，（財）たんぽぽの家に籍を置いていた事務所を，当初の予定どおり同ビルに移転した．

　「日本障害者芸術文化協会」は，1995年秋には「エイブル・アート」という新概念を提案し，前掲の（財）たんぽぽの家が中心となって大規模なエイブル・アート・フェスティバルを開催，一躍，一般の認知度を高めた．その結果，1997年以降は大成建設やトヨタ自動車，ゼロックス等民間企業の社会貢献部門との連携により多彩な事業を展開するようになる．

　この事例は，（それをコミュニティ・ビジネスと呼ぶことには異論があるかもしれないが）コミュニティ・ビジネスの振興方式として加藤敏春が提示する「プラットフォーム・コンソーシアム」方式を体現しているケースとも言い得るものである．

　加藤は，アメリカにおいて，経済とコミュニティが表裏一体の関係をなす「新しい経済コミュニティ」が形成されており，そこでは「市民起業家」が，プロジェクトごとにコンソーシアム（事業連合体）を結成し，地域コミュニティのニーズである教育，医療，福祉，商取引，ものづくり，芸術・文化，環境，行政サービス提供などを情報技術を活用して有効に解決するため「コミュニティ・ビジネス」を興して活動していると紹介する（加藤1999：47）．

　そして，この観察に基づき，わが国においても「利益社会」（profit society）から「協働社会」（collaborative society）への転換を促進するために，「コミュニティ・ビジネス興し」の必要性を説き，アメリカにおけるコミュニティ開発法人（CDC：Community-based Development Corporation）による"パブリック・プライベート・パートナーシップ"の運動とイギリスにおけるコミュニティ協同組合の方式を参考に（同上：49，73-75），日本型の「コミュニティ・ビジネス」興しの方式として「プラットフォーム・コンソーシアム方式」を提案している（同上：79-83）．

　同方式の基本構造についての加藤の説明によれば，この方式においては，中核組織としてNPOであるプラットフォーム（基盤的組織）が設置され，地域の研究資源・人材資源や地方自治体，市民の代表者などを知識ベースとしてプールし，プロジェクトによってシーズサイドとニーズサイドとの間でコンソーシアム（事業連合体）が編成されるように設計される．

298　第Ⅳ部　法人の選択と併用

コンソーシアム (群) はマイクロビジネスの一形態であり，ゆるい人的なネットワークや NPO であることもあるが，労働者協同組合 (ワーカーズコレクティブ) のような形態を採ったり，利益を上げる組織として株式会社や有限会社の形態をとることが合理的である場合もある．プロジェクトの分野，内容によって組織形態は異なるのである．

そして，NPO であるプラットフォームと，非営利・営利の多様な組織群であるコンソーシアムとが，うまく結合されることによって「コミュニティ・ビジネス」が発展していくとする (同上：79-80).

筆者の観点からは，こうした「方式」を全体として企画立案し統御する「個人」ないし「個人の集合」という中心メンバーを想定するならば，そのメンバー等にとっては，プラットフォームとして設計する組織も，コンソーシアムとして展開する組織群も，それぞれの活動目的に照らして，法制 (税制) 上の位置づけ，資金調達，サービス供給に関する組織併用の動機がより良く充たされるよう，自在に選択され併用されるべきものということができる．

【事例4】を以上の議論に照らしてみるならば，この場合のプラットフォームに当たるのは「日本障害者芸術文化協会」という NPO (任意団体) であり，コンソーシアムとしては，例えば大成建設と協会の協働によるエイブル・アート・フェスティバルや，トヨタ自動車とのフォーラム，ゼロックスとのワークショップというように，事業ごとに個別の事業連合体が次々と形成されている．そして，こうした活動を行う協会に対して，運営資金 (人件費，事務所賃料等) やネットワーク資源を提供したり，シンクタンク機能などによって支援したのが (財) たんぽぽの家のメンバーであった．

これを，一連の活動のコアメンバーの観点から見るならば，新たな事業展開のために，既存の財団法人に加え，有限会社で法人格を取得し，任意団体でプラットフォームを形成するというように，複数の組織を併用してきたということができる．

4.1.3.　株式会社，特定非営利活動法人の併用
【事例5】「株式会社ふるほん文庫やさん」と「NPO 法人としょかん文庫やさん」(福岡県)[35]

数多の職業を経験し化粧品セールスで名を馳せた谷口雅男氏が，体調を崩して入院した先で文庫本の魅力に開眼し，退院後「無謀」との批判をよそに1994

年文庫本専門の古本屋「ふるほん文庫やさん」を開業，翌年株式会社化した．
国内はもとより在外邦人へのインターネット通販やキヨスク，病院，ホテル等
へのミニ店舗出店，一口5万円の株式協賛金などで経営を軌道に乗せる一方，
明治以来日本で出版されたすべての活字文庫本（推定30〜40万冊）全点を完全蒐
集して世界中に貸し出す非営利事業「としょかん文庫やさん」に着手した．市
長はじめ北九州市の理解を得て，廃校となった市立小学校校舎を廉価で借り受
け2001年に開館．行政等からの助成金は一切受けず，個人，団体の寄付金と会
費で運営する完全非営利を標榜する．

　株式会社とNPO法人の併用事例であるが，株式会社ふるほん文庫やさんは
NPO法人としょかん文庫やさんの団体寄付者に名を連ねるとともに，買い取っ
た古本の中から図書館蔵書にふさわしいものを抽出，寄贈も行なっている．

4.2　組織併用の動機

　以上の四つの組織併用事例をその併用動機という点からみると，いずれも共
同目的の下に併用される組織群において一定の連携が図られているが，【事例
2】の有限会社介護みどりや【事例4】の有限会社ワンダーネットは，それぞ
れNPO法人たすけあい名古屋や任意団体エイブル・アート・ジャパンに対す
る資金調達機能を発揮するために便宜的に併用された色彩が強い．前者の介護
みどりの場合は，それ自体もサービス供給機能を分担しているが，資金調達に
おいて当初の期待ほどの効果が得られなかった結果，解散し，サービス供給機
能はNPO法人に事業譲渡というかたちで戻されるに至った．

　他方，【事例3】の有限会社霞ヶ浦粗朶組合と，【事例5】の株式会社ふるほ
ん文庫やさんは，資金調達機能においてもサービス供給機能においても，併用
主体の掲げる共同目的に実質的な貢献がみられる．動機においてより必然性が
高い併用となっている．

4.3　組織併用の課題

　【事例1】の近江兄弟社グループから得られる示唆として先に掲げた，① 共
同目的の下での組織群全体の統治と組織間連携，② 資金調達機能を担う組織
の安定的運営，③ 目的に照らして必然性の高いサービス供給の多様化という
3点について，四つの事例を通覧してみよう．

　①の組織群の統治については，【事例2】が，そもそも活動内容をめぐる会

員間の意見の分岐を踏まえ，組織分裂を回避する必要に迫られた組織併用という側面もあったことから，併用された組織を一体的に統治・運営する経験として興味深い先例を提供している．

②の資金調達については，上記のように専ら資金調達機能に着目した便宜的な併用は，それが不首尾におわったとき併用自体も解消されてしまうが，資金調達機能以外に，③のサービス供給機能も実質的に兼ねる場合には，かりに資金調達において平均的な成果に留まっていたとしても併用が継続される実例を示している．

いずれの場合も，組織間の精神的支柱となる人材は存在しているが，組織併用を発意し開始した代表者の人間的情熱を継承し，社会的使命を訴求し続けられるような後継者の育成の有無という点については，今回は調査し得ていない．印象的に述べれば，顕著な成果を挙げている【事例3】の飯島氏や【事例5】の谷口氏などの代表者のもつ溢れるばかりの人間的情熱をそのまま継受できる人材は希少であるとも思われ，カリスマ性の高い代表者が始めた組織併用が長期にわたり持続発展するためには，併用される組織群の相互作用と意識的調整によって，それ自体が一つの包括的な「組織」として自立し得るか，そのシステム構築の巧拙が今後の帰趨を左右するように思われる[36]．

おわりに

組織併用による民間公益活動の事例は枚挙にいとまがない．

これらは，併用されている組織が各々政策主体となって行うNPO政策が並行的に実施されている並行モデルの外観を呈しているが，各組織の背後（ないしは上位というべきか）には，それらの組織を併用している主体として「個人」や「個人の集団」が存在している．

NPO政策は，NPOを対象とし，多元化した政策主体によって担われる公共政策であるから，その政策主体は必ずしも公式組織に限定されず，これらの個人や個人の集団は，いわば，任意団体又は法人組織を併用することにより，それらの組織を通じて複数のNPO政策を間接的に実施している真の政策主体であるということができる．

例えば，ヴォーリズとその共鳴者らによる近江兄弟社の事例では，その民間公益活動を発意した「個人」（ヴォーリズ）と「個人の集団」（近江ミッションに加

わった共鳴者や参加者)が政策主体として組織併用を発展させ,近江兄弟社グループを形成した.「個人の集団」は近江ミッションの中核となり,併用された各法人の役員等に分散配置した.同ミッションは近江兄弟社 (任意団体) として発展し,「本部機能」を強化することによって,傘下の財団法人や株式会社等を統御することに努めたが,必ずしも十分にはその本部機能を発揮し得なかった.

今日,民間公益活動における組織併用事例は,現代の4事例にも見られるように,NPO法制定を契機として,さまざまな分野で,NPO法人を含むかたちで累増し,観察されるようになってきている.

本章で見たように,組織併用による民間公益活動は,近江兄弟社の事例をはじめ,わが国の民間公益活動の歴史をたどれば,多彩な先駆的試みを見出すことのできる古くて新しい問題である.その成功と失敗の系譜を,新たなNPO政策論の文脈で読み直し,そこから今日に通用する視点や方法論を抽出することによって,真の政策主体である国民,市民の「個人」レベルにまで遡った主体的な政策展開を促し,各主体の効率的で有効な連携と協働を通じて,公益の実現に資することと考えられる.

補論　近江兄弟社グループの組織併用

　以上，本章では，まず，組織併用の先駆的事例として近江兄弟社グループを
取り上げ，「3.2　組織併用の動機」において，その動機を，① 公益活動の多
様かつ機動的な展開，② 資金調達上の要請，③ サービス供給上の要請という
３点にもとめた．組織併用が進展したのは，「近江兄弟社本部の掲げる共同目
的によって統制された自活的組織体として，自己完結しうるだけの資金を調達
するという要請が著しく強く働いており，それに（それとともに）共同目的達成
のためのサービス供給多様化の要請に応じたものとなっている」とした．
　そのうえで「3.3　組織併用の課題」において，近江兄弟社の組織併用がこ
れらの動機を満たすものであったのか，何が課題であったかを検討し，同事例
が，①' 共同目的の下での組織群全体の統治と組織間連携，②' 資金調達機能を
担う組織の安定的運営，③' 目的に照らして必然性の高いサービス供給の多様
化といった３点に課題があり，現代にも貴重な示唆を与えるものと指摘した．
　次に，現代の組織併用４事例について，「4.2　組織併用の動機」において，
近江兄弟社グループに見られた動機①〜③の３点に照らし，各事例の組織併用
の動機を検討した．
　そして，「4.3　組織併用の課題」では，（１）近江兄弟社グループの課題と
して検討した前掲①'〜③'の３点について，各事例において①' 組織群の統治，
②' 資金調達，③' サービス供給機能の多様化に該当／関連する部分を示した．
また，（２）組織併用を発意し開始した代表者の人間的情熱を継承し，社会的
使命を訴求し続けられる後継者の育成への着目を課題とした．さらに，（３）
組織併用の持続発展を左右するのは，併用される組織群の相互作用と意識的調
整によって，組織群自体が一つの包括的な「組織」として自立し得るか，その
システム構築の巧拙によるのではないかと提起した．
　本章の初出論文（初谷2005a）公表時（2005年３月）から20年近くを経たが，こ
の間の近江兄弟社グループ各法人の動向を確認し，上記の組織併用の課題（１）
〜（３）の３点に関してどのような取り組みがなされてきたか，筆者の把握し
得た範囲で以下補記する[37]．
　なお，上記の課題（１）〜（３）のうち，（１）①' は組織群全体の統治と組

織間連携を図る統治主体として組織群全体の「代表者」なり「中枢組織」の存在を前提としているが，（3）は，そうした代表者や中枢組織の有無にかかわらず「組織群自体」が主体となり，いかに相互作用と意識的調整を図り，一つの包括的な「組織」として自立し得るか，そのシステム構築に注目するものであり，両課題についてはまとめて述べる．

　第一に，（1）①'共同目的の下に併用される組織群において，設立者である個人または個人の集団の人間的情熱を共有化し，社会的使命を明確化させていく上で，併用される個々の組織を規律する法制と整合させながらいかにして組織群全体を統治し組織間連携を図るかという課題についてである．あるいは，（3）「組織群自体」が主体となり，いかに相互作用と意識的調整を図り，一つの包括的な「組織」として自立し得るか，そのシステム構築がいかになされているかという点である．
　ア．近江兄弟社グループの構成法人
　本論で見たように，ヴォーリズが結成した「近江基督教伝道団」(近江ミッション)は，1934年に「近江兄弟社」と改称し，近江兄弟社本部では神経中枢 (最高意思決定機関) としての「実行委員会」のもとに8部門の部会が編制されていた．事業の多様化に伴いサービス供給を担う事業体を，わが国の法人法制に基づき，相次いで独立した法人として分立させていった．
　2024年現在，非営利法人は公益財団法人近江兄弟社，学校法人ヴォーリズ学園，社会福祉法人近江兄弟社地塩会の3法人，営利法人は株式会社近江兄弟社，近江オドエアーサービス株式会社，株式会社一粒社ヴォーリズ建築設計事務所の3法人の計6法人に至っている (**補論-図** 参照)．
　イ．「近江兄弟社グループ」という呼称
　これらの法人を包括する名称として，内外ともに「近江兄弟社グループ」が用いられている．
　ウ．「本部事務局」の意味と役割
　公益財団法人に置かれた「本部事務局」は公益財団法人の事業である管財・広報出版・医療・福祉など一連の事業の「本部」という意味に留まらず，グループ全体の本部機能を指す趣旨で用いられている．対外的に「近江兄弟社グループ」を略して，グループ全体としての意味で「近江兄弟社」と称することもある．

304　第Ⅳ部　法人の選択と併用

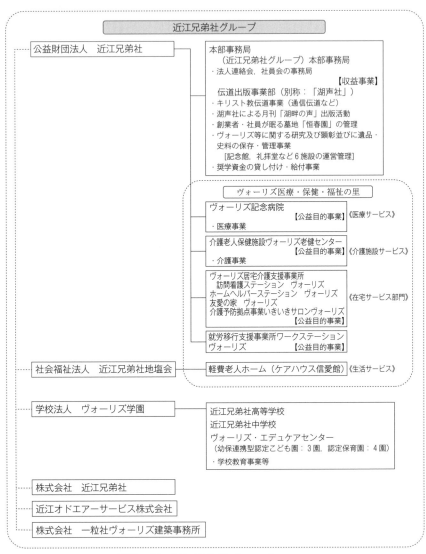

補論　図　近江兄弟社グループ（2024年）

（出所）筆者作成.

第9章　非営利法人の選択と併用　*305*

　各法人はそれぞれ独立して機関決定を行っているが，グループ内の連絡・連携を図るための「本部」機能は，現在も公益財団法人に「本部事務局」の呼称を残し，常務理事・本部事務局長が実務を担っている．公益財団法人の事業内容は，公益目的事業と収益事業として挙げられた範囲である．かつて近江兄弟社本部の「実行委員会」が各部門の事業について意思決定していたように，公益財団法人がグループの本部として各法人の事業推進に関して指揮命令関係に立つわけではない．あくまで公益財団法人の目的の範囲内において各法人との連絡・連携や事業単位での協働を図っている．

　エ．「法人連絡会」など役員間の連携

　グループ内の各法人を役員レベルを横断的に繋ぐ組織として「法人連絡会」が設けられている．その定例会（月例）では，グループ全体に係わる行催事（例えば，2025年がヴォーリズ来日120年に当たることを記念してグループ外の行政，企業等と共に組織を構成する「"バンザイなこっちゃ"協議会」の取組みなど）の企画や進行管理，広報（メディア対応窓口）を担っている．

　同協議会には副会長として公益財団法人理事長，委員として学園副理事長，事務局には公益財団法人常務理事・本部事務局長，近江オドエアーサービス代表取締役が参画している．その他，市や民間企業からも幅広く参画を得ている．

　各法人の役員（理事，評議員）について，法定の要件を満たしながら，相互に就任している例が多くみられる．例えば，公益財団法人の理事には株式会社近江兄弟社代表取締役と社会福祉法人理事長が，評議員には株式会社近江兄弟社専務，近江オドエアーサービス代表取締役，建築事務所，学校法人から各々の役職者が就任している．また，学校法人の第3号評議員は近江兄弟社社員から選ばれている．

　オ．「社員会」と各法人の職員間の連携

　グループ内の各法人の職員（従業員）を横断的に繋ぐ組織として，社員会規約に基づき「社員会」が設けられている．会費制の互助会であり，グループでは伝統的な仕組みである．全員加入を原則とし，福利厚生や親睦・交流などを目的とする．信仰は不問（宗教共存の考え方である）で，礼拝も任意の参加とされている．その行催事（交流会や創立記念日，クリスマス礼拝など）はグループ構成法人の組織を越えた職員交流の機会となっている．

　第二に，（1）②' 併用される組織のうち，資金調達機能を担う組織をいかに

して安定的かつ効果的に機能させるかという課題についてはどうか.

ア．経済的な独立，自律

各法人はそれぞれ独立した経済主体として運営されており，特定の法人が資金調達機能を専担する関係にはない.

イ．グループや法人相互の経済的な相互支援

グループ内の非営利法人が，営利法人の株式を相当程度保有しており，配当を受けている．例えば，公益財団法人は株式会社近江兄弟社の筆頭株主である（3割保有）．かつて草創期には，旧財団法人が株式会社の株式を100％近く保有していた時代もあった.

グループ内の株式会社から公益財団法人や学校法人が寄付金を得ることはあるが往時と比べるとその規模は少なくなっている．グループ全体にかかわる周年行事の実施・広報などに必要な経費について，各法人に寄付金を募ることがある.

ウ．法人内の事業の位置づけ

公益財団法人近江兄弟社は，病院，老健センター，在宅サービス部門等を公益目的事業とし，出版事業や顕彰事業，保有施設の保存・管理運営等を収益事業としている．病院や老健などの経営は堅調である.

本部事務局が担っているヴォーリズ建築6施設（アンドリュース記念館，ウォーターハウス記念館，ヴォーリズ記念館，旧近江療養院（ツッカーハウス），五葉館，礼拝堂）や近江兄弟社グループの広報については，入館料や参加費，購読料などを徴し収益をあげるよう努めている．恒春園（元近江ミッション納骨堂．近江兄弟社霊園）の管理・運営も行っている.

第三に，③'サービス供給の多様化が，共同目的との関係においてどの程度必然性を保ち得るか，またその維持のために精神的支柱となる人材をいかにして育てるかという課題についてはどうか.

ア．全体研修

グループ全体としての紐帯を強めるための研修とまでは言い難いが，毎年度，グループ内の各法人の新入社員（対象は100人近い）について，4月1日に入職年度単位の合同研修会を半日かけて行っている．各法人ごとの服務管理にも配慮しつつ，可能な限り参加を勧めており，一堂に会した参加者からは，「今まで一法人に入職したという意識であったところ，この研修で自分が近江兄弟社

という大きなグループの一員に加わったのだという認識を新たにした」といった感想も寄せられているという.

イ．代表者

本論でも述べたように，当初から近江兄弟社本部の実行委員会は最高意思決定機関であったが，グループ全体を代表する「近江兄弟社社長」といった職位は置かれていない.

例えばキリスト教系の私立大学で，法人理事長，大学学長のほかに「院長」職などを置く事例があるが，そうした職位がないため，グループ全体として対外的な協定などを締結する際は，グループに属する全法人代表者の連名で行っている.

ウ．本部事務局

公益財団法人の常務理事・本部事務局長は，株式会社近江兄弟社，次いで公益財団法人近江兄弟社に長年勤務し，財団では病院と老健センターの運営にそれぞれ携わったことがある．現在は本部事務局でグループ全体の各法人の活動を見渡す立場にある.

エ．公式記録，年史等

グループ全体としての対外的な公式記録は特に作成，継承されていない．グループ内で横断的な年史をまとめることはなかなか難しいとのことで，かつて『60年史』も準備されたが刊行にまでは至っていない[38].

オ．グループとしてのビジョン，今後の方向性

グループ内の各法人では，まずは，個々の法人が経営・運営を持続し全うすることが重視されている．現行の法人制度の下でも，グループとしてのまとまりを維持発展させていく必要性は認識されているが，その紐帯の程度や訴求・情報発信の方策については，グループ内の各法人経営者や役職者にもいろいろな考え方がある.

そうした中で，2022年2月2日の第117回近江兄弟社創立記念式で，「近江兄弟社グループSDGs宣言」を発表している．宣言文では，創立者ヴォーリズによる「キリスト教精神に基づく協働」が，建築設計，医療，製薬，教育・保育，環境，介護福祉などの「社会事業を展開する団体」となったとしたうえで，「ヴォーリズが描いた近江兄弟社という設計図は，一世紀を越えて，社会課題の解決を見据えています．この先も，ヴォーリズの精神を継承し，隣人愛の実践を続けることが近江兄弟社のSDGsです」と宣している．「近江兄弟社」は

ヴォーリズの描いた「設計図」であり，グループを SDGs の推進主体に定位するものとして注目される．

カ．グループの名称

グループ内各法人の名称の変遷や，学校園や建築事務所の改称の経過，さらに病院や学校の日常的な呼称の浸透度合い（例えば訪問診療の機会に「ヴォーリズさん」と呼ばれたり，学園の卒業生が「ヴォーリズの卒業」と自称するなど）などから見て，「近江兄弟社」と「ヴォーリズ」のどちらが今後ともグループを象徴する言葉としてふさわしいのか，法人によっても，また市行政やサービスを利用する市民の日常の用例から見ても分かれている．

以上より，近江兄弟社グループは，本論で述べた組織併用の課題 3 点に関して，次のような現状にあると考えられる．

① 役員の相互就任や，公益財団法人に置く「本部事務局」，「法人連絡会」，「社員会」などの内部組織を活用し，グループ内の営利・非営利 6 法人の組織間連携をきめ細かく図っている．ただし，グループとしての共同目的の確立やその実現に向けた組織群全体の一体的な統治が行われているとまでは言い難い．

② 営利法人の株式の保有やそれによる継続的な配当収入の確保，法人間での随時の寄付金収受など組織併用の経済的なメリットは見受けられる．ただし，それらは往時の規模ではなく，かつてのように固定的に資金調達機能を担う組織としての位置づけはなされていない．

③ 人口減少や少子高齢化の昂進する中で，地域社会からの要請はもとよりグループ目的に照らしても必然性の高いサービスとして，近年は特に医療・福祉サービスの多角化や教育サービスの選択・集中を進めている．

また，組織併用を発意し開始した代表者の人間的情熱の継承，社会的使命を訴求し続けられる後継者の育成などに関しては，創業者ヴォーリズの事績の顕彰や世代を越えての広報・普及活動は継続的に行われ，ヴォーリズに関わる周年の節目には積極的な展開が見られる．ただし，後継者として特定の個人がグループを代表する職位に就いたり，グループ統合の象徴として求心力を発揮しているわけではない．

この点に関し，本文3.2では，近江兄弟社の当初の組織併用の動機に関して，吉田悦蔵による「近江兄弟社の目的」(吉田1937：1-2)を引いて述べた．ヴォーリズ自身は，戦後，1954年に「近江兄弟社の根本主義」と題する一文を「近江兄弟社々報」に寄せている．当時は，民法の特別法として学校法人，社会福祉法人の根拠法が順次整備され，宗教法人法の成立した頃にあたる．

「私が達者で目の黒いうちに，近江兄弟社本来の主義目的を書きしるして置くとよいと考えました．これは将来外部の人々や，また後から入社した人々の解釈によって混乱を来たさない為であります」との書き出しで，「根本主義」の中枢点が一から七に分けて簡潔にまとめられている．要約するとおよそ次のとおりである (筆者による言い換えを [ ] 内に付した)．

- 近江兄弟社は宗派・教会ではなく「教会の給養者」である．「信仰を同じうし共に傳道の業にいそしみ，相助け合う人々の小さい群」である．[伝道のための小集団を重視]
- 近江兄弟社の社員が携わる仕事は，種類を問わず地上における「神の國の活動」として行い，「基督教的実業によって隣人に基督教生活をあらわ」すべきものである．よって実業の主な目的を教務部による伝道事業をするための金儲けと考えることは誤りであるだけでなく，このような考え方が栄えると近江兄弟社は必滅である．[事業，実業は単なる資金調達手段ではなく，それ自体が基督教伝道の道具]
- 近江兄弟社が単に他の団体の重複となり，従来の形式や方法の模倣になるならば，この世界における使命の終了であり聖霊の道具であることの終止である．[創発性，独自性の尊重]
- 信仰や経験の両面で，目的を見失わないよう，組織の弊 (精巧な制度，信条，権威，階級及び伝道事業における専門家根性)，財力の弊 (富の増大や財源の増強，固定した予算，信仰や道義から遊離した実業)，個人的な功名心の弊 (自己の利益や全体的利己心を得るために名声と権威を得んとする野望) を警戒すべき．[組織，財力，功名心等の増長を戒め]
- 近江兄弟社がその目的において失敗するならば，たとえ外面的にいかに発展を遂げても死んだも同然．[目的における失敗は死と同視] (一柳1954参照)

創始者・創業者の掲げた基督教信仰に基づく近江兄弟社の主義方針は，その

310 第Ⅳ部　法人の選択と併用

後，必ずしも同じかたちで維持・継承されたわけではないが，みずからの存在意義，目的とその実現のための手段としての組織，事業，人材等のあり方に関する「根本主義」は，近江兄弟社グループの組織併用を支える見識として，今日も顧みられる原点といえる．

　近江兄弟社グループ内の6法人は，わが国の法人制度や法人政策の推移に適応を図りながら，各々独立して運営・経営されている．その中で，歴史的経路に依拠したグループとしての価値観や創業・成長等のストーリーは今も柔らかく共有されている．また，グループを構成する法人や個人の精神的な紐帯の維持・補強に資するような，人材育成・サービス提供面での連携や調整も意識的に行われている．結果として，組織群自体が，近江という地域に根差した一つの包括的な「グループ組織」として広く内外から認知，識別されている．

　現在も進行中である公益法人制度改革をはじめ，近年の社会福祉法人制度や学校法人制度の改革成果も活かしながら，また，営利法人によるCSR，グループとしてのSDGsなどへの取り組みとも相まって，近江兄弟社グループが営利・非営利にわたる組織併用システム構築の範例となることが引き続き期待される．

　注
　1）現実の組織化の過程では，山岡の示す4段階はその一部が省略されることも少なくない．図9-2は個人の発意で，仲間・集団を経ずに直ちに任意団体に発展する例なども矢印で示している．
　　　また，任意団体や法人といった組織形態の差異は，各々の構成員が選択し承認・受容した相互作用と意識的調整の程度の違いによるのであり，組織化の程度が進むほど，それに正比例して組織を司る個人（ないし個人の集団）の人間的情熱が共有化され社会的使命が明確化されるというのは一つの理念的な仮説でもある．場合によっては，法人になるよりも任意団体のままでいる方が，設立者個人の情熱がより体現され社会的使命もより明確であるという例も考えられるわけだが，本章では以下の説明のために一般的な組織化の過程を仮に図9-2のように前提することとしたい．
　2）法人成りに関する税理士等の一般向け案内（複数）による．
　3）そうした得失を踏まえた検討を助言するものとして，例えばNPO・ボランティア研究会1998：31-33など．
　4）以下の事例は，本章の元になった原著論文（初谷2001）の公表時すなわちNPO法制定直後である2000年頃に観察されたものである．本書収録にあたり，これらの事例の現況について確認しえた範囲で補注を施した．
　5）ひまわりの会（奈良県）の意見等．日本経済新聞，2002年2月10日夕刊．

第9章　非営利法人の選択と併用　*311*

6）行政改革推進事務局2002：「第4回公益法人有識者ヒアリング議事概要」同事務局ホームページ（http://www.iijnet.or.jp/iijmcwork/gyoukaku/check/yusiki/dai4/gaiyo.html）.

　　［補注］なお，2024年現在の㈱まちづくり三鷹のウェブサイトでは，1999年9月の同社の設立について，「1998年7月に施行された「中心市街地における市街地の整備改善及び商業等の活性化の一体的推進に関する法律：1998年法律第92号（以下「中心市街地活性化法」という）」が施行されたことを受けて，三鷹TMOとして株式会社まちづくり三鷹が設立されました」と設立の背景を紹介している．また，「三鷹＝行政と株式会社まちづくり三鷹の関係」について，「具体的には，・資本金を三鷹市が出資して三鷹TMOとしての株式会社を設立（金額：2000万円）／・ワークショップ方式や市民参加方式を取り入れて市民主体のまちづくりを推進してきた財団法人三鷹市まちづくり公社が解散し，2001年4月にその事業をすべて株式会社まちづくり三鷹に統合．旧財団の公益事業を引き継いだことにより行政の持つ公平性・公共性を備える／・三鷹市の設立した第3セクターとして，民間企業の持つ柔軟性や弾力性を生かした独自事業の運営／・行政サービスのアウトソーシング先として自治体運営のスリム化・コスト削減に貢献　などがあげられ」るとしている．

　　（「企業背景：三鷹市のパートナーとして」　https://www.mitaka.ne.jp/docs/20220810 00371/　参照）．

7）いずれも（有）福寿かがやき（東京都墨田区）の意見．前掲記事．

8）例えば，人権擁護活動を行う「有限会社ビデオドック」（兵庫県）はそうした一例である．設立者である田上時子氏が「活動を仕事にして人件費も払えるような組織づくり」を目指し，行政から委託事業を受けるために1990年に有限会社を設立し，女性と子どものエンパワメントをテーマに，ビデオ制作や図書の翻訳出版を通じて啓発活動を行ってきた．NPO法制定を契機に，これまでの活動実績を受け継ぎながら，ビデオドックの業務と非営利活動の部分を切り離し，さらに広く社会貢献することを目指してNPO法人女性と子どものエンパワメント関西として再始動させ，有限会社ビデオドックは，CAP（子どもへの暴力防止）プロジェクトや講演・講座・ワークショップ・研修企画，カナダ留学や語学研修ツアーの企画・催行などの業務を存続させている．

　　［補注］2024年現在の同法人ウェブサイトでは，活動開始の経緯について「1989年，理事長田上時子がカナダから帰国．女性と子どものエンパワメントをテーマに活動を始める．基礎を作り，人材を集め，運営資金を作るために，有限会社　ビデオドックを設立．10年の活動の実績をさらに展開し，社会貢献するために，2000年NPOとして再始動」と掲げ，有限会社の設立は「基礎を作り，人材を集め，運営資金を作るため」であったとしている．

9）後出【事例5】ふるほん文庫やさん参照．

10）こうした事例はなぜ発生するのか．宮垣2001：49-50によれば，その理由は次のとおりである．

　　「住民参加型在宅福祉サービス団体に代表される高齢者介護を行う福祉NPOの利用者が介護保険の適用を受ける場合，たとえ小額であっても完全な有償活動であったものが，介護保険の適用を受けることで，利用者は利用料の減額が，NPOは介護報酬による増収という財政的メリットがある．しかし，介護保険のサービスに注力することで，これ

312 第Ⅳ部 法人の選択と併用

までの活動理念から大きく外れてくる可能性も除外できないので，一概に介護保険の
サービスを行えばよいというものでもない．こうした（団体）NPO は，法人格を取得
するかどうかのみならず，さらに介護保険制度における指定事業者となるかどうかとい
う選択肢の前に立っている」．

　こうした NPO は組織選択の結果，既存の非営利団体の活動内容を，従来どおり任意
団体で進める活動とそこから分離・独立させて新たに NPO 法人を設立して担わせる活
動に分け，両組織を併用するという．

　［補注］一つの NPO が事業体と運動体の「二つの顔」を持ち，事業性と運動性の二つ
の側面が矛盾を生み，組織本来の目的とかけ離れていくこと（ミッション・ドリフト）
について宮垣2024：59-60.

11）ヴォーリズの事績及び近江兄弟社については，さしあたり，ヴォーリズ（日本名：一
柳米来留）自身による一柳1970，同1980のほか，奥村1986，岩原1986，山形1988，山形
1989などを参照．［補注］なお，山形1993，岩原1997，岩原2002，奥村2005．その他文
献目録として寺田2023参照．

12）日本経済新聞1999年 9 月 2 日夕刊（渋川2001：24-33）．

13）NPO 法人たすけあい名古屋のウェブサイトの「沿革」のうち草創期について要約抜
粋すると次のとおりである．「平成 9 年：呼びかけに応じて鳴子コミセンに46名が参集．
毎週 1 回の勉強会を開催．発起人会を開催．創立総会と記念講演会を開催．個人宅に事
務所を設け暮らし助け合い活動を開始．／平成10年：事務所移転．／平成11年：NPO
法人として愛知県から認証．子会社として有限会社介護みどりを設立．第 1 回厚生省基
準ホームヘルパー 2 級養成研修を開始．／平成12年：左記研修了生の登録．有限会社
介護みどりが介護保険事業（居宅介護支援および訪問介護）を開始．／平成14年：有限
会社介護みどりを解散し，NPO 法人たすけあい名古屋に事業を統合」．

　同法人ウェブサイト（http://tasukeainagoya.com/aboutus/）参照．

14）同法人のウェブサイトの「設立」および「設立経緯」に係る記述と，同法人を訪ね飯
島氏から聴取した内容等に基づく．［補注］1995年：霞ヶ浦北浦流域のネットワーク組
織である「霞ヶ浦・北浦をよくする市民連絡会議」の一事業部門として，アサザ基金設
立／1999年：特定非営利活動法人アサザ基金設立（茨城県生文指令第36号認可）／2012
年：認定特定非営利活動法人として認定（県運第203号　平成24年12月27日）／2017年：
認定特定非営利活動法人の認定更新（～平成34年12月26日）．

15）本事例については，太田好泰「第 6 章　障害者の芸術文化活動を組織化する——エイ
ブル・アート・ジャパンの事例から」（山岡編2000：145-171）を参考にした．

　［補注］なお，2024年現在，たんぽぽの家のウェブサイトに掲げる「ヒストリー」で
は，有限会社には言及されていない．

16）NPO 法人としょかん文庫やさんは，2000年 2 月所轄庁設立認証（所轄庁：北九州市）．
定款記載の目的は，「現在までに出版され，かつ，今後出版されるすべての文庫本を収
集・保存することを究極の目標とし，文庫本を必要とするすべての人々に対して，この
法人が収集した文庫本の閲覧及び貸与並びに文庫本に関する情報の提供に関する事業を
行うことにより，文庫本に関する文化の保存と振興に寄与すること」．［補注］筆者が同
図書館を訪問したのは2005年春で，本章の初出論文も2005年に公表した．その後，株式

第 9 章　非営利法人の選択と併用　　*313*

会社ふるほん文庫やさんは，Amazon など大手インターネット通販サイトの伸長に伴い
売上げが漸減し，2007年広島県三原市に本社を移転．NPO 法人としょかん文庫やさん
も2008年に活動を停止した．株式会社はその後も経営悪化が昂進し2011年店頭営業を停
止．NPO 法人は NPO 法第43条による設立認証の取消し（法第31条１項７号）を理由と
して2020年に解散した．内閣府 NPO ページ（NPO 法人ポータルサイト）等参照．

17）この間の経緯については，奥村1985に詳しい．

18）この間の事情については岩原1986が詳しい．また，「ドキュメント　近江兄弟社の挫
折から一年」『湖畔の声』昭和51年８月号：４−７．

19）1940（昭和15）年12月，ヴォーリズが社会教育の一環として開設した近江兄弟社図書
館は，戦時の混乱を潜り，1947（昭和22）年６月，町立八幡図書館の図書と事業を委託
され，同年11月，YMCA の建物から上記の伴荘右衛門家の家屋へ移転した．1974（昭
和49）年暮れ，（株）近江兄弟社が経営不振で倒産するに及び（財）近江兄弟社を通じ
た運営費補助の目処が立たなくなり，翌年４月近江兄弟社図書館は閉館，市へ図書，備
品の一切が寄贈された．市は一旦，図書館業務を建物を所有する（財）八幡教育会館の
経営する近江八幡図書館へ委託し，８年後の1983（昭和58）年，条例設置の公営の近江
八幡市立図書館とした．1997（平成９）年，八幡公園に新館が開設され移転するまで，
伴荘右衛門家は，半世紀にわたり公共図書館として市民に親しまれ続けた．

20）実行委員会には，キリストの使徒を模して12人の常任委員が設けられていた．全員一
致の経営民主主義を原則としたことから議論が長時間に及び，経営方針を巡ってヴォー
リズをはじめとする委員間の議論が会議後の車の中にまで続くこともたびたびだったと
いう．奥村直彦氏に対するヒアリング（2002年４月27日）による．

21）表記は現代仮名遣いに改めた．

22）財団法人近江兄弟社1942：3-6．ちなみに，その後，戦時中の1943（昭和18）年度の
場合，財団法人の基本財産（1944年３月31日現在）は11万4187円34銭，歳入合計（歳出
合計も同額）は，決算ベースで26万9748円５銭である．歳入の太宗を占めるのは，療養
院収入：20万9779円94銭（78％）であり，それに次ぐ寄付金３万2000円（12％）を加え
ると９割に達する．寄付金は通常財産寄付金として，日本メンソレータム株式会社から
２万円，満州メンソレータム株式会社から１万2000円，計３万2000円を財団経常費とし
て受け入れている．また，この他，有価証券配当収入として，同じく日本メンソレータ
ム株式会社から4914円を得ている．財団法人近江兄弟社　昭和18年度収支決算書参照．

　　[補注] なお，企業物価指数（戦前基準指数）に基づき換算すると，1940年までの寄
付金累計総額約200万円は，2023年の10億6800万円に相当する［876.3（2023（令和５）
年）÷1.641（1940（昭和15）年）＝534倍として換算］．また，1944年単年度の寄付金
３万2000円は，1206万4000円に相当する［同様に876.3÷2.319（1944（昭和19）年＝377
倍として換算）．ただし，「戦前基準指数」は，国内品（国内で生産され，国内向けに出
荷された商品）だけでなく，輸出品，輸入品も含む概念であるため，その動きには，海
外需要の増加による輸出品価格の上昇など，国内要因以外の様々な要因が反映されるこ
とから，あくまで参考計数に留まる．

　　日本銀行ウェブサイト（https://www.boj.or.jp/about/education/oshiete/history/j12.
htm）参照．

314 第Ⅳ部 法人の選択と併用

23）株式会社が経営破綻する4年前，1970年当時の状況について，財団理事長・浦谷道三による浦谷1970参照．同じく1971年の状況について，学園理事長・尾崎政明による尾崎1971参照．

24）伴米蔵（本部理事）による伴1976．他に岩原1986など参照．

25）これらの記事は，1964年のヴォーリズ没後1年前後の時期に書かれた．

26）株式会社近江兄弟社が外食産業など多角化へ進出しだした時期でもある．

27）山田宏1976b：4．なお，同記事は，山田宏1976aからの転載．

28）日本経済新聞1999年9月2日夕刊．渋川2001：24-33．

29）「事業部」の表現等は渡部勝氏へのヒアリングに基づく（2002年3月3日）．

30）NPO法人たすけあい名古屋　代表理事　渡部勝「平成14年度事業計画検討資料」2002年1月22日．

31）同上

32）同氏へのヒアリングによる（同上）．なお，個人や法人が特定非営利活動法人に寄附した場合，当該法人が認定特定非営利活動法人であれば，税制上の特例措置が講じられるが，当時，認定はきわめて厳格で，認定NPO法人は全国でも未だ26法人に過ぎなかった（2005年1月現在）．

33）同基金のホームページ等による．

34）本事例については，太田2000を参考にした．

35）同事例の経緯については，谷口2001に詳しい．

36）［補注］【事例3】のアサザ基金は，1999年設立認証の後，2012年に認定特定非営利活動法人として認定され（県運第203号　平成24年12月27日），2017年，2022年と2度認定更新を受けているが，この間飯島氏が継続して代表理事を務めている．【事例5】のとしょかん文庫やさんは，前注16のとおり，2000年設立認証の後，併用した株式会社の経営が破綻，代表者は失踪し，NPO法人は認証取消しを理由に2020年解散した．

37）近江兄弟社グループ及びグループ内各法人のウェブサイト等における公開資料のほか，公益財団法人近江兄弟社常務理事　本部事務局長　藪秀実氏に面談，聴取した（2024年11月11日，ヴォーリズ記念館）内容を参照した．なお，本補論で見た近江兄弟社グループと各法人の取り組みは現在も進行していることから，今後の展開と帰趨に注目し，改めて論考の作成を期すこととしたい．

38）近江兄弟社60年史の草稿は，近江八幡市立図書館に伝えられている．近江兄弟社社史編集委員会1965参照．

あとがき

　本書では，日本の非営利法人（非営利組織）の法と政策について論じた．法人制度の構図を俯瞰したうえで，通時的，歴史的な進化の過程としてとらえる「系統」と，共時的，同時代的な制度配置の状況としてとらえる「分類」という二つの観点から様々な法人類型について課題を分析し，公益性（公益増進性）評価システムの運用や効果的な「組織併用」など非営利法人の今後いっそうの発展に向けて必要と考えられる提言を述べた．

　前二著と同様に，本書を取りまとめるまでには多くの方々のお世話になった．各章の元になった論考の初出は2001年から2024年にわたり，調査研究の期間を含めると30年近くになる．

　ここではまず各章の元となった初出論考の発表順に，各論題に関してご教示ご助言をいただいた方々を挙げて御礼を申し上げることとしたい．なお，初出時以降のご異動も多く，ご所属・職名を省略している点をご海容いただきたい．

　第一に，「第Ⅰ部　法人制度の構図」の「第1章　非営利法人とNPO政策」では，最初の拙著（『NPO政策の理論と展開』，2001年2月）で示した筆者のNPO政策に係る考え方と課題認識，2作目の拙著（『公共マネジメントとNPO政策』，2012年3月）で示した公共マネジメントとNPO政策の関わりについての考察を継承している．総論の整理に当たっては，非営利法人の法と政策に係る分野で論究を重ねておられる遠藤直哉先生，後藤元伸先生，中田裕康先生，山岡義典先生などのご論考，注釈等を参考にさせていただいた．

　第二に，「第Ⅲ部　非営利法人の分類と評価」の「第7章　NPO政策と行政裁量」は，日本NPO学会（以下「NPO学会」という）第2回全国大会（大阪大学，2000年3月）での研究発表を経て，同学会誌『ノンプロフィット・レビュー』創刊号（2001年1月）に掲載された論文に基づく．

　第三に，「第6章　NPO分類と公益性評価」は，NPO学会第3回大会（池坊短期大学，2001年3月）で発表した報告論文に基づく．分類学の基本概念や普遍的分類学の体系構築について中尾佐助先生のご高著に学ばせていただいた．

　第四に，「第Ⅳ部　法人の選択と併用」の「第9章　非営利法人の選択と併

用」は，NPO学会第4回大会（明治大学，2002年3月）で発表した報告論文に基づく．組織併用の論題については，札幌NPO・NGO・ボランティア研究会（北海道大学，2002年9月）でも報告の機会をいただいた．代表の田口晃先生はじめ東海林邦彦先生，樽見弘紀先生などから有益なコメントをいただき，その後，『大阪大学経済学』に寄稿し掲載いただいた（2005年3月）．同章の事例研究に関しては，NPO法人アサザ基金代表理事の飯島博氏はじめ先駆的な市民公益活動の実践家を活動拠点にお訪ねしお話をうかがった．近江兄弟社については，学園長，財団本部理事，事務局長を務められた奥村直彦先生に，各法人事業体の運営や関係資料についてお話をうかがった．近年の同グループの動向については，（公財）近江兄弟社常務理事・本部事務局長の藪秀実氏に，ヴォーリズ来日120年（2025年）を控えお忙しいなか懇切なご説明をいただいた．

第五に，「第8章　非営利法人の公益性判断基準」は，非営利法人研究学会第18回全国大会（横浜国立大学，2014年9月）での統一論題報告に基づき，2015年7月『非営利法人研究学会誌』に掲載された論文に基づく．統一論題報告者にお声がけいただいた大会準備委員長の齋藤真哉先生はじめ，貴重なコメントをいただいた馬場英朗先生，柴健次先生ほか同学会の先生方にお礼を申し上げたい．

第六に，「第Ⅱ部　非営利法人の系統と伸展」の「第5章　職業訓練法人とNPO政策」は，独立行政法人経済産業研究所（RIETI）の特定研究（「官民関係の自由主義的改革とサードセクターの再構築に関する調査研究」第1期・第2期，2013-2017年度）における筆者の研究報告とディスカッションペーパー（2019年1月）に基づく．プロジェクトリーダーの後房雄先生には，これに先立つ特定研究「日本におけるサードセクターの経営実態と公共サービス改革に関する調査研究」（2011-2012年度）からメンバーにお誘いいただき，長期にわたりご指導をいただいたことに厚く御礼申し上げたい．サードセクターの全体像を明らかにし，サードセクター組織の諸類型ごとの経営実態，経営改革および制度改革の課題を明らかにしたプロジェクトであり，メンバーの先生方や多様な類型の非営利法人の経営者のご報告，議論に多くを学び触発された．

職業訓練法人，職業能力開発政策については別途個人研究も進めた．加納伸晃氏（京都府），山之内稔氏（宮崎県）はじめ全国の職業能力開発協会や職業能力開発校の皆様にインタビュー調査やトレーニングの見学等でお世話になった．非営利法人研究学会の中部部会（愛知学院大学，2018年6月），第22回全国大会（武

蔵野大学，同年9月）の報告では，堀田和宏先生はじめ多くの先生方からご助言，コメントをいただいたことに感謝申し上げたい.

第七に，「第4章　社会福祉法人と更生保護法人の跛行的発展」は，2018年度に学内研究奨励助成を受けた個人研究：「わが国の法人政策に関する研究——法人類型『廃置分合』の動態把握を中心に——」の成果の一部として，2020年に『大阪商業大学論集』に掲載された研究論文に基づく. 社会福祉法人に関しては全国社会福祉協議会等で，また更生保護法人に関しては，清水義惠氏はじめ法務省保護局幹部OBの皆様，日本更生保護協会等にご教示をいただいた.

第八に，「第3章　公益法人制度改革と一般法人の伸長」は，同章の「はじめに」でもふれたように，太田達男先生にお声がけいただき日本非営利組織評価センター（JCNE）2022年度調査に関与したことが契機となっている. 2012年拙著の第1章および第2章に収録した中間法人や一般社団・財団法人の研究で提示した課題について考察を深める機会となった. 調査の企画・実施を推進された太田先生はじめ同センターの山田泰久氏，尾川宏豪氏には厚く御礼申し上げたい. 調査結果を踏まえたNPO学会第25回大会（京都産業大学，2023年6月）のパネルでは，同センターの平尾剛之氏ほか役員・スタッフの皆様にお世話になった.

第九に，「第2章　非営利法人の系統と分類」は，非営利法人研究学会に2021-2023年に設置されたNPO法人研究会で筆者が報告した論考に基づく. 三中信宏先生の浩瀚なご高著に導かれ文化系統学や分類学を参照する筆者に対し，質疑・コメントをいただいた研究会メンバーの黒木誉之先生，澤田道夫先生，中尾さゆり先生，藤澤浩子先生に感謝申し上げたい. 同学会の第27回全国大会（大阪商業大学，2023年）で報告したことも印象深い.

以上，本書各章の初出の論考でお世話になった皆様に御礼申し上げるとともに，これらの論考について，本書への転載・収録をご承諾いただいた各学会，大学，研究所，公益財団法人等の皆様のご厚意に深謝申し上げたい.

研究活動の初期から会員である日本NPO学会，非営利法人研究学会の両学会において，筆者の研究報告，論文投稿等に際し，貴重なご指摘ご感想をいただいた岡本仁宏先生，新川達郎先生ほか多くの先生方のお名前をすべて挙げることはできないが，これまでお世話になった皆様のご厚意に御礼申し上げたい.

前二著のあとがきでも述べたが，筆者がNPO・非営利法人についての研究

活動に入ったのは，1994年，大阪大学に国際公共政策研究科（OSIPP）が開設された際，勤務先の大阪府から派遣により1期生として学修する機会をいただいたことが契機となっている．研究課題については，指導教授の本間正明先生をはじめ，跡田直澄先生，山内直人先生，齊藤愼先生，出口正之先生，大田弘子先生にご教示ご助言をいただいた．また，研究課題に関連して伊藤公一先生，真渕勝先生，河田潤一先生らに法と政策にかかる関心を広げていただき，学外では雨宮孝子先生からわが国の法人政策に関わる諸問題のご教示をいただいた．改めて先生方の学恩には深く感謝を申し上げたい．

大学院修了後の2005年春，公務から大学に転じて公共経営学，NPO政策論などの教育・研究に携わることとなった．教員の社会活動として，自治体の各種委員会などに委員として応嘱する機会も多くなったが，この分野に関する職務として，2011〜15年に大阪府公益認定等委員会，2014〜19年に大阪府特定非営利活動法人条例指定制度検討審議会の委員を務める機会をいただいた．前者では公益法人制度改革の移行期間後半の多数の申請への対応に，また後者では条例指定制度の導入，初動から定着に当たるなど開催頻度も高かった．同僚委員の先生方はもとより事務局所管部課にも制度改革の趣旨・内容に通じた幹部・職員の方々がそろい，非営利法人の法と政策に関して実地に考察を深める貴重な機会となった．

勤務する大阪商業大学には，この間，研究環境の整備や研究奨励などさまざまな支援をいただいている．本書は，令和6年度大阪商業大学出版助成費を受けて刊行された．学長の谷岡一郎先生をはじめ選考等をつかさどる委員会の先生方および事務局の関係各位に厚く御礼申し上げたい．

そして，本書の出版を引き受けていただいた株式会社晃洋書房とご担当をいただいた丸井清泰氏，徳重伸氏に心から感謝を申し上げたい．

なお，各章の元となった論考の初出以降の制度改革や組織変更等の動きについては，初出部分と区別をつけて補注・補論を施したが，目配り，確認の行き届かない点も少なくないことと思われる．読者の皆様方のご叱正を賜れれば幸いである．

筆者の研究活動において，NPO・非営利法人研究は，地方自治研究や地域政策研究と鼎立する三本柱の心柱のような存在で，教育や社会活動とも密接にリンクさせてきた．関心を寄せる研究課題は尽きないが，その一つとして，以

あとがき　*319*

下に，昨年，非営利法人の専門誌に寄稿した一文 (初谷2023b) を掲げる.

分権改革30年，国と地方で非営利法人の振興を

　2023年は，国会衆参両議院本会議の「地方分権改革推進に関する決議」から30年，特定非営利活動促進法施行から25年，公益法人制度改革関連三法施行から15年にあたる.

　1993年の国会決議当時，公益法人の事務を所掌する総理府及び各省の中央官庁は「主務官庁」とされ，総理府外局大臣庁や都道府県知事，都道府県教育委員会を含む多くの「所管官庁」が機関委任等により事務を担当していた.

　一方，1998年のNPO法では，経済企画庁長官と都道府県知事が「所轄庁」となった. 国で経済企画庁に一元化したのは，縦割りの弊害除去と，同庁が国民生活向上の観点から市民活動等に関連が深いとされたことによる. NPO法人に関する事務は団体委任事務とされ，経済企画庁長官と知事は上下関係になく，所轄庁による運用の違いも，自治体の主体性によるものとして当然の前提と解されていた.

　次いで1999年，地方分権一括法の成立 (2000年施行) により機関委任事務は廃止され，自治事務と法定受託事務に整理された. 公益法人に関する事務も自治事務となった.

　2001年，中央省庁再編により1府22省庁は1府12省庁に半減する. 総理府本府と外局の経済企画庁等を統合して設置された内閣府は，内閣機能強化等により以後拡充していく.

　2006年，公益法人制度改革関連三法制定により主務官庁制が廃止され，総理大臣と知事は「行政庁」として並立することとなった. 都道府県の公益法人行政にも，各事業分野の所管部課による分散管理方式と，専任部課に一元化する集中管理方式がみられるようになった.

　今，都道府県における公益法人とNPO法人の所管課を並べて見ると，東京，群馬，青森，和歌山の4都県で，生活文化や県民活動を所管する課が両法人を (うち3都県は宗教法人も) まとめて所管していることが注目される. 多様な非営利法人を区域内の特色ある「組織資源」として把握し，協働や共創のパートナーとして取り組む姿勢もうかがえる.

　他方，内閣府の「組織・業務の概要2023」の目次と内容を見ると，先頭

の「経済財政」の見出しの下，政策統括官（経済社会システム担当）の項に
NPO 法人が，最後の「行政運営を支える制度等」の見出しの下，公益認
定等委員会事務局の項に公益法人が登場する．

　分権改革30年，非営利法人の存在意義に対する認識や役割期待に国と地
方の違いはないはずだ．民間公益活動の自由度を高め，その振興を図る今
次の改革も，地方の主体性を活かし，国民生活の向上につながるものとな
ることを期待したい．

　本書の「はしがき」でふれたように，1990年代半ばからの30年間は，世界的
な民間非営利セクターの台頭と NPO・非営利法人への役割期待が高まる中，
日本の非営利法人の法と政策も大きく伸展し，「培われた30年」ともいうべき
歳月であった．また，国内的には，国と地方の関係が大きく変化した30年でも
あった．

　NPO・非営利法人発展の30年と中央地方関係改革の30年を重ね合わせたと
き，地方・地域での NPO・非営利法人と，地方自治体および住民参加による
地域自治組織との自律的で共創的な関係の構築が改めて重要な課題となってい
る．今後，残る時間を活かしその一助となるような研究に取り組めればと願っ
ている．

　最後に，私事ながら，この間，筆者の歩みを見守ってくれた家族に対し，深
く感謝したい．

　　　2025年2月

　　　　　　　　　　　　　　　　　　　　　　初 谷　　勇

参 考 文 献

邦文文献

安達和志, 1990, 「行政法における『公益保護』理論の再検討——戦前日本の学説をめぐって——」成田頼明ほか編『行政法の諸問題 上——雄川一郎先生献呈論集』有斐閣：1-28.

足立幸男, 2009, 『公共政策学とは何か』ミネルヴァ書房.

足立幸男・森脇俊雅編, 2003, 『公共政策学』ミネルヴァ書房.

跡田直澄・雨森孝悦・太田美緒・山田武, 1993a, 『民間非営利セクターの規模推計——その1：推計方法について』帝塚山大学経済学部.

————, 1993a, 『民間非営利セクターの規模推計——その2：推計方法と推計結果』帝塚山大学経済学部.

阿部昌樹, 1987a, 「行政裁量の立法技術論的検討（一）」『法学論叢』121（2）：60-83.

————, 1987b, 「行政裁量の立法技術論的検討（二・完）」『法学論叢』122（2）：64-87.

————, 1991a, 「行政過程における審査されない決定をめぐって（一）」『法学論叢』129（3）：36-56.

————, 1991b, 「行政過程における審査されない決定をめぐって（二）完』『法学論叢』130（1）：33-35.

天川晃, 1983, 「広域行政と地方分権」『行政の転換期』（ジュリスト増刊総合特集）：120-126.

雨宮孝子, 1994, 『公益法人の設立・運営』かんき出版.

池田敬正, 1986, 『日本社会福祉史』法律文化社.

石村耕治, 1992, 『日米の公益法人課税法の構造』成文堂.

磯崎育男, 1997, 『政策過程の理論と実際』芦書房.

磯部力・大森彌・小早川光郎・神野直彦・西尾勝・松本英昭・中川浩昭・西村清司, （司会）山崎重孝・小川康則, 2014, 「[巻頭座談会] 地方分権の二〇年を振り返って②」『地方自治』796（2014年3月号）：2-35.

一粒社ヴォーリズ建築事務所 創業100周年記念事業委員会編, 2008, 『伝道と建築』一粒社ヴォーリズ建築事務所.

伊藤公一, 1975, 『憲法概要 改訂版』法律文化社.

今井孝司, 2008, 「戦時下日本の厚生事業再考——物質的貧困から人的貧困への転換」『東洋史訪』14：37-58.

今村都南雄, 2006, 『官庁セクショナリズム』（行政学叢書1）東京大学出版会.

岩原侑, 1986, 『足で訪ねた一万軒』日本HR協会.

————, 1997, 『青い目の近江商人メレル・ヴォーリズ』文芸社.

————, 2002, 『青い目の近江商人ヴォーリズ外伝』文芸社.

『ヴォーリズらの教育事業100年小史』編纂委員会監修, ヴォーリズ学園史編纂事務局編, 2020, 『ヴォーリズらの教育事業100年小史』ヴォーリズ学園.

後房雄, 2009, 『NPOは公共サービスを担えるか——次の10年への課題と戦略』法律文化社.

―――，2013，「サードセクター組織の経営実態とセクター構築への課題――分断による多様性から横断的多様性へ」（RIETI Discussion Paper Series. 13-J-047），独立行政法人経済産業研究所.

後房雄・坂本治也，2017，「日本におけるサードセクター組織の現状と課題――平成29年度第4回サードセクター調査による検討」（RIETI Discussion Paper Series 17-J-063），独立行政法人経済産業研究所.

後房雄・坂本治也編，2019，『現代日本の市民社会――サードセクター調査による実証分析』法律文化社.

右田紀久恵・高澤武司・古川孝順編，2001，『社会福祉の歴史 新版』有斐閣.

梅棹忠夫，1957，「文明の生態史観序説」『中央公論』72（2）：32-49.

―――，1967，『文明の生態史観』中央公論出版社.

―――，2023，『文明の生態史観 増補新版』中央公論出版社.

梅棹忠夫編，2001，『文明の生態史観はいま』中央公論新社.

浦谷道三，1970，「財団活動の今後の課題」『近江兄弟社月報』89（1970年7月）.

NPO／NGO に関する税・法人制度改革連絡会，1999，「特定非営利活動法人の優遇税制に対する提案」（1999年10月15日）.

NPO 研究フォーラム，1996，『特定公益増進法人調査結果』NPO 研究フォーラム.

NPO・ボランティア研究会，1998，『NPO とボランティアの実務――法律・会計・税務』新日本法規出版.

榎本健太郎・藤原朋子，1999，「厚生省の政策形成過程」城山英明・鈴木寛・細野助博編『中央省庁の政策形成過程――日本官僚制の解剖』（第7章），中央大学出版部：179-194.

遠藤直哉，2022，『新団体法論――国家・会社・社団・財団の法動態論』信山社.

近江兄弟社，1942，『財團法人近江兄弟社に就て』［謄写刷］財団法人近江兄弟社（1942年10月）.

―――，1944，『財團法人近江兄弟社 昭和十八年度事業報告，昭和十八年度収支決算書，昭和十九年度収支豫算書』財団法人近江兄弟社.

近江兄弟社社史編集委員会，1965，「近江兄弟社60年史――草稿」近江兄弟社社史編集委員会.

近江八幡市史編集委員会編，2006，『近江八幡の歴史 第二巻 匠と技』近江八幡市.

太田達男，2019，「公益法人制度改革の成果と課題」『ZEIKEN』206：32-39.

太田好泰，2000，「障害者の芸術文化活動を組織化する――エイブル・アート・ジャパンの事例から」山岡義典編『NPO 実践講座――いかに組織を立ち上げるか』（第6章），ぎょうせい：145-171.

大山耕輔，2010，『公共ガバナンス』ミネルヴァ書房.

岡本仁宏編，2015，『市民社会セクターの可能性――110年ぶりの大改革の成果と課題』関西学院大学出版会.

沖野岩三郎，1944，『吉田悦藏傳』近江兄弟社.

奥村直彦，1982，「W・M・ヴォーリズの思想構造――『近江ミッション』成立期を中心に」『キリスト教社会問題研究』30：326-354.

―――，1983，「W・M・ヴォーリズの経済思想――『近江ミッション』の産業的実験」『キ

リスト教社会問題研究』31：109-140.

―――, 1985, 「W・M・ヴォーリズの商業学校教師時代――二つの Agreement と教師解任事件を中心に」『キリスト教社会問題研究』33：76-114.

―――, 1986, 『W・メレル・ヴォーリズ――近江に「神の国」を』近江兄弟社湖声社.

―――, 2005, 『ヴォーリズ評伝――日本で隣人愛を実践したアメリカ人』港の人.

―――, 2006, 『W・メレル・ヴォーリズ――一柳米来留：近江に「神の国」を』[改訂版], 近江兄弟社湖声社.

尾崎政明, 1971, 「学園五十周年記念事業　収支均衡と将来への展望」『近江兄弟社月報』101（1971年 8 月）.

尾上選哉編著, 2022, 『非営利法人の税務論点』中央経済社.

加藤敏春, 1999, 「コミュニティが生む，新しい地域エコノミー――日本型コミュニティ・ビジネスの提案」澤登信子・細内信孝・田中尚輝監修, 細内信孝・加藤敏春・山極完治『少子高齢社会を支える市民起業』日本短波放送.

加藤慶一, 2010, 「NPO の寄附税制の拡充について」『レファレンス』715：3-64.

鎌田耕一, 2017, 『概説 労働市場法』三省堂.

川北力, 1992, 「『特定公益増進法人名称等一覧』の発表について」『税経通信』47（7）：193-197.

川崎政司, 2005a, 「基本法再考（一）」『自治研究』81（8）：48-71.

―――, 2005b, 「基本法再考（二）」『自治研究』81（10）：47-71.

―――, 2006a, 「基本法再考（三）」『自治研究』82（1）：65-91.

―――, 2006b, 「基本法再考（四）」『自治研究』82（5）：97-119.

―――, 2006c, 「基本法再考（五）」『自治研究』82（9）：44-62.

―――, 2007, 「基本法再考（六・完）」『自治研究』83（1）：67-96.

―――, 2013, 『法律学の基礎技法〔第 2 版〕』法学書院.

河野正輝, 2002, 「戦後社会福祉法制の展開」三浦文夫・高橋紘士・田端光美・古川孝順編『講座 戦後社会福祉の総括と二十一世紀への展望 Ⅲ 政策と制度』（第 1 部第 3 章）, ドメス出版：64-92.

神作裕之, 2007, 「非営利法人と営利法人」『民法の争点』（別冊ジュリスト）：59-60.

北場勉, 2005, 『戦後「措置制度」の成立と変容』法律文化社.

桑田耕太郎・田尾雅夫, 1998, 『組織論』有斐閣.

経済企画庁国民生活局編, 1997, 『市民活動レポート 市民活動団体基本調査報告書』.

―――, 1998, 『日本の NPO の経済規模』.

経済企画庁, 1998, 『NPO（民間非営利組織）ワーキング・グループ報告書』.

公益法人アンケート調査委員会, 1992, 『日本の公益法人――全国アンケート調査による現状分析』笹川平和財団.

公益法人協会, 1985a, 「地方公益法人行政の諸問題――地方庁担当官座談会」『公益法人』14（1）：17-26.

―――, 1985b, 「公益法人行政の統一と推進へ―60年――公益法人行政の回顧と展望」『公益法人』14（12）：5-16.

―――, 1987, 「［座談会］地方公益法人行政の現況」『公益法人』16（2）：2-10.

―――, 1990, 「[座談会] 地方公益法人行政の現状と課題」『公益法人』19 (1)：6-16.

―――, 1991, 「[主務官庁担当官座談会] 公益法人・公益法人行政をめぐって――現状・課題・展望」『公益法人』20 (4)：2-16.

―――, 1998, 『特定公益増進法人一覧――寄附を行った場合に特別の寄附金控除 (損金算入) の適用のある寄付先法人の名称等の一覧』公益法人協会.

更生保護50年史編集委員会編, 2000a, 『更生保護50年史』 (第一編), 全国保護司連盟・全国更生保護法人連盟・日本更生保護協会.

―――, 2000b, 『更生保護50年史』 (第二編), 全国保護司連盟・全国更生保護法人連盟・日本更生保護協会.

更生保護三十年史編集委員会編, 1982, 『更生保護三十年史』日本更生保護協会.

更生保護のあり方を考える有識者会議, 2006, 「更生保護制度改革の提言――安全・安心の国づくり, 地域づくりを目指して」 (平成18年6月27日), 更生保護のあり方を考える有識者会議.

厚生労働省職業能力開発局編, 2002, 『新訂版 職業能力開発促進法――労働法コンメンタール8』労務行政.

厚生労働省職業能力開発局監修, 2012, 『七訂版 職業能力開発促進の実務手引』職業訓練教材研究会.

小島廣光, 2003, 『政策形成と NPO 法――問題, 政策, そして政治』有斐閣.

後藤仁, 1996, 「分権社会の多元外交」並河信乃編『分権社会の創造』東洋経済新報社：161-193.

後藤元伸, 2007, 「非営利法人制度」『民法の争点』 (別冊ジュリスト)：56-58.

―――, 2008, 「取引法研究会レポート 一般社団・財団法人法および会社法の成立と団体法体系の変容」『法律時報』80 (4)：130-134.

―――, 2018, 「法人」山野目章夫編『新注釈民法 (1) 総則 (1)』 (第1編第3章), 有斐閣：637-782.

斎藤将, 1993, 『職業能力開発法体系』酒井書店.

佐久間毅, 2012, 『民法の基礎1 総則 [第3版]』補訂2版, 有斐閣.

佐久間毅ほか, 2017, 「[日本私法学会シンポジウム資料] 非営利法人に関する法の現状と課題」『NBL』1104：4-68.

佐谷和江, 2000, 「まちづくりと NPO に関する最近の動向」『宅地とまちづくり』179：10-15.

佐藤幸治, 1981, 『憲法』青林書院新社.

真田是, 2002, 「戦後社会福祉の政策展開と展望 (一) ――政策批判の視点から」三浦文夫・高橋紘士・田端光美・古川考順編『講座 戦後社会福祉の総括と二十一世紀への展望 Ⅲ 政策と制度』 (第1部第1章) ドメス出版：21-42.

さわやか福祉財団・シーズ・日本 NPO センター, 1999, 「NPO 法人申請団体への法律運用状況に関する調査」 (1999年8月25日).

渋川智明, 2001, 『福祉 NPO』岩波書店.

島田恒, 1999, 『非営利組織のマネジメント』東洋経済新報社.

清水義悳・若穂井透編, 2009, 『更生保護』ミネルヴァ書房.

参考文献　*325*

清水義惠，2015，「更生保護事業の直面している課題——関わり続けるちからと思い」（講演録，連絡助成事業運営協議会，平成26年10月27日，さいたま保護観察所会議室），日本更生保護協会．

市民公益税制 PT，2010，「市民公益税制 PT 報告書」（平成22年12月１日），市民公益税制 PT．

職業訓練教材研究会，2014，『十訂版　職業訓練における指導の理論と実際』職業訓練教材研究会．

職業能力開発行政史研究会，1999，『職業能力開発の歴史』労務行政研究所．

城山英明・鈴木寛・細野助博編著，1999，『中央省庁の政策形成過程——日本官僚制の解剖』中央大学出版会．

新党さきがけ，1995，『さきがけの市民活動法人法——NGO/NPO の推進をめざして』（さきがけ政策ブックレット　NO．２）（1995年10月）．

神野直彦，1998，『システム改革の政治経済学』岩波書店．

————，2002，『財政学』有斐閣．

神野直彦・金子勝，1999，『「福祉政府」への提言』岩波書店．

隅谷三喜男編，1970，『日本職業訓練発展史《上》——先進技術土着化の過程』日本労働協会．

隅谷三喜男・古賀比呂志編，1978，『日本職業訓練発展史《戦後編》——労働力陶冶の課題と展開』日本労働協会．

諏訪康雄，2003，「能力開発法政策の課題——なぜ職業訓練・能力開発への関心が薄かったのか？」『日本労働研究雑誌』514：27-37．

————，2017，『雇用政策とキャリア権——キャリア法学への模索』弘文堂．

瀬川晃，1991，『犯罪者の社会内処遇』成文堂．

妹尾克敏，2013，『最新解説　地方自治法』（改訂新版）ぎょうせい．

総理府編，1999，『公益法人白書　平成11年度版』大蔵省印刷局．

副島望，2012，「司法保護の再検討——宮城長五郎・森山武市郎を中心として」『日本社会福祉学会　第60回秋季大会　報告要旨集』：207-208．

染田惠，2006，『犯罪者の社会内処遇の探求——処遇の多様化と修復的司法』成文堂．

田尾雅夫，1990，『行政サービスの組織と管理——地方自治体における理論と実際』木鐸社．

高口努・城山英明，2002，「法務省の政策形成過程」城山英明・細野助博編『続・中央省庁の政策形成過程——その持続と変容』（第８章），中央大学出版部．

高津戸映，2020，「減少・高齢化する保護司——安定的確保のための取組」『立法と調査』424：18-29．

武智秀之，1996，『行政過程の制度分析』中央大学出版部．

竹前栄治・中村隆英監修，天川晃・荒敬・竹前栄治・中村隆英・三和良一編，菅沼隆解説・訳，1996，『GHQ　日本占領史14 法制・司法制度の改革』日本図書センター．

————，1998，『GHQ　日本占領史23 社会福祉』日本図書センター．

立花隆，1990，『エコロジー的思考のすすめ　思考の技術』中央公論新社．

橘幸信・正木寛也，1998，『やさしい NPO 法の解説』礼文出版．

田中萬年，1994，「日本の職業訓練関係の用語に関する覚書」，佐々木亨『学校の技術・職業教育と学校外の職業教育・訓練の関係についての国際比較研究』（科学研究費補助金報

告書；総合研究（A）；03301030，1991-1993年度）：90-104.

田中建二，1999a，「行政—NPO 関係論の展開（一）パートナーシップ・パラダイムの成立と展開」『名古屋大学法政論集』178：143-176.

―――，1999b，「行政—NPO 関係論の展開（二）完　パートナーシップ・パラダイムの成立と展開」（二）『名古屋大学法政論集』179：343-385.

田辺国昭，1992，「行政学の諸問題（四）――西尾勝『行政学の基礎概念』によせて」『自治研究』68（8）：29-57.

谷口雅雄，2001，『ふるほん文庫やさんの奇跡』新潮社.

田村正紀，2016，『経営事例の物語分析――企業盛衰のダイナミクスをつかむ』白桃書房.

中央省庁改革研究会，2000，『―新旧両引き―中央省庁再編ガイドブック』ぎょうせい.

中央職業能力開発協会編，1989，『中央職業能力開発協会十年史』中央職業能力開発協会.

―――，2005，『全国職業能力開発施設ガイドブック　平成17年度版――全国公共職業能力開発施設及び認定職業能力開発施設ガイド』中央職業能力開発協会.

―――，2010，『中央職業能力開発協会　創立30周年記念』中央職業能力開発協会.

塚口伍喜夫・岡部和夫・松澤賢治・明路咲子・川﨑順子編，2010，『社協再生――社会福祉協議会の現状分析と新たな活路』中央法規出版.

出口正之，1999，「ジョンズ・ホプキンス大学国際比較研究プロジェクトの概要」NPO 研究フォーラム『NPO が拓く新世紀』清文社：11-44.

寺били百花，2023，「近江兄弟社および W. M. ヴォーリズ研究の動向について――［附］近江兄弟社およびヴォーリズ研究の文献目録（稿）」『キリスト教文化』21：276（1）-249（28）.

内閣府内閣官房行政改革推進事務局，2002，「公益法人有識者ヒアリング議事概要」同事務局.

内閣府，2021，『令和2年度　特定非営利活動法人に関する実態調査』（令和3年8月）.

中尾佐助，1990，『分類の発想――思考のルールをつくる』朝日新聞出版社.

中尾央・三中信宏編，2012，『文化系統学への招待――文化の進化パターンを探る』勁草書房.

中田裕康，2007，「一般社団・財団法人法の概要」（特集　新しい非営利法人制度）『ジュリスト』1328：4-5.（再録：2022，『私法の現代化』有斐閣，402-414.）

―――，2007，「民法の体系」『民法の争点』（別冊ジュリスト）：4-5.

―――，2022，『私法の現代化』有斐閣.

成田龍一，2019，『近現代日本史との対話【戦中・戦後―現在編】』集英社.

西尾勝，1974，「行政国家における行政裁量　その予備的考察」阿利莫二他編『現代行政と官僚制』上巻，東京大学出版会（再録：1990，『行政学の基礎概念』東京大学出版会：第8章）.

―――，1990，『行政学の基礎概念』東京大学出版会.

―――，2007，『地方分権改革』（行政学叢書5），東京大学出版会.

西巻茂，2017，『寄附金課税のポイントと重要事例』税務研究会出版局.

日本行政学会，1984，『日本の行政裁量――構造と機能』ぎょうせい.

日本更生保護協会編，2014，『日本更生保護協会百年史』日本更生保護協会.

日本租税理論学会編，2011，『市民公益税制の検討』法律文化社.

日本非営利組織評価センター，2023，『一般社団法人及び一般財団法人の組織運営に関する実態調査』日本非営利組織評価センター.

野口友紀子，2011，『社会事業成立史の研究——防貧概念の変遷と理論の多様性』ミネルヴァ書房.

長谷川直哉，2015，「Stewardship と Protestantism を基軸とする価値共創経営——ウィリアム・メレル・ヴォーリズと近江兄弟社」『人間環境論集』16（1）：23-52.

初谷勇，1996，「日本の政府・NPO 間関係——公益法人法制・税制を素材として」（付属資料：「特定公益増進法人ヒアリング調査結果」），大阪大学大学院国際公共政策研究科1995（平成7）年度修士論文.

————，1998，「特定公益増進法人制度の運用と効果について——特定公益増進法人調査を踏まえて」『国際公共政策研究』2（1）：135-155.

————，1999，「NPO 政策の現状と課題——より良い公共性を求めて」大阪大学大学院国際公共政策研究科1998（平成10）年度博士論文.

————，2000，「NPO 政策の現状と課題——地域国際化政策の場合」塩澤修平・山内直人編『NPO 研究の課題と展望　2000』日本評論社.

————，2001a，『NPO 政策の理論と展開』大阪大学出版会.

————，2001b，「NPO 分類と公益性評価」第3回日本 NPO 学会年次大会報告論文（未公刊）.

————，2001c，「NPO 政策と行政裁量——公益性認定をめぐって」『ノンプロフィット・レビュー』1（1）：27-40.

————，2005a，「NPO 政策各論——組織併用による民間公益活動」『大阪大学経済学』54（4）：110-136.

————，2005b，「戦後社会福祉政策と NPO 政策——鼎立する NPO 政策と社会福祉の多元化」佐口和郎・中川清編『講座・福祉社会　第2巻　福祉社会の歴史——伝統と変容』（第11章），ミネルヴァ書房：325-351.

————，2012，『公共マネジメントと NPO 政策』ぎょうせい.

————，2014，「地域分権の制度設計と行程選択」日本地方自治研究学会編『地方自治の深化』（第11章），清文社：189-208.

————，2015a，「論点の再整理　よりよい非営利法人法体系に向けて」岡本仁宏（編）・雨宮孝子・太田達男・出口正之・山岡義典・初谷勇『市民社会セクターの可能性：110年ぶりの大改革の成果と課題』（第7章），関西学院大学出版会：185-210.

————，2015b，「非営利法人の公益性判断基準—— 一般社団・財団法人と特定非営利活動法人を事例として」『非営利法人研究学会誌』17：13-23.

————，2018，「わが国における大都市行政の理念の系譜とその展開」（特集・新しい大都市行政の理念とその取組み）『計画行政』41（4）：3-8.

————，2019a，「職業訓練法人の課題——NPO 政策の観点から」（RIETI Discussion Paper Series. 19-J-005），独立行政法人経済産業研究所.

————，2019b，「『主務官庁制下の非営利法人』の課題——職業訓練法人と更生保護法人」後房雄・坂本治也編，『現代日本の市民社会——サードセクター調査による実証分析』（第

7章），法律文化社：156-168.

―――，2019c,「地域力再生を図る職業能力開発政策の課題」『大阪商業大学論集』15（1）：369-389.

―――，2020,「NPO 政策の跛行的発展――社会福祉法人と更生保護法人を事例として」『大阪商業大学論集』15（4）：1-25.

―――，2023a,「解説 一般社団・財団法人の伸長と課題――『一般社団法人及び一般財団法人の組織運営に関する実態調査』に寄せて」日本非営利組織評価センター『一般社団法人及び一般財団法人の組織運営に関する実態調査』：4-29.

―――，2023b,「〔論壇〕分権改革30年，国と地方で非営利法人の振興を」『公益・一般法人』1080（2023.11.01.）：1.

―――，2024a,「非営利法人の体系と NPO 法人」『非営利法人研究学会 NPO 法人研究会最終報告書』（第1章）：11-34.

―――，2024b,「《統一論題解題》非営利法人（非営利組織）の振興と支援」『非営利法人研究学会誌』26：1-18.

初谷勇編，2016,『「地域分権」講義――導入から展開へ』大阪公立大学共同出版会.

林雄二郎，1992,「わが国の公益法人の全体像を読む――『はじめに』にかえて」公益法人アンケート調査委員会『日本の公益法人』（財）笹川平和財団：3-7.

林雄二郎・山岡義典，1984,『日本の財団――その系譜と展開』中央公論社.

原田峻，2020,『ロビイングの政治社会学――NPO 法制定・改正をめぐる政策過程と社会運動』有斐閣.

伴米蔵，1972,「もう一つの近江兄弟社」『近江兄弟社月報』106（1972年1月20日）.

非営利法人格選択に関する実態調査委員会（公益財団法人公益法人協会・認定特定非営利活動法人日本 NPO センター），2015,「非営利法人格選択に関する実態調査報告書」非営利法人選択に関する実態調査委員会.

―――，2017,「非営利法人格選択に関する実態調査報告書（2016年度継続調査）」非営利法人選択に関する実態調査委員会.

一柳米来留，1954,「近江兄弟社の根本主義」『近江兄弟社々報』8（1954年8月）：1.

―――，1970,『失敗者の自叙伝』近江兄弟社・湖声社.

―――，1980,『失敗者の自叙伝』（再版）近江兄弟社・湖声社.

一柳満喜子，1965a,「近江兄弟社創立の理想」『近江兄弟社月報』24（1965年2月）.

―――，1965b,「近江兄弟社の真の目標」『近江兄弟社月報』32（1965年10月）.

―――，1972,『教育のこころみ――一柳満喜子文集』学園50周年記念文集委員会，近江兄弟社学園.

平岡久，1995,『行政立法と行政基準』有斐閣.

藤瀬裕司，2006,『新しい流動化・証券化のヴィークルの基礎と実務――新会社法制における日本版 LLC（合同会社）を中心に』ビーエムジェー.

藤田由紀子，1998,「NPO」森田朗編『行政学の基礎』岩波書店：233-247.

藤波美帆・今野浩一郎，2008,「教育訓練プロバイダーの現状と個人の能力開発行動」『日本労働研究雑誌』577：29-39.

藤本哲也，2016,『犯罪はなぜくり返されるのか――社会復帰を支える制度と人びと』（叢書・

知を究める⑨）ミネルヴァ書房.

法人化研究会編，1993，『法人格なき団体の実務［改訂版]』新日本法規出版.

星野昌子・本間正明・山岡義典・永谷安賢，1998，「［座談会］NPO と特定非営利活動促進法」『ESP』396：8-19.

堀田力・雨宮孝子編，1998，『NPO 法コンメンタール——特定非営利活動促進法の逐条解説』日本評論社.

堀田力・山田二郎・太田達男編，2004，『公益法人制度改革　これでよいのか政府の構想——民間法制・税制調査会の議論から　◎民間の力を活かす22の対案』公益法人協会.

増山道康，2013，「社会事業の意味の変遷に関する若干の考察」『青森県立保健大学雑誌』14：1-11.

真渕勝，1987，「現代官僚の『公益』観」『季刊行政管理研究』40：13-24.

水野忠恒，2011，『租税行政の制度と理論』有斐閣.

三中信宏，1997，『生物系統学』東京大学出版会.

———，2006，『系統樹思考の世界——すべてはツリーとともに』講談社.

———，2009，『分類思考の世界——なぜヒトは万物を『種』に分けるのか』講談社.

———，2017，『思考の体系学——分類と系統から見たダイアグラム論』春秋社.

———，2018，『系統体系学の世界——生物学の哲学とたどった道のり』勁草書房.

宮垣元，2001，「制度転換期における福祉 NPO の動向と課題」中村陽一・日本 NPO センター編『日本の NPO/2001』日本評論社：49-57.

———，2024，『NPO とは何か——災害ボランティア，地域の居場所から気候変動対策まで』中央公論新社.

宮川公男，1995，『政策科学入門』東洋経済新報社.

宮田三郎，1994，『行政裁量とその統制密度』信山社.

森田朗，1984，「行政裁量に関する一考察——執行活動における決定分析の試み」日本行政学会『年報行政研究：日本の行政裁量——構造と機能』18：25-55.

八十田博人，1993，「スピネッリの欧州同盟構想」日本 EC 学会編『EC の政治統合』日本 EC 学会年報13，有斐閣：1-24.

八馬高明，1987，『理論分類学の曙』武田書店.

山内直人，1999，『NPO 入門』日本経済新聞社.

山内直人編，1999，『NPO データブック』有斐閣.

山岡義典，2007，「特定非営利活動法人と公益法人制度改革関連3法の立法過程——特に立法への市民参加の視点から」小島武司編『日本法制の改革——立法と実務の最前線』（第5章），中央大学出版部：549-608.

———，2012，「東日本大震災後の民間支援と NPO 法・税制の抜本的改正が市民セクターにもたらすもの」『現代福祉研究』12：31.

山岡義典編，2000，『NPO 基礎講座——いかに組織を立ち上げるか』ぎょうせい.

山形政昭，1988，『ヴォーリズの住宅』住まいの図書館出版局.

———，1989，『ヴォーリズの建築』創元社.

山縣文治，2013，「社会事業」山縣文治・柏女霊峰編集委員代表『社会福祉用語辞典〔第9版]』ミネルヴァ書房：153.

山田宏，「ドキュメント――近江兄弟社の挫折から一年」『湖畔の声』721（1976年8月）：4-7，（山田宏，1976，『人を生かして使う8章』日本実業出版社より転載）.

山田泰久，2019，「日本初 非営利組織の信頼性・透明性の証し『グッドガバナンス認証』の発行」『JFC VIEWS』（2019年8月）：8-9.

山村和宏，2010，「地域再生における「創造的資本」の概念――ヴォーリズ，近江兄弟社の活動を通じて」『創造都市研究：大阪市立大学大学院創造都市研究科紀要』6（2）：23-50.

――――，2012，「地域再生における『創造的資本』の継承と発展――ヴォーリズ，『近江兄弟社』をめぐる公益活動を通じて」『創造都市研究：大阪市立大学大学院創造都市研究科紀要』8（1）：47-71.

山本隆司，2006，「行政法の法典化」（特集 行政手続の法整備）『ジュリスト』1304：81-91.

山本敬三，2011，『民法講義Ⅰ 総則 第3版』有斐閣.

山谷清志，1997，『政策評価の理論とその展開――政府のアカウンタビリティー』晃洋書房.

――――，1999，「自治体の政策責任――アカウンタビリティとレスポンシビリティの交錯」『年報自治体学』12，良書普及会：22-54.

湯浅典人，1999，「社会事業」庄司洋子・木下康仁・武川正吾・藤村正之編『福祉社会辞典』弘文堂：417-418.

吉田悦蔵，1923，『近江の兄弟』近江兄弟社.

――――，1933，『近江の兄弟』［改訂普及版］近江兄弟社.

――――，1937，「近江兄弟社ニ就テ」近江兄弟社本部.

吉田久一，2004，『新・日本社会事業の歴史』勁草書房.

ルヴヌール，ロラン，幡野弘樹訳，2011，「現代フランスにおける民法の法典化および再法典化――国会，執行府および大学教授の役割」『ジュリスト』1426：79-92.

労働政策研究・研修機構編，2005a，『教育訓練プロバイダーの組織と機能に関する調査――教育訓練サービス市場の第一次調査』労働政策研究報告書，24（2005年3月）.

――――，2005b，『戦後雇用政策の概観と1990年代以降の政策の転換』（資料シリーズ 5（2005年8月））労働政策研究・研修機構.

――――，2005c，『教育訓練プロバイダーの組織と機能に関する調査――教育訓練サービス市場の第二次調査』労働政策研究報告書，43（2005年11月）.

――――，2006a，『我が国の職業能力開発の現状と今後の方向 プロジェクト研究「職業能力開発に関する労働市場の基盤整備の在り方に関する研究」――中間報告』労働政策研究報告書，53（2006年4月）.

――――，2006b，『教育訓練サービス市場の需要構造に関する調査研究――個人の職業能力開発行動からみる』労働政策研究報告書，54（2006年4月）.

――――，2007，『教育訓練サービス市場の現状と課題』労働政策研究報告書，80（2007年4月）.

――――，2017，『日本的雇用システムと法政策の歴史的変遷――バブル崩壊以降の労働政策の変遷』（資料シリーズ，183（2017年3月））労働政策研究・研修機構.

労務行政研究所編，2017，『改訂8版 職業能力開発促進法――労働法コンメンタール8』労務行政.

渡邊榮文，1996,「行政における補完性の原理」『アドミニストレーション』3（3）：108（1）-89（20）.

欧文文献

Edward, David A. O. and Robert C. Lane, 1995, *European Community Law An Introduction*, Butterworths / Law Society Of Scotland Edinburgh.（ディヴィッド・エドワード，ロバート・レイン著，庄司克宏訳，1998,『EU法の手引き』国際書院.）

Gidron, B., R. M. Kramer and L. M. Salamon, 1992, "Government and the Third Sector in Comparative Perspective : Allies or Adversaries?," in : Gidron, Kramer and Salamon （eds.）, *Government and the Third Sector : Emerging Relationships in Welfare States*, San Francisco : Jossey-Bass Publishers.

Gilbert, Charles E., 1959, "The Framework of Administrative Responsibility," *The Journal of Politics*, 21 （3）, pp. 373-4 ね07.

Kooiman, Jan, 2003, *Governing as Governance*, London, Thousand Oaks, New Delhi : Sage.

Kooiman, Jan （eds.）, 1993, *Modern Governance : New Government-Society Interactions*, London : Sage.

Salamon, Lester M., 1994, "The Rise of the Nonprofit Sector," *Foreign Affairs*, 73 （4）： 111-124.（レスター・サラモン，1994,「福祉国家の衰退と非営利団体の台頭」『中央公論』109（11）1994年10月号：401-412.）

Salamon, Lester M. and Helmut K. Anheier, 1994, *The Emerging Sector : The Nonprofit Sector in Comparative Perspective — an Overview*, Baltimore, MD : The Johns Hopkins University Institute for Policy Studies.（L. M. サラモン，H. K. アンハイアー著，笹川平和財団編訳，1995,『台頭する非営利セクター──比較研究から見た非営利セクターの現状（仮訳）』笹川平和財団.）（L. M. サラモン，H. K. アンハイアー著，今田忠監訳，1996, 『台頭する非営利セクター──12カ国の規模・構成・制度・資金源の現状と展望』ダイヤモンド社.）

─────, 1996, "The International Classification of Nonprofit Organizations : ICNPO-Revision 1, 1996," Baltimore, MD : The Johns Hopkins University Institute for Policy Studies（2024年10月29日取得，https : //asauk.org.uk/wp-content/uploads/2018/02/CNP_WP19_1996.pdf）.

ウェブページ

NPO法人アサザ基金，2022,「アササ基金とは」，NPO法人アサザ基金ウェブサイト（2025年1月23日取得，https://www.asaza.jp/about/asaza-kikin/）.

㈱近江オドエアーサービス株式会社，2025,「会社案内」，（公財）近江兄弟社ウェブサイト（2025年1月23日取得，http://www.shoshu.com/company/index）.

㈱近江兄弟社，2025,「会社案内」，㈱近江兄弟社ウェブサイト（2025年1月23日取得，http://www.omibh.co.jp/company/）.

近江兄弟社グループ，2025,「近江兄弟社グループ」，（株）近江兄弟社グループウェブサイト（2025年1月23日取得，http://www.omibh.co.jp/company/group.html）.

（公財）近江兄弟社，2025，「ヴォーリズ記念病院」，（公財）近江兄弟社ウェブサイト（2025年1月23日取得，https://www.vories.or.jp/）．

――――，2025，「ヴォーリズ医療・保健・福祉の里」，（公財）近江兄弟社ウェブサイト（2025年1月23日取得，https://www.vories.or.jp/fukushi_no_sato/）．

（学）ヴォーリズ学園，2025，「ヴォーリズ学園について：学園の基本情報」，ヴォーリズ学園ウェブサイト（2025年1月23日取得，https://www.vories.ac.jp/about/information）．

経済企画庁第17次国民生活審議会，2000，「第17次国民生活審議会総合企画部会　中間報告」，消費者庁ウェブサイト（2025年1月23日取得，https://warp.da.ndl.go.jp/info：ndljp/pid/10311181/www.caa.go.jp/seikatsu/shingikai2/17/chukan/chukan.html）．

――――，2001，「第17次国民生活審議会総合企画部会　最終報告」（平成13年4月），消費者庁ウェブサイト（2025年1月23日取得，https://warp.da.ndl.go.jp/info：ndljp/pid/10311181/www.caa.go.jp/seikatsu/shingikai2/17/saishu/main.html）．

経済企画庁，2000，『平成12年度国民生活白書　ボランティアが深める好縁』（平成12年11月），内閣府ウェブサイト（2025年1月23日取得，https://warp.da.ndl.go.jp/info：ndljp/pid/9990748/www5.cao.go.jp/seikatsu/whitepaper/wp-pl/wp-pl00/hakusho-00-index.html）．

厚生労働省，2019，「社会福祉法人制度改革について」，厚生労働省ウェブサイト（2019年12月27日取得，https://www.mhlw.go.jp/stf/seisakunitsuite/bunya/0000142657.html）．

――――，2019，「特別の法律により設立される民間法人」，厚生労働省ウェブサイト（2019年1月10日取得，https://www.mhlw.go.jp/link/minkan/index2.html）．

――――，2019，「人材開発」，厚生労働省ウェブサイト（2019年1月10日取得，http://www.mhlw.go.jp/stf/seisakunitsuite/bunya/koyou_roudou/jinzaikaihatsu/index.html）．

――――，2019，「社会福祉法人制度改革概要」，厚生労働省ウェブサイト（2019年1月10日取得，http://www.mhlw.go.jp/stf/seisakunitsuite/bunya/0000142657.html）．

――――，2019，「医療法人制度改革」，厚生労働省ウェブサイト（2019年1月10日取得，http://www.mhlw.go.jp/bunya/shakaihosho/iryouseido01/pdf/ryouyou01f.pdf）．

国税庁，2025，「国税庁法人番号公表サイト（社会保障・税番号制度）」，国税庁ウェブサイト（2019年1月10日取得，http://www.houjin-bangou.nta.go.jp/kensaku-kekka.html）．

――――，2019，「法人番号公表サイト，よくある質問（FAQ）」，厚生労働省ウェブサイト（2019年1月10日取得，http://www.houjin-bangou.nta.go.jp/shitsumon/）．

シーズ・市民活動を支える制度をつくる会，1999，「行政：NPO法人申請団体調査結果発表（1999年8月30日10：00AM）」，NPO法人シーズ・市民活動を支える制度をつくる会ウェブサイト（2000年11月20日取得，http://www.vcom.or.jp/project/c-s/news/990830.html）．

――――，1999，「行政：第5回「各都道府県NPO担当者向け」アンケート集計結果（1999年9月1日10：00AM）」，NPO法人シーズ・市民活動を支える制度をつくる会ウェブサイト（2000年11月20日取得，http://www.vcom.or.jp/project/c-s/news/990901.html）．

（注）［NPO法人シーズ・市民活動を支える制度をつくる会のウェブページは，2025年1月現在，NPO法人セイエンのウエブサイトの「旧NPOWEBコンテンツ」（記録）から取得することができる．

NPO法人女性とこどものエンパワメント関西，2025，「概要」，NPO法人女性とこどものエ

ンパワメント関西ウェブサイト（2025年1月23日取得，https://en-kan.jp/aboutus/）.

公益社団法人全国調理職業訓練協会，2019，「協会の概要」，公益社団法人全国調理業訓練協会ウェブサイト（2019年1月10日取得，http://www.kaigosyokushi.jp/gaiyou/gaiyou.html）.

NPO法人たすけあい名古屋，2025，「たすけあい名古屋とは」，NPO法人たすけあい名古屋ウェブサイト（2025年1月23日取得，http://tasukeainagoya.com/aboutus/）.

たんぽぽの家，2025，「組織と仕組み」，たんぽぽの家ウェブサイト（2025年1月23日取得，https://tanpoponoye.org/about/）.

―――――，2025，「ヒストリー」，たんぽぽの家ウェブサイト（2025年1月23日取得，https://tanpoponoye.org/history/#history）.

中央職業能力開発協会，2019，「中央職業能力開発の理念」，中央職業能力開発協会ウェブサイト（2019年1月10日取得，http://www.javada.or.jp/kyoukai/gaiyo.html）.

内閣府，2018，「特定非営利活動法人の活動分野について（平成30年9月30日現在）」，内閣府ウェブサイト（2019年1月10日取得，https://www.npo-homepage.go.jp/about/toukei-info/ninshou-bunyabetsu）.

―――――，2019，「内閣の政策／公益法人と特定非営利活動法人（NPO法人）」，内閣府ウェブサイト（2019年1月10日取得，http://www.cao.go.jp/others/koeki_npo/koeki_npo_seido.html）.

―――――，2019，「NPO法人ポータルサイト」，内閣府ウェブサイト（2019年1月10日取得，https://www.npo-homepage.go.jp/npoportal/list?acc,=17）.

日本BBS連盟，2025，「BBSとは」，内閣府ウェブサイト（2025年1月23日取得，https://www.bbs-japan.org/about.html）.

日本銀行，2025，「教えて！　にちぎん」，日本銀行ウェブサイト（2025年1月30日取得，https://www.boj.or.jp/about/education/oshiete/history/j12.htm）.

法務省，2019，「更生保護のあり方を考える有識者会議」各回別添資料，議事概要，議事録，法務省ウェブサイト（2019年1月10日取得，http://www.moj.go.jp/KANBOU/KOUSEIHOGO/index.html）.

まちづくり三鷹，2024，「企業背景：三鷹市のパートナーとして」，まちづくり三鷹ウェブサイト（2024年10月1日取得，https://www.mitaka.ne.jp/docs/2022081000371/）.

宮城県，2019，「厚生労働省社会福祉法人関係通知」，厚生労働省ウェブサイト（2019年1月10日取得，https://www.pref.miyagi.jp/soshiki/syahuku/notice.html）.

山梨鉄構溶接協会，2019，「事業紹介」，一般社団法人山梨鉄構溶接協会ウェブサイト（2019年1月10日取得，http://www.yousetu.or.jp/contents/pg302.html）.

参考文献資料　初谷2001a および初谷2012の目次

◆初谷2001a『NPO 政策の理論と展開』大阪大学出版会.

はじめに

序章　　　NPO の課題
1　非営利セクターの台頭とその背景
2　NPO の課題の定義と分類
3　NPO の国際比較
4　わが国の NPO の制度
5　NPO の課題

第1章　　NPO 政策
1　公共政策と NPO 政策
2　NPO 政策の理論

第2章　　NPO 政策の変遷─法制及び税制を中心に─
1　はじめに
2　第二次世界大戦終戦まで
3　戦後改革期（1945-1954）
4　55年体制前期（1955-1974）
5　55年態勢後期（1975-1993）
6　連立，連合の時代（1993-）
7　NPO 政策に係る政策提言の系譜
8　NPO 政策の変遷の評価

第3章　　特定公益増進法人制度の運用と効果
1　はじめに
2　特定公益増進法人制度の概要
3　特定公益増進法人制度の存在意義と評価
4　認定過程の課題
5　認定の経済的効果
6　特定公益増進法人制度の課題

第4章　　特定非営利活動促進法の立法政策過程
1　特定非営利活動促進法の立法政策過程
2　唱道連携モデル
3　立法政策過程の評価

第5章　　NPO 政策の展開─地域国際化協会の場合
1　はじめに

参 考 文 献　　*335*

　　　2　国際化と国際化政策
　　　3　地域国際化政策の沿革
　　　4　地域国際化政策における NPO 政策
　　　5　結びにかえて

終章　　　NPO 政策の発展に向けて

　　　　　資料
　　　　　参考文献
　　　　　あとがき

◆初谷2012『公共マネジメントと NPO 政策』ぎょうせい.

　　　　　はしがき

序章　　　公共マネジメントと NPO 政策
　　　1　公共マネジメント
　　　2　鼎立する NPO 政策—NPO 政策論の構図と枠組み
　　　3　公共マネジメントと NPO 政策

第1部　　　公共マネジメントと基底的 NPO 政策

第1章　　　未完の公益法人制度改革（1）—中間法人の誕生と展開が示唆するもの
　　　1　はじめに
　　　2　公益法人制度改革と中間法人
　　　3　中間法人法の課題
　　　4　中間法人制度の活用
　　　5　中間法人—その類型と見解

第2章　　　未完の公益法人制度改革（2）—中間法人の転生：一般社団法人への移行がもたらす
　　　　　　もの
　　　1　はじめに
　　　2　中間法人全国調査結果の要約
　　　3　新たな公益法人制度と中間法人
　　　4　中間法人から移行した一般社団法人の課題
　　　5　一般社団法人の可能性
　　　6　おわりに

第3章　　　非営利法人制度改革への視点（1）—更生保護法人の課題
　　　1　はじめに
　　　2　NPO 政策
　　　3　更生保護政策と NPO 政策

　　　　4　NPO 政策から見た更生保護の課題
　　　　5　おわりに

第 4 章　　非営利法人制度改革への視点（2）―非営利法人と市民社会の安全
　　　　1　問題関心
　　　　2　司法制度改革の展開
　　　　3　犯罪に関わる NPO にとっての新公益法人制度の意味
　　　　4　犯罪に関わる NPO に対する NPO 政策の課題

第 2 部　　公共マネジメントと派生的 NPO 政策

第 5 章　　ローカル・ガバナンス（地域共治）と自治体 NPO 政策
　　　　1　はじめに
　　　　2　ローカル・ガバナンス（地域共治）の意味
　　　　3　ローカル・ガバナンス（地域共治）研究のアプローチ
　　　　4　自治体の地域共治と NPO 政策―東京都杉並区を例として―
　　　　5　自治体 NPO 政策改進の必要性
　　　　6　おわりに

第 6 章　　ローカル・ガバナンス（地域共治）と自治体の空間管理
　　　　1　はじめに
　　　　2　空間管理
　　　　3　NPO 政策の分析枠組みと地域共治
　　　　4　地域共治と空間管理，NPO 政策―東大阪市の現状と課題―
　　　　5　地域共治と空間管理，NPO 政策の期待される方向性―東大阪市の事例から―
　　　　6　おわりに

第 7 章　　地域市民塾の可能性―PPP 及び NPO 政策の観点から
　　　　1　はじめに
　　　　2　地域人材
　　　　3　地域市民塾
　　　　4　事例研究
　　　　5　おわりに

第 8 章　　図書館政策と NPO 政策
　　　　1　はじめに
　　　　2　公共政策としての図書館政策と NPO 政策
　　　　3　「図書館と NPO」の関係論の再考
　　　　4　図書館政策と NPO 政策の交差・交錯
　　　　5　市民による公共政策の選択
　　　　6　おわりに

終章　　　公共マネジメントと NPO 政策の改新に向けて
　　　　1　本書の検討の総括

2　公共マネジメントと NPO 政策の改新に向けて

参考文献
あとがき
索引

索　引

人 名 索 引

阿部昌樹　230
天川晃　250
ヴォーリズ, W. M.（William Merrell Vories）
　275
梅棹忠夫　171
サイモン, H. A.（Herbert Alexander Simon）
　225
神野直彦　251
立花隆　218

中尾佐助　172
西尾勝　224, 251
一柳満喜子　280
一柳米来留　281
マーチ, J. G.（James Gardner March）　225
三中信宏　28
森田朗　225
吉田悦蔵　284

事 項 索 引

アルファベット

BBS（Big Brothers and Sisters）　91
CBO（Community-Based Organization）　217
FPO（民間営利組織）　272
GHQ（連合国軍最高司令官総司令部）　88
Johns Hopkins 大学国際比較研究プロジェクト
　（JHCNP）　185
NPM（New Public Management）　69, 101
NPO（民間非営利組織）　1
NPO 間補完性　210
NPO 研究フォーラム　236
NPO 政策　3, 265
　──の課題　3
　自治体──　58
　鼎立する──　3, 13, 265
NPO 法（特定非営利活動促進法）　34, 69, 101
NPO 法人アサザ基金　276
NPO 法人たすけあい名古屋　275
NPO 法人としょかん文庫やさん　276
NPO 法人の設立認証　254
NPO 法の立法過程　13
「OPA（Old Public Administration：古い行政管
　理）から NPM（New Public Management：
　新しい公共経営）へ」　18

PPP（Public Private Partnership, 官民協働）
　16, 64, 69, 101
PST 基準　256
「RIETI サードセクター再構築研究」　102

ア 行

アサザプロジェクト　293
新しい公共　256
アドボカシー活動　138
天川モデル　252
（株）一粒社ヴォーリズ建築事務所　283
一般社団・財団法人　8, 75
一般社団法人及び一般財団法人に関する法律
　（一般社団・財団法人法）　147, 255
「一般社団法人ストラクチャー」　55
一般法　24, 31
一般法人　47
一般法人法の「一般法」化　31, 41
エイブル・アート・ジャパン　276
「営利・非営利」軸　39
営利法人　13
営利補完型　53
エージェント　232
　──型　16
近江オドエアーサービス株式会社　283

近江兄弟社　275
　財団法人——　285
近江基督教慈善教化財団　283
近江基督教伝道団　281
近江セールズ株式会社　283
近江ミッション　281
恩賜財団戦災援護会　89

カ　行

介護保険法　88
外在的制度的責任　224
外在的非制度的責任　224
会社　4
会社法改正　1, 69
価値選択　78
学校教育　110
学校法人　8
　——制度　75, 144
学校法人近江兄弟社学園　283
合体　70
活動資源　82
活動組織　82
ガバナンス　62
　——改革　1
「ガバメントからガバナンスへ」（from government to governance）　12
仮認定制度　256
官民関係　19, 102
議員立法　13
規格分類　172, 176, 205
機関委任事務　253, 313
　——制度　83, 93
企業間補完性　210
企業教育訓練　114
「企業の社会的責任」（CSR）　16
起源論　176
規制改革　1
基底的（目的的）NPO 政策　3, 13
基底の政策　13
技能検定　117
技能者養成　110
寄附金控除　10
寄附市場　93
寄附税制　126

基本税率　11
客観的プログラム　226, 232
旧公益法人（社団法人，財団法人）　8
　——（特例民法人）　73
救護法　83
教育訓練サービス市場　153
共益型　10, 53
共益団体　55
共益的活動を目的とする法人　57
共益的非営利型一般法人　57
共益法人　55, 179
共管法人　237, 238
業種分類　61
行政簡素強力化実施要領　83
行政基準　227
行政裁量　224
　——肯定論　229
　——否定論　229
行政責任論　224
行政庁　313
行政通則法　25
行政手続法　25
行政法　25
「競存」関係　35
共同法人　179
協同モデル　16
業務類型　53
協力雇用主　91
許可主義　38, 78
クライテリオン　172
軍人援護会　89
軽減税率　10
経済企画庁　313
経済政策　104
系統関係　29
系統樹　176
　——思考　24, 30
系統問題　24
系譜分類　172, 176
刑務所出所者等総合的就労支援対策　88
憲法第89条　96
公益活動　211
公益志向　8
　——型　53

索　引　*341*

———性　62
公益社団・財団法人　8
———制度　75
公益社団法人及び公益財団法人の認定等に関する法律　255
公益信託法　27
公益性　33
———判断　10, 250
———評価システム　195, 211, 232
公益増進活動　211
公益増進性　223
———判断　250
———評価システム　211, 235
「公益にあらざる存在」（非公益）　55
「公益に達し得ない存在」（公益未達）　55
公益認定　10
———基準　64
———制度　56
「公益・非公益」軸　39
公益法人概況調査　192
（財）公益法人協会　233
公益法人制度　15
新———　69, 101
公益法人制度改革　1, 47, 72, 75
———体系と従来の特別法人の関係　147
未完の———　73
公益法人制度改革関連三法　35
「公益法人設立許可審査基準等に関する申し合わせ」　232
「公益法人に関する年次報告」　233
「公益法人の運営に関する指導監督基準」　233
公益法人の純化　77
「公益法人の設立許可及び指導監督基準」　223, 233, 254
「公益法人の設立許可及び指導監督基準の運用指針」　233, 254
「公益法人白書」　233
公益目的事業　36
公共政策　12
公共マネジメント（公共経営）　1
公式組織（formal organization）　266
向上訓練　114
更生緊急保護法　87, 88, 92

厚生事業　83
厚生省　83
更生保護　86
———会　87, 89, 93
———（観察）協会　93
———事業法　9, 75, 88, 90, 92
———女性会　91
———のあり方を考える有識者会議　87
———法　88
更生保護法人　12, 71, 73
———制度　75, 90, 144
合同会社　269
公法人　13
国際通用性　203
国民生活審議会総合企画部会 NPO 制度委員会　215
国民助け合い運動（共同募金運動）　90
国家行政組織法　25
国家総動員法　83
個別根拠法　26
個別分野法　144
コミュニティ・ビジネス　295
雇用保険法　114
コンテキスト　78
コンプライアンス　62

サ　行

財団　4
財団法人たんぽぽの家　276
再犯防止法　88
「裁量」概念の再構成　224
裁量統制　228
サードセクター　132
———組織　102
三割自治　251
私益志向　10
私益追求　10
私益法人　179
事業型社協　89
事業承継　42
事業分類　40
事業法　92
自己統治　266
シーズ・市民活動を支える制度をつくる会

239

システム　232

自然淘汰　29

思想犯保護観察法　86, 88

自治事務　253, 313

市町村合併　13

市町村優先主義　251

市町村横並び平等主義　251

執行猶予者保護観察法　87, 88, 92

指導員訓練　114

児童福祉法　87

司法省　86

司法制度改革推進法　88

司法保護　86

　　――委員　91

司法保護事業法　86, 87

（財）司法保護協會　90

市民　214

市民起業家　295

市民協働　64

市民公益活動　57

市民公益活動促進法　214

市民公益税制　259

　　――PT 報告書　259

市民参加　231

社会局　83

社会事業　82

社会事業法　15, 87

社会システム　232

社会政策　83

社会的使命（Mission）　266

社会的評価　58

社会の補完性　209

社会内処遇　86

社会福祉基礎構造改革　86

社会福祉協議会　89, 93

社会福祉士　90

社会福祉事業　83, 87, 89, 92

社会福祉事業法　75, 83, 89

社会福祉主事　90

社会福祉政策　72

社会福祉法　88

社会福祉法人　8, 71, 72

　　――制度　75, 89, 144

社会福祉を目的とする事業　92

釈放者保護事業　88

社団　4

種（スピーシス，species）　172

収益事業　270

　　――課税　10, 126, 254

宗教団体法　15

宗教法人　203

　　――制度　75

宗教法人法　75

集権的分散システム　251

集権・分権　250

〈集権〉―〈分権〉（centralization-decentralization）
　　　軸　250, 251

集権融合型　251

自由裁量主義　78

自由主義的改革　76, 102

集中管理方式　313

集中・分散　250

　　――軸　251

恤救規則　83

出獄者保護会　89

出獄人保護団体　89

主務官庁　96, 313

　　――制　77, 132, 145, 253

　　――制の下にある非営利法人　32

準客観的プログラム　226, 232

準則主義　10, 53, 145

生涯技能評価　114

商事会社　13

少年保護団体　89

商法学・会社法学　27

情報の非対称性　223

条例個別指定　256

　　――PST　259

所轄庁　254, 313

所管官庁　313

職域団体　54

職業安定法　110

職業訓練　110

　　「――機構」（仮称）　151

　　公共――　104, 111

　　――サービス　142

　　事業内――　111

索　引　*343*

生涯―― 114
　　――・職業能力開発政策　103
　　――政策　14
　　認定―― 111, 122
職業訓練法　75, 110, 111
　　新――（44年法）　114
職業訓練法人　14, 73, 102, 103, 115
　　――制度　75, 123, 144
　　――中央会　115, 151
　　――の課題　140
　　――連合会　115, 151
職業紹介法　104, 110
職業能力開発協会（認可法人）　120, 141, 151
職業能力開発政策　14
職業能力開発促進法　116, 119
「職業能力開発法人」（仮称）　151
職業補導　110
助成財団　16
私立学校法　75
自立化の原則　121
人材開発政策　105
身体障害者福祉法　87
生活困窮者自立支援法　88
生活保護法　87
　（旧）――　87
政策課題設定の「契機（動機，機運）」　82
政策過程　79
政策合理性　38
政策デザイン　78
税制（税制上の優遇措置）　3
政党・政治団体　203
政府間補完性　209, 210
政府提案（閣法）　13
清友園幼稚園　283
政令第3号法人　194
絶対値　256
説明責任（accountability）　209
設立目的　182
遷移（サクセッション）　171
全国公益法人名鑑　220
（社福）全国社会福祉協議会（全社協）　89
認定NPO法人全国就労支援事業者機構　90
全所得課税（原則課税）　10, 57
選択的な競合　36

全日本私設社会事業連盟　89
全日本民生委員連盟　89
層化　175, 195
相対値　256
総理府　313
組織　266
　　――運営能力　62
　　――資源　19, 260, 313
組織化　266
組織選択　53, 54, 76, 266, 270
　　――問題　52
組織的実在　266
組織併用　266, 271
　　「――による民間公益活動」　271, 272

タ　行

対応責任（responsibility）　209
体系　24
　　――化　24
対抗（敵対）　26
第3号特増法人　236
対照区法（コントロール法）　195
大都市制度改革　13
第二次公益法人制度改革　27, 219
タクソン　172
　　孤立――　175
　　ノンパラレル――　172
　　パラレル――　172
「タテ」の思考　30
縦割り　25
多目的法人　237
単行法　35
団体　3
団体委任事務　313
単独モデル　16
治安維持法　88
地域性　42
地縁団体　203
地方更生保護委員会　87
地方自治法　25
地方制度改革　13
地方分権一括法　69, 101, 253, 313
地方分権改革　18, 69, 101, 252
　　――推進に関する決議　313

「中2階」　63
中央更生保護委員会　87
（財）中央社会福祉協議会　89
中央省庁再編　313
中央省庁等改革基本法　69, 101
中央職業能力開発協会　117, 121
中央・地方政府間関係　249
中間支援組織　14, 93
中間団体　4
中間法人　8, 53
　　——から一般法人へ　52
　　——研究　44
　　「——ストラクチャー」　54
　　——全国実態調査　44, 52
　　「——」問題　179
中間法人法　8, 34, 75
中小規模法人　42
同一分類間関係　177
統制されない裁量（絶対裁量）　229
動的分類（ダイナミックシステム）　172, 178
（財）同胞援護会　89
特定公益増進法人　10, 90, 192
『特定公益増進法人調査報告書』　236
『特定公益増進法人ヒアリング調査結果』　236
特定非営利活動　36
　　——法人格　90
特定非営利活動促進法（NPO法）　1, 18
「特別の法律により設立される民間法人」（特別民間法人）　121
特別法　8, 24, 31
　　——法人　1, 32
　　——優先の原則　31
独立行政法人通則法　25, 69, 101
特例民法法人　10
都道府県職業能力開発協会　117

ナ　行

内在的制度的責任　224
内在的非制度的責任　224
内務省　83
内面的プログラム　226, 232
（財）日本更生保護協会　90
日本社会事業協会　89

日本的雇用システム　105
（公財）日本非営利組織評価センター　12
日本標準産業分類　40
任意団体（人格なき社団）　267
認可主義　38, 125
認可法人　118
人間的情熱（Passion）　266
認証基準　239
認証主義　10, 44, 254
認定NPO法人　216, 254
　　——制度　214
任務責任（duty）　209
ネットワーク　82
能力再開発訓練及び再訓練　114

ハ　行

廃置分合　69
派生的（手段的）NPO政策　3, 13
　　——の類型　3
派生的政策　13
パターン研究　28
パートナーシップ型　16
犯罪者予防更生法　86, 88, 92
犯罪対策閣僚会議　87
犯罪被害者等基本法　88
犯罪被害者等保護二法　88
反実仮想　95
非営利型（非営利徹底型と共益型）　11
非営利型一般法人　11
「非営利組織国際分類」（ICNPO）　183, 185
非営利徹底型一般法人　57
非営利法人　3
　　——の公益性判断基準　33, 249
非生命体の系統発生　29
フィランソロピー　16
不確定概念　240
負担責任（liability）　209
普通法人　10
　　——並み課税　10
プリンシパル　232
プログラム　225
プロセス研究　28
文化系統学　24
文化進化　24

索　　引　　*345*

分割　70
分権的分散システム　252
分散管理方式　313
文明の生態史観　171
分野法　92
分立　70
〈分離〉—〈融合〉（separation-interfusion）軸
　250
分類階級　30
分類間関係（複合分類）　177
分類コード　217
分類思考　24, 30
分類問題　24
変化をともなう由来（descent with modifica-
　tion）　28
編入　70
法人　3
　——基本法　146
　——根拠法　146
　——政策　16
　——成り　267
　——の設立許可　253
　——類型　71, 180
法人格取得　10
法制（法人格取得）　3
法制史学（法史学）　27
法制と税制　10
　——の連動（融合）　10, 211
法治国原理　25
法定受託事務　313
法的担保　82
法典　25
　——化　24
「法の空隙」　75, 179
法文化的構築物　29
法務省　87
法務庁　86
法務府　86
補完（協働）　26
補完性の原則　205
保護観察官　91
保護観察協会　90
保護観察所　87
保護局　87

保護司　91
補充（代替）　26
（財）輔成会　90

マ　行

（財）三鷹市まちづくり公社　269
みなし寄附　10
民間教育訓練機関（教育訓練プロバイダー）
　119
民間の担う公益　55, 65, 258
民間非営利セクターの「階層化」　202
民間法人　3
　——制度　8
民主政原理　25
民生委員制度　90
民の担う公共　77
民法　15
　——との「棲み分け」　37
　——の特別法　37
無限責任　39
無告ノ窮民　83
無生物（非生命体）　27
命名規約（ネーミングの法律）　30
免囚保護　86
目的志向分類　204
物語分析　71

ヤ　行

有限会社　269
有限責任　39
養成訓練　114
「ヨコ」の思考　30
予備的分析プロセス　78

ラ　行

利益志向性　48
利益非分配　8
利子等非課税　10
流動化取引　54
　——特化型　55
理論分類学　28
稟議制　229
類縁関係（relatedness）　28
類型3分類　177

類型分類　172
歴史的系譜　28
連合保護会　90
労働基準法　110

労働者協同組合（ワーカーズコレクティブ）
　296
労働政策　105

《著者紹介》

初谷　勇（はつたに　いさむ）

大阪商業大学公共学部，同大学院地域政策学研究科教授

1955年　兵庫県生まれ．
1978年　大阪大学法学部卒業．同年大阪府入庁．
1999年　大阪大学大学院国際公共政策研究科博士後期課程修了．
同　年　博士（国際公共政策）大阪大学．
2005年　大阪商業大学総合経営学部，同大学院地域政策学研究科教授．

専門分野　公共経営学，NPO政策論，地方自治論

主要著書

『NPO政策の理論と展開』（大阪大学出版会，2001年）
『公共マネジメントとNPO政策』（ぎょうせい，2012年）
『地域ブランド政策論──地域冠政策方式による都市の魅力創造』（日本評論社，
　　2017年）
『「地域分権」講義──導入から展開へ』（編著，大阪公立大学共同出版会，2016年）
『ボランティア革命──大震災での経験を市民活動へ』（共著，東洋経済新報社，
　　1996年）
『市民社会セクターの可能性──110年ぶりの大改革の成果と課題』（共著，関西学
　　院大学出版会，2015年）
『現代日本の市民社会──サードセクター調査による実証分析』（共著，法律文化
　　社，2019年）

非営利法人の法と政策
──系統，分類，組織併用──

2025年3月31日　初版第1刷発行	＊定価はカバーに 表示してあります

著　者　初　谷　　　勇 ©

発行者　萩　原　淳　平

印刷者　藤　森　英　夫

発行所　株式会社　晃　洋　書　房

〒615-0026　京都市右京区西院北矢掛町7番地
電話　075(312)0788番(代)
振替口座　01040-6-32280

装丁　藤原印刷㈱　　　　印刷・製本　亜細亜印刷㈱

ISBN978-4-7710-3955-1

|JCOPY| 〈㈳出版者著作権管理機構　委託出版物〉

本書の無断複写は著作権法上での例外を除き禁じられています．
複写される場合は，そのつど事前に，㈳出版者著作権管理機構
（電話 03-5244-5088, FAX 03-5244-5089, e-mail : info@jcopy.or.jp)
の許諾を得てください．